高职高专"十一五"规划教材

U0116997

化工商品学

童孟良　主编

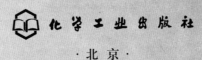

化学工业出版社

·北京·

本教材以化工商品质量为中心，论述了化工商品学研究的对象，化工商品的价值与使用价值，化工商品的质量、检验、包装、仓储、新产品开发等理论和技术性问题，着重介绍了各大类化工商品的组成、性能特点、鉴别评价、采购仓储、安全环保等实用知识和技能内容。

本书在编写上以"理论上简明扼要、深入浅出，实务上贴近实战、便于操作"为指导思想，体现了高职化工专业特色。本书不仅可作为高职高专化工类营销及相关专业的教材，也可供相关经济管理类专业和实业界人士参考。

图书在版编目（CIP）数据

化工商品学/童孟良主编 . —北京：化学工业
出版社，2010.7
高职高专"十一五"规划教材
ISBN 978-7-122-08811-6

Ⅰ . 化…　Ⅱ . 童…　Ⅲ . 化工商品-高等学校：
技术学院-教材　Ⅳ . F767

中国版本图书馆 CIP 数据核字（2010）第 107755 号

责任编辑：张双进　　　　　　　　装帧设计：关　飞
责任校对：宋　夏

出版发行：化学工业出版社（北京市东城区青年湖南街 13 号　邮政编码 100011）
印　　装：北京云浩印刷有限责任公司
787mm×1092mm　1/16　印张 14　字数 344 千字　2010 年 8 月北京第 1 版第 1 次印刷

购书咨询：010-64518888（传真：010-64519686）　售后服务：010-64518899
网　　址：http://www.cip.com.cn
凡购买本书，如有缺损质量问题，本社销售中心负责调换。

定　　价：26.00 元

前　言

商品学作为一门独立的学科已经诞生几十年，并形成了若干观点和流派，但从总体上考察，商品学作为一门学科或学科群，仍然处在不断丰富、发展；不断分化、融合的过程中。

商品学的发展是现代市场经济发展的必然产物。随着社会主义市场经济体制改革的深入，经济产业结构的调整，尤其随着高职高专教育投资导向、运行体制、培养模式的改革和深入，以及企业生产经营和服务一线对高技能应用型专门人才的扩大需求，专业商品学——商品学的子学科正在陆续诞生并取得发展，也在社会实践中得到了丰富的检验和广泛认同。

编者所在院校以化工专业为特色发展专业，以课程改革作为教育教学改革的重点，以提升学生在化工行业的就业能力作为学校工作的基本指针。根据编者多年从事高职高专商品学讲授的经验，深感编著一部高职高专化工营销及与化工产业相关专业的基础教材——《化工商品学》，对形成学校教育教学特色、达成培养目标、实现学生零距离上岗，具有非常重要的现实意义。

本教材以化工商品质量为中心，适度地论述了化工商品学研究的对象，化工商品的价值与使用价值，化工商品的质量、检验、包装、仓储、新产品开发等理论和技术性问题，着重介绍了各大类化工商品的组成、性能特点、鉴别评价、采购仓储、安全环保等实用知识和技能内容。为了使本书适应高职高专培养目标要求以及本校特色教育培养目标要求，强化学生综合职业能力的培养、基础理论知识的奠基和创新能力的提高，本书在编写上以"理论上简明扼要、深入浅出，实务上贴近实战、便于操作"为指导思想，体现了高职化工专业特色。本书不仅可作为高职高专化工类营销及相关专业的教材，也可供相关经济管理类专业和实业界人士参考。

本书由湖南化工职业技术学院童孟良主编，湖南化工职业技术学院王罗强、天津石油职业技术学院吴勇参编。童孟良、吴勇编写了第一～第五章，王罗强编写了第六～第九章，李平辉主审。本书在编写过程中参阅了大量文献资料，得到了湖南化工职业技术学院领导和专家的大力支持和帮助，在此一并表示谢意！

化工商品学是一门涉及面较广、实践性较强的综合性课程，我们所作的编撰工作仅是一次有益的尝试，难免有不妥之处，敬请同行指教与匡正！

编者

2010 年 5 月

目　录

第一章　化工商品学导论

第一节　化工商品学的研究对象与任务

一、商品及其属性

商品是指用来交换，并能满足人们和社会某种消费需要的劳动产品。

（1）商品是劳动的产物　商品首先是劳动的产物。商品是由人们的劳动创造出来的，这种产物可以是有形的，也可以是无形的。有形商品通常是需要人们经过设计、加工、制作等一系列劳动而产生出来的有形物品或产品。这里特别强调指出，它必须是经过劳动而获得的。

（2）商品能满足人们和社会的某种需要　商品能满足人们和社会的某种需要是指商品的使用价值，即商品的有用性。马克思指出：物的有用性使物成为使用价值。但这种有用性不是悬在空中的，它决定于商品体的属性，离开商品体就不存在了。所以，使用价值是由商品本身能满足人们某种需要的属性所形成的。商品体的属性包含商品的自然属性和商品的社会属性两部分。商品的自然属性主要形成人们的明确需要，商品的社会属性则主要形成了人们的隐含需要，如心理上、精神上、感情上的需要等。商品如果不能满足人们的明确需要和隐含需要就失去了使用价值。失去了使用价值的劳动产品，如废弃、假冒等劳动产品，也不能算做商品。

（3）商品必须用于交换　为自己消费而生产的产品不是商品，为他人生产的产品，如不经交换也不是商品。因为这类劳动产品，只有使用价值而无价值，不能体现货币形式。商品是供他人或社会消费，而不是供生产者或经营者自身消费的劳动产品。商品必须是通过交换而到达别人手中的劳动产品，也就是说商品必须用于交换。商品交换是在一定经济条件下产生和存在的历史范畴，是社会分工和产品属于不同所有者的结果。

二、化工商品学的研究对象

商品学是研究商品使用价值及其变化规律的科学。商品的使用价值是由商品体本身的属性所形成的。商品使用价值是指商品满足人们和社会需要的效用，即有用性。商品的使用价值对于不同的对象，其含义不同，是一个相对的概念。商品自然属性构成了使用价值的物质基础，是商品使用价值形成和实现的重要依据和必备条件。商品社会属性（除商品价值之外）构成了使用价值的社会基础，是社会需要和市场交换需要必不可少的组成部分，是商品使用价值实现的必要条件。

化工商品学研究商品的自然属性包括：商品的功能、性能、性质、成分、结构等。不同效用的化工商品，有着不同的用途、使用方法和使用条件，与此相关的各种属性综合构成了自然属性的商品质量。

化工商品学研究商品的社会属性包括：商品对社会的适应性、时代性、流行性、区域性、可持续发展性等，与其相关的化工商品市场质量、美学质量、包装质量（社会属性部分）、服务质量等综合构成了社会属性的商品质量。

化学工业是国民经济的一个重要组成部分，它是原材料工业，又是加工工业，化工产品加工和深度加工可以得到精细化工产品。化学工业、石油化学工业为农业、轻重工业和国防工业提供大量的原材料，为人民生活提供丰富多彩的日用化工产品。随着生产的发展和人民生活的提高，化学工业、石油化学工业在国民经济中的地位越来越重要。化工商品涉及范围广，据不完全统计化工产品约37000多个品种，而新的化工、石化产品还在不断增加。

三、化工商品学的研究任务

商品学是为商品在设计、开发、生产、流通、消费到废止的全过程实行科学管理和决策服务的，是为促进商品生产、经营和销售，提高社会主义现代化管理水平，满足人民日益增长的物质文化生活需要服务的。化工商品学是商品学中的一大类，而且是很重要的一类。化工商品学的具体任务如下。

（1）指导化工商品使用价值的形成　化工商品使用价值的形成是商品使用价值形成诸要素的优化组合，是一个系统效应。从产品设计开始，最终到下游客户使用，其功能和效用得以发挥，形成使用价值，这是一个大系统，每个环节出问题都将导致使用价值不同程度的破坏。因此，在使用价值处于动态转换过程时，必须遵守客观规律、法则和法规的约束，才能最终形成使用价值。这个大系统涉及商品学的全部内容。

（2）评价化工商品使用价值的高低　评价化工商品使用价值高低的依据是质量标准。依据化工商品的质量标准，通过商品检验和鉴定手段，确定化工商品的使用价值是否符合要求，这些是化工商品学的重要任务。它对维护正常的市场竞争有着重要的意义。

（3）保证化工商品使用价值的质量　在生产领域，通过标准化活动、质量管理体系、质量监督体系、质量认证体系对化工商品使用价值的质量进行严格的管理和控制，保证合格的产品进入市场。

在流通领域，通过指导应用和完善的包装、运输、储藏、养护措施，保证商品质量不发生不良变化而造成损失。并通过完善的售后服务系统，保证化工商品使用价值效用的正常发挥。

（4）促进化工商品使用价值的实现　化工商品学是通过多种途径促进商品使用价值实现的，化工商品投入的区域性、阶段性、时间性、服务性必须适应市场需求才能取得好的市场回报，促进商品使用价值的实现。另外，促进化工商品使用价值实现的措施还有促销、广告、客户的心理研究和普及商品知识等。

（5）推动化工商品使用价值的发展　现代社会飞速发展，高科技推动新产品日新月异，使化工商品使用价值处于动态发展之中，化工商品学通过信息收集、整理预测、新产品开发、可持续发展研究推动化工商品使用价值的发展。

（6）培养使用价值研究和管理专业人才　化工商品中相当一部分具有易燃、易爆、腐蚀性、有毒的性质，所以从事化工商品进出口的业务人员、购销业务人员，在化工商品的流通过程中必须掌握化工商品的结构、化学成分和性能等知识，才能正确地做好化工商品的包装、储存、养护和消防，才能在化工商品的流通过程中做到保质量、保安全。

第二节　化工商品学的研究内容

商品学是以商品客体为研究对象，以商品质量为中心内容，研究商品使用价值的科学。

商品学总体上分为两大部分：其一为商品学概论，其二为专业商品学，如食品商品学、纺织品商品学、家用电器商品学、化工商品学等。商品学概论侧重于研究商品学学科的共性，培养学生掌握、研究商品使用价值的有关基础理论和基本方法。专业商品学则是研究学科中具体商品的个性问题，以具体商品的质量为核心，研究其使用价值。化工商品学研究化工产品的化学成分、结构和性质与商品品质、制造、用途、效用、营养价值、包装、安全储运等。是研究化工商品使用价值不可缺少的基本知识，是反映化工商品质量高低的具体体现，是商品交易中"凭规格买卖"的重要内容。因而是掌握化工商品品质、推销宣传、正确签订合同品质条件和包装条件等重要问题必备的基本知识。

化工商品使用价值的具体体现就是商品的品质。因此，化工商品品质是决定其使用价值高低的基本因素，是决定化工商品竞争力强弱、销路、价格的基本条件。化工商品品质关系到商品能否进入国际市场、能否打开销路、售价的高低和商品的声誉。所以商品品质是化工商品学研究商品使用价值的中心内容。

化工商品用途是构成商品使用价值的基础条件，是商家购买的主要目的。研究并掌握进出口商品的用途，对加强对外宣传工作，不断改进化工商品的品质规格、性能都有重要意义。

化工商品从不同的角度有不同的分类方法：按结构性质分类，可分为无机物和有机物两大类，如三酸两碱就是无机物，醇、醛、酮、醌等是有机物；按行业用途分类，可分为基本化工原料、油品、化肥、高分子材料、精细化工等，现在我国《化工商品手册》基本就是按行业用途来分类的；按仓储运输的稳定性分类，可分为危险品和非危险品。

为适应化工商品生产和流通，便于国内外厂商进行化工商品开发、生产、经营、进出口业务和市场咨询，1988年中国物资出版社出版了《中国化工商品大全》上下册，将化工商品划分为24大类。这24大类是：化学矿物原料、基本化工原料、林产化学工业产品、油脂及油脂化学品、中间体、染料、纺织助剂、香料、食品添加剂、化肥、化肥催化剂、化学农药、合成树脂和塑料、塑料助剂、橡胶、橡胶助剂、橡胶制品、涂料、涂料助剂、颜料、合成胶黏剂、感光材料及磁记录材料、民用爆炸器材、电镀化学品。

1992年，中国商业出版社出版了由原商业部五金交电化工管理办公室组织编写的《化工原料商品手册》。该手册按经营习惯分为7个门类90个种类，收集1003个主要化工商品。其中：无机化工商品19个种类160个品种；有机化工商品11个种类263个品种；食品添加剂16个种类102个品种；塑料、合成橡胶、塑料加工助剂19个种类148个品种；橡胶、橡胶加工助剂8个种类42个品种；电镀化学品5个种类92个品种；胶黏剂12个种类196个品种。

1993年中国物资出版社在《中国化工商品大全》上下册的基础上又续编了《中国商品大全》增补本，该《大全》对化工商品24大类中的19大类作了补充，这19大类如下。

基本化工原料、染料、纺织助剂、香料、食品添加剂、化肥、农药、石化催化剂、合成树脂和塑料、塑料助剂、橡胶、橡胶助剂、橡胶制品、涂料、涂料助剂、颜料、合成胶黏剂、感光材料和磁记录材料、电镀化学品。新增加了饲料添加剂、造纸化学助剂、电子工业用化学品及高纯试剂、表面活性剂、工业防霉剂、皮革化学品6个大类。

化工商品种类繁多，性质各异，用途复杂，在贸易中的地位有主有次。因此必须采用科学的化工商品分类，以便分工负责，分类经营管理。

化工商品的标准是评价商品质量好坏的理论依据，商品质量、使用性能、质量指标等为商品标准的制订、修订提供了科学依据。

化工商品标准是掌握化工商品品质，实行品质管理，保证商品品质规格符合要求，从而贯彻执行"重合同守信用"、"重质先于重量"原则的依据和手段。化工商品标准是"凭标准购买"的依据。加速采用国际标准和国外先进标准，对促进技术进步，提高产品质量，加快与国际惯例接轨具有重要意义。

此外，建立快速、准确、实用的商品检验方法，用于商品验收和质量监督检验，对防止不合格商品和假冒伪劣商品进入流通领域，确保化工商品的质量与安全。

化工商品包装是商品不可缺少的组成部分。商品的包装具有保证商品在流通过程中不变质、不减量，并具有美化商品、提高商品身价、提高商品竞争力、扩大销路以及便于储存和运输、便于管理等重要作用。

化工商品的储存养护与安全运输是商品流通工作过程中一个必不可少的环节，是降低商品损耗、维护商品质量的重要措施，是保证商品使用价值实现的主要手段之一。商品在存放和流通过程中，由于受到各种外界因素的影响，往往会发生各种各样的质量变化的现象，甚至产生安全事故。如果采取科学的储存养护措施，控制各种外界条件对商品质量的不利影响，就可以使商品质量趋于稳定或延缓其质量的恶化。

此外，化工商品信息是影响商品质量的诸类因素，如原材料、生产工艺和流通领域各个环节等，也是化工商品学研究的内容。生产工艺是决定商品使用价值形成的基本因素之一，也是决定商品品质的基本因素之一。相同的原料，采用不同的生产工艺会生产出不同品种的商品；不同水平的生产工艺生产的产品，在品质上也会有高低之别。因此，商品的生产工艺虽是工艺学研究的对象，但为了深入了解和阐述商品的品质，化工商品学在研究商品使用价值和阐述商品品质时，也往往涉及生产工艺方面的知识。

从以上化工商品学研究的内容，可以确认化工商品学是一门既具有自然科学性质，又具有社会科学性质的综合性应用学科。

第三节　化工商品学的研究方法

由于化工商品的使用价值是商品的自然有用性和社会适用性的统一。因此，化工商品学的研究方法是按照研究的具体课题，采用不同的形式进行的。

一、科学实验法

化学是一门试验学科，在实验室内或一定试验场所，运用一定的实验仪器和设备，对化工商品的成分、构造、性能等进行理化鉴定或者开展化工商品的生产工艺研究。这种实验方法，大多在实验室内或要求条件下进行，对控制和观察都有良好的条件，所得的结论正确可靠，是分析化工商品成分、鉴定商品质量、研制新产品的常用方法。

二、技术指标法

化工商品都有一定的质量和检验标准，技术指标法是一种在分析实验基础上，根据国内或国际技术标准，对化工商品进行分析检测，确定化学成分、结构，确定质量技术指标，进行对照，从而给化工商品定性。

三、对比分析法

对比分析法是将不同时期、不同地区、不同国家的化工商品资料收集积累，加以比较，从而找出提高商品质量、扩展化工商品功能的新途径的方法。运用对比分析法，有利于经营部门正确识别化工商品和促进生产部门改进产品质量，实现化工商品的升级换代，更好地满足下游客户的需要。

❓ 思考题

1. 从化工商品学研究商品使用价值的角度，如何理解化工商品学研究的对象与任务？
2. 化工商品学的研究方法有哪些？并举例说明。

第二章　化工原材料

【学习目标】

- **知识目标**

1. 了解化工原材料研究的内容；

2. 了解常见无机化工原料、有机化工原料的识别、制法及理化特性。

- **能力目标**

1. 熟悉常见无机化工原料、有机化工原料的应用；

2. 掌握"三酸"、"两碱"、"三苯"等重要化工原料的理化特性和应用领域。

- **素质目标**

1. 通过常见化工原材料相关知识的学习，培养学生适应化工生产、物流、营销等岗位需要；

2. 能拓展化工原材料的应用范围，充分挖掘化工商品的使用价值。

化工原材料是研究目前市场流通中最基本、最重要而又具有代表性的化工原料的识别、生产原理、品种规格、质量标准、物流技术、经销销售、储运管理等。既要研究化工原料的自身属性、技术应用，又要研究它们的商品属性，经营管理。以提高经营管理水平为手段，实现这些化工原料、化工材料及其制品的使用价值，使有限的资源发挥出更大的作用，创造较好的社会效益和经济效益，促进国民经济的发展。

化工原材料包括以下两方面。

(1) 无机化工原料　它以"三酸"（硫酸、硝酸、盐酸）、"两碱"（烧碱、纯碱）以及无机盐为主的一类无机原料。

(2) 有机化工原料　它以研究"三苯"（苯、甲苯、二甲苯）、萘为主的一类基本有机化工原料和醇、醛、酮、苯酚等重要有机化工原料。

第一节　无机酸、碱类及无机盐类化工原料

基本无机化工原料商品约三千多种。按其性质、来源和用途可分为无机酸类、无机碱类、无机盐类、氧化剂和还原剂、气体、单质和其他无机化工原料商品，本节着重介绍"三酸"、"两碱"、硝酸钠、亚硝酸钠、氰化钠、硫化碱。

一、硫酸、硝酸、盐酸

硫酸、硝酸、盐酸三大无机强酸在市场流通中称为"三酸"。

酸在水溶液中能电离出氢离子，首先，酸类（包括三酸）具有相似的性质：能和指示剂起反应，使橙色 pH 试纸和无色石蕊试纸变红，利用此性能，在物流技术中可借之识别物质的酸、碱性；其次，酸能和金属氧化物起反应生成盐和水，在冶炼、轧钢及电镀工业中可以去除铁锈；最后，酸还能与碱起中和反应，与盐起置换反应，与活泼金属起反应生成氢

气等。

（一）硫酸（sulphuric acid）

分子式：H_2SO_4；学名、商品名：硫酸；别名：磺镪水、硫镪水、绿矾油；无机酸性腐蚀品；危险品编号 81007。

1. 硫酸的识别

（1）物理方法　纯硫酸是无色透明黏稠液体。工业硫酸因含有杂质，颜色从无色、黄色至棕黄色或浅褐色，不易挥发，纯硫酸在 20℃的相对密度：1.8305。

（2）与试纸的反应　稀硫酸能使蓝色石蕊试纸变红，无色酚酞不变色，使甲基橙变橙红色。

（3）化学方法　硫酸与氯化钡溶液反应，立刻产生硫酸钡白色沉淀，且不溶于盐酸。化学反应式：

$$H_2SO_4 + BaCl_2 \longrightarrow BaSO_4 \downarrow + 2HCl$$

2. 硫酸生产工艺原理

目前，我国生产硫酸绝大部分都以接触法生产，其工艺流程原理依所采用的原料而异，分有硫铁矿法、硫黄制酸法、有色金属烟气制酸法和石膏与磷石膏制酸法。

（1）硫铁矿法　将硫铁矿石（FeS_2）粉碎、筛分处理后，放入沸腾炉，通入空气进行氧化焙烧得二氧化硫（SO_2）气体，经净化后进入转化器转化为三氧化硫，经冷却再经酸吸收制得硫酸成品。其反应原理如下：

$$4FeS_2 + 11O_2 \longrightarrow 8SO_2 + 2Fe_2O_3$$
$$3FeS_2 + 8O_2 \longrightarrow 6SO_2 + Fe_3O_4$$
$$2SO_2 + O_2 \longrightarrow 2SO_3$$
$$SO_3 + H_2O \longrightarrow H_2SO_4$$

工艺流程简介如下：

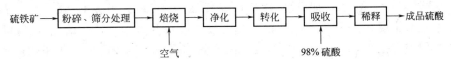

（2）硫黄制酸法　硫黄是生产硫酸的理想原料，它纯度高，含杂质量少，工艺简单，投资少，且产品质量高。但目前世界上硫黄资源少且用途多，所以可因地制宜使用此法。它的主要生产工艺与原理如下。

将硫黄熔烧、焚烧，产生二氧化硫气体，经废热锅炉、过滤器，再通入空气氧化，转化为三氧化硫，经冷却，酸吸收制得硫酸成品。其反应式如下：

$$2S + 2O_2 \longrightarrow 2SO_2$$
$$2SO_2 + O_2 \longrightarrow 2SO_3$$
$$SO_3 + H_2O \longrightarrow H_2SO_4$$

一转一吸工艺流程：

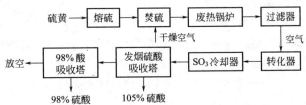

二转二吸工艺流程：

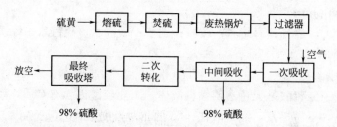

使用本方法时，因原料硫黄纯度高，工艺简单，不需繁杂的净化工艺及废水和废渣处理。

（3）冶炼烟气制酸法　以有色金属冶炼烟气为原料（SO₂），将其中的二氧化硫通过转化器转化成三氧化硫，再经酸吸收制得硫酸成品。

（4）石膏与磷石膏制酸法　石膏和磷石膏在高温下受热分解，生成二氧化硫气体和氧化钙（副产品，为水泥熟料），二氧化硫通过转化而成三氧化硫，再经酸吸收，制得硫酸成品。

硫酸是重要的基本化工原料，我国硫酸生产发展很快，从2003年以来，产量一直居世界第一位。目前已形成硫铁矿制酸，冶炼烟气制酸适合冶炼企业回收二氧化硫，硫黄制酸三分天下的格局，石膏与磷石膏法受条件限制，产量较少。

3. 硫酸的品种、规格和质量标准

（1）硫酸的品种、规格　硫酸品种按用途分为工业硫酸、蓄电池硫酸、试剂硫酸三种。市场中流通较多的是工业硫酸。

工业硫酸可分为：稀硫酸（浓度在75%左右），浓硫酸（常用浓度为98.0%和92.5%两种），发烟硫酸（主要规格有20%、40%、65%；含游离三氧化硫）三种。目前，市场上在实际工作中对硫酸浓度的表示有以下几种：一是以质量分数表示，如98.0%、92.5%；二是以波美度（°Bé）表示，如98%硫酸，波美度为66°Bé；三是以相对密度表示，如98.0%硫酸相对密度为1.8361，浓度很低的废酸常以每升所含的硫酸的克数（g/L）来表示。此外，习惯上把90.0%～99.0%浓度范围内的称为浓硫酸，把78%以下浓度的称为稀硫酸。实际工作中常把浓度为98.0%的硫酸简称为"98酸"（是指100kg这样的硫酸中含纯硫酸98kg，含水2kg），同理92.5%的硫酸称"92.5酸"，75%的硫酸称"75酸"。而20%的发烟硫酸又称"104.5酸"或"105酸"。另有一种是蓄电池硫酸，浓度92%，杂质含量少，纯度比工业硫酸高，常用于国防、电镀等。

（2）硫酸的质量标准　硫酸的质量标准，按国家标准局，2002年颁布的文件规定的硫酸质量标准按GB 534—2002规定。见表2-1。

4. 硫酸的特性

硫酸是一种无机强酸，具有酸类的一般通性，由于浓度的不同，浓硫酸和稀硫酸在化学性质上存在差异。稀硫酸以一般酸性为主，浓硫酸除具有一般酸类性质外，还具有强氧化性、吸水性、脱水性和磺化性。

（1）硫酸具有强氧化性　浓硫酸是一种强氧化剂，它能与金属活泼顺序表中位于氢后面的金属（如铜、汞、银等）起反应。这类金属溶解于热浓硫酸中，被浓硫酸氧化为金属氧化物，浓硫酸被还原成二氧化硫。

$$Cu + H_2SO_4(浓) \longrightarrow CuO + H_2O + SO_2 \uparrow$$
$$CuO + H_2SO_4 \longrightarrow CuSO_4 + H_2O$$

表 2-1 硫酸质量标准 (GB 534—2002)

指标名称		浓硫酸			发烟硫酸		
		优等品	一等品	合格品	优等品	一等品	合格品
硫酸(H_2SO_4)质量分数/%	≥	92.5 或 98.0	92.5 或 98.0	92.5 或 98.0	-	-	-
游离三氧化硫(SO_3)的质量分数/%	≤	-	-	-	20.0 或 25.0	20.0 或 25.0	20.0 或 25.0
灰分的质量分数/%		0.02	0.03	0.10	0.02	0.03	0.10
铁(Fe)质量分数/%	≤	0.005	0.010	-	0.005	0.010	0.030
砷(As)质量分数/%	≤	0.0001	0.005	-	0.0001	0.0001	-
铅(Pb)质量分数/%	≤	0.005	0.02	-	0.005	-	-
汞(Hg)质量分数/%	≤	0.001	0.01	-	-	-	-
透明度/mm	≥	80	50				
色度/mL	≤	2.0	2.0				

注：指标中的"-"表示该类别产品的技术要求中没有此项目。

总反应式为

$$Cu + 2H_2SO_4(浓) \longrightarrow CuSO_4 + 2H_2O + SO_2 \uparrow$$

浓硫酸在常温下与铁、铝两种金属接触时，立刻在金属表面产生一层非常致密的氧化膜，保护内层金属不再受酸的侵蚀。因此，浓硫酸的包装容器应用铁制品（如铁槽罐、铁桶、铁槽车等，一般都用钢材制作）。

(2) **浓硫酸具有吸水性和脱水性** 硫酸能与水任意混合成各种不同浓度的溶液，并放出强热。故在硫酸配置操作中，必须注意把硫酸慢慢倒入水中，并加以搅拌，而绝对不可把水注入浓硫酸中，否则浓硫酸具有极强的吸水性，遇水放出强热，一部分水迅速沸腾，使酸液飞溅伤人，甚至引起爆炸。另一方面，在储存时，应注意包装要严密，否则，吸收空气中的水分，会使硫酸的浓度下降变质，影响使用；如果是铁或铝制容器，浓度变稀还会腐蚀容器。

浓硫酸不仅有强烈的吸水性和氧化性，而且还有脱水性；能与某些有机物，如棉麻组物、木材、纸张等产生剧烈的作用，能按照水的组成夺取有机物中的氢氧元素，使有机物脱水而炭化。由于浓硫酸对有机物有强烈的脱水性。从而使动、植物组织破坏而发生腐蚀。因此，应严禁有机物与浓硫酸接触。在操作浓硫酸时，必须十分小心，严守防护安全措施，戴防护眼镜，穿工作服，围橡胶围裙，穿长筒橡皮靴，戴橡皮手套等。如果操作中不小心使皮肤接触到硫酸，应立即用大量水冲洗，然后用碳酸氢钠（小苏打）水涂抹或冲洗，最后再用水冲洗，严重者应立即送医院。

5. 硫酸的应用

硫酸是重要的基本化工原料，应用范围广，数量大。其应用的主要行业是化肥工业，其次是冶金工业、轻工业和化学工业等。

(1) **用于化肥工业** 目前，我国60％的硫酸用于化肥生产，由于磷酸是生产高浓度磷肥和含磷复合肥的基础原料，而硫酸又是用来分解磷矿石生产磷酸的基本原料，所以，含磷复合肥的发展将需要更多的硫酸。化肥行业硫酸主要用于生产硫酸铵、过磷酸钙、磷酸铵复合肥等。

① 生产硫酸铵 $(NH_4)_2SO_4$ 有两种方法：一种是直接用稀硫酸吸收氨起中和反应而制

成，反应式为

$$2NH_3 + H_2SO_4 \longrightarrow (NH_4)_2SO_4$$

另一种方法可用硫酸分解亚硫酸氢铵而制得，反应式为

$$2NH_4HSO_3 + H_2SO_4 \longrightarrow (NH_4)_2SO_4 + 2H_2O + 2SO_2 \uparrow$$

硫酸铵简称硫铵，主要用于农业做氮肥，促进农作物生长。

② 普通过磷酸钙 $[Ca(H_2PO_4)_2 \cdot H_2O] \cdot [CaSO_4]$ 的生产原理是用硫酸分解磷矿石 [主要成分为氟磷酸钙：$Ca_5F(PO_4)_3$]，将磷矿石中不溶性磷酸盐转化为可溶于水的磷酸一钙，为农作物所吸收，化学反应式为

$$2Ca_5F(PO_4)_3 + 7H_2SO_4 + 3H_2O \longrightarrow 3Ca(H_2PO_4)_2 \cdot H_2O + 7CaSO_4 + 2HF \uparrow$$

普通过磷酸钙简称普钙，它是磷酸二氢钙和硫酸钙的混合物，一般为灰白色粉末，也有呈颗粒状的，易溶于水，水溶液呈酸性反应，适用于各类土壤和各种作物，尤其是碱性土壤使用效果更好，是促进作物生长发育不可缺少的一种速效性磷肥。生产普钙需要的"75酸"，对硫酸质量无特殊要求，也可用其他工业的下脚酸（废硫酸液），做到废液利用，既节约原料又避免酸液的排放。

③ 生产磷酸铵 $[NH_4H_2PO_4 \cdot (NH_4)_2HPO_4]$ 的主要原理是用硫酸与磷矿石反应制取磷酸，再用磷酸吸收氨气，生产磷酸氢铵和磷酸二氢铵。磷酸铵俗称磷铵，是磷酸氢铵和磷酸二氢铵的混合物，性质较稳定，是一种深受欢迎的以磷为主的氮磷复合肥。

(2) 用于轻纺工业

① 用于化学纤维的生产。化学纤维的许多品种在生产过程中都需用硫酸，如生产较早的黏胶纤维，它是用天然纤维素（棉秆、麦秆、蔗渣、木材等）为原料，经一系列机械加工与化学处理后制成黏胶溶液，然后经硫酸、硫酸锌、硫酸钠混合液的酸浴凝固抽丝成为黏胶纤维。

一般生产 1t 黏胶纤维需消耗硫酸 1.2～1.5t。另外在生产维尼龙、卡普纶等合成纤维的生产中也需消耗大量的硫酸。

在纤维工业中，硫酸除用于化学纤维的生产外，在印染工业中起酸洗、显色退染、中和等作用。

② 用于生产洗涤剂。市售合成洗涤剂主要成分为烷基苯磺酸钠，工业上生产烷基苯磺酸钠一般是以十二烷基苯与发烟硫酸（或浓硫酸）起磺化反应，生成对十二烷基苯磺酸，再与烧碱或纯碱发生中和反应，生成对十二烷基苯磺酸钠。化学反应式为

③ 生产合成脂肪酸。合成脂肪酸可以代替动植物油脂作生产合成肥皂的主要原料，而硫酸主要用于合成脂肪酸的净化工序。粗脂肪酸里加入烧碱生产脂肪酸钠（即粗肥皂），硫酸再与生成的脂肪酸钠反应，即生成脂肪酸，便可用于生产合成肥皂。化学反应式为

$$RCOOH + NaOH \longrightarrow RCOONa + H_2O$$
$$2RCOONa + H_2SO_4 \longrightarrow 2RCOOH + Na_2SO_4$$

（3）用于冶金工业　硫酸在冶金工业中主要用于钢材酸洗和金属冶炼。

① 钢材酸洗。利用硫酸能与金属氧化物反应的原理，在钢铁工业中进行冲压、冷轧、电镀加工之前，都必须清除钢铁表面的氧化铁皮（主要成分是 Fe_2O_3、FeO 等），即进行酸洗除锈处理，硫酸是常用的酸洗剂，钢材酸洗的硫酸浓度达 15％ 便可，对硫酸质量没什么要求，下脚硫酸也可。

② 用于金属的冶炼与精制。在电解法精炼铜、锌、镍、铬时，电解液均采用硫酸。从钛铁矿中提取钛，从白钨精矿中提取钨，从锂辉石中提锂，铀矿石中提取铀以及贵金属的精制等都要使用大量的硫酸。

（4）用于化学工业　硫酸是生产多种化工原料的基本原料。除大量用于化肥生产之外，还广泛用于涂料、颜料、染料、农药、医药、塑料以及无机和有机化工产品等的生产。

① 用于颜料工业。硫酸主要用于生产钛白粉和立德粉，它们是市场上流通较多的两种化工原料。

钛白粉（TiO_2）：硫酸主要用于分解钛铁矿，从而把钛从矿石中提取出来，成为可溶性的钛盐，再经水解、煅烧而成。反应式为

$$TiO_2 + H_2SO_4 \longrightarrow TiOSO_4 + H_2O$$
$$\text{硫酸氧钛}$$

$$TiOSO_4 + H_2O \longrightarrow H_2TiO_3 + H_2SO_4$$
$$\text{偏钛酸}$$

$$H_2TiO_3 \longrightarrow TiO_2 + H_2O$$

钛白粉主要用于白油漆、颜料、涂料、纸、橡胶、塑料、合成纤维等行业，是一种用途极广的化工原料。

立德粉：（$ZnS \cdot BaSO_4$），又名锌钡白，是硫化锌和硫酸钡的混合物，白色晶状粉末。

立德粉的生产是先以硫酸分解锌矿渣，制得半成品硫酸锌。化学反应式为

$$ZnO + H_2SO_4 \longrightarrow ZnSO_4 + H_2O$$
$$Zn + H_2SO_4 \longrightarrow ZnSO_4 + H_2 \uparrow$$

再用 $BaSO_4$ 与煤粉按一定比例混合，磨细煅烧制成硫化钡溶液，然后将制成品硫化钡与硫酸锌混合，反应生成锌钡白，经焙烧、磨细等一系列工序后制得成品立德粉。

立德粉为白色晶状粉末，主要用于油漆、造纸、橡胶、皮革、涂料、搪瓷、油墨等行业。

② 用于生产多种化工原料。硫酸广泛用于生产各种无机酸、无机盐、有机酸、有机酯和高分子化合物等。可以生产无机酸，如磷酸、硝酸、氢氟酸、硼酸、铬酸等。以硫酸与萤石反应生产氢氟酸为例。其反应式为

$$CaF_2 + H_2SO_4 \longrightarrow 2HF \uparrow + CaSO_4$$

也可用于生产无机盐如硫酸铜、硫酸锌、硫酸铁、硫酸亚铁、硫酸铝、硫酸镍等。以硫酸生产硫酸镍为例

$$NiO + H_2SO_4 \longrightarrow NiSO_4 + H_2O$$

还可用于生产有机产品：利用硫酸具有吸水性、酸化、磺化、催化等性能生产各种有机酸、有机酯和酚类等有机化工产品，如草酸、甲酸、柠檬酸、硫酸甲酯、醋酸乙酯、醋酸丁酯、苯酚、对苯二酚等化工原料。

此外，还可用于生产高分子化合物中的有机玻璃、环氧树脂、聚硫酸酯等。

（5）硫酸用于其他行业　在染料工业中，硫酸主要和硝酸混合用于生产染料中间体，如硝基苯、苯胺、对硝基氯化苯、邻硝基甲苯等。

在农药工业中主要用于生产敌百虫、滴滴涕等。

在国防工业中硫酸用于铀的提取和制造炸药。

在石油工业中用于精制石油。硫酸能除去石油中不饱和的烃类、硫醚、二硫化物等，使之从油品中分离出来，从而得到纯净的石油产品。

（二）硝酸（nitric acid）

分子式：HNO_3。学名、商品名：硝酸。别名：硝镪水。危险化学品中属无机酸性腐蚀品。危险品编号：81002。

1. 硝酸的识别与性能

（1）物理方法　纯硝酸是无色发烟液体，烟具有刺激性，能损伤黏膜和呼吸道。硝酸在常温下遇光或热，易分解放出二氧化氮，二氧化氮是红棕色，所以工业硝酸为微黄色液体。

（2）化学方法　在硝酸中放入铜片或铜条均可，生成红棕色的二氧化氮气体，眼睛可看到。反应式为

$$Cu + 4HNO_3（浓）\longrightarrow Cu(NO_3)_2 + 2NO_2\uparrow + 2H_2O$$

（3）硝酸具有不稳定性和强氧化性　硝酸很不稳定，见光或受热容易分解成氮的氧化物、水和氧气。反应式为

$$4HNO_3 \longrightarrow 2H_2O + 2NO_2\uparrow + O_2\uparrow$$

据此特性，在硝酸储存时应将容器放在阴暗处，实验室中应用棕色瓶子存放硝酸。

浓硝酸具有强氧化性，除金、铂以外，它能与几乎所有金属反应，生成硝酸盐。但是硝酸与铝反应会钝化，生成一层致密的氧化膜，阻止了铝进一步被氧化，因此可用铝制容器装运硝酸。

（4）浓硝酸具有强烈的腐蚀性　浓硝酸触及皮肤即会灼伤，与其蛋白质相遇，即生成一种鲜明的黄蛋白酸黄色物质，难以治愈。触及衣物即被腐蚀。因此，工作人员应穿工作服、橡皮围裙、橡皮长筒靴、橡皮手套、戴防护眼镜、口罩。

（5）硝酸具有硝化作用　硝酸对许多有机化合物有硝化作用。所谓硝化，就是在有机化合物分子中引入硝基（—NO_2）而生成硝基化合物的反应。常用的硝化剂是浓硝酸或浓硝酸和浓硫酸的混合酸。硝化是生产染料、炸药、药物的一个重要过程。如浓硝酸使甲苯、苯酚硝化，分别生成 TNT（三硝基甲苯）、苦味酸（三硝基苯酚）等烈性炸药。

2. 硝酸的质量标准

硝酸的质量标准按 GB 337.2—2002 规定（见表 2-2）。

表 2-2　硝酸质量标准（GB 337.2—2002）

指标名称		指　　标			
		68 酸	62 酸	50 酸	40 酸
硝酸（HNO_3）（质量分数）/%	≥	68.0	62.0	50.0	40.0
亚硝酸（HNO_2）（质量分数）/%	≤	0.20	0.20	0.20	0.20
灼烧残渣（质量分数）/%	≤	0.02	0.02	0.02	0.02

3. 硝酸的应用

硝酸是一种用途很广的化工基本原料。主要用于生产硝酸铵炸药、染料等工业。

（1）硝酸用于硝酸铵的生产　硝酸铵是由稀硝酸吸收氨进行中和反应制成的。反应式为

$$NH_3 + HNO_3 \longrightarrow NH_4NO_3$$

硝酸铵在工业上用来生产铵梯炸药；农业上用作化肥。

（2）硝酸用于生产各种炸药　硝酸具有硝化作用，借此在浓硫酸作用下，分别与甲苯、苯酚、甘油、乌洛托品等反应，可以生产炸药，在国防工业和民用建设中起着很大的作用。例如，梯恩梯炸药是民用爆破、定向爆破常用的民爆器材。它是由甲苯与浓硝酸（浓硫酸存在下）作用生成的 2，4，6 三硝基甲苯，化学反应式为

（3）硝酸用于生产染料和染料中间体　染料是硝酸的第二大用户。硝酸是染料工业不可缺少的原料，主要用于生产硝基苯、二硝基苯、二硝基氯苯、对硝基氯苯、邻硝基甲苯等。

以硝基苯的生产为例，硝基苯是生产染料的中间体，由纯苯与硝酸硫酸的混酸（作硝化剂）进行硝化反应制成的。反应式为

硝基苯又名硝化苯，是重要的化工原料，用途甚广，可生产多种医药和染料中间体，如橙色基 R、醇溶黑等。

（4）浓硝酸应用于高科技　浓硝酸是价格低的强氧化剂，很适合生产火箭燃料的氧化剂，同时可以较长期地储于火箭推进箱里。用浓硝酸生产四硝基甲烷，它是一种有前途的火箭燃料的氧化剂。

硝酸还广泛用于化纤工业、冶金工业、医药工业、照相软片、油漆、医药、有机合成等。

（三）盐酸（hydrochloric acid）

分子式：HCl；学名：氢氯酸；商品名：盐酸；别名：盐镪水、焊锡药水；在危险化学品中属无机酸性腐蚀品；危险品编号：81013。

1. 盐酸的识别与性能

（1）物理方法　盐酸是氯化氢的水溶液，纯盐酸无色，工业用常含杂质呈黄色发烟液体。烟雾有刺激性氯化氢气味。

（2）与试纸的反应　能使蓝色的石蕊试纸变红。使甲基橙变红。

（3）化学方法　盐酸中加入硝酸银反应，即有白色氯化银沉淀生成，这种沉淀能溶于氨水。化学反应式为

$$HCl + AgNO_3 \longrightarrow AgCl\downarrow + HNO_3$$

（4）盐酸是发烟酸，具有很强的腐蚀性　盐酸是强酸，工业用盐酸含氯化氢 32%，浓盐酸含氯化氢 38%，有氯化氢的特殊臭味。盐酸挥发出氯化氢气体与空气中的水分形成酸雾，能腐蚀金属、纤维、皮肤、农作物和建筑物。氯化氢有刺激性、有毒，中毒浓度为0.004%，对人的黏膜、气管、眼、鼻有强烈刺激和毒害作用。因此盐酸在储运时应包装完好，并应用耐酸材料密封盖口。工作人员应穿工作服、橡胶围裙、戴橡胶手套、口罩、风

镜。盐酸具有一般无机酸类的通性，除了和铂、金之类的贵金属不发生作用外，一般金属它都能溶解。且盐酸硝酸配成的王水，可以使金、铂溶解。盐酸也能与碱性氧化物、碱、盐等反应，生成盐酸盐。

2. 盐酸的生产方法

工业盐酸有两种生产方法，一种是合成法是把氯气和氢气通入合成炉燃烧生成氯化氢气体，冷却后再用水吸收制成。

另一种方法是利用有机合成副反应来制备盐酸。如纯苯与氯气反应生成氯化苯的同时生成副产品盐酸。反应式为

$$\text{苯} + Cl_2 \xrightarrow{FeCl_3} \text{氯化苯} + HCl\ (\text{氯化氢})$$

3. 盐酸的质量标准

盐酸的质量标准按 GB 320—2006 规定（见表 2-3）。

表 2-3　盐酸质量标准（GB 320—2006）

指标名称		指标		
		优级品	一级品	二级品
总酸度（以 HCl 计）质量分数/%	⩾		31.0	
硫酸盐（以 SO_4^{2-} 计）质量分数/%	⩽	0.005	0.03	
砷的质量分数/%	⩽	0.0001	0.0001	0.0001
铁的质量分数/%	⩽	0.002	0.008	0.01
灼烧残渣的质量分数/%	⩽	0.05	0.10	0.15
游离氯（以 Cl 计）的质量分数/%	⩽	0.005	0.008	0.010

注：砷指标强制。

4. 盐酸的应用

盐酸具有一般典型无机酸的一切通性，且制法简单，价格便宜，广泛用于冶金、皮革、印染、食品、化学等行业。

（1）盐酸用于钢材酸洗　利用盐酸能与金属氧化物反应的性能，在工业上可用盐酸代替硫酸去除钢材表面的铁锈（金属氧化物），用盐酸除锈比硫酸酸洗质量更好。因为盐酸比硫酸酸性略弱，不易发生过酸洗现象；酸洗过程平稳，酸洗后的钢材表面平整、光滑。用盐酸除锈的反应式为

$$Fe_2O_3 + 6HCl \longrightarrow 2FeCl_3 + 3H_2O$$
$$FeO + 2HCl \longrightarrow FeCl_2 + H_2O$$
$$Fe + 2HCl \longrightarrow FeCl_2 + H_2 \uparrow$$

（2）盐酸用于阳离子交换树脂的再生　在水质净化过程中，采用阳离子交换树脂（或磺化媒），与水中的钙、镁或其他阳离子交换，使水质得以净化。当交换达饱和以后，树脂必须再生，以恢复净水能力。盐酸就是一种常用的阳离子再生剂，当盐酸遇到吸附大量杂质阳离子的离子交换树脂时，会发生再生。经再生处理后的阳离子交换树脂又恢复到原来状态，可供重新使用。

（3）盐酸用于化学工业　盐酸是化学工业里用来生产多种盐酸盐的重要原料，如六水氯

化铝、氯化镉、氯化钴、氯化镍等。

以盐酸生产氯化镍为例：氧化镍（或碳酸镍）与盐酸反应可生成氯化镍，反应式为

$$NiO+2HCl \longrightarrow NiCl_2+H_2O$$

$$NiCO_3+2HCl \longrightarrow NiCl_2+CO_2\uparrow+H_2O$$

有机化学工业中，在重要的染料中间体苯胺的生产中，盐酸作为酸性介质。

（4）盐酸用于冶金工业　金属的湿法冶炼是以盐酸作浸取剂。将矿石浸入盐酸中，盐酸把金属离子与矿石杂质分开。另外冶金工业中的有色金属铅、锌的精制及电镀工艺中电解液的配制均需使用盐酸。

（5）盐酸用于其他行业　食品工业利用盐酸水解淀粉生产葡萄糖，还来生产味精、酱油等调味品；在制革工业中盐酸用作鞣革和皮革染色助剂；在医药工业中用于制药；还可利用其酸性去除污垢等。

二、烧碱、纯碱

（一）烧碱（sodium hydroxide）

分子式：NaOH；学名：氢氧化钠；商品名：烧碱；别名：苛性钠、火碱、苛性碱；危险化学品分类中属碱性腐蚀品；危险品编号 82001。

1. 烧碱的识别

（1）物理方法　纯净的氢氧化钠是无色透明的晶体。工业用烧碱因含有少量的氯化钠和碳酸钠呈白色不透明体。状态有粒、片、棒、块等形状。易溶于水，并放出大量的热，水溶液有滑腻的感觉，呈强碱性。烧碱有两种状态：固体烧碱（市场上统称固碱）、液体烧碱（又称液碱）。

（2）与试纸的反应　它能使红色石蕊试纸变蓝，使无色酚酞变红，使甲基橙变橙黄。

（3）火焰反应　用铂丝蘸少许烧碱于火焰中燃烧，有黄色火焰产生，说明含钠。

（4）化学方法　烧碱水溶液加入硝酸银，生成棕色的氧化银沉淀。化学反应式为

$$2AgNO_3+2NaOH \longrightarrow Ag_2O\downarrow+2NaNO_3+H_2O$$

2. 烧碱的生产原理

工业上生产烧碱的方法有苛化法和电解法两种。苛化法按原料不同分为纯碱苛化法和天然碱苛化法；电解法可分为隔膜电解法、水银电解法和离子交换膜法。

以上几种生产方法中，隔膜电解法仍是 20 世纪 90 年代氯碱工业的主要生产方法。水银法由于劳动条件恶劣、水银严重污染环境，已被淘汰。离子交换膜法不但可以生产高质量的烧碱，而且能耗低，污染小，是氯碱生产较理想的生产方法和发展方向。目前我国大多数氯碱企业已引进离子交换膜法电解装置。

（1）纯碱苛化法　将纯碱（Na_2CO_3）、石灰分别经化碱、化灰后进行苛化反应。苛化液经澄清、蒸发浓缩至一定浓度制得液体烧碱。将浓缩液进一步蒸发浓缩后冷却制得固体烧碱成品，其反应原理如下：

$$CaCO_3 \longrightarrow CaO+CO_2\uparrow$$

$$CaO+H_2O \longrightarrow Ca(OH)_2$$

$$Na_2CO_3+Ca(OH)_2 \longrightarrow 2NaOH+CaCO_3\downarrow$$

（2）天然碱苛化法　天然碱（NaHCO_3）经粉碎、溶解、澄清后加入石灰乳进行苛化，再经一系列工艺而制得固体烧碱。其反应原理如下：

$$NaHCO_3+Ca(OH)_2 \longrightarrow NaOH+CaCO_3\downarrow+H_2O$$

(3) 隔膜电解法的生产原理和基本工序　将原盐化盐后加入纯碱、烧碱、氯化钡进行精制、净化，除去钙、镁、硫酸根离子杂质，再于澄清槽中加入苛化淀粉加速沉淀，砂滤后加入盐酸中和，盐水经预热后进入电解，电解液氧氧化钠浓度仅 11％左右，再经蒸发、分盐、冷却制得液体烧碱，浓度达 30％左右。成为商品液碱。再进一步蒸发浓缩即得固体烧碱。

电解精制盐水化学反应如下：

$$2NaCl + 2H_2O \longrightarrow 2NaOH + Cl_2 \uparrow + H_2 \uparrow$$

隔膜电解基本工艺流程为：

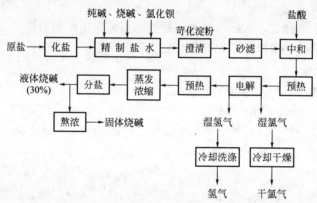

（4）离子交换膜法生产原理及工艺　将原盐化盐后进行盐水精制，把一次精盐水经微孔烧结碳素管式过滤器进行过滤后，经螯合离子交换树脂塔进行二次精制。使盐水钙、镁含量降到 0.002％以下，第二次精制盐水电解，于阳极室生成氯气，阴极室盐水中 Na$^+$ 通过离子膜进入阴极室与 OH$^-$ 生成氧氧化钠，H$^+$ 直接在阴极上放电生成氢气。电解过程中要向阳极室加入适量的高纯度盐酸以中和返迁的 OH$^-$，阴极中应加入所需的纯水，在阴极室生成高纯烧碱浓度为 35％（质量分数），可直接作为商品液碱供应。也可以进一步浓缩制得固体烧碱成品。基本工艺流程为：

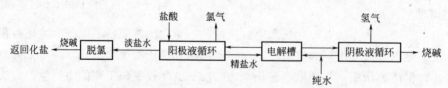

3.烧碱的品种、规格、质量标准

烧碱的品种按状态可分为液碱和固碱两种：常见的工业液碱浓度为 30％左右和 45％。工业固碱一般浓度为 95％以上。

按生产方法可分为：隔膜碱、水银碱、苛化碱（化学碱）、离子膜碱四种。

工业用固体氢氧化钠主体为白色、有光泽、允许微带颜色。工业用固体氢氧化钠（包括片碱）见表 2-4。

工业用液体氢氧化钠标准见表 2-5。

4.烧碱的特性

（1）烧碱是一种无机强碱　烧碱具有强烈的腐蚀性，对皮肤及有机物有强烈腐蚀作用，浓度越高，灼伤腐蚀作用越强。

（2）固体烧碱的溶解、液体烧碱的稀释都会放出大量的热　烧碱越浓放出热量越多，所以在储运烧碱时应避免与水接触；固碱吸收潮湿空气会"发汗"（潮解），同时产生热量。

表 2-4 工业用固体氢氧化钠 （GB 209—2006） 单位：%

项　目		I			II		
		优等品	一等品	合格品	优等品	一等品	合格品
氢氧化钠的质量分数/%	≥	99.0	98.5	98.0		72.0±2.0	
碳酸钠的质量分数/%	≤	0.5	0.8	1.0	0.3	0.5	0.8
氯化钠的质量分数/%	≤	0.03	0.05	0.08	0.02	0.05	0.08
三氧化二铁的质量分数/%	≤	0.005	0.008	0.01	0.005	0.008	0.01

表 2-5 工业用液体氢氧化钠标准 （GB 209—2006） 单位：%

项　目		I			II		
		优等品	一等品	合格品	优等品	一等品	合格品
氢氧化钠的质量分数/%	≥		45.0			30.0	
碳酸钠的质量分数/%	≤	0.2	0.4	0.6	0.1	0.2	0.4
氯化钠的质量分数/%	≤	0.2	0.03	0.05	0.005	0.008	0.01
三氧化二铁的质量分数/%	≤	0.002	0.003	0.005	0.006	0.0008	0.001

（3）**烧碱易与非金属氧化物反应**　烧碱与非金属氧化物反应生成盐和水。如

$$2NaOH + SiO_2 \longrightarrow Na_2SiO_3 + H_2O$$

烧碱不宜长期露置于空气中，否则会变质，降低质量

$$2NaOH + CO_2 \longrightarrow Na_2CO_3 + H_2O$$

（4）**烧碱与铵盐的反应**　烧碱与铵盐无论是在干态或溶液中均能发生化学反应。化学反应式为

$$NH_4Cl + NaOH \longrightarrow NaCl + NH_3 \uparrow + H_2O$$

反应都产生氨气，既污染了空气，又降低了铵盐的质量。因此，铵盐与碱不能共储运。

（5）**烧碱与金属单质和非金属单质反应**　烧碱能与许多金属单质反应生成含氧酸的盐和氢气。如两性金属单质或半金属单质（Al、B、Si）。

$$2Al + 2NaOH + 2H_2O \longrightarrow 2NaAlO_2 + 3H_2 \uparrow$$

$$2B + 2NaOH + 2H_2O \longrightarrow 2NaBO_2 + 3H_2 \uparrow$$

$$Si + 2NaOH + H_2O \longrightarrow 2NaSiO_3 + 2H_2 \uparrow$$

但金属铁、镍和银具有较强的抗碱性。尤其是铁在常温下不与烧碱反应，但在高温下（400℃）发生剧烈反应。因此，常用铁作烧碱的容器、包装、槽罐或蒸发液体烧碱。

与非金属单质发生歧化反应。如

$$X_2 + 2NaOH \longrightarrow NaX + NaOX + H_2O \qquad X\text{-(Cl、Br、I)}$$

5. 烧碱的应用

（1）**用于造纸工业**　目前用于造纸的原料，主要是麦秆、稻草、蔗渣、芦苇、棉秆等含有纤维素和半纤维素的植物性原料。这些原料中的纤维素和半纤维素是制造纸浆的基本成分，另含有木质素和杂质，在制浆过程中必须除去。

烧碱（有的还有硫化碱）的主要作用是作蒸煮剂，去除木质素和杂质，提取纤维素和半纤维素制作纸浆。造纸工业中使用的烧碱浓度较稀，大约为8％左右，对烧碱质量没有什么特殊要求。因此，可用印染厂丝光车间的下脚废碱液或纺织厂废碱液等。

（2）**烧碱用于纺织和印染工业**　烧碱是生产黏胶纤维的重要化工原料。黏胶纤维是世界

上产量较大的一种人造纤维。制造黏胶纤维的原料，同造纸原料一样，是用烧碱处理天然纤维材料（棉秆、蔗渣、木材等），不同的是黏胶纤维生产时只需要原料中的纤维素，而半纤维素在这里将作为杂质同木质素一起被除去。烧碱将纤维素提炼出来成为黏胶纤维的原料——纤维素浆粕。烧碱的第二个作用是碱化纤维素浆粕制备出碱纤维素，再进行磺化反应生成纤维素磺酸酯。烧碱的第三个作用是溶解纤维素磺酸酯制成可以进行纺丝的黏胶液，然后成形黏胶纤维。生产黏胶纤维所用的烧碱，在质量上有较高的要求，对氯化钠和 Fe^{2+}、Fe^{2+} 的含量都有一定的要求，否则对产品质量、成品、色泽和工艺操作都会带来不利影响，所以一般应供应水银碱或离子交换膜碱。

烧碱在棉纤维的纺织和印染中，用于退浆、煮练、丝光处理等工序。在印染工业里，烧碱常作为多种染料染色的助剂。

（3）烧碱用于肥皂和合成洗涤剂的生产　烧碱与油脂能起皂化反应，所以烧碱是生产肥皂的重要化工原料。日常生活中使用的肥皂有两种：一种是钠肥皂（普通肥皂），它的化学成分为脂肪酸钠盐，是由烧碱与油脂起皂化反应生成脂肪酸钠和甘油制得。另一种是合成皂，是由净化的脂肪酸与烧碱（或纯碱）反应制得合成肥皂。其化学反应式如下。

① 钠肥皂（普通肥皂）。

$$
\begin{array}{c}
CH_2OOCR_1 \\
| \\
CHOOCR_2 \\
| \\
CH_2OOCR_2 \\
\text{油脂}
\end{array}
+3NaOH \longrightarrow
\begin{array}{c}
R_1COONa \\
R_2COONa \\
R_3COONa \\
\text{脂肪酸钠} \\
\text{（钠肥皂）}
\end{array}
+
\begin{array}{c}
CH_2OH \\
| \\
CHOH \\
| \\
CHOH \\
\text{甘油}
\end{array}
$$

② 合成皂。

$$RCOOH+NaOH \longrightarrow RCOONa+H_2O$$

或

$$RCOOH+Na_2CO_3 \longrightarrow RCOONa+NaHCO_3$$

制皂工业对烧碱质量无特殊要求，一般使用 30% 隔膜液碱即可。

烧碱用于洗涤剂活性物——烷基苯磺酸钠生产中，起中和磺基苯磺酸的作用，由于它是一种强酸，不适宜作洗涤剂用，因此工业上采用烧碱中和，生成它的钠盐为洗涤剂活性物。其化学反应式为

烷基苯磺酸 + NaOH ⟶ 烷基苯磺酸钠 + H_2O

（4）烧碱用于生产多种化工原料　烧碱是生产多种化工原料的母体原料。大量用于生产无机化工原料（如磷酸三钠、氯化钠、硼砂等），有机化工原料（如苯酚、苯酸、甲酸、乙二醇等），高分子化合物（如聚氯乙烯、环氧树脂、离子交换树脂等），如烧碱与一氧化碳合成制得甲酸钠。在磷酸三钠的生产中，纯碱中和磷酸生成磷酸氢二钠，再用烧碱中和磷酸氢二钠，制成磷酸三钠。

（5）烧碱用于其他行业　大量烧碱还用于医药、农药、染料、石油、冶金等工业生产中，如医学工业中烧碱用于生产各种抗菌素（四环素、土霉素、金霉素、安乃近、磺胺等），农药工业用于生产敌百虫、敌敌畏、乐果、六六六、五氯酚钠等，石油工业中用于石油的精

制，冶金工业制铝等。

（二）纯碱（sodium carbonate）

分子式：Na_2CO_3；学名：碳酸钠；商品名：纯碱；别名：苏打、面碱；属非危险品；纯碱是由金属离子（Na^+）和酸根（CO_3^{2-}）组成的盐；由于它的水溶液具有较强的碱性，加之它的工业品纯度较高（含碳酸钠98％以上），所以习惯上称它为纯碱。

1. 纯碱的识别

（1）物理方法　纯碱是白色粉末或细粒结晶；无臭；味苦而涩；易吸收水分结块。易溶于水，溶液呈碱性。

（2）火焰反应　同烧碱。

（3）易溶于水，溶液呈碱性　能使橙色pH试纸呈蓝色，不溶于丙酮，纯碱溶液与红色的石蕊试纸反应变蓝。无色酚酞变红，甲基橙变黄。

（4）纯碱和盐酸反应，有二氧化碳气体生成　将这种气体通入澄清的石灰水中，产生白色沉淀，证实为纯碱。化学反应式为

$$Na_2CO_3 + 2HCl \longrightarrow 2NaCl + CO_2\uparrow + H_2O$$
$$CO_2 + Ca(OH)_2 \longrightarrow CaCO_3\downarrow + H_2O$$

2. 纯碱的生产

纯碱的生产主要有氨碱法和联碱法两种。

（1）氨碱法生产纯碱　将原盐溶解，除钙、镁后的饱和盐水进行吸氨，经碳化得到碳化液，经过滤分离出重碱和氯化铵，重碱经煅烧制得纯碱成品，过滤后的母液（NH_4Cl）加入石灰乳经蒸馏回收氨，可重复利用，供盐水吸收。石灰石经煅烧后产生二氧化碳供吸氨的盐水进行碳化用，生成的氧化钙用来制备石灰乳（氢氧化钙）用于氨的回收，主要化学反应式为

$$NaCl + NH_3 + CO_2 + H_2O \longrightarrow NaHCO_3 + NH_4Cl$$
$$2NaHCO_3 \longrightarrow Na_2CO_3 + CO_2\uparrow + H_2O$$

基本工艺流程为：

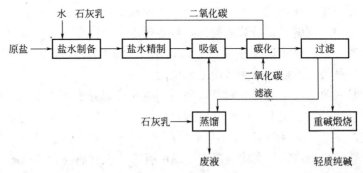

氨碱法生产纯碱，技术成熟。产品纯度高，原料易得，成本低廉，生产能力大。该法不足之处在于食盐利用率低（氯离子未能加以利用），物料消耗高，环境污染严重。

（2）联碱法生产纯碱　联碱又称联合制碱法或侯氏制碱法，是我国制碱专家侯德榜首先提出的，联碱法制碱原理与氨碱法相同。生产过程有所差异，它是把纯碱的生产与合成氨的生产联合起来，制得纯碱产品的同时又可制得氯化铵作化肥。

联碱法是将盐析结晶母液吸氨后进行碳化析出重碱，把重碱煅烧，制得纯碱成品。过滤母液吸氨后，经冷析结晶、盐析结晶，析出氯化铵。母液中含盐，再送往吸氨制碱使用。

3. 纯碱品种、质量标准

纯碱按其生产时密度大小不同，可分轻质纯碱（密度为 $0.5\sim0.7t/m^3$）重质纯碱两种。

我国生产的纯碱绝大部分为轻质纯碱。已开始投入重质纯碱的生产近万吨，并大力开展优质重质纯碱、超重质纯碱、超轻质纯碱的新品种研究开发工作。

发达国家重质纯碱是主要生产品种，如美国重质纯碱占 80% 以上。重质纯碱是我国发展的方向，重质纯碱密度大，碱粉不易飞扬，不易结块，使用安全方便。

纯碱的质量标准按 GB 210—1992，见表 2-6。

表 2-6　纯碱的质量标准 GB 210—1992

项　　目	指　　标						
	一类	二类			三类		
	优等品	优等品	一等品	合格品	优等品	一等品	合格品
总碱量(以 Na_2CO_3 计)的质量分数/% ≥	99.2	99.2	98.8	98.0	99.1	98.8	98.0
氯化物(以 NaCl 计)的质量分数/% ≤	0.50	0.70	0.90	1.20	0.70	0.90	1.20
硫酸盐(以 SO_4 计)的质量分数/% ≤	0.03	0.03					
铁的质量分数/% ≤	0.004	0.004	0.006	0.010	0.004	0.006	0.010
水不溶物含量/% ≤	0.04	0.04	0.10	0.15	0.04	0.10	0.15
烧失量/% ≤	0.8	0.8	1.0	1.3	0.8	1.0	1.3
堆积密度/(g/L) ≥	0.85	0.90	0.90	0.90	0.90	0.90	0.90

工业碳酸钠分为三种类别。

一类为特种工业用重质碳酸钠。适用于制造显像管玻壳、浮法玻璃、光学玻璃等。

二类为工业盐及天然碱为原料生产的是工业碳酸钠，包括轻质碳酸钠和重质碳酸钠。

三类为硫酸钠型卤水盐为原料联碱法生产的工业碳酸钠。也包括轻质碳酸钠和重质碳酸钠。

4. 纯碱的特性

纯碱在化工原料中虽属非危险品，但它是强碱弱酸的盐，又是碳酸盐。

(1) 纯碱的水解　纯碱是强碱弱酸的盐，可溶于水，并产生一定热量。同时纯碱可以发生水解，溶液呈碱性。纯碱虽是非危险品，但遇水发生水解，溶液的强碱性，可以灼伤皮肤、腐蚀织物、物品等，所以纯碱遇水仍是危险的。

(2) 纯碱极易吸收空气中的水分和二氧化碳　纯碱长期置于空气中，尤其是在潮湿的库房中，纯碱容易结块，发生质变。化学反应式：

$$Na_2CO_3 + H_2O + CO_2 \longrightarrow 2NaHCO_3$$

纯碱变成了碳酸氢钠，它的变化与湿度、温度有关，温度越高，纯碱的变化越大。空气中的水分和二氧化碳均是客观存在的，因此纯碱不宜长期储存，一般以 6～12 个月为宜。

(3) 纯碱易与酸反应　纯碱是碳酸盐，与任何酸反应生成新的盐和碳酸。碳酸易分解为二氧化碳和水。化学反应式：

$$Na_2CO_3 + 2HCl \longrightarrow 2NaCl + H_2O + CO_2 \uparrow$$

工业上常利用纯碱进行酸碱中和反应。

(4) 纯碱易与铵盐反应　纯碱是强碱弱酸的盐，与铵盐易发生反应，生成两种新的盐，并分解出氨气、二氧化碳和水。化学反应式：

$$Na_2CO_3 + 2NH_4NO_3 \longrightarrow 2NaNO_3 + 2NH_3\uparrow + CO_2\uparrow + H_2O$$

5. 纯碱的应用

纯碱是基本化工原料之一,广泛用于化工、冶金、轻工、建材、农业、纺织、国防、食品等行业。其耗量较大,属于大宗化工产品。

(1) 玻璃工业和水玻璃生产　玻璃工业是纯碱的最大用户,生产 1t 玻璃需用纯碱 0.2t,每年消耗在玻璃生产的纯碱,一般占纯碱总量的 30% 左右。

玻璃生产的主要原料为:纯碱、石英砂、石灰石,生产原理为纯碱与石英砂共融生成可溶于水的硅酸钠,再加入石灰石即生成不溶于水的钠-钙-硅玻璃。纯碱在生产玻璃中的作用,一是做原料,提供氧化钠;二是起助熔作用,降低石英砂的熔点。石英砂熔点一般为 1700℃。加入纯碱后,玻璃熔体的熔融温度降至 1400～1500℃。

生产玻璃对纯碱质量有一定要求。纯碱中 Fe^{2+} 的存在会使玻璃带绿色,Fe^{3+} 会使玻璃带上棕褐色。氯化钠含量过高,在高温下会使玻璃带上气泡。因此生产玻璃的纯碱氯化钠含量不得超过 1%,Fe^{2+}、Fe^{3+} 不得超过 0.004%。

纯碱在水玻璃生产中起的作用与在玻璃生产中作用相同。在高温下纯碱分解生成氧化钠,氧化钠再与二氧化硅作用生成硅酸钠(即水玻璃)。水玻璃应用广泛,主要用作作黏合剂、清洗剂、填充剂、水的软化剂等。

(2) 纯碱用于冶金工业　纯碱大量用于电解法炼铝和生产氟化盐。用低品位铝土矿($Al_2O_3 \cdot SiO_2$)原料与一定量的纯碱、石灰石混合烧结,铝土矿中的氧化铝与纯碱生成可溶的偏铝酸钠。铝土矿中的 SiO_2 与石灰石生成硅酸钙,被作为矿渣分离除去。偏铝酸钠经碳酸化得到氢氧化铝沉淀,再经煅烧制成氧化铝。可用烧结法炼铝中得到的氢氧化铝生产氟化铝、冰晶石、氟化钠等。在炼钢、炼铁的黑色冶金中,纯碱还可起到脱磷硫的作用,同时还可以作助熔剂。

(3) 纯碱用于化学工业生产各种钠盐

① 生产硝酸钠和亚硝酸钠(简称硝钠和亚钠)。用纯碱吸收 NO、NO_2,生成硝酸钠和亚硝酸钠,再根据它们在不同温度下溶解度的不同将其分开。

② 生产碳酸氢钠(小苏打)。首先将纯碱溶解于水。除去不溶于水的杂质,再 CO_2 碳酸化制得碳酸氢钠(小苏打)。

此外,纯碱还用于生产硼砂($Na_2B_4O_7 \cdot 10H_2O$)、氰化钠(NaCN)、磷酸三钠(Na_3PO_4)等。

(4) 纯碱用于轻纺工业

① 生产合成洗涤剂的助洗剂——磷酸五钠,磷酸五钠在合成洗涤剂中起着去污去油脂,提高洗涤效果的作用。

② 生产肥皂。纯碱与精制的合成脂肪酸作用,生产合成皂。

③ 纯碱除在纺织印染工业中作水的软化剂外,还可除去毛织物、棉、麻、丝上的油脂、杂质,作织物的煮炼剂。

(5) 民用市场及其他的消费

① 民用市场的消耗。纯碱直接用于人民日常生活:直接用作洗涤、去污。食品行业:中和食品发酵所产生的酸同时还有发泡作用,所以俗称"面碱",如做馒头、包子、面包、糕点、面条、酱油、味精和油的精制。

② 纯碱可以代替烧碱使用。纯碱的水溶液呈碱性,产物主要是烧碱,纯碱在高温下能

分解出氧化钠（碱性氧化物），相对应的水化物是烧碱，纯碱和酸反应能起中和作用，因为生成的是碳酸，即纯碱可以代替烧碱进行中和反应。

③ 其他纯碱还用于制革脱毛、石油精制和军事工业中提取并分离得到浓缩铀。

三、常用的几种盐类化工原料

（一）硝酸钠（sodium nitrate）

分子式：$NaNO_3$；学名、商品名：硝酸钠、硝钠；别名：盐硝、发蓝粉、钠硝石；危险化学品中属氧化剂；危险品编号：51055。

1. 硝酸钠的识别与性能

（1）物理方法　纯净硝酸钠为无色透明结晶或粉末，工业品硝酸钠为灰黄色，味咸而苦，易潮解。

（2）火焰反应　同烧碱。

（3）化学方法　取 1mL 硝酸钠溶液，然后滴入 3mL 新制备的硫酸亚铁溶液，充分振荡，再把试管倾斜，沿管壁注入 3mL 浓硫酸（切勿振荡），即见两层液体接触面上出现"棕色环"，此现象证明是硝酸盐。

（4）硝酸钠是一级无机氧化剂　在高温下不稳定，加热至 380℃ 时能够分解生成亚硝酸钠和氧气，高温下硝酸钠是强氧化剂，而在水溶液中几乎没有氧化性。

（5）硝酸钠具有潮解性　硝酸钠受潮结块，降低成分。

2. 硝酸钠的应用

硝酸钠主要用于生产日用玻璃及搪瓷制品，其次用于生产安全炸药硝酸钾。还用于金属热处理作发蓝剂。

（1）用于生产日用玻璃和搪瓷制品　玻璃和搪瓷同属于硅酸盐系列。因而，硝酸钠在玻璃和搪瓷工业中的作用也是类似的，即都是利用硝酸钠具有较低熔点（308℃），较强氧化性和在高温下能分解得到氧化钠（Na_2O）并放出氧气的特性，常用来代替纯碱用于玻璃和搪瓷工业。它所起的作用如下。

① 原料与助熔。高温下硝酸钠能分解出生产玻璃所需的原料氧化钠，且硝酸钠的熔点比石英低得多，高温下产生的氧化钠能与石英砂结合生成硅酸钠，从而降低玻璃的熔融温度，起到助熔作用。

② 作澄清剂。硝酸钠在高温下分解放出氧气，可以使玻璃熔体中一些气体（特别是氯化钠产生的气泡）被氧气吸收，一起脱离玻璃熔体，从而减少玻璃制品中的气泡，达到澄清的作用。

③ 作消色剂。硝酸钠是氧化剂，能使混在玻璃中的 Fe^{2+} 氧化成 Fe^{3+}，从而消除了 Fe^{2+} 带给玻璃和搪瓷的青色，而 Fe^{3+} 使玻璃和搪瓷制品带上微棕色，增强了制品的透明度和洁白度。

④ 搪瓷制品的光泽剂。因为硝酸钠是强氧化剂，能将瓷釉中的金属锑（Sb）从三价锑氧化成五价锑，而五价锑能赋予搪瓷较好的光泽。另外，瓷釉中的钛（Ti），只有以二氧化钛（TiO_2）形式存在时才能使瓷釉保持光泽洁白，在瓷釉的熔制过程中加入硝酸钠，能使锑和钛保持高价氧化态 Sb^{5+}、Ti^{4+}，从而使搪瓷制品保持良好的光洁度和白度。

（2）用于安全炸药硝酸钾生产　硝酸钠亦称安全炸药，用它又可以生产多种炸药。如黑火药、黑索金炸药、土炸药、烟火、鞭炮等。硝酸钾在工业上由硝酸钠和氯化钾经复分解反应制得。化学反应式：

$$NaNO_3 + KCl \longrightarrow NaCl + KNO_3$$

（3）硝酸钠用作金属热处理发蓝剂　利用硝酸钠的氧化性作用，在钢体表面镀上一层结构致密的四氧化三铁薄层，使制件表面发出乌蓝色的光泽，不仅增加制品的美观，同时提高钢体的防腐能力。

（4）其他　硝酸钠还可用于农业上作氮肥，或生产氮钾复合肥，食品工业用于腌肉和制肉类罐头。

（二）亚硝酸钠（sodium nitrite）

分子式：$NaNO_2$；学名、商品名：亚硝酸钠；又名：亚钠；危险化学品中属氧化剂；危险品编号：51525。

1. 亚硝酸钠的识别与性能

（1）物理方法　亚硝酸钠为白色或微黄斜方晶体，味略苦，能溶于水，易潮解，溶液呈碱性。

（2）火焰反应　同烧碱。

（3）化学方法　在亚硝酸钠溶液中倒入碘化钾淀粉溶液，碘化钾中的碘被氧化成单质碘，呈蓝色反应，由此可以鉴别亚硝酸盐。

（4）亚硝酸钠既有氧化性又有还原性　它与强还原剂（如碘化钠）相遇时表现出氧化性，自身被还原成一氧化氮，与强氧化剂相遇时呈现出还原性，自身被氧化成硝酸钠。亚硝酸钠露置于空气中，将逐渐被氧气所氧化，变成硝酸钠。

（5）亚硝酸钠有毒，是致癌物质　误吸 2g 能使人致死，溶液接触皮肤的极限浓度为1.5%。若与皮肤接触将产生斑疹。

2. 亚硝酸钠的应用

亚硝酸钠主要应用于印染、医药和金属的热处理等行业。

（1）纺织印染工业

① 在纺织工业中利用亚硝酸钠的氧化性，对丝、麻、亚麻等进行漂白。

② 生产合成己内酰胺的原料。生产己内酰胺的方法很多，使用亚硝酸钠生产己内酰胺的方法称"环己烷空气氧化法"。生产原料主要是纯苯、空气、亚硝酸钠、氨水、二氧化硫、发烟硫酸等。亚硝酸钠的作用是用于生产己内酰胺的中间体硫酸羟胺。全国每年用于生产己内酰胺的亚硝酸钠占总量的 20%～25%。

③ 印染工业作媒染剂。亚硝酸钠作多种染料染色和印花的助染剂或媒染剂。

④ 生产染料。亚硝酸钠用于生产多种染料。如硫化染料、冰染染料、酸性染料、分散染料、偶氮染料等。

（2）冶金工业

① 冶金工业的热处理工艺。利用亚硝酸钠的氧化性和浓碱的碱性，对碳素钢和低合金工具钢制件的处理，使其钢件的表面生成一层致密的四氧化三铁的氧化膜，氧化膜可呈现亮而蓝色或亮而黑色，保护钢件表面，既美观又防锈。

② 电镀工业。冶金工业中的电镀工业中亚硝酸钠作缓蚀剂。

（3）医药工业及其他　亚硝酸钠大量用于医药工业。例如生产维生素 B12、安乃近、氨基比林、吡唑酮、咖啡因、氨茶碱、扑热息痛等。还用于生产硝基化合物、亚硝酸钾和冬季施工时的防冻剂等。

（三）氰化钠（sodium cyanide）

分子式：NaCN。学名、商品名称：氰化钠。别名：山奈、山奈钠。危险化学品中属毒害品。危险品编号：61001。

1. 氰化钠的识别与性能

(1) 物理方法　氰化钠为白色立方晶体。易溶于水，溶液呈碱性。有微弱的苦杏仁味。

(2) 火焰反应　同纯碱，检查是否含钠。

(3) 化学方法　取氰化钠试液少许，用 NaOH 溶液碱化，加硫酸亚铁数滴、氯化铁 2～3 滴，最后加入少许盐酸，产生普鲁士蓝沉淀。证明含 CN^-。

(4) 氰化钠易与酸类反应　甚至很弱的酸均能与氰化钠反应，分解放出有剧毒的氰化氢气体。

(5) 氰化钠为剧毒品　人若误服必造成死亡，致死量为 0.02mg。当人误服氰化钠后，氰化钠与胃酸反应，迅速分解放出氰化氢气体。氰化氢立即与血中的铁发生反应，生成铁的配合物，数分钟便可致人死亡。

(6) 氰化钠易潮解　氰化钠吸收空气中的水分和二氧化碳后，分解放出氰化氢气体。化学反应式：

$$2NaCN + H_2O + CO_2 \longrightarrow Na_2CO_3 + 2HCN \uparrow$$

2. 氰化钠的应用

氰化钠主要应用于化学工业、冶金、医药、纺织等行业。

(1) 化学工业

① 生产各种无机氰化物。例如氰化锌、氰化镍等。氰化钠溶液能溶解金属铁、锌、镍、铜、钴、银和镉，生成相应的氰化物，在氧参与下，还能溶解黄金。例如氰化钠与锌反应，化学反应式：

$$Zn + 2NaCN + 2H_2O \longrightarrow 2NaOH + Zn(CN)_2 + H_2 \uparrow$$

② 生产高分子材料。例如有机玻璃、丁腈橡胶、腈纶纤维。例如，丙烯腈的生产是利用氰化钠与酸反应生成氰化氢，再与乙炔作用生成丙烯腈。丙烯腈除可生产丁腈橡胶（丁二烯和丙烯腈聚合）、腈纶（聚丙烯腈纤维）外，还可以生产丙烯腈-苯乙烯塑料（AS 塑料）和 ABS 塑料等。

(2) 冶金工业　氰化钠在冶金工业中多方面应用。如钢材的氰化、电镀和选矿等。

① 钢材的氰化。钢材的氰化是钢材化学热处理的一种方法。它是在钢材的表面渗碳和氮的工艺。以提高钢材的表面硬度和耐磨性能。

氰化的基本原理是由氰化钠及其他的盐（如碳酸钠、氯化钠等）组成盐溶。钢材在高温下浸入盐浴。氰化钠在高温、氧及其他盐的作用下分解出活性碳原子和活性氮原子，这些活性碳、氮原子渗入钢材的表面，完成钢材的氰化。

② 钢材的电镀。电镀是在钢材的表面镀金、银、铜、锌、镉等金属或金属合金。

氰离子极易与金属配合。配合物在溶液中存在着离解平衡。电镀时，加入氰化钠，即形成配合物，随电镀的进行，配合物缓慢地离解，使电镀层细致、均镀好、结合牢固。但含氰化钠的电镀液剧毒，在生产过程中易逸出有毒的气体，对工人健康有害，因此必须采用良好的通风设备，废水排放前应严格进行处理。目前国家大力推广无氰电镀以减少对工人身体的损害和环境的污染。

③ 有色金属选矿。氰化钠溶液对金属具有优良的溶解特性。因此常用氰化钠从矿石中提炼有色金属、尤其是金、银等贵金属。氰化钠与金属反应生成相应的金属配合物，然后用锌

粉还原出贵金属。例如提炼金矿。化学反应式为：

$$4Au+8NaCN+O_2+2H_2O \longrightarrow 4Na[Au(CN)_2]+4NaOH$$

$$2Na[Au(CN)_2]+Zn \longrightarrow 2Au+Na_2[Zn(CN)_4]$$

（3）医药工业及其他　氰化钠在医药工业中生产维生素 B6、B12 等。

（四）硫化碱（sodium sulfide）

危险化学品中属无机碱性腐蚀品。危险品编号：82011。

1. 硫化碱的识别与性能

（1）物理方法　纯净的硫化碱为无色透明棱柱形结晶。工业用硫化碱因含杂质颜色常为红褐色、棕红色、土黄色或粉红色等块状或片状，味臭。易溶于水，溶液呈碱性。易潮解，长置于空气中，吸收水分和二氧化碳发生质变并放出有臭味、有毒气体。

（2）火焰反应　同烧碱。

（3）化学方法　取硫化碱与盐酸反应，放出有臭皮蛋气味的硫化氢气体。化学反应式为：

$$Na_2S+2HCl \longrightarrow 2NaCl+H_2S\uparrow$$

（4）硫化碱易水解　硫化碱易溶于水，是强碱弱酸的盐，在水中几乎全部离解，生成硫氢化钠和氢氧化钠，溶液则呈强碱性，因此人们称硫化钠为硫化碱。

（5）硫化碱易潮解变质　硫化碱在空气中易吸潮而潮解，同时吸收空气中的氧气而被氧化变为硫代硫酸钠（大苏打）。化学反应式为：

$$2Na_2S+H_2O+2O_2 \longrightarrow Na_2S_2O_3+2NaOH$$

（6）硫化碱易与酸类反应，放出有毒气体　硫化碱与任何酸，乃至空气中的二氧化碳和水反应，放出有臭皮蛋气味的硫化氢气体。化学反应式为：

$$Na_2S+H_2SO_4 \longrightarrow NaSO_4+H_2S\uparrow$$

$$Na_2S+CO_2+H_2O \longrightarrow Na_2CO_3+H_2S\uparrow$$

因此，硫化碱不宜露置于空气中，不能与酸类物质共储，否则放出有毒的臭皮蛋味的臭气。若发现中毒，应离开现场移至新鲜空气处。

2. 硫化碱的应用

硫化碱主要应用于染料工业，其次是造纸工业、制革、冶金等。

（1）染料工业　硫化碱在染料工业中主要生产硫化染料，硫化碱是生产硫化染料的最基础的原料，还是硫化染料的助染剂。硫化染料不溶于水，在染色时，必须将染料还原成可溶于水的隐色体，染在纤维上，经空气或其他氧化剂的氧化显色，并恢复成原来的不溶状态的染料。硫化碱在此作还原剂。

（2）造纸工业　硫化碱用于硫酸盐法制浆，此法是以烧碱和硫化碱为蒸煮剂。烧碱和硫化碱蒸煮含纤维素的植物（如木材、草类、竹类、蔗渣、芦苇、棉秆等），目的是除去植物中的木质素，提取纤维素和半纤维素。

硫化碱的作用：硫化碱在溶液中首先水解，生成硫氢化钠和氢氧化钠，硫氢化钠又可电离出钠离子和硫氢根。当烧碱与硫化碱作蒸煮剂时，烧碱溶解木质素。硫化碱电离生成的硫氢根也能迅速地与木质素反应，生成易溶解的硫化木质素而被除去。缩短了植物纤维与高温烧碱的接触时间，减轻碱液对纤维的破坏，提高了得浆率和强度。此外，硫化碱的加入，代替了部分烧碱，节约了烧碱，提高了纸浆的质量。

（3）冶金工业与其他　在冶金工业中用硫化碱作浮选剂或沉淀剂，进行金属选矿，在有色冶金中做助熔剂和还原剂，如对铅、铜的冶炼。还用于人造纤维脱硝和硝化物的还原和有机合成。硫化碱还可用来生产硫氢化钠、硫代硫酸钠和医药中生产非那西丁等解热药物。

第二节　其他无机化工原料

一、液氯

分子式：Cl_2；学名：氯；商品名称：氯气、液氯（chlorine liquid）；危险化学品中属压缩和液化气。

（一）液氯的识别

（1）物理方法　氯气是黄绿色的气体，有剧毒！具有使人窒息的强烈的刺激性，空气中的中毒浓度为 0.1%，比空气重，可助燃。

氯气是易液化的气体。在常温下，加压便可液化。液氯为黄绿色的液体，储存在耐压钢瓶中。氯气能溶于水，但溶解度不大。

（2）褪色反应　将蘸有品红溶液的试纸伸入黄绿色有刺激味的气体中，品红褪色。

（3）试纸反应　将湿润的淀粉碘化钾试纸伸入黄绿色有刺激味的气体中，置换出的碘与淀粉反应，淀粉遇碘变蓝，因而试纸变蓝。

（二）液氯的性能

氯气在元素周期表中位于第七主族、第二周期是非金属性很强的元素。在危险化学品中它属液化气体，有剧毒！

1. 氯气几乎能与所有的金属、氮、氧和碳以外的非金属反应

很多金属与非金属还能在氯气中燃烧，生成卤化物。

氯气是很强的氧化剂，很活泼的元素。与易燃气体混合易发生燃烧和爆炸。

2. 氯与水的反应

氯气不仅能溶解于水，生成氯水。氯水中的氯气还会逐渐与水分子反应，生成盐酸和次氯酸。当受日光照射时，反应进行较快。化学反应式为：

$$Cl_2 + H_2O \longrightarrow HCl + HClO$$

生成的次氯酸很不稳定，在水中分解，发生下列反应为：

$$HClO \longrightarrow HCl + [O]$$
$$HClO \longrightarrow H_2O + Cl_2O$$

原子氧和一氧化二氯都是很强的氧化剂，很多有色物因氧化而褪色，具有漂白作用和很强的氧化作用，可腐蚀金属，如钢铁容器，所以储存氯气必须干燥脱水后才能用钢瓶包装，否则，潮湿的氯气会腐蚀设备和包装。

3. 液氯是有毒液化气

液氯是液化气体而且有毒，因此储运液氯的钢瓶应定期试压，检查钢瓶阀门是否漏气。如发生漏气钢瓶，应搬出库外，侵入石灰乳中或投入使用，操作人员应戴防毒口罩。

（三）液氯的应用

液氯主要应用于纺织、造纸工业作漂白剂，自来水厂作消毒、净化剂。随着石油工业和有机氯工业的发展，液氯将大量应用于有机合成工业和生产各种氯化物。

1. 漂白、消毒

（1）直接漂白、消毒　利用氯气与水的反应，生成氧化性很强的次氯酸和一氧化二氯，直接用于纺织行业的漂白，造纸工业纸浆的漂白和自来水厂的净化和消毒杀菌。

（2）生产漂白粉　氯气有毒，运输、使用尤其是小量使用都有一定的困难，因此，一般利用氯气生产漂白粉。石灰乳吸收氯气后生成漂白粉（次氯酸钙和氯化钙），化学反应式为：

$$2Cl_2 + 2Ca(OH)_2 \longrightarrow Ca(OCl)_2 + CaCl_2 + 2H_2O$$

漂白粉是一个多组成的混合物，其中有效成分是次氯酸钙。

2. 生产盐酸，无机氯化物

（1）生产盐酸　氢气在氯气中燃烧生成氯化氢气体。氯化氢气体被水吸收制得合成盐酸，一般浓度为31％左右。

（2）无机氯化物　氯气与金属、非金属反应生成各种无机氯化物。如氯化铝、四氯化钛、三氯化磷、五氯化磷等。

（3）氯法冶炼　用氯气易与金属反应，生成氯化物，氯化物一般溶于水，提炼金属。尤其是对用其他方法不易提炼的矿（如从矿中提取金、银等贵金属），氯法冶炼均能奏效。

3. 合成有机氯化物

有机氯工业随着我国石油工业的发展而发展较快，它品种多，产量大，耗氯量多，是今后液氯应用的主要市场。

（1）合成洗涤剂的生产　氯气用于合成洗涤剂活化剂中间体烷基苯的生产。正构烷在紫外线（或热）的作用下与氯气发生取代反应，生成卤代正构烷，卤代正构烷再与苯在催化剂作用下，发生烷基化反应，生成烷基苯。

（2）生产有机氯农药　有机氯农药的品种很多，耗氯量也大。常用品种如滴滴涕、甲基1605、乐果、敌百虫和敌敌畏等。

以生产三氯乙醛为例。将氯气通入乙醇中发生氯化反应，生成混合物氯油，氯油再与浓硫酸反应，生产得到三氯乙醛。三氯乙醛也是敌百虫、敌敌畏的中间体。

纯苯与氯气在氯化铁作用下发生取代反应，生成氯化苯和副产盐酸。氯化苯再与三氯乙醛反应，在发烟硫酸作用下生成滴滴涕。

（3）生产高分子材料　以氯气为原料生产的高分子材料品种较多。例如，聚氯乙烯，过氯乙烯塑料，氯丁橡胶，氯纶纤维等。随着新材料的开发，将有更多的氯下游产品。

（4）其他有机氯产品　例如以氯气生产的氯甲烷、二氯甲烷、三氯甲烷、四氯化碳、氯乙烷、二氯二氟甲烷、三氯三氟乙烷等。

液氯还用于军工生产毒气、军用烟幕弹等。

液氯是电解法生产烧碱的联产品，烧碱与液氯的生产相互制约，因此应当做好氯碱平衡发展烧碱和氯气。应大力发展氯产品的生产，以满足市场对烧碱的要求。

二、钛白粉

分子式：TiO_2；学名：二氧化钛；商品名称：钛白粉（titanium dioxide）、钛白；系非危险品。

（一）钛白粉的识别

1. 物理方法

颜色洁白的粉末，粉粒柔软，遮盖力和着色力强，无毒，不溶于水、有机酸和稀的无机酸，能溶于浓硫酸或氢氟酸，长时间煮沸下才能完全溶解，微溶于碱液。怕潮湿，折射率很高。

2. 化学方法

取钛白粉溶于浓硫酸中，后经稀释加入过氧化氢（H_2O_2）溶液，立即显现深橘黄色。此方法为钛的特征反应。

（二）钛白粉的品种

钛白粉的品种及按其性质、用途不同分几个品种。

1. 按性质不同分类

工业品按晶形不同主要分锐钛型钛白粉（又称 A 型）和金红石型钛白粉（又称 R 型）。

锐钛型：相对密度为 3.84；折射率为 2.55；耐光性差，容易泛黄，不耐风化，但白度较好。

金红石型：相对密度为 4.26；折射率为 2.72，具有较好的耐候性、耐水性和不易变黄等特点，但白度较差。

2. 按用途分类

颜料用、电容器用、搪瓷用、电焊条用等。

（三）钛白粉的应用

钛白粉因其品种不同，其应用范围也不同。

颜料用锐钛型钛白粉。主要应用于涂料工业生产白色和浅色室内用油漆。也可以用作高级纸张、橡胶、塑料、印刷油墨、印染色浆、皮革涂料等工业的着色剂和填充剂。还可作人造纤维的消光剂及化妆品的填料。

颜料用金红石型钛白粉。主要应用于涂料工业生产室外用油漆。用于高级轿车、汽车、船舶、醇酸磁漆等。

电容器用钛白粉。主要应用于陶瓷行业生产无线电用陶瓷材料。钛陶瓷具有高介电系数、良好的介电性能，生产低频和高频用钛瓷产品。

搪瓷用钛白粉。主要应用于搪瓷行业。其作用是作搪瓷的瓷釉的乳浊剂，可使搪瓷制品具有强乳浊度和不透明性。同时使搪瓷表面光滑，并有强耐酸性。

电焊条用钛白粉。主要应用于电焊条的生产企业。其作用是电焊条药条中的造渣剂、黏塑剂。钛白粉在焊药中使焊接工艺稳定电弧不发生爆溅，加工后焊缝美观，力学性能好。一般生产的焊条为钛型、钛钙型。

三、氧化锌

分子式：ZnO；学名：氧化锌（zinc oxide）；别名：锌氧粉、锌白粉；系非危险品，亦可称为橡胶辅料。

（一）氧化锌的识别

1. 物理方法

白色极细粉末，无毒，无味。不溶于水，能溶于稀酸和碱，是一种两性氧化物，受潮结块变质，受高温时变黄，冷后恢复白色。

2. 化学方法

取氧化锌溶于稀盐酸中，然后加入亚铁氰化钾溶液，即生成不溶于盐酸白色沉淀（$K_2Zn_3[Fe(CN)_6]_2$）。化学反应式为：

$$ZnO+2HCl \longrightarrow ZnCl_2+H_2O$$

$$3ZnCl_2+2K_4[Fe(CN)_6] \longrightarrow K_2Zn_3[Fe(CN)_6]_2 \downarrow +6KCl$$

（二）氧化锌的应用

氧化锌以它的两性（酸、碱性），不溶于水。无臭，无毒，质细：一般氧化锌的粒径为 $0.5\mu m$，活性氧化锌的粒径为 $0.05\mu m$ 左右，富有着色力和遮盖力而广泛应用于橡胶、塑料、涂料、医药等及其他行业。

1. 橡胶、塑料行业

氧化锌在橡胶行业中又称橡胶辅料（即配合剂）。是生产橡胶制品不可缺少的辅料，其作用是天然橡胶、合成橡胶、乳胶的硫化活化剂和补强剂，白色胶的着色剂和填充剂，在氯丁橡胶中亦可作硫化剂和增加导热性能的配合剂。

活性氧化锌的微粒细小，在塑料工业中可作聚烯烃（聚乙烯、聚丙烯、聚苯乙烯等）和聚氯乙烯塑料的光稳定剂。

2. 涂料行业

氧化锌在油漆涂料、油墨、油布中作着色剂、防腐剂。但其着色力和遮盖力比钛白粉弱。

3. 医药及其他

在医药上是生产橡胶软膏的原料，有止血收敛、拔毒、生肌的功效。在火柴生产中中和皮胶的酸性。在染料工业中作助染剂。在化学工业中生产各种锌盐如氯化锌、硝酸锌、硫酸锌等，还可以用于玻璃、搪瓷和化妆品行业。

四、电石

分子式：CaC_2；别名：臭石、臭煤石；危险化学品中属遇水易燃品；危险品编号：43025。

（一）电石（calcium carbide）的识别与性能

1. 物理方法

纯净的碳化钙是无色透明的晶体。工业用电石中含碳化钙一般在 85% 左右，含杂质有氧化钙、二氧化硅、氧化镁、氧化铝、硫化钙和磷化钙等。呈灰色、棕色、黄色和黑色。电石新断面有光泽，暴露在空气中吸收水分后即失去光泽，变成灰白色粉末，且有恶臭气体产生。

2. 化学方法

取电石与水反应，即产生乙炔气，乙炔气接触火焰即燃烧。化学反应式为：

$$CaC_2 + 2H_2O \longrightarrow Ca(OH)_2 + C_2H_2 \uparrow$$
$$2C_2H_2 + 5O_2 \longrightarrow 4CO_2 \uparrow + 2H_2O$$

乙炔气体在空气中燃烧因燃烧不完全，可见有黑烟。在氧气中燃烧可产生高温。

3. 电石遇水易分解，产生易燃烧、爆炸的乙炔气，同时放出大量的热

化学反应式为：

$$CaC_2 + 2H_2O \longrightarrow Ca(OH)_2 + C_2H_2 \uparrow + 热$$

反应生成的乙炔气遇明火即可燃烧。但当乙炔气与空气混合时，乙炔气占其总体积的 $2.5\% \sim 80\%$，遇明火（或火花）即发生爆炸。同时电石分解后除生成乙炔气外，还有氢氧化钙粉末，电石的质量降低。因此电石应隔绝空气与水分，还应隔离火种，防止因空气中的水分使电石分解而发生事故。

4. 电石易释放有害气体

电石中含有较多的杂质，其中的硫化钙和磷化钙遇到（或吸收空气中的）水分，就会分

解，放出易燃、易爆、有毒的气体。化学反应式为：

$$CaS + 2H_2O \longrightarrow Ca(OH)_2 + H_2S\uparrow + Q$$

$$Ca_3P_2 + 6H_2O \longrightarrow 3Ca(OH)_2 + 2H_3P\uparrow + Q$$

硫化氢和磷化氢是易爆、易燃、有恶臭、有毒的气体，磷化氢还易自燃。因此使用的电石常闻到有臭味，当打开电石桶或放气时，工作人员应站在上风，防止中毒。也应隔离热源火种。

（二）电石的应用

1. 电石是有机化合物合成的基本原料

电石广泛作为有机化合物合成的原料，但耗电量大。电石和水反应生成乙炔气，它可以合成乙醛、乙酸、醋酸乙烯、氯乙烯、氯丁橡胶、丙烯腈、二氯乙烯、三氯乙烯、四氯乙烷、氯丁二烯等。

2. 金属焊接与切割

电石与水反应，产生乙炔气。乙炔气在氧气中燃烧，可以产生高达3000℃的高温，以此用于金属的焊接、切割。每年用于金属焊接、切割的电石乙炔量较大，耗费量占电石产量的1/5左右，而且对粒度较大的电石的需求量更多。

3. 生产石灰氮

氰氨化钙（商品名称石灰氮）是一种碱性化肥，适用于酸性土壤。工业上还常用氰氨化钙生产一系列的氰化物如三聚氰胺、双氰胺等，电石与氮气在1000℃的高温下反应，生成氰氨化钙。

第三节　基本有机化工原料

在化学组成中含有碳元素的化合物，称为有机化合物。例如，甲烷（CH_4）、苯（C_6H_6）、甲醇（CH_3OH）、氯甲烷（CH_3Cl）、苯胺（$C_6H_6\text{-}NH_2$）等。绝大多数有机化合物中都含有氢。有机化合物中，除了碳和氢外，常见的元素还有氧、氮、磷、硫和卤素。有些简单的碳化合物，如二氧化碳、一氧化碳、碳酸盐等同典型的无机化合物性质相近，所以仍归为无机化合物。有机化合物与无机化合物在性质上有明显的差异。

有机化合物一般都易燃烧，燃烧最终生成二氧化碳和水，而大多数无机化合物却不易燃烧。

有机化合物通常不易溶解于水，多数为非极性分子，易溶于有机溶剂，无机化合物则易溶于水。

有机化合物挥发性大，熔点、沸点较低，通常是以气体、液体或低熔点固体形式存在，且多数固体有机化合物的熔点在室温到400℃之间。

有机化合物反应速率慢，需要很长时间才能达到平衡，且比较复杂。一般需加热或催化剂来加速反应，并且常有副反应发生，所以通常控制反应条件来促使主产物的生成。无机化合物的反应则可以在瞬间完成。

有机化合物一般不导电，如有机高分子化合物、橡胶、塑料是良好的绝缘材料。

有机化合物存在同分异构现象，经常是同一个分子式可代表几种性质不同的化合物。如乙醇和甲醚的分子式都是C_2H_6O，而结构不同则性质相差甚大，所以有机化合物一般常用结构式表示。

以上所谈有机化合物与无机化合物性质上的差异主要是一般有机化合物是以共价键结合起来的，而典型的无机化合物则是用离子键结合起来的。

有机化合物种类很多。以下仅介绍基本的有机化工原料中应用较广的"三苯—萘"。

一、"三苯"

（一）"三苯"的识别

"三苯"（纯苯 benzene pure、甲苯 toluene、二甲苯 xylene）均属于单环芳烃（即分子中只含有一个苯环）。因此它们既有共性又因苯环上所含—CH_3（甲基）数目和位置的不同，而有差异性。前者可以用来识别"三苯"与其他液体有机化合物如：乙醇、乙醚、丙酮等。后者用于"三苯"之间的识别。

1. "三苯"的共性

① "三苯"从外观上看均是无色液体，具有特殊芳香味，蒸气有毒。

② 相对密度均小于 1，一般均在 0.86～0.90 之间，比水轻，均不溶于水中，因此识别时可看见在试管中，水与"三苯"分为两层。

③ 用火点燃时，在燃烧过程中都发出黄色亮光及黑浓烟。这是由于"三苯"都具有苯环，碳含量比较高的缘故。

④ 在化学性质上，"三苯"均易起取代反应，这是由于苯环的特殊结构，具有较牢的稳定性，在一定的条件下才能起加成反应和氧化反应。

2. "三苯"的差异性

"三苯"之间由于碳原子数的不同或结构的不同，在性质上有一定的差异性，首先表现在物理常数的差异。利用物理常数的差异，可以识别"三苯"（见表 2-7）。

表 2-7　三苯的物理常数

化合物	熔点/℃	沸点/℃	密度/(g/cm³)
苯	5.5	80.1	0.8765
甲　苯	−94.5	110.6	0.8669
邻二甲苯	−25.8	144.4	0.8802
间二甲苯	−47.9	139.1	0.8642
对二甲苯	13.2	138.4	0.8611

从表 2-7 可以看出，含有相同碳原子数的二甲苯异构体，其沸点相差不大；而结构对称的对二甲苯具有较高的熔点。其次，三苯之间具有不同的密度，利用密度也可识别三苯。

"三苯"之间还具有不同的闪点、爆炸极限和中毒浓度（见表 2-8）。

表 2-8　三苯的闪点、爆炸极限和中毒浓度

化合物	苯	甲　苯	二甲苯
闪点/℃	−11	4.5	25
爆炸极限（体积分数）/%	1.5～8	1.2～7	1.0～5.3
中毒浓度/%	0.0025	0.020	0.010

（二）"三苯"的来源

"三苯"的主要来源有两个途径：一是从煤的炼焦化学副产品获得，二是从石油的催化

重整和裂解中取得。

1. 从煤的炼焦中获得"三苯"

用煤进行炼焦的主要目的是获取焦炭，与此同时还能获得大量的基本化工原料，"三苯"就是其中之一。炼焦是将煤放在密闭的炼焦炉中加温到 $900\sim1200℃$，在这样高的温度下。由于隔绝了空气，煤不会燃烧，而发生热解分解。除生成固体焦炭外，还生成了一部分液体产物——煤焦油和焦炉煤气。由于温度很高，液体产物即变成气体和气体产物，一起从炼焦炉顶部排出，统称为出炉煤气。出炉煤气经水冷却、油吸吸、硫酸处理可得到三苯及其他基本化工原料。

2. 以石油为原料制取"三苯"

从石油中制取苯、甲苯、二甲苯的途径主要采用催化重整和裂解两种方法。

(1) 石油的催化重整　所谓催化重整，就是在一定温度、压力和催化剂存在的条件下，使其直链烷烃和环烷烃（一般含碳原子6～8个）的分子结构重新调整变为芳烃的过程。

(2) 石油的裂解　石油裂解是利用液化石油气、汽油、煤油、柴油、重油和原油为原料，在高温下（$700\sim1000℃$或催化剂）使大分子链的烃类化合物发生碳链断裂，生成小分子的烷烃和烯烃，同时也伴随有异构化、环化、芳构化的反应过程，从而也能获得苯、甲苯、二甲苯。

(三) "三苯"的性能

"三苯"是基本有机化工原料，广泛用于各行各业，了解"三苯"的性能是十分重要的。

1. "三苯"的燃烧性

"三苯"都是易燃液体，极易着火燃烧，且不易扑救。因此，严禁"三苯"与火种、热源接触，禁止使用发火工具，严禁在日光下暴晒。

2. "三苯"的麻醉性和毒性

苯渗入皮肤或苯蒸气通过呼吸道进入体内能引起中毒。急性中毒能产生头痛、头晕、嗜睡、无力、抽搐、昏迷、死亡，慢性中毒能对神经系统和造血器官造成损害。如在生产、使用和储运苯的环境中出现上述症状，应迅速离开工作环境至空气新鲜处，重症者用含二氧化碳5％的氧气帮助呼吸，并送医院救治。甲苯、二甲苯的麻醉性和毒性比纯苯小。值得注意的是很多含有苯环的化合物都是致癌物质，能在体内诱发病变，所以使用中应注意空气畅通，并采用相应的安全措施。

3. "三苯"的挥发性

"三苯"极易挥发，其蒸气与空气混合能发生爆炸。"三苯"挥发速度极快，如在流通过程中由于摩擦和撞击造成铁桶开裂，"三苯"会迅速挥发，又不易被人发现，以致造成整桶挥发损耗。

4. "三苯"的溶解性

"三苯"不溶于水，易溶于乙醚、乙醇等有机溶剂，并能溶解很多有机物。

(四) "三苯"的应用

1. 纯苯的应用

(1) 用于有机合成工业　苯易发生取代反应，通过卤化、硝化、磺化等途径分别可以得到氯苯、硝基苯、苯磺酸、苯胺、苯酚等，广泛用于医药、染料、农药、炸药等中间体的生产。转换关系如下。

（2）用于高分子化合物合成　在催化剂无水氯化铝的作用下，苯与乙烯可生成乙苯，乙苯经催化脱氢生成苯乙烯，苯乙烯是生产聚苯乙烯、丁苯橡胶、ABS 树脂等多种高分子材料的单体。反应式如下。

（3）用作溶剂　苯具有良好的溶解性，除用作化工原料外，还广泛用作溶剂。

① 作稀释剂。利用苯良好的溶解性，常用于油漆、橡胶、涂料等的生产。苯能使胶料和织物有良好的黏合性，能使各组分均匀分布。

② 作萃取剂。利用不同物质在苯中的溶解度的不同，在混合物中加入苯。溶解度大的物质则较多地溶解于苯中，溶解度小的物质则较少或很少溶解于苯中，从而能将混合物中的不同物质分离开，得到比较纯的物质。

③ 作去污剂。苯对油脂类物质有良好的溶解性，因此某些被油脂污染的物品可用苯来洗涤去污。

④ 作反应的介质。为使化学反应能很好地进行，常使参加反应的物质溶解在某种不参与反应的溶剂中进行反应，如聚丁二烯橡胶的溶液聚合反应中常用苯作反应介质。

（4）苯在其他方面的应用　苯在其他方面的应用也不少，如用于生产环己烷、异丙苯、顺丁烯二酸酐等。

2. 甲苯的应用

（1）用作燃料　大量用来提高汽油的辛烷值，以提高汽油的质量。

（2）用作溶剂　利用它良好的溶解性，广泛用于油漆、涂料、农药的生产中。

（3）用于中间体的生产　以甲苯为原料。可生产医药、染料、炸药的中间体，如以甲苯、浓硝酸为原料，浓硫酸作催化剂，进行硝化反应，可制取三硝基甲苯（TNT）。反应式如下。

甲苯氧化可生成苯甲酸，而苯甲酸是生产染料、医药、香料的中间体。反应式如下。

$$2 \underset{\text{(toluene)}}{\text{C}_6\text{H}_5\text{CH}_3} + 3\text{O}_2 \xrightarrow[140\sim160℃,\ 3\text{atm}]{\text{环烷酸钴}} 2 \underset{\text{(benzoic acid)}}{\text{C}_6\text{H}_5\text{COOH}} + 2\text{H}_2\text{O}$$

甲苯还可用于生产许多化工原料。例如苯、二甲苯、氯化甲苯、苯酚、二硝基甲苯、邻甲苯胺等。这些原料可以进一步用于医药、炸药、纤维、农药、染料等行业的生产。

3. 二甲苯的应用

（1）用于聚酯纤维的生产　以对二甲苯为原料进行氧化生成对苯二甲酸。反应式如下。

$$\text{CH}_3\text{—C}_6\text{H}_4\text{—CH}_3 + 3\text{O}_2 \xrightarrow[150\sim250℃,\ 20\sim40\text{atm}]{\text{醋酸钴}} \text{HOOC—C}_6\text{H}_4\text{—COOH} + 2\text{H}_2\text{O}$$

将对苯二甲酸与甲醇在一定条件下酯化，即可生成对苯二甲酸二甲酯，它是生产聚酯纤维和聚酯薄膜的重要原料。反应式如下。

$$\text{HOOC—C}_6\text{H}_4\text{—COOH} + 2\text{CH}_3\text{OH} \xrightarrow[270℃,\ 120\text{atm}]{} \text{CH}_3\text{OOC—C}_6\text{H}_4\text{—COOCH}_3 + 2\text{H}_2\text{O}$$

（2）用于增塑剂的生产　用邻二甲苯在钒催化剂作用下进行氧化反应，即可生成邻苯二甲酸酐。反应式如下。

$$\text{C}_6\text{H}_4(\text{CH}_3)_2 + 3\text{O}_2 \xrightarrow{\text{V}_2\text{O}_5} \text{C}_6\text{H}_4(\text{CO})_2\text{O} + 3\text{H}_2\text{O}$$

邻苯二甲酸酐简称苯酐，可用于生产邻苯二甲酸二甲酯、邻苯二甲酸二乙酯、邻苯二甲酸二辛酯、混合酯等，在塑料工业中有着广泛的用途。苯酐还用于涂料、染料、油漆、橡胶等工业。

（3）用作溶剂　二甲苯同样具有良好的溶解性，其中间二甲苯主要用作溶剂，还可作为抗氧剂、环氧树脂固化剂、聚酯树脂稳定剂等。

实际生产中，"三苯"的生产与需求是不平衡的，无论焦化"三苯"或石油"三苯"，由于方法、煤质、油质的不同，所获得的"三苯"产量比例也不相同。社会需求"三苯"的比例与生产比例不相适应。一般苯的需求大于甲苯、二甲苯，而三种二甲苯之间供需也极不平衡。为解决供需矛盾，可以利用甲苯、二甲苯在化学结构和性能上的相似，供应溶剂用苯时可用甲苯、二甲苯代替，用时还需考虑成本、毒性、挥发性的差异。还可以利用"三苯"不同的物理常数，将混合苯中的纯苯提纯，以增加纯苯的产量。混合二甲苯中，利用邻、间、对二甲苯的沸点、熔点将三者分开。"三苯"间通过化学工业加工转化，也是解决供需矛盾常用的方法之一。如甲苯在催化剂作用下可反应生成苯及二甲苯之间异构化等。

二、萘

萘（naphthalene）是基本有机化工原料又是重要的稠环芳烃化工原料。稠环芳烃是指分子中含有两个或两个以上的苯环，且各个苯环彼此间至少共用两个碳原子的芳烃。萘的分子式为 C_{10}H_8。学名：萘。别名：骈苯、洋樟脑、煤焦油脂。危险化学品中属二级易燃固体，其结构式为：

（一）萘的识别与性能

1. 外观

萘从外观上看，纯品为白色结晶或白色片状，粗萘因含有不纯物呈灰棕色，有极强的樟脑味。

2. 理化性质

萘易升华，能点燃，火焰呈黄色，光弱烟多。萘的相对密度为 1.145，熔点 80.2℃，沸点为 217.9℃，不溶于水。能溶于苯、乙醇及乙醚等有机溶剂。

3. 萘具有挥发性

由于萘极易升华、挥发，在流通过程中极易发生损耗。

4. 萘具有麻醉性和刺激性

萘有樟脑味，通过呼吸道进入体内有麻醉性，接触皮肤何刺激性痛痒。萘在空气中的允许含量为 10×10^{-6}（10ppm），吸入过多萘蒸气会引起头昏、恶心等症状，此时应将患者移至空气新鲜处。

（二）萘的生产

萘是煤焦油中含量最多的化合物。因此主要途径是从煤焦油中提取。其次也可以用石油做原料，通过芳构化生成萘和多烃基萘，再经分馏加氢去烃而获得。萘从煤焦油中及重油中结晶途径取得产品。如萘油经结晶、热压榨得压榨萘。压榨萘经熔融、酸碱洗、精馏成型制得精萘。萘油经脱水、酸碱洗涤、蒸馏、结晶得工业萘。

（三）萘的应用

萘的应用途径很广，主要用作制造萘的衍生物以及生产染料、塑料、医药、农药、香药、橡胶防老剂的中间体，还可压成樟脑丸（卫生球）用来驱虫，保护纺织物等。

1. 用于生产邻苯二甲酸酐（简称苯酐）

液萘气化后与空气混合，在催化剂五氧化二钒的存在下催化氧化生成苯酐气体，经冷却、减压、蒸馏而制得成品。

$$\text{萘} + 4\tfrac{1}{2}O_2 \xrightarrow[370\sim380℃]{V_2O_5} \text{邻苯二甲酸酐} + 2CO_2 + 2H_2O$$

邻苯二甲酸酐简称苯酐，是白色或淡黄色鳞片状或粉末状固体。稍溶于热水，易溶于酒精、苯、氯仿、醚。苯酐大量用于生产各种增塑剂，如苯二甲酸二辛酯、苯二甲酸二丁酯等。如

$$\text{苯酐} + 2C_4H_9OH \xrightarrow{H_2SO_4} \text{苯二甲酸二丁酯} + H_2O$$

苯酐还用于生产醇酸树脂，是一种热固性树脂，常用于制油漆、油墨的原料。苯酐还用于生产对苯二甲酸、染料、颜料、红汞、酚酞等。

2. 萘应用于生产橡胶防老剂、染料、农药、医药、香料

萘应用于生产橡胶防老剂、染料、农药、医药、香料的中间体。

3. 萘的其他用途

① 萘的氢化物，如四氢化萘、十氢化萘是极好的溶剂。

② 萘还用于生产炭黑，炭黑是橡胶的补强剂，油墨油漆中的黑颜料，塑料中的黑填料等。

③ 萘在农业上可用于杀虫剂、驱蛾剂，也可用作皮革、木材的保护剂和石油的去泡剂。

④ 民用还可压成樟脑丸（卫生球）杀虫、保护皮、毛织物。

第四节　重要有机化工原料

有机化合物有着结构复杂、品种繁多的特点，除上节介绍的"三苯"和萘外，有必要对有机化工原料进行系统的分类，官能团能反映出某类有机化合物的特性，习惯上按照官能团分类能更直观的识别和了解一些有机化合物的性质。按照官能团分类，重要有机化工原料分为：醇类有机化工原料〔在分子结构中含有羟基类的化合物（羟基与苯环直接相连除外），都统称为醇。醇类有一元醇、二元醇、三元醇和多元醇之分〕；醛酮类有机化工原料（在分子结构中含有羰基的有机化合物，称为醛或酮。两者的区别在于：醛类化合物的羰基碳原子上至少连有一个氢原子；酮类化合物的羰基碳原子上不连氢原子，而是都和烃基相连）；羧酸类有机化工原料〔在分子结构中含有羧基的化合物。羧酸（甲酸除外）都可视为烃分子中的氢原子被羧基取代形成的化合物〕；氰基类有机化工原料（在分子结构中含有氰基的化合物。如丙烯腈）；硝基类有机化工原料（在分子结构中含有硝基的化合物。如硝基苯、硝化甘油）；磺酸基类有机化工原料（在分子结构中含有磺酸基的化合物。如苯磺酸）。

以下仅介绍重要有机化工原料中应用较广的甲醇、丁醇、甲醛、丙酮、醋酸、苯酚。

一、甲醇、丁醇

醇在人们的生活中经常遇到，在经济中起着非常重要的作用，醇类广泛地用作溶剂、抗冻溶液以及作为化学中间体等。醇可以看做是脂肪烃、脂环烃类分子中的氢原子以及芳烃侧链上的氢原子被羟基（—OH）取代后的产物。醇的通式为 R—OH，其中羟基（—OH）是醇类的官能团，因此，各种醇类都具有相似的性质。

常用的醇类化工原料有甲醇、丁醇。它们被广泛用于化学工业、塑料工业以及医药、涂料、香料等。

（一）醇类的识别

醇的种类很多，可从以下几个方面来识别它。

① 从分子结构上看。凡是有机醇均含有羟基（—OH）官能团。但羟基不直接与苯环相接。

② 从 $C_{1\sim11}$ 碳原子的直链饱和一元醇都为无色透明液体。C_3 以下的醇具有醇香味（酒味），C_4 以上醇有不愉快味，C_{12} 以上饱和一元醇为蜡状固体。

③ 低级醇都能着火燃烧。含碳少的呈蓝色的火焰，含碳多的呈黄色火焰。

④ 低级醇易溶于水，高级醇难溶于水，所有脂肪族一元醇的相对密度均小于 1，芳香醇的相对密度大于 1。

⑤ 醇的熔点、沸点以及在水中的溶解度等物理性质，都随着分子中碳原子数（或相对分子质量）增大而呈现有规律性的变化（见表 2-9）。

表 2-9 典型醇的物理常数

名称	结构式	熔点/℃	沸点/℃	相对密度 d_t^{20}	溶解度/(g/100g 水)
甲醇	CH_3OH	−97.1	64.5	0.791	混溶
乙醇	C_2H_5OH	−115.1	78.3	0.789	混溶
正丙醇	$CH_3(CH_2)_2OH$	−126.0	97.2	0.803	混溶
正丁醇	$CH_3(CH_2)_3OH$	−90.0	118	0.810	7.9
正戊醇	$CH_3(CH_2)_4OH$	−78.5	138	0.717	2.3
正己醇	$CH_3(CH_2)_5OH$	−52.0	156.5	0.819	0.6
正辛醇	$CH_3(CH_2)_7OH$	−15	194.5	0.824	0.3
苯甲醇	$C_6H_6CH_2OH$	−15	205	1.046	4
乙二醇	CH_2CHCH_2OH	−16	197	1.1113	

⑥ 醇分子中都含有羟基官能团 (—OH)。在化学反应时—OH 基易反应，因此在醇中加入酸（如醋酸）即发生酯化反应，生成具有酯香味的酯类物质，此法可识别醇。

（二）甲醇、丁醇、辛醇的鉴别

甲醇、丁醇和辛醇外观都是无色透明液体，都能燃烧，且包装都用小口径铁桶。在应用中易混淆，可以下述特性加以鉴别，见表 2-10。

表 2-10 甲醇、丁醇和辛醇的特性

项 目	甲 醇	丁 醇	辛 醇
外观	无色澄清易流动液体,有酒精味	无色易流动液体,有温和酒味	无色或微黄色油状液体,有芳香味
燃烧状态	易燃! 燃烧时生成无光淡蓝色火焰	易燃! 燃烧时火焰明亮黄色,向上	可燃!
与水的溶解性	任意混溶	溶于水	不溶于水
相对密度	0.791	0.809	0.821

（三）甲醇（methyl alcothol）

分子式：CH_3OH；学名：甲醇；别名：木精、木酒精、甲烷醇；甲醇为无色透明、易挥发、易流动、具有醇香味的易燃液体。

1. 甲醇的生产

（1）生产甲醇的原料 工业上是用一氧化碳（CO）和氢气（H_2）。这种混合气是用煤或焦炭、水、空气经氧化反应而制得的。

（2）生产甲醇的方法原理 目前，工业上生产甲醇均用合成法，即由一氧化碳与氢气在一定压力、温度和催化剂的作用下制得的。其主要反应式为

$$CO+2H_2 \xrightarrow[350\sim400℃,300atm]{ZnO-Cr_2O_3} CH_3OH$$

由于甲醇的生产和合成氨的生产无论在原料、工艺流程上均很相似，往往结合在一个企业内进行，称为联醇法。

2. 甲醇的性能

（1）甲醇的毒性 甲醇有剧毒，突出的是对视神经的伤害，眼睛接触可导致失明；误饮 6~10mL 会引起急性中毒，导致双目失明，饮入 30mL 则中毒死亡。甲醇蒸气也有同样的

危害性，空气中的允许最高浓度为 0.5mL/L。

(2) 甲醇的挥发性　甲醇的沸点较低，为 64.5℃，常温下有极强的挥发性。

(3) 甲醇的燃烧性　甲醇闪点低（16℃），极易着火燃烧，甲醇蒸气与空气混合的爆炸极限为 6%～36.5%（体积分数）。因此，应用过程中应注意隔绝火种热源，不得使用任何发火工具，进入库区不得穿带钉子的鞋等。

3. 甲醇的应用

甲醇广泛用于生产甲醛、高分子材料及农药中间体，还用作有机溶剂。

(1) 用于生产甲醛　随着高分子材料的迅速发展，目前甲醇主要用于生产甲醛，因为甲醛是合成多种高分子材料的主要原料，甲醇用于生产甲醛其用量占甲醇总产量的 60% 以上。根据甲醇极易氧化脱氢的化学性质，在一定温度和催化剂（乳石银）的作用下即生产出甲醛。

甲醇的氧化：

$$CH_3OH + \frac{1}{2}O_2 \xrightarrow[600\sim700℃]{乳石银} HCHO + H_2O$$

甲醇的脱氢：

$$CH_3OH \xrightarrow[H_2]{乳石银} HCHO + H_2\uparrow$$

(2) 用于生产有机磷农药的中间体　以甲醇为原料还可制成亚磷酸二甲酯、亚磷酸三甲酯等有机磷农药中间体。其中，亚磷酸三甲酯可用于生产磷胺、速灭磷、百治磷等农药。

(3) 新型能源　甲醇极易燃烧，燃烧时无烟、无污染的特点突出。随着甲醇工业生产技术的日益完善，产量的日益提高，生产成本的不断降低，甲醇成为比较理想的汽油替代品。在汽油中加入一定比例的甲醇，用以提高汽油的辛烷值，降低和消除铅污染，也可用甲醇完全代替汽油，未来"醇车"将会走向市场。

(4) 抗冻剂　甲醇与汽油混合后，其混合物的熔点可达−45℃，使汽油产生良好的抗冻性，增大汽油的使用温度范围。

(5) 其他方面　在化学工业中可制造聚乙烯醇、聚酯树脂、有机玻璃等。在医药工业中是用于制取甲醇钠、糖精、氯霉素、硫酸二甲酯、磺胺等药物的原料。

作为有机溶剂，甲醇还常用于油漆、涂料行业。

（四）正丁醇（butyl alcohol）

分子式：C_4H_9OH；结构简式：$CH_3(CH_2)_3OH$；在危险化学品中属二级易燃液体。

1. 丁醇的生产

丁醇生产一般有三种方法，相应的原料也不相同。

(1) 发酵法　由淀粉或含糖的物质经水解发酵而制得。由发酵法所得的产品中，丁醇占 55%～59%，乙醇占 9%～14%，丙酮占 32%～34%，然后再经分馏而得丁醇。

薯类、淀粉、粮食、糖蜜 $\xrightarrow[35\sim38℃, 62\sim72h]{接丁醇菌种}$ 发酵 → 发酵液 → 蒸馏 → 分馏 → 成品

(2) 乙醛法　所用的原料为乙醛和氢气，由乙醛缩合加氢制得丁醇。

$$CH_3CHO + CH_3CHO \longrightarrow CH_3CH=CHCHO + H_2O$$
$$\text{乙醛} \qquad\qquad\qquad \text{丁烯醛}$$

$$CH_3CH=CHCHO + 2H_2$$

$$\xrightarrow[220\sim240℃]{铜铬催化剂} \begin{cases} CH_3CH_2CH_2CH_2OH & \text{正丁醇} \\ CH_3CHCH_2CH_3 & \text{异丁醇} \\ \quad\ \ \underset{OH}{|} & \end{cases}$$

（3）羟基合成法　所用的原料为丙烯和由焦炭造气所得的一氧化碳和氢气。此法可得到正丁醇和异丁醇，反应式如下。

$$CH_3CH = CH_2 + CO$$

$$\xrightarrow[\text{钴催化剂}]{H_2 \text{ 高压}} \begin{cases} CH_3CH_2CH_2CHO & \text{正丁醛} \\ \underset{\underset{CH_3}{|}}{\overset{\overset{CH_3}{|}}{CH}}CHO & \text{异丁醛} \end{cases}$$

$$CH_3CH_2CH_2CHO + H_2 \longrightarrow CH_3CH_2CH_2CH_2OH$$
$$\text{正丁醛} \qquad\qquad\qquad \text{正丁醇}$$

2. 正丁醇的应用

（1）生产增塑剂　以苯酐和正丁醇为原料，经反应提纯等过程可制得苯二甲酸二丁酯（DBP）。反应式如下。

$$\text{苯酐} + 2C_4H_9OH \xrightarrow{\text{浓 } H_2SO_4} \text{苯二甲酸二丁酯} + H_2O$$

其中产物结构为 $C-O-C_4H_9$ 及 $C-O-C_4H_9$。

苯二甲酸二丁酯（DBP）为无色或微黄色透明油状液体，具有芳香族气味，能与大多数有机溶剂混溶。主要用作聚氯乙烯的增塑剂，也可用作硝基纤维、聚醋酸乙烯、氯丁橡胶等的增塑剂。该产品还广泛用于油漆、润滑剂、乳化剂、油用溶剂、定香剂等工业生产中。

（2）生产醋酸丁酯　由醋酸和丁醇在硫酸催化下酯化，经进一步加工处理可制得醋酸丁酯，醋酸丁酯为无色透明、具有水果香味的液体，易燃烧，微溶于水，易溶于有机溶剂，同时可溶解油脂、樟脑、树胶、氯化橡胶、松香等。作为溶剂广泛用于火棉胶、硝化纤维、清漆、人造革、医药、染料、香料等工业中，并可用作萃取剂和脱水剂。

（3）用于其他　正丁醇还用于生产二元酸酯类和磷酸酯类增塑剂。在医药工业中，用于制造抗菌素、激素和维生素等。在涂料工业中，用于制造环氧清漆、硝基漆、氨基漆、醇酸树脂涂料的稀释剂等，正丁醇还应用于生产三聚氰氨树脂、丙烯酸树脂。也是制造丁醛、丁酸、丁胺乳酸、丁酯等的原料。

二、甲醛、丙酮

（一）甲醛（formaldehyde）

分子式：CH_2O。结构简式：HCHO。别名：蚁醛。市售甲醛是 $37\% \sim 40\%$ 甲醛水溶液，又称福尔马林、福尔美林，危险化学品中属有机腐蚀品。

1. 醛、酮的识别

醛和酮均含有羰基官能团，因此在性质上都有很多相似的地方，然而羰基官能团键上所连接的原子不同，在性质上又有所差异。

羰基至少同一个氢原子相连的化合物叫醛，其结构简式 RCHO。

羰基同两个烃基相连的化合物叫做酮。其结构简式 RCOR′，如丙酮：CH_3COCH_3。

醛和酮的结构不同，它们的性质也有一定的差异，表现在氧化性能上的不同。醛比酮容易氧化，利用此差异可识别醛和酮，见表2-11。

2. 甲醛、丙酮的鉴别

甲醛和丙酮从外观上看都是无色透明液体，都有一定的气味，由于羰基官能团上所连接的原子或原子团不同，其性质亦不同。见表 2-12。

表 2-11　醛和酮的识别

名称 试剂	醛	酮	反应方程
多伦试剂（硝酸银的氨溶液）	把醛氧化成羧酸本身还原出金属银，称为银镜反应	一般条件下不发生反应	$AgNO_3+3NH_3H_2O \longrightarrow$ $Ag(NH_3)_2OH+NH_4OH+2H_2O$ $RCHO+2Ag(NH_3)_2OH \longrightarrow$ $RCOONH_4+2Ag\downarrow+3NH_3+H_2O$
裴林试剂（是硫酸铜、酒石酸钾钠混合液）	醛氧化成羧酸 2 价铜离子被还原成红色氧化亚铜沉淀	不发生反应	$RCHO+2Cu(OH)_2+NaOH \longrightarrow RCOONa+Cu_2O\downarrow$ $+3H_2O$
席夫试剂（品红试剂）	从无色变为紫红色	不变色	

表 2-12　甲醛和丙酮的鉴别

名称 项目	甲醛溶液	丙酮
外观	无色透明澄清液体，15℃以下有白色浑浊沉淀，存放时间过长时易出现白色沉淀	无色透明液体易挥发无沉淀
嗅味	有刺激性窒息气味	浓芳香味
火焰	不燃	闪点-20℃，易燃！呈黄色光辉火焰
变色反应	在硝酸银氨溶液浸湿的滤纸中呈黑色反应	不变色
相对密度	$1.075\sim1.085$	0.79
试剂	多伦试剂，有银镜反应，裴林试剂，有红色 Cu_2O 沉淀	与多伦试剂，裴林试剂不反应。但加入次碘酸钠少许，即有黄色结晶沉淀，并有特殊臭味

3. 甲醛的生产

工业上制取甲醛主要采用甲醇脱氢氧化法，以乳石银作催化剂，用空气将甲醇氧化为甲醛，再用冷水吸收即得甲醛。此外，近年来正在研究用天然气（CH_4）直接氧化法，它是以天然气为原料，与空气混合后，在 600～680℃之下，用铁、铜等氧化物作催化剂，直接氧化得到甲醛，再用水吸收成为 35%～40% 的甲醛溶液。

4. 甲醛的性能

（1）腐蚀性　甲醛蒸气能刺激眼睛和呼吸道黏膜，会引起鼻炎、支气管炎、皮炎等。所以要严格控制甲醛蒸气在空气中的浓度，一般应小于 0.005mL/L。而福尔马林也有较强的腐蚀性，能造成皮肤腐烂和硬化。

（2）聚合性　福尔马林中的单体甲醛，在 15℃ 以下极易聚合成三聚甲醛、多聚甲醛的混浊物，最后形成白色薄浆。为防止聚合，可适量加入甲醇。一般情况下，如有少量聚合物，只要无锈斑，就不会影响福尔马林的使用。但为了保持福尔马林的性质，在储运过程中不宜太冷、太热久存，以防止聚合，过度聚合也会影响质量。

5. 甲醛的应用

甲醛性质活泼，易发生聚合反应、氧化反应、缩聚反应、加成、卤化等反应。致使其有广泛的应用途径。在塑料工业中生产多种合成树脂、化学工业中生产多种化工原料和医药用品以及消毒、杀菌等。

（1）生产各种合成树脂　酚醛树脂是由甲醛和苯酚通过缩聚反应而制得。脲醛树脂是由甲醛和尿素为原料缩聚反应而制得。

（2）生产聚甲醛　甲醛具有极易聚合的性能，随聚合时条件的不同，而生成各种聚合物。

首先甲醛气体在常温下自动聚合成三聚甲醛，经精制后在催化剂的存在下合成聚甲醛。

聚甲醛是一种具有优良综合性能的热塑性工程塑料，是塑料中接近金属机械强度的一种材料，广泛用于代替部分金属材料。

（3）生产乌洛托品　根据甲醛能与氨形成环状化合物的特性，化学工业中常用甲醛来生产乌洛托品。

乌洛托品学名称为六亚甲基四胺，工业生产一般是以福尔马林（甲醛水溶液）和氨水为原料，在碱性溶液中经缩合反应而制得。乌洛托品在塑料工业中通称海克沙，是酚醛塑料的固化剂，氨基塑料的催化剂。在橡胶工业中乌洛托品通称促进剂 H，是做橡胶硫化的促进剂、发孔剂。在医药工业中称优洛托品，是利尿剂的原料，乌洛托品在国防上还是生产黑索金炸药的原料。

（4）其他

① 甲醛生产合成纤维——维尼纶。甲醛具有缩醛化反应性质，合成纤维工业中，常用甲醛作为维尼纶生产的后处理工序。维尼纶的主要成分是聚乙烯醇，在其分子结构中含有许多羟基（—OH），所以耐水性差，在 80～90℃的热水中缩水率高达 10%～12%，为克服此弊病，合成纤维工业上利用甲醛和聚乙烯醇纤维进行缩醛化反应，减少高聚物分了中的羟基数目，以增强纤维的耐热水性能。

② 甲醛用于医药工业。甲醛用于医药工业中生产多种药物，如氨基比林、安乃近、利尿酸等。

③ 甲醛还用作消毒杀菌、防腐剂。甲醛具有很强的杀菌力，常用于病室、仓库、养蚕室、农业种子的消毒杀菌。也用作浸泡动物标本的防腐剂。

（二）丙酮（acetone）

分子式：C_3H_6O；结构简式：CH_3COCH_3；别名：木酮、二甲酮、醋酮；属于易燃液体。

1. 丙酮的生产

丙酮的生产有多种方法，发酵法、异丙苯氧化法、丙烯直接氧化法、乙炔水合法、异丙醇氧化脱氢法。目前，国内以异丙苯氧化法为主，其次有发酵法。

（1）异丙苯氧化法　以苯和丙烯为原料在催化剂 $AlCl_3$ 存在下，烃化制得异丙苯，再以空气氧化生成过氧化异丙苯，经浓硫酸分解获得丙酮，同时联产苯酚。此法是目前世界各国生产丙酮使用较多的一种方法。

（2）发酵法生产丙酮　将含糖或淀粉的物质，如粮食、薯类、谷物等为原料，经水解、微生物发酵而制得丙酮、乙醇、丁醇混合物，再经蒸馏精制分别获得。

2. 丙酮的性能

为无色透明、易流动、易挥发、具有芳香气味的液体。

（1）溶解性　丙酮能与水和各种有机溶剂混溶，同时又能溶解许多有机物，如聚氯乙烯树脂、醋酸纤维、乙炔等。

（2）挥发性　丙酮挥发性极强，其蒸气与空气混合后，能形成爆炸性气体，爆炸极限为 2.89%～12.85%（体积分数）。

（3）麻醉性和毒性　丙酮有麻醉性和毒性，吸入体内易引起中毒反应。当吸入浓度达 1mL/L 时，对眼、鼻、喉均有刺激；当吸入浓度达 2mL/L 时，即产生急性中毒，头痛、恶心、无力、呕吐，甚至昏迷。

（4）颜色反应　取少量次碘酸钠（NaIO）加入到适量的丙酮中，即可产生黄色三碘甲烷沉淀，并伴有特殊臭味。

3. 丙酮的应用

丙酮既是重要的有机化工原料，用于有机合成，又是良好的溶剂，广泛用作有机溶剂。

（1）用作有机溶剂　丙酮能溶解高分子材料的特性，如聚氯乙烯树脂、醋酸纤维、过氧乙烯树脂等，将树脂或纤维制成溶剂状态后，可加工获得各种制品。

丙酮还能溶解乙炔气体，在乙炔压缩装瓶中，使用丙酮作溶剂才能保证压缩气体使用的安全性。

在油漆工业中，利用丙酮的溶解性和挥发性，广泛用作溶剂、稀释剂、脱漆剂。在纺织工业中，常用作羊毛脱脂剂、蚕丝去胶剂、纺织物去胶剂。

（2）用于生产有机玻璃单体——甲基丙烯酸甲酯　有机玻璃是由单体聚合而成，甲基丙烯酸甲酯则是以丙酮、氢氰酸、甲醇等为原料，经生产加工制得。有机玻璃是一种透光性良好的特种塑料，主要用于汽车、飞机、船舶的门窗玻璃，还可以制绝缘材料、各种透明制品、仪器、仪表零配件、光学制品和日用品等。

（3）用于生产中间体　主要用于生产环氧树脂中间体——双酚 A，双酚 A 是以丙酮和苯酚为原料，经缩合反应制得。双酚 A 再经缩聚反应，即可制得环氧树脂（万能胶）。环氧树脂可作强力黏合剂，用于各种高级涂料，用作增强塑料、聚氯乙烯树脂的稳定剂，在建筑上可加固地基，也可用作玻璃钢、管道、模型、容器等。

（4）用于其他　在有机合成工业中，是制取醋酐、二丙酮醇、聚异戊二烯橡胶、甲基异丁基甲酮等的原料。在医药工业中，用作各种维生素、激素的萃取剂。也用于感光材料的生产。

三、醋酸

分子式：$C_2H_4O_2$；结构简式：CH_3COOH；学名：乙酸；别名：冰醋酸；属有机腐蚀品。

（一）有机羧酸类的识别

醋酸（acetic acid）属于有机羧酸类化工原料。凡是分子结构中含有羧基（—COOH）官能团的有机化合物叫做羧酸。例如，醋酸、苯甲酸等。

羧酸通式为 RCOOH（除甲酸 HCOOH 外）。羧基（—COOH）可看作是由羰基和羟基组成的。它们之间不是两者相加，而是相互联系和制约的，羰基的存在而使羧基中的羟基具有醇类化合物所没有的酸性；又由于羟基的存在而使羰基的特性减弱，不发生典型的加成反应。然而，在某些条件下又保留有原来基团的性质，因此可以利用这些互相关系和基团性质来识别它们。

① 羧酸随着碳原子数的递增，显示不同的状态和气味。C_1～C_3 具有醋酸味的无色液体；C_4～C_9 具有腐败味的油状液体；C_{10} 以上为无气味的蜡状固体。

② 脂肪二元羧酸和芳香羧酸均为固体。

③ 羧酸具有酸性，可用 pH 试纸测试。

④ 羧酸能和醇进行酯化反应，生产具有一定气味或颜色的酯。

⑤ $C_1 \sim C_3$ 的羧酸（即甲酸、乙酸、丙酸）能溶于水，$C_4 \sim C_9$ 则微溶于水，C_{10} 以上羧酸不溶于水。芳香族羧酸（如苯甲酸、苯乙酸）大都难溶于水。

（二）醋酸的识别

1. 外观

醋酸为无色透明、有强烈刺激性醋味的液体，其蒸气易燃烧。

2. 溶解性

醋酸能与水按任意比例混溶，也溶于部分有机溶剂，如乙醇、丙酮等。

3. 结晶

醋酸在 16.75℃ 以下能结冰，形成醋酸晶体。

4. 酯化反应

醋酸稀释成 50% 的溶液后加几滴硫酸，加少许醇，加热后即生成乙酸乙酯，具有芳香味，区别于其他羧酸。

5. 颜色反应

醋酸稀释后，加氯化铁试液少许，即呈深红色反应，加热后红棕色沉淀，加盐酸溶解，呈黄色溶液。

（三）醋酸的生产

醋酸的生产方式有很多，如乙醛氧化法、轻油氧化法和甲醇羰基化法。目前工业生产中均采用乙醛氧化法。

1. 乙醛氧化法

工业化时间最早，技术比较成熟，原料路线多样化，以乙醛为原料，在催化剂醋酸锰的作用下，用氧气或空气氧化而制得。但生产过程中生成中间物——过氧醋酸这一易爆炸物，使生产安全性不易得到保证。

2. 轻油氧化法

虽然原料来源丰富，价格低廉，以石油产品丁烷为原料，在催化剂乙酸钴作用下，可直接一步氧化合成，但产物组成较多，醋酸收率低，使其后处理工序拖长，分离较复杂，产品纯度低。

3. 甲醇羰基化法

反应条件缓和，选择性高，所得醋酸质量高，原料单耗低，提纯过程简单，且原料路线多样化，生产成本低，但以贵重金属铑为主催化剂，并使用碘化物作为助催化剂，使催化剂价格高，装置的投资费用高。

（四）醋酸的应用

醋酸是重要的有机化工原料，主要应用于生产合成纤维、化学工业生产各种醋酸酯、醋酐、醋酸盐及香料、染料、医药的原料。

1. 用于生产醋酸乙烯

醋酸乙烯的工业生产一般常用醋酸和乙炔为原料，在催化剂醋酸锌作用下制得。醋酸乙烯在室温下为液体，是合成聚乙烯醇树脂（合成纤维）的主要原料。

2. 用于生产多种醋酸酯

利用醋酸和醇类反应生成酯的性质，工业上常用来生产多种醋酸酯如下。

① 醋酸与乙醇反应制得醋酸乙酯——是良好的溶剂。

② 醋酸与丁醇反应制得醋酸丁酯——用作溶剂。

③ 醋酸与戊醇反应制得醋酸戊酯——用作香料、溶剂。

3. 用于生产醋酐

工业上生产醋酐主要有两种方法：一是在以乙醛为原料生产醋酸的同时，可得到醋酐；二是以乙烯酮与醋酸反应制得醋酐。醋酐为无色液体，具有较强的刺激性臭味和很强的腐蚀性。醋酐用于医药工业生产氯霉素、合霉素、阿斯匹林、强力松等多种药物。还用于生产醋酸纤维素、香料、染料等。

4. 其他

① 生产多种醋酸盐，如醋酸锌、醋酸钴、醋酸铬等。

② 用作天然橡胶乳汁的凝固剂。

③ 电镀工业缓冲剂、印染工业助染剂等。

四、苯酚

苯酚（phynol）属酚类化工原料。酚是芳烃中苯环上的氢原子为羟基（—OH）所取代生成的化合物。酚的种类较多，由于羟基取代苯环上氢原子数目不同而分为一元酚、二元酚、三元酚或多元酚，最常见的是苯酚。苯酚分子式：C_6H_5OH；结构式 ；学名：苯酚；别名：石炭酸、工业酚；属毒害品。

（一）苯酚的识别

1. 外观

纯苯酚为无色或白色结晶，有特殊的酚臭气味。有毒，暴露于空气中遇光即变为淡红色，甚至红色，同时能吸收空气中的水分而自行溶化，发出强烈的特殊性臭味。

2. 溶解性

苯酚在室温下稍溶于水，在 65℃ 以上时，能与水混溶，水溶液呈酸性。易溶于乙醇、乙醚、氯仿、甘油、二硫化碳、挥发油、碱类等，不溶于石油醚。

3. 腐蚀性和毒性

苯酚有较强的腐蚀性，能破坏动植物机体。苯酚有毒，常通过皮肤接触中毒，酚蒸气和酚粉尘由呼吸道进入体内能引起中毒。

4. 颜色反应

（1）紫色配合物　在苯酚水溶液（1∶100）中，滴加氯化铁试液少许，就会产生紫色配合物 $H_3[Fe(OC_6H_5)_6]$，使溶液呈紫色。

$$6C_6H_5OH + FeCl_3 \longrightarrow H_3[Fe(OC_6H_5)_6] + 3HCl$$
紫色配合物

（2）白色沉淀　在苯酚水溶液中，加入溴试液，即产生瞬时即失的白色沉淀，但当溴试液加入过量时，则生成持久的 2，4，6-三溴苯酚白色沉淀。

（二）苯酚的生产

常见的苯酚生产途径有三个。

① 从煤焦油中提取。煤焦油是从煤的炼焦中得来的，是一种黑褐色的黏稠油状液体，含有多种有机化工原料，用分馏方法可制得苯酚、"三苯"、萘、蒽等。

② 异丙苯氧化法。

③ 磺化碱熔法。

（三）苯酚的应用

苯酚广泛用于塑料、染料、医药、炸药等的生产，也常用作杀菌剂。

1. 苯酚用于生产酚醛树脂

酚醛树脂是由酚类化合物与醛类化合物经缩聚反应而生成的高分子化合物。工业上一般用苯酚与甲醛做原料，分别在酸性或碱性条件下进行生产，可分别制得热固性和热塑性酚醛树脂。反应式如下。

$$n\text{（酚）} + n\text{HCHO} \xrightarrow[\triangle]{\text{H}^+ \text{或 OH}^-} \text{（酚醛树脂）}_n$$

酚醛树脂有广泛的用途：如市场供应的电木粉（也称酚醛塑料粉），就是由酚醛树脂和各种填料（例如云母、木粉、石棉、石英等）、固化剂（乌洛托品）、润滑剂、着色剂经一系列加工而得。又如层压塑料，是酚醛树脂与玻璃纤维、石棉纤维、木板、纸板等经浸泡、渗透、胶合而得。

2. 生产工程塑料

工程塑料尼龙 66 和尼龙 6 都可用苯酚为基本原料加工生产制得。尼龙 66 和尼龙 6 除可以代替金属生产各种机械零件外，还可以用于包装材料、合成纤维、黏胶剂的生产，在医疗器械、体育用品和日用品上也得到广泛的应用。

3. 其他方面

① 是生产染料、农药、炸药、医药的中间体。苯酚在染料工业中生产硫化兰 BRN，农药中生产除草醚，炸药中生产苦味酸（2,4,6 三硝基苯酚），医药中生产阿斯匹林等。

② 是生产环氧树脂的中间体——双酚 A 以及酚醛清漆、二苯醚、水杨酸、水杨醛等。

③ 苯酚还用于作消毒、杀菌、防腐剂。

❓ 思考题

1. 市场上经营的工业硫酸有哪些品种？如何识别这些品种？

2. 硫酸用于生产哪些化肥？硫酸在其中各起什么作用？

3. 如何识别硫酸、硝酸和盐酸？

4. 烧碱、纯碱为何可并称为两碱？在某些使用上两者能否替代？为什么？试举例说明。

5. 烧碱主要用于轻纺工业，试说明烧碱在纺织黏胶纤维的生产中起什么作用，有什么要求？

6. 试说明纯碱在玻璃生产中的作用如何？对纯碱的质量有何要求？

7. 如何识别五种钠盐：碳酸钠、硝酸钠、亚硝酸钠、氰化钠和硫化钠。

8. 试说明硝酸钠在玻璃、搪瓷生产中的作用是什么？

9. 硫化碱在染料、造纸工业中的主要作用是哪些？

10. 液氯、漂白粉能漂白、消毒杀菌的原理是什么？并用化学反应式说明。

11. 为什么说液氯在氯碱工业中将占主要地位？

12. 如何识别钛白粉和氧化锌两种白色粉状固体？

13. 为什么人们俗称电石为臭石？

14. 为什么说电石是有机化合物合成的基本原料之一？试举例用化学反应式说明。

15. 有机物和无机物的区别是什么？有机物有什么特点？

16. 如何识别"三苯"？在物资流通中应注意哪些问题？

17. 苯能生产哪些中间体？

18. 甲醇、正丁醇的主要应用途径是什么？

19. 甲醇有哪些特性？在合成树脂工业中起什么作用？

20. 醋酸有哪些特性？应用的主要途径是哪些？

21. 苯酚有哪些特性？应用的主要途径是哪些？

22. 如何鉴别甲醛和丙酮？

第三章 精细化学品

【学习目标】

● **知识目标**

1. 了解精细化学品的相关知识；

2. 了解表面活性剂、涂料、胶黏剂、食品添加剂和农药有关商品知识。

● **能力目标**

1. 熟悉常见精细化学品的应用；

2. 掌握表面活性剂、涂料、胶黏剂、食品添加剂和农药等精细化学品的作用原理。

● **素质目标**

1. 通过常见精细化学品相关知识的学习，培养学生适应化工生产、物流、营销等岗位需要；

2. 能拓展精细化工商品的应用范围，充分开发精细化工商品的应用领域。

第一节 概 述

精细化工是精细化学品工业（fine chemical Industry）的简称。精细化工具有投资效益高，利润率高，附加价值率高的特点，精细化工产品具有特定的功能性和专用性，精细化工在促进工农业发展，提高人民生活水平方面，起着重大作用。精细化工已成为当今世界各国发展化学工业的战略重点，而精细化率（精细化工产品产值率的简称，是指精细化工产品产值占化工总产值的百分率）也在相当大程度上反映着一个国家的发达水平、综合技术水平和化学工业集约化的程度。

一、精细化学品概念、特点及分类

1. 精细化学品的概念

什么是精细化学品（fine chemicals）？到目前为止，对精细化学品还没有一个公认的、比较严格的定义。国际上，基本上有两种意见：一种是20世纪70年代日本提出的把那些具有专门功能，在研究、开发、制造及应用过程中技术密集度高，配方技术能决定产品性能，附加价值高、收益大、小批量、多品种的化工商品称为精细化学品；另一种是美国C. H. Kline 博士提出的，以专用化学品来代替精细化学品。所谓专用化学品是指那些对产品功能和性能都有全面要求的化学品。在我国，将精细化学品定义为：凡能增进或赋予一种产品以特定功能，或本身拥有特定功能的小批量、纯度高的化工产品称为精细化学品，有时也称作专用化学品。

2. 精细化学品的特点

（1）小批量、多品种 每种精细化学品都因其有特定的功能、专用性质和独特的应用范围，以满足不同的使用要求，因而它们不可能像基本化工产品那样采用大批量的生产方法。

就精细化学品本身的用量而言，相对来讲不是很大，对每一个具体品种来说，年产量从几百千克到上千吨或者更多不等。多品种，不仅是精细化学品的一个特点，也是评价精细化工综合水平的一个重要标志。随着精细化学品应用领域不断扩大以及商品的更新换代，专用品种和特定生产的品种越来越多。例如，利用表面活性剂的乳化、分散、增溶、润湿等表面性能，可生产出多种多样的洗涤剂、渗透剂、扩散剂、分散剂、柔软剂等。

（2）特定功能和专用性质　每一种化工产品都有其各自的性能，精细化工产品与大化工产品性能不同的是，精细化学品更着重于产品所具有的特定功能，因而产品具有应用范围比较窄，专用性强，而通用性弱的特点。大多数精细化学品的特定功能经常与消费者直接相关，因而产品的功能能否满足消费者的要求就显得格外重要。如家庭用的液体洗涤剂就是利用表面活性剂复配而成的，若用于洗衣服，则要求在自动化洗衣机所规定的洗涤时间内必须有良好的洗涤效果；若用于清洗餐具，就要求具有较强的去油污能力，无毒且对皮肤无刺激。

3. 精细化学品的分类

精细化工产品品种繁多，所包括的范围很广。各国精细化工的范围是根据本国化工生产技术水平和生活水平等综合因素而确定的，不完全相同，而且随着科学技术的发展不断加以调整。1994 年我国将精细化学品分为 12 大类，即化学农药、涂料、油墨、颜料、染料、化学试剂及各种助剂、专项化学品、信息化学品、放射化学品、食品和饲料添加剂、日用化学品、化学药品，其中各种助剂包括催化剂、塑料助剂、橡胶助剂、印染助剂等；专项化学品系指水处理化学品、造纸化学品、皮革化学品、油田化学品、工业用表面活性剂、碳纤维、化学陶瓷纤维、胶黏剂及功能高分子化工产品等。

二、精细化工生产的特点

精细化学品生产的全过程不同于基本化工产品，它是由化学合成、剂型加工和商品化三部分组成。在每一个过程中又包含有各种化学的、物理的、生理的、技术的、经济的要求。由于其产品的专用性以及更新换代快，故精细化工行业是高技术密集型的产业。其生产特点主要表现在以下几个方面。

1. 高技术密集

技术密集是精细化工的一个重要特点。精细化工是综合性强的技术密集型工业，精细化学品是以商品的综合功能出现的。首先在合成过程中要筛选不同的化学结构；在剂型生产中应充分发挥精细化学品自身功能与其他物料配合的协同作用；在商品化上又有一个复配过程，便于更好地发挥产品的优良性能。以上三个过程即相互联系又相互制约。技术密集还表现在生产过程中的工艺流程组织上，由于单元反应多，原料复杂且需要深度加工才能获取，中间过程控制严格，整个生产过程从原料到商品，涉及诸如合成、分析测试、复配技术、商品化、应用开发、技术服务等众多领域、多种学科和专业技能。由于合成反应步骤多，因而对反应的终点控制和产品提纯就成为精细化学品生产的关键之一。为此在生产上常常采用大量的各种近代仪器和测试手段，这就需要掌握先进的技术和科学的管理。

2. 综合生产流程和多功能生产装置

精细化学品的品种多、批量小，反映在生产过程上需要经常更换和更新品种。加之多数精细化学品由基本原料出发，需要经过多工序、长流程的深度加工才能制得。为了适应精细化学品的这些生产特点，近年来广泛采用多品种综合生产流程及用途广、功能多的间歇生产装置。

3. 大量采用复配技术

复配技术是由两种或两种以上主要组分或主要组分与助剂经过复配，获得使用时远优于单一组分性能的效果。精细化学品在生产中广泛使用复配技术，获取各种具有特定功能性的商品以满足各种专门用途的需要。许多合成的化学产品，除了要求加工成多种剂型（如粉剂、粒剂、液剂等）外，还常常加入多种其他制剂进行复配，既满足了特殊的使用性能，还扩大了使用范围。例如黏合剂配方中，除以基料为主外，还要加入固化剂、促进剂、增塑剂、防老剂等。经过剂型加工和复配技术所制成的商品数目，远远超过由合成得到的单一产品数目。掌握复配技术是使精细化工产品具有市场竞争力的一个重要手段，也是发展精细化工的一个极应重视的环节。

4. 商品性强

由于精细化学品品种繁多，商品性强，用户对商品选择性很高，市场竞争十分激烈，开发应用技术和开展技术服务是组织精细化学品生产的两个重要环节。因此，精细化工生产企业应在技术开发的同时，积极开发新产品和开展技术服务，以增强竞争机制，开拓市场，提高信誉。同时，还要及时把市场信息反馈到生产计划中去，以增加企业的经济效益。

三、精细化工的经济特性

精细化工企业的高经济效益概括起来主要表现在以下几个方面。

1. 附加价值高

附加价值是指在产品的产值中扣去原材料、税金、设备和厂房的折旧费后剩余部分的价值，这部分价值是指产品生产从原料开始经加工到最终产品的过程中实际增加的价值。

2. 投资效率高、利润率高

投资效率是指附加价值与固定资产的比率。精细化工投资少、投资效率高，仅从利润的观点来看，精细化学品的利润高。

四、精细化工在国民经济中的作用及发展趋势

精细化工具有较高的经济效益，表现为投资回报高、利润率高、附加价值高。精细化学品以其特定功能和专用性质，增进和赋予各种结构材料以特性，这对增进工农业发展、提高和丰富人民生活水平，促进技术进步发挥着重要作用，使其成为国民经济物质生产中不可缺少的一个组成部分，而且将在整个国民经济发展中起着越来越重的作用。

提高创新能力、不断开发新品种、采用新技术、改进生产工艺、在单元设备上采用近代先进技术装备、重视石油化工深加工及副产品的综合利用是今后精细化工发展的主要趋势。

精细化工产品繁多，限于篇幅，本模块着重介绍表面活性剂、涂料、胶黏剂、食品添加剂和农药有关商品知识。

第二节　表面活性剂

表面活性剂是一类具有两亲性结构的有机化合物，至少含有两种极性与亲液性迥然不同的基团部分；人们对其进行系统的理论和应用研究的历史并不长，但由于它独特多样的功能性使其发展非常迅速。目前，表面活性剂的应用已渗透到很多行业。有"工业味精"之美称。在人类日常生活中，表面活性剂的制品也已成为必需的消费品。它是精细化工产品中产量较大的主要门类之一。

一、表面活性剂与表面张力

凝聚体与气体之间的接触面称为表面，凝聚体与凝聚体之间的接触面称为界面，也可通称为表面。由于表面分子所处的状况与内部分子不同，因而表现出很多特殊现象，称为表面现象，例如，荷叶上的水珠、水中的油滴、毛细管的虹吸等。表面现象都与表面张力有关。表面张力是指作用于液体表面单位长度上使表面收缩的力（mN/m）。由于表面张力的作用，使液体表面积永远趋于最小。

表面张力是液体的内在性质，其大小主要取决于液体自身和与其接触的另一相物质的种类。例如水、水银、无机酸等无机物与气体的表面张力大，醇、酮、醛等有机物与气体的表面张力小。气体的种类对表面张力也有影响，水银与水银蒸气的表面张力最大，与水蒸气的表面张力则小得多。实验研究表明，水溶液中溶质浓度对表面张力的影响有以下三种情况。

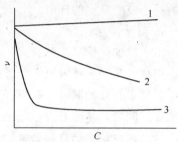

图 3-1　物质在水溶液体相
浓度与表面张力的关系

① 随浓度的增大，表面张力上升，如图 3-1 中曲线 1 所示，无机酸、碱、盐溶液多属此种情况。

② 随浓度的增大，表面张力下降，如图 3-1 中曲线 2 所示，有机酸、醇、醛溶液多属此种情况；

③ 随浓度的增大，开始表面张力急剧下降，但到一定程度便不再下降，如图 3-1 中曲线 3 所示，肥皂、长链烷基苯磺酸钠等属于这种情况。

图 3-2　表面活性剂
两亲性结构示意

从广义上讲，能使体系表面张力下降的溶质均可称为表面活性剂；但习惯上只将降低表面张力作用较大的一类化合物称为表面活性剂，即能够大幅度降低体系表面张力改变体系界面状态的物质称为表面活性剂。它们都具有上述 3 那样的曲线。

表面活性剂何以能有效降低表面张力呢？分析表面活性剂的结构发现，它们都有双亲性结构，即同时具有亲油疏水的基团和亲水疏油的基团，通常称为亲油基和亲水基，如图 3-2 所示。

溶液中加入表面活性剂后其亲油基会向无水的表面运动，亲水基会留在液面之下，这个结果使表面活性剂在表面上的浓度比在溶液内部大，此为正吸附现象。有人也将表面活性剂定义为能产生正吸附现象的物质。表面活性剂这种独特的分子结构正是它降低表面张力具有表面活性的原因。

二、表面活性剂分子在表面上的定向排列

表面活性剂溶液随着浓度的增加，分子在溶液表面上将产生定向排列，从而改变溶液的表面张力。如图 3-3 所示。

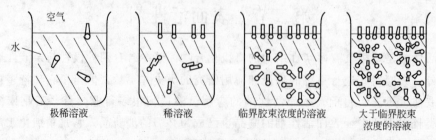

图 3-3　表面活性剂浓度变化和其活动情况的关系

当溶液极稀时，表面活性剂分子在表面的聚集极少，几乎不改变表面张力。稀溶液时，聚集增加，表面张力急剧下降，而溶液内部的表面活性剂分子相互将亲油基靠近。随着浓度的进一步增加，表面聚集的分子越来越密集，表面张力越来越低，直至达到临界胶束浓度。此时，表面活性剂分子在表面无间隙排列，形成分子膜，将气液两相彻底隔绝，表面张力降至最低；同时，溶液中有胶束形成，即几十几百的表面活性剂分子将亲油基向内靠拢，亲水基向外与水接触，缔合成一个大的分子团。若继续增加浓度，制成大于临界胶束浓度的溶液，将不会改变表面分子膜，故表面张力也不再改变。

临界胶束浓度是表面活性剂的一个重要参数，它是指表面活性剂分子或离子在溶液中开始形成胶束的最低浓度，简称CMC。即CMC为临界胶束浓度，达到CMC后即有胶束形成。胶束中的表面活性剂分子可随时补充表面分子膜中分子的损失，从而使表面活性得以充分发挥。

三、表面活性剂的分类

表面活性剂按照溶解性分类，有水溶性和油溶性两大类。油溶性表面活性剂种类及应用少，而水溶性表面活性剂按照其是否离解又可分为离子型和非离子型两大类，离子型可在水中离解成离子，非离子型在水中不能离解。离子型表面活性剂根据其活性部分的离子类型又分为：阴离子、阳离子和两性离子三大类。

1. 阴离子表面活性剂

阴离子表面活性剂的特点是在水溶液中会离解开来，其活性部分为阴离子或称负离子。市场出售的阴离子表面活性剂按照其亲水基不同主要有四大类，包括羧酸盐型（R—COONa）、硫酸酯盐型（R—OSO$_3$Na）、磺酸盐型（R—SO$_3$Na）和磷酸酯盐型（R—OP$_3$Na）。

上述四类阴离子表面活性剂仅是目前使用较多的种类。事实上，凡是活性部分能够离解并呈负离子态的表面活性剂都是阴离子表面活性剂。

（1）羧酸盐型阴离子表面活性剂　羧酸盐型阴离子表面活性剂俗称皂类，是使用最多的表面活性剂之一。肥皂是高级脂肪酸的碱金属盐类，用作洗涤品、化妆品等。此外，钙、铅、锰、铝等金属皂多不溶于水，而溶于溶剂，常用作油漆催干剂、防结块剂、塑料稳定剂等工业助剂。还有多羧酸皂、松香皂、N-酰基氨基羧酸皂，多用作乳化剂、洗净剂等。

① 肥皂。天然油脂与氢氧化钠进行皂化反应即生成肥皂和甘油。反应式如下。

$$
\begin{array}{cccc}
\text{R—COOCH}_2 & & \text{CH}_2\text{—OH} \\
\text{R—COOCH} & +3\text{NaOH} \longrightarrow 3\text{R—COONa}+ & \text{CH—OH} \\
\text{R—COOCH}_2 & & \text{CH}_2\text{—OH} \\
\end{array}
$$

天然油脂　　　　碱　　　　　肥皂　　　　甘油

式中 R 视天然油脂的种类而定，所用原料天然油脂不同，得到的肥皂性质也不同，最明显的是其适应温度范围的差异。如含 C$_{12}$～C$_{14}$ 为主的椰子油皂常温下即可使用，但 C$_{18}$ 的硬脂酸皂则要温度稍高至 70～80℃才行。碱金属钾皂也称软质皂，多用于液体洗涤剂或化妆品中。使用肥皂应注意：酸性介质中肥皂会生成不溶性脂肪酸，硬水中生成钙镁盐，从而导致无效；肥皂还易受电解质的作用而影响性能。

② 多羧酸皂。多羧酸皂使用不多，较典型的是作润滑油添加剂、防锈剂用的烷基琥珀酸系列制品。琥珀酸学名丁二酸，其上带有一个长碳链后便成为有亲油基的二羧酸。此系列产品一般是利用 C$_3$～C$_{24}$ 的烯烃与顺丁烯二酸酐共热，在 200℃下直接加成为烷基琥珀酸酐而制得的。亲油基上带有两个亲水基的产物，其表面活性不会优良。因此，多羧酸皂产品常将两个羧基中的一个用丁醇或戊醇加以酯化，生成单羧酸钠盐，即变为润湿、洗净、乳化作

用良好的表面活性剂。

③ 松香皂。松香皂是一种天然植物树脂酸用碱中和的产物。分子式为 $C_{19}H_{29}COOH$。它本身没有洗涤作用，但却有优良的乳化力和起泡力，与肥皂配用可提高洗涤效果。

④ N-酰基氨基羧酸盐。N-酰基氨基羧酸盐是脂肪酰氯与氨基酸的反应产物，随着碳链长度和氨基酸种类的不同，可以有多种同系产品生成。这类产品除具有优良的表面活性外，其突出优点是低毒、低刺激性。因而广泛用于人体洗涤品、化妆品和牙膏、食品等。

(2) 磺酸盐型阴离子表面活性剂　磺酸盐由于磺基硫原子与碳原子直接相连，较硫酸酯盐更稳定，在酸性溶液中不发生水解，加热时也不易分解。广泛应用于洗涤、染色、纺织行业，也常用作渗透剂、润湿剂、防锈剂等工业助剂。

① 烷基苯磺酸盐。烷基苯磺酸盐是阴离子表面活性剂中最重要的一个品种，产品占阴离子表面活性剂生产总量的 90% 左右。其中烷基苯磺酸钠是我国洗涤剂活性物的主要成分，洗涤性能优良，去污力强，泡沫稳定性及起泡力均良好。

② 烷基磺酸盐。烷基磺酸盐（SAS）表面活性与烷基苯磺酸钠相接近，它在碱性、中性和弱酸性溶液中较为稳定，在硬水中具有良好的润湿、乳化、分散和去污能力，易于生物降解。

③ α-烯烃磺酸盐。α-烯烃磺酸盐（AOS）生物降解性好，对皮肤的刺激性小，去污力好，泡沫细腻、丰富而持久，因而被广泛地用来制取液体洗涤剂，如餐具洗涤剂、洗发香波等。AOS 与 AES 或 AS 相比，在较大的 pH 范围内较为稳定，因此广泛用作香波的基本原料（流行的护发、护肤香波是酸性的）。但 AOS 配制粒状洗涤剂易于吸水结块，所含的烯烃磺酸盐有自动氧化倾向，尚需进一步改进。随着 AOS 生产的发展以及配方和制造工艺的改进，其质量将会进一步有所提高，成本将进一步下降，它的应用也将更为广泛。

2. 阳离子表面活性剂

阳离子表面活性剂在水溶液中离解后，其活性部分为阳离子或称正离子。目前应用较多的有胺盐和季铵盐两大类，胺盐类又包括伯胺盐（$R-NH_2HCl$）、仲胺盐 $[R-NH(CH_3)HCl]$ 和叔胺盐 $[R-N(CH_3)_2HCl]$。

除直链含氮的阳离子表面活性剂外，还有含氮原子环以及硫、砷、磷等形成的化合物均可在水中离解成阳离子，所以都能成为阳离子表面活性剂。常见的阳离子表面活性剂如表3-1 所示。

3. 两性离子表面活性剂

两性离子表面活性剂，在分子结构上既不同于阳离子表面活性剂，也不同于阴离子表面活性剂，两性离子表面活性剂的亲水基是由带有正电荷和负电荷的两部分有机地结合起来而构成的。因此具有很多优异的性能：良好的去污、起泡和乳化能力，耐硬水性好，对酸碱和各种金属离子都比较稳定，毒性和皮肤刺激性低，生物降解性好，并具有抗静电和杀菌等特殊性能。因此其应用范围正在不断扩大，特别是在抗静电、纤维柔软、特种洗涤剂以及香波化妆品等领域，预计两性离子表面活性剂的品种和产量将会进一步增加，成本也会有所下降。

两性离子呈现的离子性视溶液的 pH 值而定。会随着介质不同显示不同的活性，在碱性溶液中呈阴离子活性，在酸性溶液中呈阳离子活性，在中性溶液中呈两性活性。主要包括两类，氨基酸型和甜菜碱型。

甜菜碱型和氨基酸型两性离子表面活性剂的阳离子部分，分别是季铵盐和胺盐，阴离子部分都是羧酸盐。实际上，前述阴离子表面活性剂中的硫酸酯盐、磺酸盐等均可成为两性离

表 3-1　常见的阳离子表面活性剂

类　别	表面活性剂名称	结构式	用途
1.脂肪胺及盐类	伯胺	RNH_2　R 中的 C=8～18	金属酸洗的钝化剂、防锈剂、矿物浮选剂,还可作其他阳离子表面活性剂的原料,汽油添加剂
	仲胺	R_3NH　R 中的 C=10～18	防锈剂,可作季铵盐的原料
	伯胺醋酸盐	$RNH_2 \cdot HAC$	采矿浮选剂,肥料防固化剂、沥青乳化剂
	伯胺盐酸盐	$RNH_2 \cdot HCl$	采矿浮选剂,肥料防固化剂
	伯胺磷酸盐	$RNH_3 \cdot H_3PO_4$	汽油添加剂
	烷基亚丙基二胺	$RNHCH_2CH_2CH_2NH_2$	汽油添加剂、沥青乳化剂
	多乙氨基脂肪酰胺	$R—CONH(CH_2CH_2NH)_nH$　R 中的 C=8～16　n=1～4	纤维与纸张助剂
	多烷基多胺衍生物		其抗菌性和杀菌性强,用作乳化剂,纤维处理剂,抗静电剂,防腐剂、洗净剂、柔软剂
2.季铵盐	烷基三甲胺氯化物	$[R—N(CH_3)_3]^+Cl^-$	纤维的染色助剂和干洗剂,染料的固色剂,颜料的分散剂
	二烷基二甲胺氯化物	$\left[\begin{smallmatrix}R\\ \\R\end{smallmatrix}N(CH_3)_2\right]^+ Cl^-$	纤维柔软剂;软发剂
	二甲基烷基苄基铵氯化物	$\left[R-N\begin{smallmatrix}CH_3\\CH_3\\CH_2\end{smallmatrix}\right]^+ Cl^-$	杀菌剂、消毒剂
	烷基吡啶盐	$[R—N\bigcirc]^+ X^-$　(X 代表氯化物或溴化物)	染料固色剂

子表面活性剂亲水基的阴离子部分，从而形成两性离子表面活性剂的新品种。

4.非离子表面活性剂

非离子表面活性剂在水中不会离解成离子，但同样具有亲油基和亲水基。按照其亲水基结构的不同分为聚乙二醇型和多元醇型。

聚乙二醇型也称为聚氧乙烯型或聚环氧乙烷型。它是由环氧乙烷的聚合链来做亲水基的。而多元醇型则是靠多元醇的多个羟基与水的亲和力来实现亲水。

不同类型的表面活性剂具有不同的特性和应用场合，有的可以混用，有的不能混用。所以，遇到一种表面活性剂，应当首先分清它是哪一种类型的，应用时也应首先弄清该用哪一种类型的表面活性剂。

四、表面活性剂的物化性质

1.表面活性剂亲水-亲油性平衡与性质的关系

不同的表面活性剂带有不同的亲油基和亲水基，其亲水亲油性也不同。表面活性剂的亲水-亲油性平衡值（即 HLB 值）用来描述表面活性剂的亲水亲油性。HLB 是表面活性剂亲水-亲油性平衡的定量反映。

表面活性剂的 HLB 值直接影响着它的性质和应用。例如，在乳化和去污方面，按照油或污垢的极性、温度不同而有最佳的表面活性剂 HLB 值。表 3-2 是具有不同 HLB 值范围的表面活性剂所适用的场合。

表 3-2　具有不同 HLB 值范围的表面活性剂所适用的场合

HLB 值范围	适用的场合	HLB 值范围	适用的场合
3～6	油包水型乳化剂	13～15	洗涤
7～9	润湿、渗透	15～18	增溶
8～15	水包油型乳化剂		

对离子型表面活性剂，可根据亲油基碳数的增减或亲水基种类的变化来控制 HLB 值；对非离子表面活性剂，则可采取一定亲油基上连接的聚环氧乙烷链长或羟基数的增减，来任意细微的调节 HLB 值。

表面活性剂的 HLB 值可计算得来，也可测定得出。常见表面活性剂的 HLB 值可由有关手册或著作中查得。

2. 胶束与胶束量

表面活性剂溶液形成胶束的大小可用胶束量来描述，胶束量是构成一个胶束的相对分子质量。

$$胶束量＝表面活性剂的相对分子质量×缔合度$$

缔合度为缔合成一个胶束的分子个数，表面活性剂溶液中胶束与表面活性剂分子处于平衡状态，一旦吸附在表面的活性剂分子或离子被消耗掉，胶束中便离解出表面活性剂分子补充上去。因此，胶束起一个表面活性剂储存库的作用。

3. 表面活性剂溶解性与温度的关系

在低温时，表面活性剂一般都很难溶解。如果增加水溶液的浓度，达到饱和态，表面活性剂便会从水中析出。但是，如果加热水溶液，达到某一温度时，其溶解度会突然增大。这个使表面活性剂的溶解度突然增大的温度点，称为临界溶解温度。这个温度相当于水和固体表面活性剂的熔点。大多数离子型表面活性剂都有自己的临界溶解温度。

聚乙二醇型非离子表面活性剂与离子型表面活性剂相反，将其溶液加热，达到某一温度时，透明溶液会突然变浑浊、这一温度点称为浊点。这一过程是可逆的，温度达浊点时乳浊液形成，降温时透明溶液又重现。但当保持温度在浊点以上时，静置一定时间乳浊液将分层。

聚乙二醇型表面活性剂之所以存在浊点，是因为其亲水基依靠聚乙二醇链上醚键与水形成氢键而亲水。氢键结合较松散，当温度上升时，分子热运动加剧，达到一定程度，氢键便断裂，溶解的表面活性剂析出，溶液变为乳浊液；而当温度降低至浊点之下时，氢键恢复，溶液便又变透明。

对于应用而言，临界溶解温度是一个下限温度，而浊点是上限温度。

五、表面活性剂的作用性能

表面活性剂由于其独特的两亲性结构而具有降低表面张力、产生正吸附现象等诸多功能，因而，在应用上可发挥特别的作用。最主要的包括起泡、消泡、乳化、分散、增溶、洗净、润湿、渗透。

1. 润湿和渗透作用

固体表面和液体接触时，原来的固-气界面消失，形成新的固-液界面，这种现象称为润湿。当用水润湿及渗透某种固体时，若在水中加入少量表面活性剂；则润湿及渗透就较容易，此现象称为润湿作用；而使某物体润湿或加速润湿的表面活性剂称为润湿剂。同样借助表面活性剂来增大液体渗透至物体内部的作用称为渗透作用，所用的表面活性剂称为渗透剂。润湿和渗透是使液体迅速均匀地浸湿固体的表面或内部，这也要表面活性剂在固液界面发挥作用。润湿及渗透作用实质上都是水溶液表面张力下降的结果，实际上两者所使用的表面活性剂基本相同。润湿剂、渗透剂广泛应用于纺织印染工业，使织物润湿易于染色；在农药中也有应用，可增强农药对植物或虫体的润湿性，以提高杀虫效力。

2. 乳化和分散作用

使非水溶性物质在水中呈均匀乳化或分散状态的现象称为乳化作用或分散作用。乳化是加入第三种成分，使两互不相溶的液体形成乳液，并具有一定稳定性的过程。分散是使固体粒子集合体以微小单个粒子状态分散于液体中的过程。能使一种液体（如油）均匀分散在水或另一液体中的物质称为乳化剂；能使一种固体呈微粒均匀分散在一种液体或水中的物质称为分散剂。这些都可看作是一相在另一相的分散，由于表面张力的存在，都是不稳定的，而表面活性剂通过在两相界面形成单或双分子膜的方法，使这些体系趋于稳定。

油与水的乳化形式有两种：一种是水包油型（O/W）；另一种是油包水型（W/O）。前者，水是连续相，油是分散相；而后者，油是连续相，水是分散相。

分散剂的分散作用在于分子的亲水基一端伸在水中，疏水基一端吸附在固体粒子表面，从而在固体表面形成了亲水性吸附层；分散剂分子的润湿作用破坏了固体微粒间的内聚力，使分散剂分子有可能进入固体微粒中，使固体微粒变成微小质点而分散于水中。

3. 发泡和消泡作用

在气液相界面间形成由液体膜包围的泡孔结构，从而使气液相界向间表面张力下降的现象称为发泡作用。泡沫是气体分散在液体或固体中的分散体系，发泡和消泡作用是同一过程的两个方面。能降低溶液和悬浮液表面张力，防止泡沫形成或使原有泡沫减少或消失的表面活性剂称为消泡剂。

利用表面活性剂的发泡作用可用来制灭火剂。消泡剂广泛用于纤维、涂料、金属、无机药品及发酵等工业。

4. 增溶作用

表面活性剂在水溶液中形成胶束后，具有能使不溶或微溶于水的有机化合物的溶解度显著增大，使溶液呈透明状，表面活性剂的这种作用称为增溶作用。增溶是由于胶束的存在而使物质溶解度增加的现象，这些物质或溶入胶束的亲油基中间，或插于胶束的分子之间，或黏附于胶束的亲水基上，从而使溶解度大增，能产生增溶作用的表面活性剂称为增溶剂。

5. 洗涤作用

从固体表面除掉污物的过程称为洗涤。来自生活环境的污垢通常有油污、固体污垢及其他污垢（如奶渍、血渍、汗渍等含蛋白质的污垢）。洗涤去污作用，是上述乳化、分散、增溶、润湿等作用的综合结果。把有污垢的物质放入洗涤剂溶液中，在表面活性剂的作用下，污垢物质先被洗涤剂充分润湿、渗透，使溶液进入被玷污物的内部，使污垢易脱落，洗涤剂再把脱落下来的污垢进行乳化而分散于溶液中，经清水漂洗而达到洗涤效果。去污作用与表面活性剂的全部性能有关，一个去污能力好的表面活性剂，不一定其各种性能都好，只能说是上述各种性能协同配合的结果。

正是由于表面活性剂的这些作用性能，使其成为几乎各工业行业均使用的助剂，并越来越多地进入民用市场。

表面活性剂除上述主要作用外，还因其具有的强吸附性、离子性、吸湿性等特性而衍生出其他一些功能。如柔软平滑、抗静电、匀染、固色、防水、防蚀和杀菌等，在工业上同样有着重要意义。

六、表面活性剂性质的应用

表面活性剂的用途有两类：一类是利用与表面活性剂物性直接相关的基本性质；另一类是利用与表面活性剂物性虽无直接关系但却有间接关系的性质。以下简要介绍表面活性剂性质的应用。

1. 润湿剂、渗透剂

润湿剂和渗透剂所用的表面活性剂基本相同，以渗透剂为例加以说明。

（1）溶液的性质与渗透剂的种类　当被渗透的溶液种类不同时，所用的渗透剂也不相同。多数情况下，溶液的 pH 值对选择渗透剂影响较大。作为强碱性溶液的渗透剂，不能有酯键（—COOR），因为酯键会被碱皂化分解。作为强酸性溶液的渗透剂，不能用硫酸酯盐型的表面活性剂，因其会使渗透剂分解。对含大量无机盐的溶液，因渗透剂难溶于其中，必须用特别易溶的渗透剂。对含氧化剂的溶液，应选择耐氧化性的渗透剂。

（2）中性溶液的渗透剂　在弱酸至弱碱性范围内使用的渗透剂称为普通渗透剂。在阴离子系列中，渗透剂 OT、十二烷基苯磺酸钠、月桂基硫酸酯钠、烷基萘磺酸钠、油酸丁酯的硫酸化物等都是常用的渗透剂。特别是渗透剂 OT，它是最富有渗透性的产品。

在非离子系列中应用最广泛的是壬酚或辛基酚与环氧乙烷的加成物，以及碳链较短的醇与环氧乙烷的加成物。

（3）特殊渗透剂　对于高浓度盐类溶液、强碱性溶液、强氧化剂溶液，由于渗透剂易在溶液中分解或难于溶解，因此要采用特殊渗透剂。

特殊渗透剂有：聚乙二醇醚型、磺酸盐、硫酸酯盐、HLB 值高的聚乙烯醇型、壬酚环氧乙烷加成物等，可用作纤维处理渗透剂。

2. 乳化剂、分散剂、增溶剂

乳化剂、分散剂和增溶剂的应用范围十分广泛，主要有以下几个方面。

（1）在纤维工业中　乳化剂、分散剂在纤维工业方面的应用很广，如纺织油剂、柔软整理剂、疏水剂等乳液制品中几乎都使用乳化剂、分散剂。另外在染色方面也需要很多种类的乳化剂、分散剂，如染料、颜料的分散剂，载体的乳化剂，萘酚 AS 类的增溶剂等。在纤维工业方面也常需要对各种树脂、香料、杀菌剂等进行乳化分散，以便对织物进行处理。

（2）在合成树脂工业中　乳化剂、分散剂在乳液聚合及悬浮聚合工艺中占有重要地位。阴离子表面活性剂适于得到细粒子的乳液，主要有脂肪酸皂、松香酸皂、十二烷基苯磺酸钠、高级烷基醚硫酸盐等；而非离子表面活性剂适于得到粗粒子的乳液，主要有烷基酚环氧乙烷加成物、高级醇环氧乙烷加成物、聚丙二醇环氧乙烷加成物等。

另外它们在医药、化妆品、食品、农药、建筑、环保、石油、涂料等行业中都有极广泛的应用。

3. 发泡剂与消泡剂

（1）发泡剂与泡沫稳定剂 阴离子表面活性剂发泡能力大，聚乙二醇醚型非离子表面活性剂居中，脂肪酸酯型非离子表面活性剂发泡能力最小。肥皂、十二烷基苯磺酸钠、月桂基硫酸酯钠、月桂基醚硫酸酯钠等阴离子表面活性剂较适宜作发泡剂。所谓发泡剂只是意味着搅拌时能产生大量的泡沫，而泡沫存在时间长短无关紧要。能够较长时间保持泡沫的表面活性剂或添加剂称为泡沫稳定剂。例如，月桂酸二乙醇酰胺它不仅是泡沫稳定剂，同时也是优良的洗涤剂，其应用广泛。实用的泡沫稳定剂不单纯是维持泡沫的存在时间，而是当污物进入后仍必须能维持发泡力。

（2）消泡剂 工业生产上有时遇到如何防止发泡的问题，这就需要使用消泡剂。其中，低级醇系消泡剂只有暂时破泡性；硅酮系消泡剂无论是破泡性还是抑泡性都很好，在纤维、涂料、发酵等行业中起着重要的作用；有机极性化合物系消泡剂，广泛用于纤维、涂料、金属、无机药品、发酵等工业，其消泡效果会因使用场合不同而有所差异。

4. 洗涤剂

洗涤剂的应用十分广泛，在家庭及工业方面的应用主要有以下几个方面。

（1）纤维工业用洗涤剂 纤维工业用洗涤剂主要用在以下几个方面。

① 棉纱的精制。通常使用阴离子系表面活性剂与非离子系表面活性剂的混合物。

② 原毛洗涤（洗毛）。附着在原毛上的污物大部分是羊毛脂，这种污物中含有相当多的酸性物质和可以用碱皂化的成分，常用的洗涤剂有非离子型、高级醇硫酸酯钠盐或十二烷基苯磺酸钠等。

③ 羊毛织物的洗涤（洗绒）。洗绒即洗涤毛织物成品，常用的洗涤剂为高级醇硫酸酯盐、非离子型洗涤剂。

④ 丝的精制。生丝上黏附有丝胶和其他污物，除去这些污物常用肥皂和以碱为主的洗涤剂，但肥皂受水质的影响较大，故常与耐硬水的高级醇硫酸酯盐或非离子型洗涤剂合用。

（2）家庭用洗涤剂 家庭用洗涤剂主要有纺织品洗涤剂，其中有重垢型洗涤剂、轻垢型洗涤剂及干洗剂；厨房用洗涤剂中有餐具、炊具、灶具、厨房设备、瓜果、蔬菜、鱼类等专用洗涤剂；居室用洗涤剂中有地板、地毯、玻璃、家具、器皿、居室装饰物品、文化娱乐用品及办公设备等专用洗涤剂；浴室和卫生间设备用洗涤剂及其他洗涤剂，如个人用品、冰箱、冰柜、除水垢、皮革制品、运动用品等洗涤剂。洗涤剂的配方根据具体用途不同而有所变化。此外，由于洗涤习惯的不同，待洗物品的逐渐多样化，以及防止污染等要求，所使用的洗涤剂和助剂也随之发生变化。

（3）除纤维工业之外的其他工业用洗涤剂 纤维工业以外的各种工业中都使用着各自独特的洗涤剂。作为洗涤剂基本要求的性能差别不大，只是对污垢的种类、使用条件、洗涤效果等有不同的特殊要求，因而洗涤剂的种类也十分繁多。例如有食品工业、交通业、印刷工业、机械和电子电器、精密仪器、光学仪器、锅炉除垢以及其他行业都需要用洗涤剂。

5. 抗静电剂

具有抗静电作用的表面活性剂称抗静电剂。不同种类表面活性剂的抗静电效果因各自不同的结构而有差别。其中阳离子型、两性型表面活性剂效果最好，其次是非离子型和阴离子型表面活性剂。纤维种类不同，每种抗静电剂的效果也有差别。例如，抗静电剂 TM $\left[(CH_3N(CH_2CH_2OH)_3)^+CH_3SO_4^- \right]$ 属季铵盐型阳离子表面活性剂，对腈纶、涤纶、锦纶等合成纤维有优良的消除静电效能。

6. 杀菌剂

杀菌剂是指具有与蛋白质发生作用的一类表面活性剂。其杀菌机理是它首先吸附于菌体，然后浸透菌体并破坏细胞膜。杀菌剂以阳离子型和两性型表面活性剂为主。前者有烷基二甲基苄基铵盐、烷基三甲基铵盐，烷基吡啶铵盐；后者有聚氨基单羧酸类。

7. 匀染剂

在印染工业中常使用一种以达到均匀染色为目的的表面活性剂，即匀染剂。要达到匀染，必须降低染色速度，使染料分子缓慢地与纤维接触；而将已发生不匀染织物的深色部分的染料分子向浅色部分迁移者，称为移染。按以上匀染条件，匀染剂一般分为两类。

（1）亲纤维匀染剂　此类表面活性剂与纤维的吸附亲和性要比染料大，染色时染料只能跟在匀染剂后面追踪，从而延长了染色时间，达到缓染使纤维均匀染色的目的。

（2）亲染料匀染剂　该类表面活性剂因与染料有较大的亲和力，故在染色过程中会拉住染料，从而延长了染色时间而达到缓染效果，且对已上染纤维的染料有拉力。若发生不匀染现象时，它可将深色处染料拉回染浴中，再上染到浅色处，即所谓移染。这类匀染剂有聚乙二醇类非离子表面活性剂，如平平加。

第三节　涂　料

一、概述

（一）涂料的定义

涂料是涂敷于底材表面并形成坚韧连续涂膜（漆膜）的液体或固体高分子材料。旧称油漆、漆。主要用来对被涂表面起到装饰与保护作用。

石油化工和有机合成工业的发展，为涂料工业提供了新的原料来源，使许多新型涂料不再使用植物油脂，这样一来，"油漆"这个名词就显得不够贴切，而代之以"涂料"这个新的名词。根据涂料的特征对涂料下一个定义：涂料是一种可借特定的施工方法涂覆在物体表面上，经固化形成连续性涂膜的材料，通过它可以对被涂物体进行保护、装饰和其他特殊的作用。

（二）涂料的作用及组成

1. 涂料的作用

涂料的作用大致如下。

（1）保护作用　金属、木材等材料长期暴露在空气中，会受到水分、气体、微生物、紫外线的侵蚀，涂上涂料就能延长其使用期限，因为涂料漆膜能防止材料磨损以及隔绝外界的有害影响。对金属来说，有些涂料还能起缓蚀作用，例如磷化底漆可使金属表面钝化。一座钢铁结构桥梁，如果不用涂料仅有几年寿命；如果用涂料保护并维修得当，则可以有百年以上的寿命。

（2）装饰作用　房屋、家具、日常用品涂上涂料给人以良好的视觉感受。

（3）色彩标志　目前，应用涂料作标志的色彩在国际上已逐渐标准化，各种化学品、危险品的容器可利用涂料的颜色作为标志；各种管道、机械设备也可以用各种颜色的涂料作为标志；道路划线、交通运输也需要用不同色彩的涂料来表示警告、危险、停止、前进等信号。

（4）特殊用途　涂料的特殊用途日益广泛，船底被海洋生物附殖后就会影响航行速度，用船底防污漆就可使海生物不再附着；导电的涂料可移去静电，而电阻大的涂料却可用于加热保温的目的；空间计划中需要能吸收或反射辐射的涂料，导弹外壳的涂料在其进入大气层时能消耗掉自身同时也能使摩擦生成的强热消散，从而保护了导弹外壳；吸收声音的涂料可使潜艇增加下潜深度。

2. 涂料的组成

涂料一般由成膜物质和挥发分两部分组成。它在物体表面上涂布后，其挥发分逐渐挥发逸去，留下不挥发分干后成膜，成膜物质又可以分为主要、次要、辅助成膜物质三类。主要成膜物质可以单独成膜，也可以与黏结颜料等次要成膜物质共同成膜。它是涂料组成的基础，简称为基料。涂料的各组分可由多种原材料组成，见表3-3。

表3-3　涂料的组成和原材料

组　成		原　料
主要成膜物质	油料	动物油：鲨鱼肝油、带鱼油、牛油等 植物油：桐油、豆油、蓖麻油等
	树脂	天然树脂：虫胶、松香、天然沥青等 合成树脂：酚醛、醇酸、氨基、丙烯酸、环氧、聚氨酯、有机硅等
次要成膜物质	颜料	无机颜料：钛白、氧化锌、铬黄、铁蓝、铬绿、氧化铁红、炭黑等 有机颜料：甲苯胺红、酞菁蓝、耐晒黄等 防锈颜料：红丹、锌铬黄、偏硼酸钡等
	体质颜料	滑石粉、碳酸钙、硫酸钡等
辅助成膜物质	助剂	增塑剂、催干剂、固化剂、稳定剂、防霉剂、防污剂、乳化剂、润湿剂、防结皮剂、引发剂等
挥发物质	稀释剂	石油溶剂(如200号油漆溶剂油)苯、甲苯、二甲苯、氯苯、松节油、环戊二烯、醋酸丁酯、醋酸乙酯、丙酮、环己酮、丁醇、乙醇等

表中组成是对一般色漆而言，由于涂料的品种不同，有些组分可以省略。如各种罩光清漆就是没有颜料和体质颜料的透明体；腻子则是加入大量体质颜料的稠厚浆状体；色漆（包括磁漆、调和漆和底漆在内）是加入适量的颜料和体质颜料的不透明体；由低黏度的液体树脂作基料，不加入挥发稀释剂的称为无溶剂涂料；基料呈粉状而又不加入溶剂的称为粉末涂料；一般用有机溶剂作稀释剂的称溶剂型涂料；而水作稀释剂的则称为水性涂料。

（三）涂料的分类及命名

1. 涂料的分类

涂料有各种分类方法。按成膜物质分类见表3-4。

按用途可分为建筑，车辆，船舶，家具，标志，导电，电绝缘，防蚀，耐热，防火，示温，发光，杀虫等专用的系列漆种。按施工方法可分为刷用漆，喷漆，烘漆，电泳漆等。按涂料的作用可分为打底漆，防锈漆，防火漆，防腐漆，头道漆，二道漆等。按漆膜外观可分为：大红漆，有光漆，无光漆，半光漆，皱纹漆等。

2. 涂料的命名法

中华人民共和国国家标准对涂料命名有如下原则规定。

（1）命名原则　涂料全名＝颜色或颜料名称＋成膜物质名称＋基本名称

例如，红醇酸磁漆、白硝基磁漆。

对某些有专门用途和特性的产品，必要时可以在成膜物质后面加以说明。例如，醇酸导电磁漆。关于基本名称及其编号见表3-5。

表 3-4　按成膜物质分类

序号	代号(汉语拼音)	成膜物质类别	主 要 成 膜 物 质
1	Y	油性漆类	天然动植物油,清油(熟油),合成油
2	T	天然树脂漆类	松香及其衍生物、虫胶、乳酪素、动物胶、大漆及其衍生物
3	F	酚醛树脂漆类	改性酚醛树脂、纯酚醛树脂、二甲苯树脂
4	L	沥青漆类	天然沥青、石油沥青、煤焦沥青、硬质酸沥青
5	C	醇酸树脂漆类	甘油醇酸树脂、季戊四醇醇酸树脂,其他改性醇酸树脂
6	A	氨基树脂漆类	脲醛树脂、三聚氰胺甲醛树脂
7	Q	硝基漆类	硝基纤维素、改性硝基纤维素
8	M	纤维素漆类	乙基纤维、苄基纤维,羟甲基纤维、醋酸纤维,醋酸丁酯纤维等
9	G	过氯乙烯漆类	过氯乙烯树脂、改性过氯乙烯树脂
10	X	乙烯漆类	氯乙烯共聚,聚醋酸乙烯及共聚物,聚乙烯醇缩醛、含氟树脂等
11	B	丙烯酸漆类	丙烯酸酯、丙烯酸共聚物及其改性树脂
12	Z	聚酯漆类	饱和聚酯、不饱和聚酯树脂
13	H	环氧树脂漆类	环氧树脂、改性环氧树脂
14	S	聚氨酯漆类	聚氨基甲酸酯
15	W	元素有机漆类	有机硅、有机钛、有机铝等元素有机聚合物
16	J	橡胶漆类	天然橡胶及其衍生物、合成橡胶及其衍生物
17	E	其他漆类	如无机高分子材料、聚酰亚胺树脂等
18		辅助材料	稀释剂、防潮剂、催干剂、脱漆剂、固化剂

表 3-5　基本名称及其编号表

代 号	代 表 名 称	代 号	代 表 名 称	代 号	代 表 名 称
00	清油	22	木器漆	53	防锈漆
01	清漆	23	罐头漆	54	耐油漆
02	原漆	30	(浸渍)绝缘漆	55	耐水漆
03	调和漆	31	(覆盖)绝缘漆	60	防火漆
04	磁漆	32	绝缘(磁,烘)漆	61	耐热漆
05	粉末涂料	33	黏合绝缘漆	62	变色漆
06	底漆	34	漆包线漆	63	涂布漆
07	腻子	35	硅钢片漆	64	可剥漆
09	大漆	36	电容器漆	66	感光涂料
11	电泳漆	37	电阻漆、电位器漆	67	隔热涂料
12	乳胶漆	38	半导体漆	80	地板漆
13	其他水溶性漆	40	防污漆,防蛆漆	81	渔网漆
14	透明漆	41	水域漆	82	锅炉漆
15	斑纹漆	42	甲板漆,甲板防滑漆	83	烟囱漆
16	锤纹漆	43	船壳漆	84	黑板漆
17	皱纹漆	44	船底漆	85	调色漆
18	裂纹漆	50	耐酸漆	86	标志等,路线漆
19	晶纹漆	51	耐碱漆	98	胶液
20	铅笔漆	52	防腐漆	99	其他

　　(2) 涂料的型号　涂料的型号分三部分：第一部分是成膜物质,第二部分是基本名称,第三部分是序号,以表示同类品种间的组成、配比或用途不同。例如 A04-2,A 代表成膜物

质是氨基树脂，04代表磁漆，2是序号。

（3）辅助材料型号 辅助材料型号分两部分：第一部分是种类，第二部分是序号。表3-6为辅助材料代号表。例如X-2，X为稀释剂，2为序号。

表 3-6 辅助材料代号表

序号	代号	名称	序号	代号	名称
1	X	稀释剂	4	T	脱漆剂
2	F	防潮剂	5	H	固化剂
3	G	催干剂			

二、涂料的基本作用原理

（一）涂膜的固化机理

涂料的固化机理有三种类型，分述如下。

1. 物理机理干燥

只靠涂料中液体（溶剂或分散相）蒸发而得到干硬涂膜的干燥过程称为物理机理干燥。高聚物在制成涂料时已经具有较大的相对分子质量，失去溶剂后就变硬而不黏，在干燥过程中，高聚物不发生化学反应。

2. 涂料与空气中的氧反应

氧与干性植物油或其他不饱和化合物交联固化，产生游离基引起聚合反应，水分也能和异氰酸酯发生缩聚反应，这两种反应都能得到交联的涂膜，所以在储存期间，涂料罐必须密封良好、与空气隔绝。属于这个机理的涂料有油脂漆和醇酸树脂漆等。

3. 涂料组分间的反应使其交联固化

涂料在储存期间必须保持化学上稳定，固化反应必须要求发生在涂料施工以后进行。为了达到这个目的，可以有两种方法。第一种方法是采用将相互能发生反应的组分分罐包装，在使用时现用现配，当涂料施工后，溶剂挥发而使反应性组分的浓度提高，反应才能很快进行。另一种方法是选用在常温下互不发生反应，而只有在高温下或受辐射时才发生反应的组分。不论用哪种方法，这种交联型涂料的反应性组分只有在施工后发生交联反应才能变为硬干的涂膜。属于这种机理的涂料有以氨基树脂交联的热固性醇酸树脂，聚酯和丙烯酸涂料等。

（二）涂料配方的基本知识

在涂料制造过程中，首先要正确选择合适的组分，使每种组分本身的性能均能满足涂料的使用要求，然后要拟定各组分的相对比例，这就是配方设计的内容。着手进行配方设计时，一般将采取以下三个步骤：

① 先根据涂料的使用要求选定基料树脂和颜料；

② 根据施工要求和已选定的基料树脂来确定溶剂和稀释剂；

③ 决定是否需要加入其他助剂、需要什么样的助剂。

色漆的配方在选定了合适的组分之后，决定涂料特性的最重要的因素是颜料体积浓度。颜料体积浓度就是涂料中颜料和填料的体积与配方中所有非挥发分（包括基料树脂、颜料和填料等）的总体积之比；溶液的组成影响涂料的干燥时间、成膜性能和施工特性，同时，它对控制和改进涂料的黏度及流平性也有极大的作用。

当前，涂料工业已得到极大的发展，要逐一讨论所有的涂料配方是不可能的，主要是要掌握配方设计的基本原理。

由于底材的使用环境不同，故对涂膜的性能也提出种种不同的要求（如防锈要求、耐酸、碱性要求、装饰要求等）。而涂料配方中各组分的用量及其相对比例又对涂料的使用性能（如流平性、干燥性等）和涂膜性能（如光泽，硬度等）产生极大的影响。所以，建立一个符合使用要求的涂料新配方是一个复杂的课题。所设计的涂料配方，还需进行必要的试验和反复测试，才能寻找出真正符合使用要求的涂料配方。

三、按剂型分类的重要涂料

（一）溶剂性涂料

商业上的溶剂性涂料包含颜料、高聚物和溶于溶剂中的添加剂。涂料工业是溶剂的最大用户，有一半以上是烃类，其余是酮、醇、乙二醇醚、酯、硝基直链烃以及少量的其他物质。溶剂有利于薄膜生成，当溶剂蒸发时，高聚物就互相结合，就会形成平滑和连续的薄膜。

对于挥发性漆所用溶剂可以分为三类：第一，真溶剂，是有溶解此类油漆所用高聚物能力的溶剂；第二，助溶剂，在一定限量内可与真溶剂混合使用，并有一定的溶解能力，还可影响油漆的其他性能；第三，稀释剂，无溶解高聚物性能，也不能助溶，但它价格较低，它和真溶剂、助溶剂混合使用可降低成本。这种分类是相对的，三种溶剂必须搭配合适，在整个过程中要求挥发率均匀又有适当溶解能力。

湿漆膜的流变性是一个很重要的问题，流变性不良将导致结皮、麻点、针孔等表面症病。而溶剂的挥发性的溶解力以及湿漆膜的黏度都是影响流变性的因素，施工和操作也对流变性有影响。

真溶剂中，醋酸乙酯、丙酮、甲乙酮属于挥发性快的溶剂；醋酸丁酯属于中等挥发性溶剂；醋酯戊酯，环己酮等属于挥发慢的溶剂。一般说来，挥发性快的溶剂价格较低。

助溶剂一般是乙醇或丁醇，乙醇有亲水性，用量过大，易导致漆膜泛白。丁醇挥发性较慢，适于后期作黏度调节。

此外，对溶剂还要求色浅、透明、化学性质稳定，无刺激和难闻气味，毒性少。

（二）水性涂料

1. 水性涂料的特点

水性涂料，是一种极有发展前景的新型涂料，以水为溶剂或分散介质的涂料，称为水性涂料。进入 20 世纪 90 年代，水性涂料发展速度非常快，已形成多品种、多功能、多用途的庞大体系，由于这种涂料对环境的相容性和保护性，使水性涂料的市场占有率迅速提高。

取代涂料中的溶剂，常用水起溶剂和分散介质的作用，在水性涂料中，水与普通的溶剂相比，有明显不同的性质，其主要特点如下。

① 水的表面张力明显比有机溶剂高，这就导致对被涂基底浸润较差。所以在使用水性涂料时必须提供清洁的基底。同时还要加入辅助溶剂来降低水的表面张力。

② 与溶剂相比，水的汽化热高，水性涂料干燥需较多的能量，干燥困难，干燥时间长。

③ 水具有与有机溶剂完全不同的溶解度参数。它比有机溶剂有明显的极性，能形成强得多的氢键。黏结剂的极性必须与水接近，而且最好有较强的氢键。

④ 水的电导率和热导率与有机涂料有显著区别，与溶剂相反，涂料中所用的水不是绝缘体，所以构思水性涂料静电喷涂的基本原理是很困难的。

水性涂料相对于溶剂性涂料，具有以下特点。

① 以水作溶剂，水来源方便，易于净化，节省大量其他资源；消除了施工时火灾危险性；降低了对大气的污染；仅采用少量低毒性醇醚类有机溶剂，改善了作业环境条件。一般的水性涂料有机溶剂（占涂料）在 $10\%\sim15\%$ 之间，而新型阴极电泳涂料已降至 1.2% 以下，对降低污染、节省资源效果显著。

② 水性涂料在湿表面和潮湿环境中可以直接涂覆施工；对材质表面适应性好，涂层附着力强。

③ 涂刷工具可用水清洗，大大减少清洗溶剂的消耗。

④ 电泳涂膜均匀、平整、展平性好；内腔、焊缝、棱角、棱边部位都能涂上一定厚度的涂膜，有很好的防护性；电泳涂膜有很好的耐腐蚀性，厚膜阴极电泳涂层的耐盐雾性高达 1200h。

此外，水性涂料具有无色、无味、无毒、低黏度、快干性、丰满度好、高固含量、成本低、来源广、无有机挥发物、硬度高、可用水稀释和清洗，对操作要求相对较宽等特点。这些是其他溶剂型涂料所无法相比的。如果加入其他助剂，还可以改善其性能，使其具有良好的光泽性、流平性、耐磨性和耐化学药品性等，所以特别适合食品、药品等包装物的表面处理与印后上光；并广泛应用在水性金属防腐涂料，水性木器家具涂料上。

2. 水性涂料的类型

水性涂料可以根据下面几个方面来划分类型：

① 黏结剂的类型；

② 干燥方法；

③ 应用领域。

一般水性涂料常按其黏结剂与水相的关系可分为溶液涂料、胶体溶液涂料和乳液涂料三种。

水性涂料中所含的黏结剂分为两种情况：一种是其结构具有强极性，结构的特点使其能够溶于水或在水中溶胀；另一种情况是通过化学反应，生成黏结剂的盐而变成水溶状态。水溶性黏结剂一般可分为非离子型、阴离子型、阳离子型等几类。常用的单体：丙烯酸酯、甲基丙烯酸酯、苯乙烯、醋酸乙烯酯、乙烯、丁二烯、氯乙烯及其他乙烯酯等。

3. 水性涂料的生产过程

要为水性涂料的生产给出一个广泛适用的描述是不可能的，由于工厂的规模不同，它们的销售策略和产品结构也不同，这自然也影响到生产的流程，另外由于产品的种类特别多，因而，从原料到设备，再到流程、自动化控制程度都在不断改变，由于生产的目标不同，从不同原料开始，就使得生产过程更加灵活多样。

水性涂料不是一个单一的产品类型，而是代表不同配方的众多产品，可以满足广泛的需求，生产过程同样要适合这一不同的需求。

通常，水性涂料与溶剂涂料的生产过程并没有本质的不同，主要是它们各自基本原则的不同导致生产过程的不同。生产过程可以分成几个独立的步骤，其中关键的步骤是颜料和填料在液相（水或黏结剂/水）中的分散。这些步骤如下：

① 生产预混料；

② 分散过程；

③ 全部混合好、放置；

④ 测试、校正及最后调整；

⑤ 过筛、包装。

第一步是为分散准备预混料。大部分的添加剂在这里已经加了进去，包括浸润剂和分散剂、防沉淀剂和增稠剂、防霉剂、消泡剂及成膜剂等。对于水溶性树脂，接下来要进行的是中和、调整 pH 值、加入辅助溶剂，然后才是在搅拌下加入颜料和填料。固体组分要在慢速搅拌下加入，而且为了能在较低的黏度下脱除气泡及限制气泡产生，要首先加入最细的组分，预混料的组成一定要精确地调整到分散过程所要求的组成。树脂水溶液一般都可以直接用于分散过程，因为它们对于剪切作用都很稳定并表现出良好的浸润性质。施加适当的剪切力，可以使分散的效果大大改善。

第二步分散的操作包括三个独立的而又紧密联系的过程：

① 颜料和填料的分散（分散得要尽量好）；

② 表面的良好浸润；

③ 达到稳定状态，防止它们重新团聚。

固体与液体组分的简单混合，不会有什么麻烦，颜料和填料开始都是由基本颗粒组成的，干燥状态下就会粘接在一起，这就是团聚。分散作用打碎了这些团聚，使其尽可能恢复原来的基本颗粒状态。要打碎基本颗粒的团聚，就要克服它们之间的黏着力，这就要靠分散工具对涂料施加机械能，实质上是压力和剪切力的作用，其传播靠的是湍流（如溶解装置）或层流（三辊研磨机）。另外也可以引入研磨介质，如球磨、砂磨等。

第三步是分散操作结束后进入放置阶段。这时要加入剩余的黏结剂、水和其他辅助组分，使涂料的配方最终完成。在结束研磨之后加入一定量的消泡剂是有好处的，或在真空混合器中对混合物进行脱泡。

第四步是调整、测试。如果有必要的话还要对涂料的组成和性质做一定的调整，就是初始配方不够严格，在检验之后进行微调就可以了，这是为了保证产品质量。并需进行最终的检测，如密度控制（对于以体积来量度包装时特别重要）；固体含量测定；黏度，既可以测定流动时间也可以测定流变学性质；测定 pH 值；在分散过程之后检验研磨是否达到所要求的细度；在包装之前，每次都要进行筛余物测定，以免堵塞筛网和泵；一般水溶性体系总是受到细菌的威胁，所以必须按常规进行细菌数的测定；一般对于色漆必须进行色泽和光泽度的测定。

通常室内用的分散液涂料是十分廉价的，但仍然要求满足下面几方面的性能：遮盖性；白度；消光性；耐擦洗性。

对于防腐蚀涂料还要进行与腐蚀有关的性能测试（如盐雾、耐潮湿性、耐介质浸泡实验等）以及产生瞬间腐蚀的可能性。

第五步放料之后，就可以过筛包装了。这里同样也要考虑涂料对于剪切力的稳定性。根据需要，涂料包装可以选择小的密封罐、大桶和其他容器，但要注意正确选择容器的材料，生产设备的选择也遇到同样的材料问题。用聚乙烯容器包装建筑涂料比较好。使用金属容器，其内表面都要用适宜的涂料完全涂覆，包装一般的涂料也要如此要求。最新的发展趋势是使用大容器，这样可以方便容器在生产者和使用者之间循环使用，主要是如何确保容器的清洁。涂料在储存期间要特别注意防冻。储存温度以不低于 5℃ 为宜。

如要用同一套设备同时生产水性涂料和含溶剂涂料，技术和经济上就有很大矛盾，这样在经济上最好，但在技术方面可能存在问题，水性涂料非常容易出现絮凝现象，就会阻塞管道、筛和泵等。对不同品种的水性涂料的生产工艺和过程需作适当的调整。

四、按成膜物质分类的重要涂料

（一）醇酸树脂涂料

自发明醇酸树脂以来，涂料工业开始摆脱了以干性油与天然树脂并合熬炼制漆的传统旧法而真正成为化学工业的一个部门。它所用的原料简单、生产工艺简便，性能大大提高，因而得到了飞速的发展。

（1）用醇酸树脂制成的涂料的特点

① 漆膜干燥后形成高度网状结构，不易老化，耐候性好，光泽持久不退；

② 漆膜柔韧坚牢，耐摩擦；

③ 抗矿物油、抗醇类溶剂性良好，烘烤后的漆膜耐水性、绝缘性、耐油性都大大提高。

（2）醇酸树脂涂料存在的缺点

① 干结成膜快，但完全干燥的时间长；

② 耐水性差，不耐碱；

③ 醇酸树脂虽不是油脂漆，但基本上还未脱离脂肪酸衍生物的范围，对防湿热、防霉菌和盐雾等三防性能上还不能完全得到保证，因此在品种选择时都应加以考虑。

1. 醇酸树脂的原料

醇酸树脂是由多元醇、多元酸和其他单元酸通过酯化作用缩聚而得，也可称为聚酯树脂。其中多元醇常用的是甘油，季戊四醇，其次为三羟甲基丙烷，山梨醇，木糖醇等；多元酸常用邻苯二甲酸酐，其次为间苯二甲酸，对苯二甲酸，顺丁烯二酸酐，癸二酸等；单元酸常用植物油脂肪酸，合成脂肪酸，松香酸，其中以油的形式存在的如桐油、亚麻仁油、脱水蓖麻油等干性油，豆油等半干性油和椰子油、蓖麻油等不干性油；以酸的形式存在的混合脂肪酸和饱和合成脂肪酸、十一烯酸、苯甲酸及其衍生物等；单元酸的作用是为终止缩聚分子链的增长，限制树脂的相对分子质量，从而改善多元醇和多元醇缩聚而得的纯醇酸树脂的不溶不熔性，以便使其能作为涂料应用。

2. 醇酸树脂的分类

（1）按油品种不同分类

① 干性油醇酸树脂。由不饱和脂肪酸或碘值在 125～135 或更高的干性油、半干性油为主改性制得的树脂，能溶于脂肪烃、松节油或芳烃溶剂中，碘值高的油类制成的醇酸树脂干燥快，硬度较大而且光泽也较强，但易变色。桐油反应太快，漆膜易起皱，可与其他油混用以提高干燥速率、硬度。蓖麻油比较特殊，它本身是不干性油，含有约 85％蓖麻油酸。在酸性催化剂存在下 260℃以上温度条件下可脱去一个分子水而增加一个双键，其中 20％～30％为共轭双键，因此脱水蓖麻油就成了干性油，由它改性的醇酸树脂漆膜的共轭双键比例较大，耐水和耐候性都较好，烘烤和暴晒不变色，常与氨基树脂并用制烘漆。

② 不干性油醇酸树脂。由饱和脂肪酸或碘值低于 125～135 的不干性油为主来改性制得的醇酸树脂，不能在室温下固化成膜，需与其他树脂发生交联反应才能固化成膜。其主要用途是与氨基树脂并用，制成各种氨基醇酸漆，具有良好的保光、保色性，用于电冰箱、汽车、自行车、机械电器设备；其次可在硝基漆和过氯乙烯漆中作增韧剂以提高附着力与耐候性；醇酸树脂加于硝基漆中，还可起到增加光泽，防止漆膜收缩等作用。

（2）按油含量不同分类　根据醇酸树脂中油脂（或脂肪酸）含量多少或含苯二甲酸酐多

少，可以分成长、中、短油度三种：长油度为含油量 60%～70%（或苯二甲酸酐 20%～30%）；中油度为含油量在 46%～60%（或苯二甲酸酐 30%～34%）；短油度为含油量在 35%～45%（或苯二甲酸酐＞35%）；还有一种超长油（油度在 70% 以上或含苯二甲酸酐＜20%）和超短油（油度在 35% 以下）。醇酸树脂的性能主要决定于所用油类与油长度。

① 短油度醇酸树脂。它可由豆油、松浆油酸，脱水蓖麻油和亚麻油等干性；半干性油制成，漆膜凝结块，自干能力一般，有良好的附着力、耐候性、光泽及保光性好。烘干干燥快，可用作烘漆。烘干后，短油度醇酸树脂比长油度的硬度、光泽、保色、抗摩擦性都好，用于汽车、玩具、机器部件等表面。

② 中油度醇酸树脂。它主要以亚麻油、豆油制得，是醇酸树脂中最主要的品种。这种漆可以刷涂或喷涂。中油度漆干燥很快，有极好的光泽、耐候性、弹性、漆膜凝固和干硬都快。可以直接烘干，也可加入氨基树脂烘干，烘干时间要长一些，但其保光、保色性比短油度漆差。中油度醇酸树脂用于制自干或烘干磁漆、底漆、金属装饰漆，建筑用漆，车辆用漆，家具用漆等。

③ 长油度醇酸树脂。它有较好的干燥性能，漆膜富有弹性，有良好的光泽，保光性和耐候性好，但在硬度、韧性和抗摩擦性方面不如中油度醇酸树脂。另外，这种漆有良好的刷涂性，用于制造钢铁结构涂料，房屋内外建筑用漆，因为它能与某些油基漆混溶，因而可用来增强油基树脂漆，也可用来增强乳胶漆。

④ 超长油度醇酸树脂。其干燥速度慢，易刷涂，一般用于油墨及调色基料。

醇酸树脂涂料油度越高，涂膜表现出油的特性越多，比较柔韧耐久，漆膜富有弹性，适用于涂装室外用品，长中油度树脂溶于脂肪烃，芳香烃和松节油中。油度越短，涂膜表现出树脂的特性多，比较硬而脆，光泽、保色、抗摩擦性能较好，易打磨；但不耐久，适用于室内用品的涂装。

3. 醇酸树脂漆的常用品种

涂料用合成树脂中，醇酸树脂的产量最大，品种最多，用途最广，约占世界涂料用合成树脂总产量的 15%。我国醇酸树脂涂料产量占涂料总量的 25% 左右。

(1) 醇酸树脂清漆　醇酸树脂清漆是由中或长油度醇酸树脂溶于适当溶剂（如二甲苯），加有催干剂（如金属钴、锌、锰、铅的环烷酸盐），经过滤净化而得。醇酸树脂清漆干燥很快，漆膜光亮坚硬、耐候性、耐油性好；但因分子中还有残留的羟基和羧基，所以耐水性不如酚醛树脂桐油清漆。主要用作家具漆或色漆的罩光，也可用一般性的电绝缘漆。

(2) 醇酸树脂色漆　醇酸树脂色漆中产量最大的是中油度醇酸树脂磁漆，它具有干燥快、光泽好、附着力强，漆膜坚硬、耐油、耐候等优点，可在常温下干燥，也可烘干。主要用于机械部件、卡车、农机、钢铁设备等。

铁红醇酸树脂底漆是最常用的一种底漆，在钢铁物件涂漆时作打底漆用，干燥快，附着力好，因而可以作硝基纤维素漆等挥发性漆的底漆。

用长油度干性醇酸树脂制成有代表性的外用漆是桥梁面漆，其最大特点是耐候性优越，涂膜硬度不高，但柔韧性优良；缺点是光泽不强，长油度树脂漆有较好的刷涂性，适于用毛刷施工。

(二) 丙烯酸树脂涂料

丙烯酸树脂漆是由丙烯酸酯或甲基丙烯酸酯的聚合物制成的涂料，这类产品的原料是石油化工生产的，其价格低廉，资源丰富。为了改进性能和降低成本，往往还采用一定比例的烯烃单体与之共聚，如丙烯腈，丙烯酰胺、醋酸乙烯、苯乙烯等。丙烯酸树脂漆有很多共同特点如下：

① 具有优良的色泽，可制成透明度极好的水白色清漆和纯白的白磁漆；

② 耐光耐候性好，紫外线照射不分解或变黄；

③ 保光、保色、能长期保持原有色泽；

④ 耐热性好；

⑤ 可耐一般酸，碱，醇和油脂等；

⑥ 可制成中性涂料，可调入铜粉、铝粉，使之具有金银一样有金属色泽，不会变暗；

⑦ 长期储存不变质。

丙烯酸酯涂料由于性能优良，已广泛用于汽车装饰和维修、家用电器、钢制家具，铝制品、卷材、机械、仪表电器、建筑、木材、造纸，黏合剂和皮革等生产领域。其应用面广，是一种比较新型的优质涂料。

1. 热塑性丙烯酸酯漆

热塑性丙烯酸酯漆是依靠溶剂挥发干燥成膜。漆的组成除丙烯酸树脂外，还有溶剂，增塑剂、颜料等，有时也和其他能相互混溶的树脂并用以改性。因此热塑性树脂作为成膜物，由于树脂本身不再交联，因此用它制成的漆若不采用接枝共聚或互穿网络聚合，其性能如附着力、柔韧性、抗冲击性、耐腐蚀性、耐热性和电性能等不如热固性树脂。

相对分子质量大的树脂物理力学及化学性能好，但高相对分子质量树脂在溶剂中溶解性能较差，黏度高，喷漆施工中易出现"拉丝"现象，所以一般漆用丙烯酸树脂的相对分子质量都不太高。这类树脂的主要优点是：透明，有极好的耐水和耐紫外线等性能。因此早先用它作为轿车的面漆和修补漆；近来也用作外墙涂料的耐光装饰漆；另一主要用途是作为水泥混凝土屋顶和地面的密封材料和用作塑料、塑料膜及金属箔的涂装及油墨。热塑性树脂漆可以制成清漆、磁漆和底漆出厂。

(1) 丙烯酸树脂清漆　以丙烯酸树脂作主要成膜物质，加入适量的其他树脂和助剂，可根据用户需要来配制。例如，航空工业使用丙烯酸树脂漆要求高耐光性和耐候性；而皮革制品则需要优良的柔韧性。加入增塑剂可提高漆膜柔韧性及附着力，加入少量硝化棉可改善漆膜耐油性和硬度等。

热塑性丙烯酸树脂清漆具有干燥快（1h 可实干），漆膜无色透明，耐水性强于醇酸清漆，在户外使用耐光耐候性也比一般季戊四醇醇酸清漆好，但由于是热塑性，耐热性差，受热易发黏，同时不易制成高固含量的涂料，喷涂时溶剂消耗量大。

(2) 丙烯酸树脂磁漆　由丙烯酸树脂加入溶剂、助剂与颜料碾磨可制得磁漆。要注意，当采用含羧基的丙烯酸树脂配制磁漆时，不能用碱性较强的颜料，否则易发生胶凝作用或影响储存稳定性。

丙烯酸底漆常温干燥快、附着力好，特别适用于各种挥发性漆配套做底漆。丙烯酸底漆对金属底材附着力很好，尤其是浸水后仍能保持良好的附着力，这是它突出的优点。一般常温干燥，但如经过 100～120℃ 烘干后，其性能可进一步提高。

2. 热固性丙烯酸酯漆

热固性丙烯酸涂料是树脂溶液的溶剂挥发后，通过加热（即烘烤），或与其他官能团（如异氰酸酯）反应才能固化成膜，这类树脂的分子链上必须含有能进一步反应而使分子链节增长的官能团数。

一类树脂是需在一定温度下加热（有时还需加催化剂），使侧链活性官能团之间发生交联反应，形成网状结构；另一类树脂则必须加入交联剂才能使之固化。交联剂可以在制漆时加入，也可在施工应用前加入（双组分包装），改变交联剂可制得不同性能的涂料。

除交联剂外，热固性丙烯酸树脂中还要加入溶剂、颜料、增塑剂等，根据不同的用途而有不同的配方。

（三）环氧树脂涂料

环氧树脂可作为黏合剂，也可作为涂料。由于其具有很多独特的性能，品种繁多，因而发展较快，产量也较大。目前，环氧树脂产量正在稳步上升，特种用途的品种不断出现，应用范围日益扩大。在实际生产中，为了更好地改善性能、降低成本，还常常使其与其他树脂交联改性。环氧树脂本身是热塑性树脂，大多数环氧树脂是由环氧氯丙烷和二酚基丙烷在碱作用下缩聚而成的高聚物，根据配比和工艺条件的变化，其平均相对分子质量一般在300～700之间。将其与固化剂或植物油脂肪酸反应，交联成网状结构的大分子，才能显示出各种优良的性能。

1. 环氧树脂涂料的优点

① 漆膜具有优良的附着力，特别是对金属表面的附着力更强。环氧树脂涂料结构中含有脂肪族羟基、醚基和很活泼的环氧基，由于羟基和醚基的极性使环氧树脂分子和相邻表面之间产生引力，而且环氧基能和含活泼氢的金属表面形成化学键，所以大大提高了其附着力。

② 环氧树脂涂料在苯环上的羟基能形成醚键，漆膜保色性、耐化学药品及耐溶剂性能都好；此外，环氧树脂涂料结构中还含有脂肪族的羟基，与碱不起作用，因而耐碱性也好。环氧树脂漆耐碱性明显优于酚醛树脂和聚酯树脂。

③ 环氧树脂有较好的热稳定性和电绝缘性。

环氧树脂也有一些缺点：耐候性差、易粉化、涂膜丰满度不好，不适合做户外用于高装饰性涂料；环氧树脂中具有羟基，涂膜耐水性差；环氧树脂固化后，涂层坚硬，用它制成的底漆和腻子不易打磨。

2. 环氧树脂的分类与应用

（1）环氧树脂的分类　环氧树脂涂料是合成树脂涂料的四大支柱之一，环氧树脂涂料大体上有五种分类方法。

① 以施工方式分类。喷涂用涂料，滚涂用涂料，流涂用涂料，浸涂用涂料，静电用涂料，电泳用涂料，粉末流动涂料和刷涂用涂料等。

② 以用途分类。建筑涂料，汽车涂料，舰船涂料，木器涂料，机器涂料，标志涂料，电气绝缘涂料，导电及半导体涂料，耐药品性涂料，防腐蚀涂料，耐热涂料，防火涂料，示温涂料，润滑涂料，食品罐头涂料和阻燃涂料等。

③ 以固化方法分类。自干型涂料有单组分、双组分和多组分液体涂料；烘烤型涂料有单组分和双组分固体或液体涂料；辐射固化涂料。

④ 以固化剂名称分类。胺固化型涂料，酸酐（或酸）固化型涂料，以及合成树脂固化型涂料等。

⑤ 以涂料状态分类。溶剂型涂料，无溶剂型（液态和固态）涂料以及水性（水乳化型和水溶型）涂料。

涂料工业中，以用途和涂料状态分类较好。

（2）环氧树脂涂料的应用　石油化工、食品加工、钢铁、机械、交通运输、电子和船舶工业等迅速发展，大量使用环氧树脂涂料。具体实例如下。

① 防腐蚀涂料。以防腐蚀涂料的特定要求为依据，设计出溶剂型、无溶剂型（包括粉末）和高固体型等环氧防腐涂料，应用于钢材表面，饮水系统，电机设备、油轮、压载舱、铝及铝合金表面和耐特种介质等防腐蚀，并获得优异的效果。

② 舰船涂料。海上的潮湿、盐雾、强烈的紫外线和微碱性海水的侵袭等环境，对涂料是一种严峻的考验。环氧涂料附着力强、防锈性和耐水性优异、机械强度和耐化学药品性良好，在舰船防护中起着重要作用。环氧涂料用于船壳、水线和甲板等部位，发挥了耐磨、耐水、耐油和黏结性强等特点。

③ 电气绝缘涂料。环氧涂料形成的涂层具有电阻系数大、介电强度高、介质损失少和三防（耐湿热、耐霉菌、耐盐雾）性能好等优点，广泛用于浸渍电机和电器等设备的线圈、绕组和各种绝缘纤维材料；各种组合配件表面涂覆；黏结各种绝缘材料；裸体导线涂装等。

④ 食品罐头内壁涂料。利用环氧涂料的耐腐蚀性和优异的黏结性制成抗酸、抗硫等介质的食品罐头内壁涂料。环氧树脂与甲基丙烯酸甲酯/丙烯酸进行接枝反应，制得的饮料内壁涂料，是一种水溶性环氧涂料，用于啤酒和饮料瓶内壁。

⑤ 水性涂料。用环氧树酯配制的水性电泳涂料有独特的性能，涂层不但有良好的防腐蚀性，而且有一定的装饰性和保色性，电泳涂料除去汽车工业上应用外，还用于医疗器械、电器和轻工产品等领域。

双组分水性环氧涂料用于新与旧混凝土间粘接，有优异的黏结强度，能有效地防止机械损伤和化学药品危害。它对核反应堆装备进行防护，容易除去放射性污染。

⑥ 特种涂料。环氧-有机硅为基料制成的高温涂料和烧蚀隔热涂料，用于高温环境和宇宙飞行器的防护；环氧润滑涂料，用于铁轨润滑；环氧-有机硅示温涂料，用于指示设备或仪器的温度；改性环氧涂料和环氧阻燃涂料，用于金属膜电阻器和碳膜电阻器；环氧标志涂料，用于各种电阻器的色环标志。

（四）聚氨酯涂料

聚氨酯涂料均含有异氰酸酯或其反应产物。其漆膜中含有氨酯键—NH—COO—。它是由羟基—OH 和异氰酸酯基—NCO 反应生成的。分子结构中除氨酯键外，还可含有许多酯键、醚键、脲键、脲基甲酸酯键等，习惯上总称为聚氨酯漆。由于聚氨酯分子中具有强极性氨基甲酸酯基团，所以与聚酰胺有某些类似之处，如大分子间存在氢键，聚合物具有高强度、耐磨、耐溶剂等特点。同时，还可以通过改变多羟基化合物的结构、相对分子质量等可调节聚氨酯的性能，使其在塑料、橡胶、涂料、黏合剂和合成纤维中得到广泛的应用。

聚氨酯涂料的固化温度范围宽，有在 0℃ 下能正常固化的室温固化漆，也有在高温下固化的烘干漆。其形成的漆膜附着力强，耐磨性、耐高低温性能均较好，具有良好的装饰性。

此外，聚氨酯与其他树脂的共混性好，可与多种树脂并用，制备适应不同要求的涂料新品种。由于聚氨酯漆膜具有较全面的耐化学药品性，能耐多种酸、碱和石油制品等，所以可用做化工厂的维护涂料。

1. 聚氨酯涂料的主要原料

（1）异氰酸酯　异氰酸酯的化学性质活泼，含有一个或多个异氰酸根，能与含活泼氢原子的化合物反应，因而能制造出多品种的聚氨酯涂料。常用的异氰酸酯有芳香族的甲苯二异氰酸酯（简称 TDI）、二苯基甲烷二异氰酸酯（简称 MDI）等，脂肪族的六亚甲基二异氰酸酯（HDI）、二聚酸二异氰酸酯（DDI）等。

（2）含羟基化合物　作为聚氨酯漆的含羟基组分有：聚酯、聚醚、环氧树脂，蓖麻油及其加工产品（氧化聚合油、甘油醇解物），以及含羟基的热塑性高聚物。小分子的多元醇只可作为制造预聚物或加成物的原料，而不能单独成为聚氨酯双组分漆中的乙组分，这是因为小分子醇是水溶性物质，不能与异氰酸酯甲组分混合，而且分子太小，结膜时间太长，即使结膜，内应力也大。

2. 聚氨酯涂料的类别与性能

聚氨酯漆的分类是根据成膜物质聚氨酯的化学组成与固化机理不同而分的，生产上有单包装和多包装两种。

（1）聚氨酯改性油漆（单包装）　此涂料又称氨酯油。先将干性油与多元醇进行酯交换，再与二异氰酸酯反应而成。它的干燥是在空气中通过双键氧化而进行的。由于酰胺基的存在而增加了其耐磨、耐碱和耐油性，适用于室内、木材、水泥的表面涂覆；但流平性差，易泛黄，色漆易粉化。

（2）湿固化型聚氨酯漆（单包装）　此涂料是端基含有—NCO基的分子结构，能在湿度较大的空气中与其水分反应，生成脲键而固化成膜。它是一种使用方便的自干性涂料，漆膜坚硬强韧、致密、耐磨、耐化学腐蚀并有良好的抗污染性和耐特种润滑油。可用于原子反应堆临界区域的地面，墙壁和机械设备作核辐射保护涂层，可制成清漆或色漆。

（3）封闭型聚氨酯涂料（单包装）　所谓封闭型，是将二异氰酸酯的游离—NCO基用苯酚等含活泼H原子的化合物暂时封闭起来，这样可以和带有羟基的聚酯或聚醚等配合后单包装，在室温下不反应，而在使用时，漆膜烘烤到150℃苯酚挥发，使游离出来—NCO基与—OH基反应而固化成膜。该漆主要用作电绝缘漆，具有优良的绝缘性、耐水性、耐溶剂和耐磨性。

（4）羟基固化型聚氨酯漆（多包装）　一般为双组分涂料，一个组分是带—OH基的聚酯等，另一组分是带异氰酸—NCO的加成物。使用时按比例配合，由—NCO基和—OH基反应而使漆膜固化。可分为清漆、磁漆和底漆。它是聚氨酯涂料中品种最多的一类，可以制造从柔软到坚硬、具有光亮漆膜的涂料。其性能优良，用途很广，可用于金属、水泥、木材及橡胶，皮革等材料的涂布。

（5）催化固化型聚氨酯漆（多包装）　利用催化剂（单独包装）作用而使预聚物的—NCO基与空气中水分子反应而固化成膜，其干燥快，附着力、耐磨、耐水性和光泽都好。可用于木材，混凝土表面，品种多为清漆。

3. 聚氨酯涂料的特点

（1）聚氨酯涂料的主要优点

① 漆膜坚硬耐磨。是各类涂料中最突出的，因而可以用以特殊的场合，例如，船舶甲板、地板、超音速飞机等表面用漆，漆膜可承受高速气流冲刷。

② 漆膜光亮丰富。可用于高级木器，钢琴和大型客机等表面涂装。

③ 漆膜具有优异的耐化学腐蚀性能。包括酸、碱、盐、石油产品、溶剂、水等介质。因而可广泛用于化工设备的防腐涂料及溶剂贮罐，油罐、油库及石油管等适用的涂料。

④ 漆膜的弹性及其成分配比可以据需要而调节。可以从极坚硬到极柔韧，而一般的涂料（如环氧、聚酯等）则没有这种性能。

⑤ 良好的耐热性和附着力。其耐热性仅次于有机硅漆，对金属、木材、水泥、橡胶、

塑料等有良好的附着力。能在高温烘干，也能在低温固化，可在 0℃ 正常固化。

⑥ 可制取耐−40℃ 低温的品种。利用游离异氰酸基可以对醇酸、环氧、酚醛、丙烯酸、不饱和聚酯等树脂改性，制得多种性能优异的涂料。

（2）聚氨酯漆的缺点

① 保光保色性差。由甲基二异氰酸酯为原料制成的聚氨酯涂料不耐日光，也不宜于制浅色漆。

② 有毒性。异氰酸基及其酯类对人体有害，生产中要加强劳动保护，其中芳香族异氰酸酯的毒性更大。

③ 稳定性差。异氰酸酯十分活泼，对水分和潮气敏感，易吸潮，遇水则储存不稳定。

④ 施工麻烦。有些聚氨酯涂料品种是多包装的，因此，施工时较麻烦。

第四节　黏　合　剂

胶黏剂本身是使物质与物质粘接成为一体的媒介，是赋予各物质单独存在时所不具有的功能的材料。胶黏剂亦称为黏合剂，或简称胶，为一类重要的精细化工产品，其社会、经济效益非常大。胶黏剂在工业上的重要性以及胶黏剂工业在短短的几十年内迅速地崛起，是由于胶接方式和其他的连接方法相比有如下优点。

① 薄膜、纤维和小颗粒不能或根本不能很好用其他方法连接，但很容易用胶黏剂粘接。例如，玻璃纤维绝缘材料和玻璃纤维织物的复合材料、贴面家具等。

② 应力分布广，比采用机械连接易得到更轻、更牢的组件。例如，可以用夹芯板（由蜂窝芯和薄的铝或镁面板构成）制造飞机的机翼、尾翼和机身，从而降低了疲劳破坏的可能性。

③ 通过交叉粘接能使各向异性材料的强度、质量比及尺寸稳定性得到改善。例如，木材本身不均一且对水敏感，经交叉粘接后可变成不翘曲且耐水的层压板。

④ 对电容器、印刷线路、电动机、电阻器等的黏合面具有电绝缘性能。

⑤ 可黏合异种材料，如铝-纸、钢-铜。若两种金属黏合在一起，胶层将它们分开，从而可防止腐蚀。若两种热膨胀系数相差显著的材料黏合在一起，柔性的胶层能降低因温度变化所产生的应力。

合成胶黏剂工业的兴起，迄今虽只有 60 余年，但胶黏剂的应用历史可以追溯到人类文明史的早期。其发展大致可以分为以天然材料、天然改性材料和合成材料为主要应用的三个划分时期。

一、胶黏剂的组成

胶黏剂通常是一种混合料，由基料、固化剂、填料、增韧剂、稀释剂以及其他辅料配合而成。

1. 基料

亦称黏料，是构成胶黏剂的主要成分。常用的基料有：天然聚合物，合成聚合物和无机化合物三大类。其中常用的合成聚合物有合成树脂（环氧树脂、酚醛树脂、聚酯树脂、聚氨酯、硅树脂等）及合成橡胶（氯丁橡胶、丁腈橡胶和聚硫橡胶等）；常用的无机化合物有硅酸盐类、磷酸盐类等。

2. 固化剂

亦称硬化剂。其作用是使低分子聚合物或单体化合物经化学反应生成高分子化合物；或使线型高分子化合物交联成体型高分子化合物，从而使粘接具有一定的机械强度和稳定性。固化剂的种类和用量对胶黏剂的性能及工艺性有直接影响。固化剂随基料品种不同而异。例如，脲醛胶黏剂选用乌洛托品或苯磺酸；环氧树脂胶黏剂选用胺，酸酐或咪唑类等。

3. 填料

填料是为了改善胶黏剂的某些性能，如提高弹性模量、冲击韧性和耐热性，降低线膨胀系数和收缩率，同时又可降低成本的一类固体状态的配合剂。常用的有金属粉末、金属氧化物、矿物粉末和纤维。例如，石棉纤维、玻璃纤维、铝粉及云母等填料可提高胶黏剂的耐冲击强度；石英粉、瓷粉、铁粉等填料可提高硬度和抗压性；为提高耐热性，可加入石棉；为提高抗磨性，可加入石墨粉或二硫化钼；为提高粘接力，可加入氧化铝粉、钛白粉；为增加导热性，则可加入铝粉、铜粉或铁粉等。

添加的填料用量，一般应满足如下三方面要求：

① 控制胶黏剂到一定黏度；

② 保证填料能润湿；

③ 达到各种胶接性能的要求。

通常像石棉、未压缩的二氧化硅等轻质填料一般用量为胶料的 25%（质量分数）以下；像滑石粉等中质填料，一般用量可到胶料的 200%（质量分数）；像铜粉、银粉等重质填料，一般用量可达到胶料的 300%（质量分数）。

4. 增韧剂

增韧剂为能提高胶黏剂的柔韧性，改善胶层抗冲击性的物质。通常增韧剂是一种单官能团或多官能团的物质，能与胶料起反应，成为固化体系的一部分结构。随着增韧剂用量的增加，胶的耐热性、机械强度和耐溶剂性均会相应下降。

5. 稀释剂

稀释剂是一种能降低胶黏剂黏度的易流动的液体，加入它可以使胶黏剂有好的浸透力，改善胶黏剂的工艺性能。稀释剂可分为活性与非活性稀释剂两类。前者参与固化反应，如环氧树脂中加入二缩水甘油醚、环氧丙烷丁基醚等。此类稀释剂多用于环氧型胶黏剂中。其他常用稀释剂有环氧丙烷、环氧氯丙烷、苯基环氧乙烷、环氧丙烷苯基醚、乙二醇二缩水甘油醚、二环氧丁二烯、糠醇缩水甘油醚等。非活性稀释剂不参与反应，仅只达到机械混合和减低黏度的目的，如丙酮、丁醇、甲苯丙酮、甲乙酮、环己酮、甲苯、二甲苯、甲基溶纤剂醋酸酯等。它们在胶黏剂固化时有气体逸出，会增加胶层收缩率，对力学性能、热变形温度等都有影响。

6. 偶联剂

偶联剂是一种既能与被粘材料表面发生化学反应形成化学键，又能与胶黏剂反应提高胶接接头界面结合力的一类配合剂。常用的偶联剂有：硅烷偶联剂，钛酸酯偶联剂等。在胶黏剂中加入偶联剂，可增加胶层与胶接表面抗脱落和抗剥离，提高接头的耐环境性能。使用偶联剂的方式通常有两种：一种将偶联剂配成 1%～2% 的乙醇液，喷涂在被粘物的表面，待乙醇自然挥发或擦干后即可涂胶；另一种是直接将 1%～5% 的偶联剂加到基体中去。

7. 触变剂

触变剂是利用触变效应，使胶液静态时有较大的黏度，从而防止胶液流挂的一类配合剂。常用的触变剂是白炭黑（气相二氧化硅）。

8. 增塑料

增塑剂具有在胶黏剂中能提高胶黏剂弹性和改进耐寒性的功能。与胶黏树脂混合时是不活泼的，可以认为它是一种惰性的树脂状或单体状的"填料"，一般不能与树脂很好的混溶。它能使胶黏剂的刚性下降。增塑料通常为沸点高的、较难挥发的液体和低熔点固体。按化学结构分类为：邻苯二甲酸酯类，脂肪族二元酸酯类，磷酸酯类，聚酯类和偏苯三酸酯类。

除了上述几种配合剂外，胶黏剂中有时还加有引发剂、促进剂、乳化剂、增稠剂、防老剂、阻聚剂、阻燃剂以及稳定剂等。

二、胶黏剂的分类

胶黏剂的分类方法很多，说法不一，迄今国内外还没有一个统一的分类方法。目前常用的分类方法如下。

1. 按基料分类

以无机化合物为基料的称无机胶黏剂，它包括硅酸盐、磷酸盐、氧化铅、硫黄等。以聚合物为基料的称有机胶黏剂，有机胶黏剂又分为天然胶黏剂与合成胶黏剂两大类。有关胶黏剂的具体分类见表3-7。天然胶黏剂来源丰富，价格低廉，毒性低，在家具、装订、包装和工艺品加工中广泛应用。合成胶黏剂一般有良好的电绝缘性、隔热性、抗震性、耐腐蚀性。通常有机胶黏剂在耐热性和耐老化性等方面不如无机胶黏剂。

表 3-7　胶黏剂分类

无机胶黏剂			硅酸盐、磷酸盐、氧化铅、硫黄、氧化铜磷酸、水玻璃、水泥、无机—有机聚合物等
有机胶黏剂	天然胶黏剂	动物胶	皮胶、骨胶、虫胶、酪素胶、血蛋白胶、鱼胶等
		植物胶	淀粉、糊精、松香、阿拉伯树胶、天然树脂胶、天然橡胶等
		矿物胶	矿物蜡、沥青等
	合成胶黏剂	合成树脂型 热塑性	纤维素酯、烯类聚合物（聚醋酸乙烯酯、聚乙烯醇等）、聚酯、聚醚、聚酰胺、聚丙烯酸酯、聚乙烯醇缩醛、乙烯-醋酸乙烯共聚物等
		合成树脂型 热固性	环氧树脂、酚醛树脂、脲醛树脂、三聚氰胺-甲醛树脂、有机硅树脂、呋喃树脂、不饱和聚酯、丙烯酸树脂、聚酰亚胺、聚苯并咪唑、酚醛-聚乙烯醇缩醛、酚醛-聚酰胺、酚醛-环氧树脂、环氧-聚酰胺等
		合成橡胶型	氯丁橡胶、丁苯橡胶、丁基橡胶、丁腈橡胶、聚硫橡胶、聚氨酯橡胶、硅橡胶等
		橡胶树脂型	酚醛-丁腈胶、酚醛-氯丁胶、酚醛-聚氨酯胶、环氧丁腈胶、环氧-聚硫胶等

2. 按物理形态分类

由于市场上销售的胶黏剂外观不同，人们常将胶黏剂分为以下5种类型。

（1）溶液型　合成树脂或橡胶在适当的溶剂中配成有一定黏度的溶液，目前大部分的胶黏剂是这一形式。所用的合成树脂可以是热固性的，也可以是热塑性的。所用的橡胶可以是天然橡胶，也可以是合成橡胶。

（2）乳液型　合成树脂或橡胶分散于水中，形成水溶液或乳液。如木材用乳白胶（聚醋酸乙烯乳液），脲醛胶，此外还有氯丁橡胶乳液，丁苯橡胶乳液和天然橡胶乳液等均属此类。

（3）膏状或糊状型　合成树脂或橡胶配成易挥发的高黏度的胶黏剂。主要用于密封和嵌缝等方面。

（4）固体型　将热塑性合成树脂或橡胶制成粒状、块状、或带状形式，加热时熔融可以涂布，冷却后即固化，也称热熔胶。这类胶黏剂的应用范围颇为广泛，常用在道路标志、奶瓶封口或衣领衬里等。

（5）膜状型　将胶黏剂涂布于各种基材（纸、布、玻璃布等）上，呈薄膜状胶带；或直接将合成树脂或橡胶制成薄膜使用。

3. 按固化方式分类

胶黏剂在胶接过程中一般均要求固化，方能使胶接件具有足够的强度，按其固化方式一般分为5种。

（1）水基蒸发型　如聚乙烯醇水溶液和乙烯-醋酸乙烯（EVA）共聚乳液型胶黏剂。

（2）溶剂挥发型　如氯丁橡胶胶黏剂。

（3）热熔型　如棒状、粒状与带状的乙烯-醋酸乙烯热熔胶。

（4）化学反应型　如丙烯酸双酯厌氧胶和酚醛-丁腈胶等。

（5）压敏型　受指压即粘接，不固化的胶黏剂，俗称不干胶。如橡胶或聚丙烯酸酯型的溶液或乳液，涂布于各种基材上，可制成各种材质的压敏胶带。

4. 按用途分类

有金属、塑料、织物、纸品、医疗、制鞋、木工、建筑、汽车、飞机、电子元件等各种不同用途胶。还有特种功能胶，如导电胶、导磁胶、耐高温胶、减振胶、半导体胶、牙科用胶、外科用胶等。

5. 按受力情况分类

胶接件通常是作为材料使用的，因此人们对胶接强度十分重视。为此，通常将胶黏剂分为结构胶黏剂与非结构胶黏剂两类。

（1）结构胶黏剂　能传递较大的应力，可用于受力结构件的连接。一般静态剪切强度要求大于 $9.807×10^6$ Pa，有时还要求较高的均匀剥离强度等。这类胶黏剂大多由热固性树脂配成，常用环氧树脂（或改性环氧树脂）、酚醛树脂（或改性酚醛树脂）等作为主要组分。如飞机结构部件粘接的环氧-丁腈型胶黏剂。

（2）非结构胶黏剂　为不能传递较大应力的胶黏剂。常用热塑性树脂、合成橡胶等作为主要组分。如电子工业的硅橡胶胶黏剂。

三、胶黏剂的应用

合成胶黏剂既能很好连接各种金属和非金属材料，又能对性能相差悬殊的基材，如金属和塑料、水泥和木材、橡胶和帆布等，实现良好的连接。其效果是铆接、焊接所不及的，并且工艺简单、生产效率高、成本低廉，致使合成胶黏剂的应用遍及各个工业部门。从儿童玩具生产、工艺美术品的制作到飞机、火箭、人造卫星的制造等，到处都可以找到胶黏剂的应用。至今，从应用的角度统计，木材加工业、建筑和包装行业仍为胶黏剂的主要消费行业，其用量接近全部用途的90%。其次是纺织、密封、腻子、汽车、航天、航空、民用制品（制鞋、服装、地毯）等，各国的消费结构不尽相同。另外，胶黏剂在机械维修和磨损部件尺寸修复方面也发挥着很大的作用。

胶黏剂最早应用于木材加工部门。木材有一个很重要的特性，即沿木纹的纵向强度要比横向强度大若干倍，如将木材切成薄片，按纹理的纵横交错粘接起来做成胶合板，可以提高木材性能，增加其应用范围。利用胶黏剂还可将木材加工中的下脚料（如刨花、木屑等）压制成各种纤维板，木屑板等板材。合成胶黏剂为木材资源的综合利用开辟了新途径。常用的木材胶黏剂有：脲醛树脂、酚醛树脂、三聚氰胺、间苯二酚-甲醛、聚乙酸乙烯酯乳液、氯丁胶等。

在建筑方面，胶黏剂的消耗量主要用于室内装饰和密封两个方面。例如大理石、瓷砖、天花板、塑料护墙板、塑料地板等都可以根据不同的材质选用聚乙酸乙烯酯、聚丙烯酸酯、氯丁、环氧、聚酯等胶黏剂；在潮湿的条件下可用聚硅烷。另外，预构件之间的密封、地下建筑的防水密封都需要大量的胶黏剂。

在轻工业部门中，快速自动包装机的使用必须有快速固化的胶黏剂相配合；日益增加的塑料包装箱、包装袋的使用，也要求更多的合成胶黏剂。包装用胶黏剂主要是用于以纸、布（包括无纺布、合成纤维织物）、木材、塑料、金属、复合材料等做包装容器的粘接。发展较快的是以橡胶、聚丙烯酸酯为基料的压敏胶和以低相对分子质量聚乙烯、乙烯-醋酸乙烯（EVA）等为基料的热熔胶，以及醋酸乙烯乳液等。此外，在制鞋和皮革工业中也可以用黏合代替缝合，其常用的胶黏剂有氯丁橡胶浆（叔丁基酚醛改性）、聚氨酯胶等。在体育用具、乐器、文具、日用百货、文物的修复和古迹的保护中，合成胶黏剂的使用也是十分普遍的。

在航空工业、航天工业的发展过程中，胶黏剂的使用更有其举足轻重的作用，胶接已经成为整个设计的基础。例如，三叉戟飞机的胶黏面积占全部连接面积的67%；一架B-58超音速轰炸机用400kg胶黏剂代替了15万只铆钉；人造地球卫星、载人宇宙飞般的发射和返回，壳体穿过大气层时表面温度高达上千摄氏度，需耐高温的烧蚀材料同金属壳体之间的连接，用铆和焊是无法办到的，只有靠胶。

在医学上，合成胶黏剂也展示出了十分诱人的前景。用合成胶黏剂作为填充料预防和治疗龋齿，用粘接法代替传统补牙已十分普遍；用胶黏剂黏合皮肤、血管、骨骼和人工关节等应用实例均已有报道。

在电子工业和仪器仪表的制造中，除了一般性的胶接、定位普遍使用胶黏剂外，还使用了许多具有特殊性的胶黏剂。例如，用导电胶可以代替原来的锡焊连接；在光学仪器中，透镜和元件之间的组合用一定折射率的透明胶黏合，可以达到折射率匹配，降低因界面反射所引起的能量损失；在真空系统中，已广泛采用真空密封胶来密封和堵漏。

实际上，胶黏剂不仅广泛应用于当今产业社会的各个方面，随着现代科学技术的发展和应用的需要，各种新胶种会不断出现，并且胶的性能也会更趋完善，其使用量和使用面定会更大更广泛。

四、胶接的基本原理与工艺

胶接是两个不同的物体在接触时发生的相互作用。因此胶接是一门边缘科学，它涉及表面与界面的化学和物理以及胶接接头的形变和断裂的力学等问题。

1. 胶接界面

胶接接头是由胶黏剂与被粘物表面依靠黏附作用形成的。胶接接头在应力-环境作用下会逐渐发生破坏，其破坏程度取决于应力、温度、水及其他有害介质等环境因素和胶接体系抵抗应力-环境作用的能力。但是对于胶接接头是怎样形成的，又是怎样破坏的，至今尚没有成熟的理论，主要原因之一是由于被粘物表面及其与胶黏剂之间的界面极其复杂。图3-4为胶接界面的示意。

胶接界面由被粘物表面（如金属氧化物）及其吸附层（如空气、水、杂质）和靠近被粘物表面的底胶或胶黏剂组成。

胶接界面具有下列特性：界面中胶黏剂/底胶和被粘物表面以及吸附层之间无明显边界；

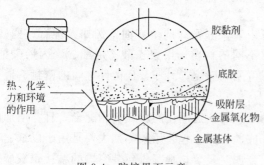

图 3-4 胶接界面示意

界面的结构、性质与胶黏剂/底胶或被粘表面的结构、性质是不同的，这些性质包括强度、模量、膨胀性、导热性、耐环境性、局部变形和抵抗裂纹扩展等；界面的结构和性质是变化的，随物理的、力学的和环境的作用而变化，并随时间而变化。

胶接界面的结合包含物理结合和化学结合。物理结合指机械连接及范德华力（偶极力、诱导偶极力、色散力和氢键）；化学结合指共价键、离子键和金属键。

影响界面结合的主要因素有：被粘物表面的化学状态和吸附物（气体、水、杂质）；被粘物表面的细微结构（粗糙度）；胶黏剂/底胶分子的链结构（相对分子质量、官能团等）、黏度和黏弹性；胶黏剂/底胶/被粘物表面的相容性和各组成及其界面对应力-环境作用的稳定性；胶接工艺（包括涂胶方法、晾干温度、晾干时间、固化温度、固化压力、固化时间、升温速率和降温速率等）。

2. 黏附机理

关于胶黏剂对被粘物形成一定的黏合力的机理，至今尚不完善。现有的黏附理论，如吸附理论、扩散理论、静电理论、化学键理论和机械结合理论等，分别强调了某一种作用所做出的贡献。但是，各种作用的贡献大小是随着胶黏体系的变化而变化的。迄今还没有直接的实验方法可以测定各种作用对黏附强度的贡献。

（1）吸附理论　只要胶黏剂能润湿被粘物表面，两者之间必然会产生物理吸附，并对黏附强度做出贡献。吸附理论认为胶黏剂和被粘物分子间的范德华力对黏附强度的贡献是最重要的。

根据计算，两个理想平面距离为 1nm 时，由于范德华力的作用，它们之间的吸引力可达 10～100MPa；而距离为 0.3～0.4nm 时吸引力可达 100～1000MPa。因此，只要胶黏剂能完全润湿被粘物的表面，分子之间的范德华力就足以产生很高的黏附强度。

人们并不怀疑物理吸附对黏附强度的重要贡献，但是对于一个性能优良的胶接接头来说，除必须有良好的力学性能外，还必须经受各种使用环境的影响。许多研究已经证明，水对高能表面的吸附热远远超过许多有机物。如果胶黏剂和被粘物之间仅仅发生物理吸附，则必然会被空气中的水所解吸。因此，除了物理吸附以外，研究其他的黏附机理就是十分必要的。

（2）机械结合理论　胶黏剂浸透到被粘物表面的孔隙中，固化后就像许多小钩和榫头似的把胶黏剂和被粘物连接在一起，这种细微机械结合对多孔性表面更明显。

当表面孔隙里存有空气或其他气体和水蒸气时，黏度高的胶黏剂不可能把这些空隙完全填满，界面上这种未填满的空洞将成为缺陷部分，破坏往往从这里开始。在航空结构胶接中，常用磷酸阳极化法制造铝合金表面的细微结构，接着喷涂低黏度的底胶，使底胶浸透表面的凹凸细微结构，然后再用与其相容的胶膜配合在一起固化，从而避免了空洞，有效地提高了胶接结构的耐久性。但机械结合理论不能解释胶黏剂对非多孔性表面的黏合。

（3）静电理论　前苏联学者根据在暗室中胶黏剂层从被粘物表面高速剥离时的放电现象，提出胶黏剂与被粘物之间存在双电层，而黏附力主要由双电层的静电引力所引起。建立静电理论的主要依据是，实验测得的剥离时所消耗的能量与按双电层模型计算出的黏附功相符，但这还没有被更严格的实验数据所证明。

（4）扩散理论　扩散理论是以胶黏剂与被粘物在界面处相容为依据提出的。如果被粘物也是高分子材料，认为胶黏剂与被粘物分子之间不仅是相互接触，而且有相互扩散。在一定的条件下，由于分子或链段的布朗运动，两者在界面上发生扩散，互溶成一个过渡层，从而达到粘接。这就是说，两聚合物的胶接是在过渡层中进行的，它不存在界面，不是表面现象。

扩散理论可以解释高聚物胶接的一些现象。高聚物之间互相扩散也要考虑动力学问题，高聚物的链段运动只有在玻璃化温度 T_g 以上才具有显著的速度，整个分子链的运动必须在更高的温度下才能进行。

（5）化学键理论　化学键理论认为胶黏剂与被粘物分子之间除相互作用力外，有时还有化学键产生。例如，硫化橡胶与镀铜金属的胶接界面，异氰酸酯对金属与橡胶的胶接界面，偶联剂在胶黏剂与被粘物之间的作用，均证明有化学键产生。化学键的键能比分子间的作用能高得多，它对提高胶接强度和改善耐久性都具有重要意义。但是化学键的形成并不普遍，化学键必须满足一定的量子化学条件才能产生，因此在单位面积上化学键的数目要比次价键少得多。

化学键理论从偶联剂的应用中更容易被人们接受和理解。化学键结合的耐应力环境性能更令人关注。

3. 粘接基本工艺

要取得良好的粘接效果，必须选择合适的胶黏剂，进行正确的接头设计，做好表面处理工作，掌握胶接条件和正确施胶。

（1）胶黏剂的选择原则　确选择胶黏剂是保证良好粘接的重要因素之一，在选择胶黏剂时应考虑以下几个方面：

① 被粘接材料的性质；

② 被粘接材料的应用场合及受力情况；

③ 粘接过程有关的特殊要求；

④ 粘接效率及胶黏剂的成本。

（2）胶接接头设计　材料间能良好的胶接，除选择合适的胶黏剂外，还需进行正确的接头设计，一般接头设计遵循以下基本原则：

① 避免应力集中，受力方向最好在胶接强度最大的方向上；

② 合理地增加胶接面积；

③ 接头设计应尽量保证胶层厚度一致；

④ 要防止层压制品的层间剥离。

（3）表面处理　在粘接时一般要对粘接面进行表面处理，常用的方法有物理方法，如打磨、喷沙、机械加工等；化学方法，如溶剂清洗，酸、碱或无机盐溶液处理，阳极化处理等。表面处理后，可涂敷偶联剂或进行胶黏剂底涂，以保护表面，利于进一步的粘接。

以上 3 个方面是主要因素，除此之外，还有调胶、施胶、固化成型、修整加工等步骤构成胶接的全过程。具体操作中如何正确施工，应根据特定品种的使用说明来定。

五、常用合成胶黏剂

1. 树脂型胶黏剂

（1）热固性树脂型胶黏剂　热固性树脂型胶黏剂是在热与催化剂的作用下形成化学键，树脂固化，把黏结物黏结在一起。具有较高的胶接强度、耐热、耐寒、耐辐射、耐化学腐蚀、抗蠕变性能好，其中多数是性能优良的结构型胶黏剂，应用的对象可承受高负荷；其缺点是起始粘接力小，固化时易产生体积收缩和内应力。

① 酚醛树脂胶黏剂。酚醛树脂胶黏剂是最早出现的合成树脂胶黏剂。用量较大，广泛用于木材加工、家具行业、建筑业及铸造业等。其特点是粘接强度高、耐热、耐老化、价廉。酚醛树脂胶黏剂常与其他胶黏剂复合应用，以提高抗水性、黏着性。

酚醛树脂是由酚类（苯酚、甲酚、二甲酚、间苯二酚等）与醛类（甲醛、糠醛）在催化剂作用下缩聚而成的。

酚醛树脂胶黏剂主要有三种：水溶性酚醛树脂，以 NaOH 为催化剂；醇溶性酚醛树脂，以 NH_4OH 为催化剂；钡酚醛树脂，以 $Ba(OH)_2$ 为催化剂。其中以水溶性酚醛树脂最重要，主要用于木材加工业。

② 环氧树脂胶黏剂。含有环氧基团的高分子化合物统称为环氧树脂。它具有胶黏性能好、耐腐蚀、耐酸碱、机械强度高、电绝缘性能好、收缩性小、耐油、耐有机溶剂的优点；其缺点是耐水性差、韧性差。环氧树脂在未固化之前是线性结构的热塑性树脂，固化后成为热固性树脂。

环氧树脂品种很多，有缩水甘油醚型、缩水甘油酯型、缩水甘油胺型及脂肪族型几大类。缩水甘油基型环氧树脂是由环氧氯丙烷与具有活泼氢的多元醇、多元酸、多元胺等缩合而成。

环氧树脂胶黏剂与许多材料均有良好的粘接性，有万能胶之称，可用来粘接金属、陶瓷、玻璃、木材和大部分塑料制品，使之在航空、航天、汽车、造船、电子、轻工、建筑等行业得以广泛应用。工业上应用最多的环氧树脂是双酚 A 型环氧树脂，是由环氧氯丙烷与二酚基丙烷（简称为双酚 A）在碱性催化剂作用下缩合而成的。双酚 A 型环氧树脂分子结构中，除含有环氧基外，尚有羟基和醚键，在固化过程中，伴随与固化剂的化学反应，还能生成新的羟基和醚键，不仅具有很高的内聚力，而且和胶接材料表面可以产生很强的黏附力。

③ 聚氨酯胶黏剂。凡主键上含有（—NHCOO—）重复基团的树脂称为聚氨基甲酸酯，简称聚氨酯。聚氨酯胶黏剂具有耐水、耐油、耐溶剂、耐臭氧的特点，特别是耐低温性能突出，可耐 $-250℃$ 低温；但其耐热性一般较差。聚氨酯胶黏剂按组成可分为两类；多异氰酸酯类和预聚体型类。

多异氰酸酯类胶黏剂以原料多异氰酸酯为主体，常用的多异氰酸酯主要有甲苯二异氰酸酯（TDI）、二苯基甲烷二异氰酸酯（MDI）和三苯基甲烷三异氰酸酯（PAPI）等。多异氰酸酯易溶于有机溶剂中，且分子体积较小，易渗透到多孔材料中去，因而具有较好的胶接性能。另外，多异氰酸酯能与吸附在胶接表面上的水及含水氧化物产生化学反应，或在碱性的胶接表面如玻璃上自行聚合，这些反应导致在胶接界面形成化学键，从而大大提高了胶接性能。直接使用多异氰酸酯作胶黏剂的缺点是毒性较大、不太适于作结构胶黏剂。

预聚体型类聚氨酯胶黏剂是聚氨酯胶黏剂中最重要的一种，它是由多异氰酸酯和多羟基化合物反应生成的端羟基或端异氰酸酯基预聚体。预聚体有单组分和双组分两种。单组分的预聚体是多异氰酸酯和多元醇的加成产物，多元醇一般是聚酯多元醇和聚醚多元醇。双组分预聚体胶黏剂分为两个组分，一个组分为聚酯或聚醚多元醇，另一组分为端异氰酸酯预聚体或多异氰酸酯本身，这两个组分按一定比例混合，即可使用，并可根据不同的配方来粘接不同的材料。

聚氨酯胶黏剂粘接范围广，目前主要用于纺织、汽车、建筑、包装、皮革、飞机制造、制鞋、家具等行业中。

④ 有机硅胶黏剂。有机硅胶黏剂的主体材料是以硅氧键为主链的一类聚合物。具有耐紫外光、耐臭氧、耐高、低温，化学性能稳定，耐老化等优良性能。有机硅胶黏剂按其结构可分为：有机硅树脂胶黏剂和有机硅橡胶胶黏剂。

有机硅树脂胶黏剂既可以硅树脂为主体，添加适当的无机填料和有机溶剂混合而成，又可以利用其他树脂与硅树脂上的硅羟基、烷氧基发生反应，进行改性而成为改性硅树脂胶黏剂。常用的填料有云母粉、TiO_2、ZnO、石棉粉等，改性树脂有环氧树脂、聚酯及酚醛树脂。

硅橡胶型胶黏剂为有机硅产品中的主要品种，分单组分室温硫化硅橡胶胶黏剂和双组分室温硫化硅橡胶胶黏剂。前者是由端羟基硅橡胶、交联剂、填料及其他助剂所组成，该类胶黏剂应存放于不透气的容器中，因它与湿空气接触时即能固化；后者的两个组分是：硅橡胶和填料为一组分，交联剂、促进剂等为另一组分，使用时先调配再使用。

有机硅胶黏剂一般作为非结构粘接胶黏剂，主要用于电子元器件、航空、航天以及汽车、建筑等方面。

⑤ 氨基树脂胶黏剂。氨基树脂是指由尿素、三聚氰胺等氨基化合物与甲醛反应所生成的树脂的总称。

脲醛树脂胶黏剂是以脲醛树脂为主体，加入固化剂及其他助剂配制而成的。脲醛树脂胶黏剂约占氨基树脂胶黏剂的 80%，主要用于木材加工业，胶合板、刨花板、高压装饰层压板的生产，也可用于织物、纸张等的粘接。脲醛树脂胶黏剂具有生产简单、使用方便、成本低、公害小、胶接强度高、不污染木制品，有一定的耐热性、耐水性和抗腐蚀性等优点；但制品中一般含有少量游离甲醛，对操作者有一定刺激性，且耐湿热老化性较差。

三聚氰胺树脂胶黏剂是以三聚氰胺甲醛树脂为主体，但单纯的三聚氰胺甲醛树脂在固化后性能较脆，容易开裂，不宜单独使用。一般使用改性三聚氰胺甲醛树脂，其中以对甲苯磺酰胺和乙醇的改性品种为主。

三聚氰胺树脂比酚醛及脲醛树脂具有更好的耐水性、耐热性、耐化学介质性、耐磨性、电绝缘性和更高的硬度。由于其具有较大的化学活性，因此固化速度快，不需加入固化剂即可加热固化或室温固化。

三聚氰胺树脂胶黏剂的成本较高，一般用于纸质塑料板的生产及橡胶金属、尼龙及其他一些合成纤维织物的粘接。

(2) 热塑性树脂型胶黏剂　热塑性树脂型胶黏剂是以线型聚合物为主体材料，受热时会熔化、溶解和软化，在压力下会蠕变。与热固性胶黏剂不同，它在使用过程中并不生成新的化学键。热塑性树脂胶黏剂柔韧性、耐冲击性优良，具有良好的初始粘接力，具有性能稳定、保存中不易分解等许多特点。其缺点是耐热性、耐溶剂性较差，粘接强度相对较低。为了克服其缺点，采用掺入热固性树脂与有机官能团单体共聚的自交联方法来提高其性能。

热塑性树脂胶黏剂包括聚醋酸乙烯酯系、聚丙烯酸系、热塑性聚酰胺、聚氯乙烯及其共聚物、聚酯、聚氨酯等胶黏剂。

① 聚醋酸乙烯酯系胶黏剂。聚醋酸乙烯酯及其共聚物在热塑性树脂胶黏剂中占有很重

要的地位。聚醋酸乙烯酯胶黏剂一般用乳液聚合法制取，得到的产物称为聚醋酸乙烯乳液胶黏剂，简称"白乳胶"或"白胶"。其具有无毒，使用方便，常温固化速度较快，初期胶接强度高，固化后胶层无色透明，且具有韧性，价格便宜的优点。其缺点是耐水性、耐热性、耐低温性较差。聚醋酸乙烯酯胶黏剂主要用于木制品加工方面，还可用于纸张、纤维制品、布、皮革、陶瓷、混凝土等多孔材料的粘接。也可用作建筑涂料或设备、管道防腐涂层等。

在应用过程中为了改善聚醋酸乙烯酯胶黏剂的性能，可以将醋酸乙烯酯单体与其他烯类，如乙烯、氯乙烯、丙烯酸酯或顺丁烯二酸酐、丙烯酸等进行共聚改性，改性主要通过内加交联剂和外加交联剂两种途径。内加交联剂即在制造聚醋酸乙烯酯胶黏剂时加入一种或几种能与醋酸乙烯酯共聚的单体，使之反应而得到可交联的热固性共聚物，以改善其耐热、耐水、耐蠕变性能。外加交联剂即在聚醋酸乙烯酯乳液中加入能使大分子进一步交联的物质，使聚醋酸乙烯酯的性质向热固性转化，常用的有酚醛树脂胶、脲醛树脂胶等。

由聚醋酸乙烯酯水解可得到聚乙烯醇。聚乙烯醇胶黏剂通常以水溶液形式使用，用以粘接纸张、织物、皮革，也可作为其他胶黏剂的配合剂。聚乙烯醇在酸性催化剂存在下与醛类反应生成聚乙烯醇缩醛。聚乙烯醇缩甲醛或缩丁醛胶黏剂可用于粘接玻璃、纸张、纤维织品、皮革、木材、部分塑料、壁纸、水泥地面、硬石膏、混凝土等，可逐渐代替聚醋酸乙烯酯胶黏剂。

② 丙烯酸酯系胶黏剂。丙烯酸酯系胶黏剂是以各种类型的丙烯酸酯为主体而配成的胶黏剂。其特点是使用方便，固化迅速，粘接强度较高，适用于多种材料的粘接。丙烯酸酯系胶黏剂品种很多，性能各异。主要有：丙烯酸乳液胶黏剂，氰基丙烯酸酯胶黏剂，厌氧胶黏剂，第二代丙烯酸酯胶黏剂，近年来又开发出第三代丙烯酸酯胶黏剂。

工业上丙烯酸乳液胶黏剂是以丙烯酸酯及其衍生物为主要成分，与少量丙烯酸和其他活性单体在引发剂存在下经乳液聚合制得。丙烯酸乳液胶黏剂具有耐老化性，耐水性，柔韧性优良，粘接强度高的优点。主要应用在纺织工业中，可作静电植绒胶黏剂、涂料印花浆胶黏剂、无纺布胶黏剂、地毯的贴背胶黏剂和长丝防卷剂等；在造纸工业中可用作涂布剂、憎油剂等；在皮革工业中用作上光剂、整理剂；另外也用于玻璃、塑料、金属和混凝土的粘接。

丙烯酸双酯胶黏剂又称厌氧胶，它是以丙烯酸双酯及某些特种丙烯酸酯为主体配以其他配合剂组成。它能在氧气存在条件下长期储存，而隔绝空气后，几分钟到几十分钟即可在室温固化，起粘接密封作用。厌氧胶的特点是在与氧气（空气）接触的情况下不会固化，而在隔绝氧气（空气）时会很快固化。另外，厌氧胶还具有黏度易调节、固化收缩率较小、与金属粘接效果好、室温下固化快、胶接强度高、耐药品性、耐热性、耐低温性能好的优点。但其与非金属材料和非活性金属（如锌、铬等）粘接时效果较差，固化慢，胶接强度也比较低，且粘接表面要进行预处理。厌氧胶对多孔材料，大缝隙被粘接构件不太适用。厌氧胶黏剂种类很多，可按不同需要和用途配制成粘接力、黏度不同的品种。目前厌氧胶已成为电气、机械、汽车和飞机等工业不可缺少的胶黏剂。

2. 橡胶型胶黏剂

橡胶胶黏剂又称作弹性体胶黏剂，是以橡胶或弹性体为主体材料，加入适当的助剂，溶剂等配制而成。橡胶胶黏剂具有优良的弹性，较好的耐冲击与耐振动的能力，特别适合柔软的或线膨胀系数相差悬殊的材料之粘接。适用于在动态条件下工作的材料之粘接，在航空、交通、建筑、轻工、机械等工业中应用广泛。常用的橡胶胶黏剂有氯丁橡胶胶黏剂、天然橡胶胶黏剂、丁基橡胶胶黏剂、丁苯橡胶胶黏剂等。

(1) 氯丁橡胶胶黏剂　氯丁橡胶胶黏剂是以氯丁橡胶为主体材料加入交联剂、防老剂、填充剂等助剂配制而成的。氯丁橡胶胶黏剂是橡胶胶黏剂中产量最大、用途最广的一个重要品种。具有初始粘接力大，胶接强度高，耐久性、防燃性、耐光性、抗臭氧性、耐冲击与振动能力、耐油、耐酸碱、耐溶剂性能优良及使用方便、价格低廉的特点，适用于多种材料的粘接。其缺点是耐热性和耐寒性较差。氯丁胶黏剂可粘接橡胶、皮革、人造革、织物、木材、石棉等。特别是上述材料与金属、塑料等不同材料的粘接，是其他胶黏剂在性能上无法比拟的。氯丁胶黏剂是一种通用性很强的胶黏剂，广泛应用于国民经济各个部门，特别在制鞋工业和汽车制造工业上用量最大。

(2) 天然橡胶胶黏剂　天然橡胶是把橡胶树分泌的白色胶乳经过凝固、干燥等加工得到的顺式聚异戊二烯的弹性固体。未硫化橡胶（又称生橡胶），溶于适当的溶剂便成为生橡胶胶黏剂，也就是修补内胎的胶水。未经硫化的天然橡胶，虽然初粘力较大，具有良好的弹性和优异的电性能，价格低廉，使用方便，但是粘接强度不大，耐热性差。只能用于天然橡胶、织物、绝缘纸的粘接，不能用于粘接金属。硫化的天然胶胶黏剂比未硫化的天然橡胶胶黏剂，其粘接强度、弹性、抗蠕变性和耐老化性能都有提高。天然橡胶若经过适当的改性，如氯化天然橡胶胶黏剂，不仅增加了对天然橡胶制品的粘接力，而且也能用于粘接金属。

(3) 丁腈橡胶胶黏剂　丁腈橡胶胶黏剂是以丁腈橡胶为主体，加入增黏剂、增塑剂、防老剂、溶剂等配制而成的 $15\%\sim30\%$ 的胶液。丁腈胶黏剂具有优异的耐油性、较高的粘接强度、优异的耐水性、良好的耐热、耐磨、耐化学介质和耐老化性。其缺点是初黏力不够大，耐寒性、耐臭氧性和电绝缘性较差，在光和热的作用下容易变色。通用型的丁腈橡胶胶黏剂是由 100 份丁腈橡胶和 $50\sim100$ 份的酚醛树脂配制而成，固含量为 $20\%\sim30\%$，适用于软乙烯基树脂薄膜、布、皮革、木材以及金属的粘接。当酚醛树脂的配比高达 2 倍以上时，即可用作金属结构型胶黏剂，如用作飞机金属结构的粘接及刹车带的粘接等。

3. 复合型结构胶黏剂

聚合物复合型结构胶黏剂是由两类主体高分子材料所组成，一类是可起交联作用的热固性树脂，如酚醛树脂、环氧树脂等；另一类是具有可挠性和柔性的聚合物（如高相对分子质量的热塑性聚合物）和橡胶弹性体。这类含有两种组分的聚合物复合型体系，兼备了两种组分所固有的高强度、耐热、耐介质、抗蠕变、高剥离强度、抗弯曲、抗冲击、耐疲劳等优良性能。常见的复合型结构胶黏剂有酚醛-缩醛型、酚醛-丁腈型、酚醛-环氧型、改性环氧型等。该类胶黏剂主要用于航空和宇航工业中的超音速飞机、导弹、卫星和飞船等结构中的胶接。

(1) 酚醛-聚乙烯醇缩醛结构胶黏剂　该类胶黏剂是发展较早的复合型结构胶黏剂，目前已发展成为一种通用的航空结构胶，同时也应用于金属与金属、金属与塑料、金属与木材、汽车刹车及印刷电路等的胶接上。这类胶黏剂的特点是抗剪切强度、剥离强度、耐水、耐湿热老化、耐曝晒、耐介质性、抗震动和耐疲劳等性能均优良。

(2) 酚醛-丁腈结构胶黏剂　酚醛-丁腈结构胶黏剂是由酚醛树脂和丁腈橡胶所组成。由于酚醛树脂和丁腈橡胶之间在受热时会发生化学反应，生成交联产物，故酚醛-丁腈结构胶黏剂既具有酚醛树脂的耐热性，又兼有丁腈橡胶的弹性。常以高抗剪切强度、剥离强度和耐热而著称。酚醛-丁腈结构胶黏剂是高强度、高弹性品种，具有突出的耐湿热老化、耐候、耐疲劳性能，为环氧型和其他型号的结构胶所不及，另外其耐介质、耐高低温热交变性能也非常优越。酚醛-丁腈型胶黏剂广泛应用于要求结构稳定，使用温度范围广、耐湿热老化、耐化学介质、耐油、抗震动、耐疲劳的场合。如航空、航天工业中常用作钣金、蜂窝构件的胶接；汽车工业中用于制动材料与制动蹄铁的胶接；纺织工业中用于耐磨硬质合金与钢的粘接；在仪表、轻工、造船工业中也有广泛应用。

4. 特种胶黏剂

随着科学技术的飞速发展和胶黏剂应用领域的日益扩大，出现了越来越多的胶黏剂新品种，以满足不同胶接对象和一些特殊要求。其中有些胶黏剂，难以按通常的分类方法来分类，这些胶黏剂称为特种胶黏剂，依据其性能、用途及使用方法不同，特种胶黏剂有热熔型、压敏型、导电型、密封型等多种。

(1) 热熔型胶黏剂　热熔胶黏剂是一种室温呈固态，加热到一定温度就熔化成液态流体的热塑性胶黏剂。在熔化状态下将其涂敷于被胶结物表面，叠合，然后冷却成固态，即完成胶接。热熔胶一般由主体聚合物、增黏剂、稳定剂、抗氧剂、增塑剂、填料等组成。热熔胶具有胶接迅速，适用于自动化连续生产、生产效率高、对环境无污染、便于储存和运输、可以胶接多种材料和进行反复熔化胶接的特点。特别适用于一些有特殊工艺要求材料的胶接，如某些文物的胶接修复。热熔胶的缺点是耐热性差、胶接强度不高。近年来热熔胶发展十分迅速，广泛用于服装加工、书籍装订、塑料胶接、包装、制鞋、家具、玩具、电子电器、卫生等部门。

目前应用最多的热熔胶是 EVA 胶（乙烯-醋酸乙烯酯共聚物），EVA 热熔胶是以乙烯-醋酸乙烯酯无规共聚物为主体的一类热熔胶。此主体聚合物具有与其他组分互溶性好、黏附力强、柔韧性、耐候性好的特点。EVA 热熔胶可用于木材加工、服装、包装、书籍装订、塑料粘接等方面。此外，还有乙烯-丙烯酸乙酯共聚物（EEA）、聚乙烯、聚丙烯、聚酯、聚酰胺、聚氨酯、环氧树脂等也是常见的热熔胶。

(2) 压敏型胶黏剂　压敏型胶黏剂简称压敏胶，是对压力敏感的只需用接触压力就可以把两种材料胶接在一起的胶黏剂。把压敏胶涂在纸基、布基或塑料薄膜基等材料上，就可以制成压敏胶带。为了使用方便，压敏胶带既要对各种材料有很好的黏附性，以便在用很小的压力下迅速进行胶接，又要在剥离时对被黏附的表面无残留。这就要求压敏胶的内聚强度大于它的胶接强度。因此，在压敏胶的胶液组成中，既要有高弹性物质的组分，又要有高黏附性物质的组分。压敏胶主要用于胶黏带、自粘标签、电绝缘胶带等。

压敏胶黏剂按其主体聚合物的化学结构可分为橡胶型和树脂型两类。橡胶型压敏胶包括天然橡胶、丁基橡胶、硅橡胶、丁苯橡胶等；树脂型压敏胶包括聚丙烯酸类、聚烯烃类、醋酸乙烯共聚物等。按照胶液的形态，压敏胶主要分为溶剂型、乳液型和热熔型三类，目前以溶剂型压敏胶最为常见。

第五节　食品添加剂

食品添加剂（food additive）在国外已成为食品生产中最有创造力的领域，其发展非常迅速。近年来随着我国人民生活水平的不断提高，生活节奏的加快，食品消费结构的变化，促进了我国食品工业的快速发展，要求食品方便化、多样化、营养化、风味化和高级化。面临人们食品消费结构变化和食品消费层次提高的挑战，研究开发新型加工食品，扩大方便食品的产量，充分利用食物资源，是我国食品工业的唯一出路。要完成这一艰巨任务，离不开食品添加剂的发展。

一、食品添加剂的定义及分类

1. 定义

食品添加剂是指，为改善食品品质和色香味以及防腐和加工工艺的需要而加入食品中的天然或者化学合成物质。

2. 分类

食品添加剂按其原料和生产方法可分为化学合成添加剂和天然食品添加剂。一般来说，除化学合成的添加剂外，其余的都可纳入天然食品添加剂。后者主要来自植物、动物、酶法生产和微生物菌体生产。

食品添加剂按用途分类，食品添加剂可分为三大类：

① 生产过程中使用的添加剂；

② 提高食品品质用的添加剂；

③ 特定食品生产用的添加剂。

其中包括防腐剂、抗氧化剂、发色剂、漂白剂、酸味剂、凝固剂、疏松剂、增稠剂、消泡剂、甜味剂、乳化剂、品质改良剂、抗结块剂、香料、食品强化剂、着色剂等。

二、食品生产过程中使用的添加剂

1. 乳化剂

在食品生产过程中，用乳化剂使油脂与水乳化分散，改进食品组织结构、外观、口感，提高食品质量和保存性，由于乳化剂还有发泡、消泡、润湿、防脂肪凝聚、防黏、防老化等作用，所以成为近代食品工业中极受重视和最有发展前途的食品添加剂。在食品添加剂中乳化剂是用量较大的一类，广泛用于面包、糕点、糖果、饮料、豆制品、果酱、果冻食品等食品中。

（1）脂肪酸甘油酯 在食品添加剂中作为乳化剂使用的有：单硬脂酸甘油酯、单棕榈酸甘油酯、单油酸甘油酯、单月桂酸甘油酯等，统称"单甘酯"。甘油酯是我国产量最大、使用量最多的乳化剂。我国生产的甘油酯大多是单双混合酯，其使用效果较差，但价格便宜。脂肪酸甘油酯的性质随脂肪酸的种类不同而异，一般为白色至淡黄色粉末，片状或蜡状半流体和黏稠液体，溶于乙醇。脂肪酸甘油酯主要用于面包、饼干、糖果、冰淇淋和乳化香精等行业。

（2）脂肪酸蔗糖酯（SE） 脂肪酸蔗糖酯一般为白色粉末，也可能是块状或蜡状固体，或树脂状液体，无明显熔点，熔化时溶解发黑，无臭味，溶于乙醇、丙酮和其他有机溶剂。其应用广泛，能改进食品的多种性能。可作为面包、糕点等制品的防老剂，冰淇淋和蛋糕的发泡剂，巧克力的黏度调节剂，奶制品的乳化稳定剂，速溶粉状食品的润湿与分散剂，糖果和酥脆饼干的改良剂等；另外其在医药、化妆品、纤维处理等方面也有广泛的应用。是一种性能优良、高效而安全的乳化剂。

（3）山梨糖醇脂肪酸酯 山梨糖醇脂肪酸酯是乳化效率高的表面活性剂，主要有两类，一类是脂肪酸山梨醇酐酯，商品名斯盘（Span）；另一类是聚氧乙烯山梨糖醇酐脂肪酸酯，商品名吐温（Tween）。斯盘可作为乳化剂、消泡剂、稳定剂，用于面包、蛋糕、冰淇淋、巧克力和蛋黄酱等的生产中；吐温主要用于蛋糕、冰淇淋、起酥油等的生产。两者与其他乳化剂配合使用效果更好。

（4）大豆磷脂 大豆磷脂是制造大豆油的副产品，也是食品工业中用得最多的天然食品乳化剂。其主要成分是卵磷脂（24%）、脑磷脂（25%）和肌醇磷脂（33%）。大豆磷脂为淡黄至褐色、透明或半透明黏稠液体，有特异臭味，不溶于水，在水中溶胀后呈胶体溶液，溶于氯仿和石油醚。具有乳化性、抗氧化性、分散性和保湿性，广泛用于人造奶油、冰淇淋、糖果、巧克力、饼干、面包等的乳化。由于其具有生化功能，可增加磷酸胆碱、胆胺、肌醇和有机磷以补充人体营养需要，因而广泛用于儿童和老年人的营养食品和保健食品。

2．增稠剂

增稠剂也称为增黏剂。它能改善食品物性，增加食品黏度，赋予食品以黏滑的口感，改变或稳定食品的稠度、保持食物水分；同时也可作为乳化剂的稳定剂。增稠剂主要有天然和合成两大类。天然品多数是由含有多糖类的植物或海藻类制得，如淀粉、果胶、琼脂、海藻酸、阿拉伯胶等；也有从含蛋白质的动物原料制取的，如酪蛋白和明胶；合成品种有羧甲基纤维素 CMC、改性淀粉、聚丙烯酸钠等。

（1）明胶　明胶主要成分为蛋白质，动物的皮、骨、软骨、韧带、肌膜等物质所含的胶原蛋白，经部分水解后制得。明胶为白色或淡黄色的半透明薄片或粉粒；具有很强的亲水性及胶冻力，其制品具有弹性好、熔点低、入口即化的特点，广泛用于糖果、糕点、冷饮、罐头等生产中，也可以作为酒类、果汁的澄清剂。明胶中含有十八种氨基酸，营养价值很高，多应用于一些疗效食品中。

（2）果胶　果胶是一种相对分子质量在 23000～71000 之间的一种线性多聚糖，其广泛存在于水果、蔬菜等植物中。可以从苹果渣、柑橘皮等中提取。商品果胶可分为两类：一类是高甲氧基果胶（HM）；另一类是低甲氧基果胶（LM）。果胶可用于果酱、果冻、巧克力、糖果等的生产中，还可用作冰淇淋、雪糕的稳定剂。

（3）海藻胶　海藻胶是从褐色藻类体中提取的一种胶。包括水溶性海藻酸钠盐、钾盐、铵盐及非水溶性的海藻酸钙盐、铁盐等。其中最常用的海藻酸钠为白色或淡黄色粉末，易溶于水，可用作面制品、罐头、果酱、冰淇淋等的增稠剂；海藻酸钠还具有营养和保健作用，用于海藻胶疗效食品的开发和应用。

（4）羧甲基纤维素（CMC）　羧甲基纤维素作为食品添加剂使用时，具有增稠、悬浮、稳定、乳化和分散等作用，一般以羧甲基纤维素钠的形式应用。羧甲基纤维素钠为白色粉末、粒状或纤维状，易溶于水，广泛用于乳制饮料、果酱、果冻、冰制品、调味剂、罐头和酒类的生产中。在我国尤其以冰淇淋和罐头生产中应用最多。

（5）淀粉及改性淀粉　淀粉存在于植物的根、茎和果实中，是一种广泛使用的增稠剂。淀粉为白色粉末，溶于水。它的使用范围甚广，可用于生产冷饮乳制品、软糖、罐头制品和饼干等。由于天然淀粉的物理化学性质有一定的局限性，不能满足现代食品工业及其他工业的要求，于是人们对其进行深加工，改变其结构，扩大应用范围，因而产生了"改性淀粉"。改性淀粉是对原淀粉进行物理、化学改性、酶改性后淀粉衍生物的总称。如氧化淀粉、酸化淀粉、交联淀粉、淀粉酯类、淀粉醚类等。改性淀粉主要在冰淇淋、饮料、方便食品生产中作增稠剂使用。

3．膨松剂

能使面团发起，在食品内部形成多孔性膨松组织的物质称为膨松剂。在安全性的前提下，用作食品添加剂使用的膨松剂，对它的基本要求是发气量多而均匀，分解后的残余物及气体不影响食品的质量和口味。常用的膨松剂为碳酸盐（碳酸氢钠、碳酸氢铵）和以明矾为主要成分的复盐。

三、提高食品品质的添加剂

1. 防腐剂

防腐剂是抑制微生物活动，使食品在生产、运输、储藏和销售过程中减少因腐败而造成经济损失的添加剂。虽然现在冷藏设备普及，但食品化学防腐由于使用方便，效果好且不耗能，其使用量仍在逐年增加。防腐剂分无机防腐剂和有机防腐剂两类。常用的有机防腐剂有苯甲酸及其盐类，山梨酸及其盐类，丙酸及其盐类和对羟基苯甲酸酯类等四大类。常用的无机防腐剂有硝酸盐、亚硝酸盐及二氧化硫等。防腐剂广泛用于饮料、果汁、酱油、葡萄酒、面包、糕点、罐头、糖果、蜜饯、酱菜等食品中。

（1）苯甲酸及其钠盐　在我国，苯甲酸及其钠盐是使用量较大的一类防腐剂，主要用于饮料、酱油、果酱、果子露和酱菜。苯甲酸又名安息香酸，为无色无定形结晶性粉末，熔点 $121\sim123\,^{\circ}\!C$，微溶于水，易溶于乙醇，具有杀菌作用，其杀菌力与介质的 pH 值有关。在pH 值低的条件下，苯甲酸对微生物具有杀菌作用，但对产酸菌作用弱。在 pH 值大于 5.5时，其对很多霉菌和酵母没有什么效果。其抑菌的最佳 pH 值范围为 2.5～4.0，其完全抑制一般微生物的最小浓度为 0.05%～0.1%。

苯甲酸钠又称安息香酸钠，为无色无定形结晶性粉末，易溶于水。在使用中，钠盐转化为苯甲酸。苯甲酸及其钠盐的优点是成本低，在酸性食品中使用效果好，属于酸性防腐剂。缺点是毒性较大，且防腐效果受 pH 值影响大。

（2）山梨酸及其钾盐　山梨酸学名 2,4-己二烯酸，为白色结晶或结晶性粉末，无臭无味，难溶于水，溶于醇、丙酮和醚。熔点 $134.5\,^{\circ}\!C$。山梨酸是目前工业化生产的毒性最低的一种防腐剂，是国际公认的最好的食品防腐剂。山梨酸属于酸性防腐剂。pH 值愈低，防腐能力愈强，使用范围为 pH<6。对霉菌、酵母、细菌等均有抗菌作用，且抑菌作用比杀菌作用强。它的防腐机制是通过与微生物酶中的巯基结合，从而破坏许多重要酶系，达到抑制微生物繁殖及防腐的目的。山梨酸之所以对人体无害是因为它能参与人体代谢，氧化成二氧化碳和水。

山梨酸钾是白色或浅黄色鳞片结晶或粉末，熔点为 $270\,^{\circ}\!C$，易溶于水，具有很强的抑制腐败菌和霉菌的作用，在酸性条件下其防腐作用好，中性条件下作用差些。

（3）对羟基苯甲酸酯类　对羟基苯甲酸酯类（乙酯、丙酯、异丙酯等）商品名尼泊金酯，是无色结晶或白色结晶性粉末，无臭，略有麻舌感，难溶于水，溶于乙醇、乙醚、丙酮、丙二醇等有机溶剂。对霉菌、酵母菌、革兰氏阳性杆菌作用较强，而对细菌中的革兰氏阴性杆菌及乳酸菌作用较差。抗菌作用随烷基（—R）的增长而增强。抗菌力比苯甲酸、山梨酸强，且抗菌效果不像酸性防腐剂那样随 pH 值而变化，适用于弱酸或弱碱性食品，其使用范围为 pH=4～8。与淀粉共存时会影响抗菌效果。

对羟基苯甲酸酯类是国外应用较多的一类防腐剂，主要用于脂肪制品、饮料、乳制品、酱油、高脂肪含量的面包和糖果等。在我国，应用在食品中起步较晚，且用量较小，而主要应用在化妆品和医药行业。其优点是毒性较低，能在非酸性条件下使用。

（4）丙酸及其盐类　丙酸及其盐类（钠盐、钙盐）也是酸性防腐剂，且毒性很低。主要用于面包及糕点的防腐，对面包及糕点中丝状黏质的细菌有较好的抑制作用。丙酸是人体新陈代谢的正常中间产物，无毒性。但由于我国丙酸靠进口，其推广应用工作做得不够，因而产量小，质量也不稳定。研究丙酸的复配技术及其产品的推广应用是今后的一个重要课题。

2. 抗氧化剂

能阻止、抑制或延迟食品的氧化，提高食品稳定性和延长食品贮存期的添加剂，称为抗氧化剂。氧化不仅使食品中的油脂变质，还使食品发生褪色、褐变和破坏维生素，使食品的味道变坏，从而降低食品的质量和营养价值，有时还会产生有害物质，引起食物中毒。

抗氧化剂的作用是抑制食品的氧化反应，并不是抑制细菌。它是一类很重要的食品添加剂，按其溶解性能可分为油溶性和水溶性两类；按其来源可分为天然和合成两类。目前，常用的油溶性抗氧化剂有2,6-二叔丁基对甲苯酚（BHT），叔丁基对羟基茴香醚（BHA），维生素E，没食子酸丙酯（PE）等；水溶性抗氧化剂主要是维生素C系列产品。

（1）2,6-二叔丁基对甲苯酚（BHT） BHT为白色结晶性粉末，熔点69.7℃，沸点265℃，不溶于水，溶于醇或多种油脂中。BHT具有抗氧化性强、热稳定性好、无异味、价格低廉的优点，但其毒性相对高些。目前在国际上，BHT广泛用于水产加工；而在我国，主要用于油脂、油炸食品、干水产品、饼干、干制食品中，是主要使用的食品抗氧化剂。在植物油中通常将BHT与BHA并用，并以柠檬酸或其他有机酸为增效剂，其抗氧化效果显著提高。

（2）叔丁基对羟基茴香醚（BHA） BHA为无色至黄褐色结晶或块状物，熔点48～63℃，沸点为264～270℃，不溶于水，溶于乙醇及多种油脂。BHA是目前广泛使用的抗氧化剂，除有抗氧化性外，还有较强的抗菌力；但BHA价格较贵。主要用于油炸食品、油脂、干鱼制品、饼干、罐头及腌腊肉食品中。

（3）维生素E 维生素E即生育酚，是由一系列生育酚的化合物组成，天然维生素E也称生育酚混合浓缩物，是目前国际上唯一大量生产的天然抗氧化剂。产品为黄至褐色澄明黏稠液体，溶于乙醇、油脂，不溶于水，耐热、耐光，安全性好。广泛用于乳制品、营养食品和疗效食品中。其对动物油脂的抗氧化效果比对植物油的抗氧化效果好。目前世界上合成维生素E主要用于医药、饲料添加剂、食品添加剂。在我国合成维生素E年产量较小，价格高，主要用作营养性药物。

（4）抗坏血酸及其钠盐 抗坏血酸即维生素C，是常用的水溶性、无毒无害的抗氧化剂。维生素C是白色至浅黄色结晶性粉末，无臭、味酸，溶于水、乙醇，不溶于有机溶剂。广泛用作饮料、果蔬制品、肉制品的抗氧化剂，可防止食品变色、变味、变质。抗坏血酸及其钠盐还可用于不适于添加酸性物质的食品。在肉类制品中还有阻止产生亚硝胺的作用，可防止有致癌作用的二甲基亚硝胺生成。维生素C及其钠盐是目前世界上耗量最大的抗氧化剂。

3. 调味剂

调味剂主要包括甜味剂、增味剂、酸味剂、咸味剂和辛辣剂等。其作用不仅是增进食品对味觉的刺激以增进食欲，而且部分调味剂还有一定的营养价值和药理作用，成为人们日常生活的必需品。

（1）甜味剂 甜味剂是指那些能提供甜味的物质。甜味剂包括天然甜味剂和人工合成甜味剂两类。天然甜味剂包括糖类（蔗糖、果糖、麦芽糖、木糖、枫糖等）、糖醇类（山梨糖醇、木糖醇、麦芽糖醇、甘露糖醇等）和天然物（甜叶菊、甘草甜素、罗汉果苷等），合成甜味剂包括糖精、甜蜜素、天冬酰苯丙氨酸甲酯、乙酰磺胺酸钾等，它们都具有低热量、高甜度的特点。也有将甜味剂按营养性分类的，分成营养型和非营养型两类。营养型甜味剂是指参与机体代谢并能产生能量的甜味物质，如糖类、糖醇类；非营养型甜味剂是指不参与机体代谢，不产生能量的甜味剂。如糖精、甜蜜素等。非营养型甜味剂和部分营养型甜味剂

（如糖醇、木糖等）因在体内的代谢与胰岛素无关，不致增高血糖，故适用于糖尿病患者。

（2）酸味剂　以赋予食品酸味为主要目的的食品添加剂总称为酸味剂。酸味给味觉以爽快的感觉，具有增进食欲的作用。酸还有一定的防腐作用，并有助于溶解纤维素、钙、磷等物质，可以促进消化吸收。目前作为酸味剂的主要是有机酸，常用于饮料、果酱、糖类、酒类及冰淇淋中。

① 柠檬酸。柠檬酸为无色透明结晶或白色粉末，易溶于水、乙醇，是广泛应用的酸味剂，用于清凉饮料、糖果、罐头、酒类的调味；也可作为番茄等蔬菜罐头的 pH 调节剂；还可用作抗氧化剂的增效剂。

② 苹果酸。苹果酸为白色结晶性粉末，酸味柔和。苹果酸是国外产量较大的酸味剂品种之一，广泛用于食品和饮料中，具有酸味浓，口感接近天然果汁，有天然水果香味等优点。

③ 酒石酸。酒石酸为无色结晶或白色结晶性粉末，为稍有涩味、爽口的酸味剂。酸味为柠檬酸的 1.3 倍。作为酸味剂主要用于清凉饮料、果汁、果酱、糖果等食品中。大多与柠檬酸、苹果酸混合使用。

④ 磷酸。食品级磷酸为无色、无嗅的透明浆状液体，有强烈的收敛味与涩味。磷酸在饮料中可代替柠檬酸和苹果酸，特别是用于不宜使用柠檬酸的非水果型（如可乐型风味）饮料中作酸味剂。在酿造业中可作 pH 调节剂。

（3）增味剂　增味剂又称味道增强剂，主要品种为谷氨酸钠，即味精。第二代味精的主要产品有 5-肌苷酸钠、5-核苷酸钠等。第三代味精是由牛肉、鸡肉、虾米、蔬菜为基料与味精复配而成的，我国也已开发出了第三代味精。目前味精已发展到了第四代产品，主要品种为乙基麦芽酚，又叫香味味精。味精广泛用于食物烹调、食品、饮料、医药等方面。

① 谷氨酸钠（味精）。为无色或白色结晶或结晶性粉末。易溶于水，具有强烈的肉类鲜味。谷氨酸钠共有三种旋光异构体，只有左旋 L-谷氨酸钠有鲜味，即市场出售的味精。其右旋和外消旋体均为无味化合物。味精在 120℃ 失去结晶水，在高温下变成焦谷氨酸，鲜味效力下降。因此烹调时不宜在高温下长期加热。

② 核苷酸类。核苷酸类是近年来发展起来的增味剂，其中包括肌苷酸、乌苷酸、胞苷酸、尿苷酸、核酸核苷酸及其各种盐类。例如，肌苷酸钠为无色至白色结晶或粉末，有强烈的鲜味。溶于水，热稳定性好，为安全性高的增味剂。其效果相当于味精的 10～20 倍，一般多与味精混合使用。

4. 食用色素

用于食品着色的添加剂称为食用色素。食用色素可以改善食品色泽，让食品美观以增进食欲。食用色素分天然色素和合成色素两大类。天然色素由于其安全性高，近年来研制和使用的品种逐渐增多。但是天然色素的着色力和稳定性不如合成色素，且成本较高，资源也有限。与天然色素相比，人工合成食用色素的色彩鲜艳，性质稳定，着色力强而牢固，能任意地调色，成本低，使用方便。很多合成色素是以煤焦油为原料合成的染料类物质，多数既无营养价值又对人体有害，所以以合成色素的安全性问题一直是人们关注的焦点。

（1）天然色素　天然色素主要来自动、植物组织，用溶剂萃取而制得。天然色素不仅对人体安全性高，而且有的还具有维生素活性或某种药理功能。天然色素一般难溶于水，着色不方便、也不均匀，在不同酸度下呈现不同色调，有的会在食品加工过程中变色。常用的天然色素如下。

① β-胡萝卜素。为暗红或紫红色结晶性粉末，其色调随浓度而不同，可由黄色到橙红色，主要用于奶油、人造奶油、糖果的着色。

② 红花黄。溶于水，不溶于油脂，对酸性基料呈黄色，对碱性则呈红色，常用于糖果、糕点、饮料、酒类着色。

③ 红曲色素。是红曲霉菌丝分泌的色素，含有红色素、黄色素及紫色素，以红色素为主，主要用于豆腐乳、酱鸡、鸭类、肉类及食酱中。

④ 姜黄素。是橙黄色粉末，辛香，稍有苦味，不溶于冷水，溶于乙醇、丙二醇、碱和醋酸溶液中。在酸性介质中呈黄色，其广泛用于咖喱粉、萝卜干等的着色，也用于罐头和饮料的调色。

⑤ 紫胶色素。是紫胶虫所分泌的紫胶原胶中的一种色素成分，紫胶原胶即紫草茸，是中药材，为清热解毒的凉血良药，主要用于饮料、酒、糕点、水果糖及糖浆等中。

（2）合成色素 合成色素实际上是食用合成染料，我国已批准的食用合成色素有 8 种，即苋菜红、胭脂红、柠檬黄、日落黄、赤藓红、新红、靛蓝和亮蓝，主要用于糕点、饮料、酒类、农畜水产加工、医药及化妆品中。

5. 营养强化剂

补充和增强食品营养成分的食品添加剂称为营养强化剂。营养强化剂可以补充食品中某些氨基酸类、维生素类、矿物质类和微量元素等的不足，对促进人类的身体健康，满足机体代谢需要，提高工作效率具有很大作用，是一类很有发展前途的产品。近年来，我国营养强化剂的开发和研制取得了一定成就，研制出了用维生素、氨基酸和微量元素强化的多种新型食品；同时还开发出了一些既有强化作用又有疗效作用的新型强化剂，如蛋白质类、硒麦芽和有机锗强化剂。

营养强化剂的应用范围极广，可用于主食的强化，如面粉、面包、大米等；副食品的强化，如鱼类、肉类、罐头、人造奶油、食盐、汤料等；婴儿食品的强化，如奶粉、炼乳、婴儿粉等。

在我国营养强化剂分四类：维生素类、氨基酸类、微量元素和蛋白质类强化剂。维生素类主要有维生素 A 醋酸酯、维生素 A 棕榈酸酯、核黄素、硫胺素及其衍生物等；氨基酸类主要有谷氨酸、赖氨酸、胱氨酸、半胱氨酸等；微量元素主要有钾、钠、钙、镁等金属离子，无机酸离子和有机酸离子等；蛋白质类强化剂主要有豆类蛋白、乳蛋白、酵母蛋白、水解蛋白和禽血蛋白等。

第六节 农 药

农药，是指用于预防、消灭或者控制危害农业、林业的病、虫、草和其他有害生物以及有目的地调节植物、昆虫生长的化学合成或者来源于生物、其他天然物质的一种物质或者几种物质的混合物及其制剂。农药的使用是农业增产的重要因素，是解决世界上 60 亿人口温饱问题的有力措施。

近年来中国农药工业发展十分迅速，在 10 年左右的时间里，农药产量几乎翻了一番，农药品种成倍增长。然而中国农药机遇与风险共存，中国庞大的农药市场使外国大公司斥巨资进入，竞争将更加激烈。未来中国可能会成为全球的主要化工原料及制剂生产基地，农药进出口贸易将急剧增长。

农药制造行业是关系到农业生产的重要农资产品制造行业，在化工行业中占据重要地位。

农药的生产、销售和使用必须有农药登记证、生产许可证、农药标准三证。农药商品有原药、制剂（单剂）和复配制剂（两种以上有效成分）三种类型。原药一般不能直接使用，需要加工成制药——单剂或复配制剂才能供农业使用。

一、农药的分类

按照农药的作用，可分为杀虫剂、杀菌剂、除草剂、熏蒸剂、杀鼠剂、植物生长调节剂、家庭卫生用药（主要防治蚊、蝇和蟑螂等）。

1. 杀虫剂

杀虫剂的品种最多，根据国外资料介绍，有 300 多种。按化学结构分为：有机氯杀虫剂、有机磷杀虫剂、氨基甲酸酯类杀虫剂、除虫菊酯杀虫剂、杀螨剂、无机杀虫剂和特异性杀虫剂等 7 小类。按毒害昆虫的作用可分为以下几种。

① 胃毒剂。即昆虫吃农作物的茎叶时，连农药一起吃进胃肠，使之中毒死亡。

② 触杀剂。即昆虫接触农药后，能从接触的表皮部分，进入昆虫体内，能对昆虫的神经系统起抑制作用，使之死亡。

③ 内吸剂。即施在植物表面上，立即被植物表面吸收，并运行到植物各个部位，害虫残食植物的任何部位，都会中毒死亡。

2. 杀菌剂

杀菌剂是对植物病原菌具有毒杀或抑制生长作用的农药。专用于杀灭细菌的称杀细菌剂；只对病原菌的生长起抑制作用的称抑菌剂；防止农产品、食品变腐和轻工业品发霉的分别称为防腐剂和防霉剂。杀菌剂按化学成分分成无机杀菌剂和有机杀菌剂，无机杀菌剂有硫素、铜素和汞素杀菌剂 3 类；有机杀菌剂分有机硫类、三氯甲硫基羰酰亚胺类、金属元素有机化合物类、甲酰替苯胺类等；内吸有机杀菌剂有苯并咪唑类、有机磷化合物类、三唑类和嘧啶类等。此外还有从微生物的次生代谢物中分离或人工模拟合成的抗生素类杀菌剂。杀菌剂沿着 3 个主要方向发展：一是定向合成，使新化合物能定向地具有所需要的性质；二是天然产物（微生物、高等植物）的研究利用；三是非杀生性病害防治剂的研究等。近年来新开发的杀菌剂品种，形成了新的杀菌剂品种系列，甲氧基丙烯酸类杀菌剂是杀菌剂领域中一大里程碑，嘧啶胺类杀菌剂也将一露头角。新作用机理的杀菌剂开发引人注目，如抗病激活剂环丙酰菌胺使微生物杀菌剂的开发又成热点。

3. 除草剂

除草剂是指可使杂草彻底地或选择地发生枯死的药剂。氯酸钠、硼砂、砒酸盐、三氯醋酸对于任何种类的植物都有枯死的作用，但由于这些均具有残留影响，所以不能应用于田地中。选择性除草剂特别是硝基苯酚、氯苯酚、氨基甲酸的衍生物多数都有效，其中有 O-异丙基-N-苯基氨基甲酸 [O-isopropy-N-phe-nylcarbamate，缩写 IPC：$C_6H_5NHCOOCH(CH_3)_2$]，二硝基-O-甲酚钠（sodium dinitro-O-cresylate）等。具有生长素作用的除草剂最著名的是 2,4-D，认为它能打乱植物体内的激素平衡，使生理失调，但对禾本科以外的植物却是一种很有效的除草剂。一般认为这种选择性是决定于植物的种类对 2,4-D 解毒作用强度的大小，或者由于 2,4-D 的浓度因植物种类的不同而有差异。化学除草剂，都是按杂草生长特点来研制的，针对性很强，选择性也很高，大体上可分为旱田除草剂和水田除草剂两大类。

4. 熏蒸剂

这类农药是在稍高于正常温度下，就挥发成气体，弥漫在密闭的粮仓中，渗透到成堆的粮食里，消灭粮食蛀虫。熏蒸是利用一些药剂在常温下容易气化的农药，或一些农药施于土壤后，产生具有杀虫、杀菌或除草作用的气体，在密闭空间防治病虫草害的方法。熏蒸效果通常与温度成正相关，温度越高，效果越好。如果延长熏蒸处理时间，较低的浓度也可能获得较好的防治效果。当前主要有仓库熏蒸法、帐幕熏蒸法、减压熏蒸法和土壤熏蒸法这四种熏蒸方法。在农业上使用较多是仓库熏蒸和土壤熏蒸，仓库熏蒸用于作物收获后的处理，而土壤熏蒸是在作物种植前的处理。熏蒸剂根据化学结构可分为以下几类。

① 卤代烷类如四氯化碳、二氯乙烷、二溴乙烷、甲基溴、氯化苦、二氯丙烷、二溴氯丙烷等。

② 硫化物如二硫化碳、硫酰氟等。

③ 磷化物如磷化铝等。

④ 氰化物如氢氰酸、氰化钙等。

⑤ 环氧化物如环氧丙烷、环氧乙烷等。

⑥ 烯类如丙烯腈、甲基烯丙氯等。

⑦ 苯类如邻二氯苯、对二氯苯、偶氮苯等。

⑧ 其他如二氧化碳等。

由于一些熏蒸剂的毒性、安全性或环保问题，现已禁用或即将淘汰。几十年来，虽然熏蒸剂的研究进展较慢，但是熏蒸剂是一种防治有害生物极为有效的手段，很难用其他方法替代。

5. 杀鼠剂

用于控制鼠害的一类农药。狭义的杀鼠剂仅指具有毒杀作用的化学药剂，广义的杀鼠剂还包括能熏杀鼠类的熏蒸剂、防止鼠类损坏物品的驱鼠剂、使鼠类失去繁殖能力的不育剂、能提高其他化学药剂灭鼠效率的增效剂等。

杀鼠剂按杀鼠作用的速度可分为速效性和缓效性两大类。速效性杀鼠剂或称急性单剂量杀鼠剂，如磷化锌、安妥等。其特点是作用快，鼠类取食后即可致死。缺点是毒性高，对人畜不安全，并可产生第 2 次中毒，鼠类取食一次后若不能致死，易产生拒食性。缓效性杀鼠剂或称慢性多剂量杀鼠剂，如杀鼠灵、敌鼠钠、鼠得克、大隆等。其特点是药剂在鼠体内排泄慢，鼠类连续取食数次，药剂蓄积到一定剂量方可使鼠中毒致死，对人畜危险性较小。按来源可分为 3 类：无机杀鼠剂有黄磷、白砒等；植物性杀鼠剂有马前子、红海葱等；有机合成杀鼠剂有杀鼠灵、敌鼠钠、大隆等。

杀鼠剂进入鼠体后可在一定部位干扰或破坏体内正常的生理生化反应：作用于细胞酶时，可影响细胞代谢，使细胞窒息死亡，从而引起中枢神经系统、心脏、肝脏、肾脏的损坏而致死（如磷化锌等）；作用于血液系统时，可破坏血液中的凝血酶源，使凝血时间显著延长，或者损伤毛细血管，增加管壁的渗透性，引起内脏和皮下出血，导致内脏大出血而致死（如抗凝血杀鼠剂）。

目前所使用的一些专用杀鼠剂均为胃毒剂，鼠类取食后，通过消化系统的吸收而发挥毒效，使鼠中毒死亡。一些熏蒸性农药也可作杀鼠剂使用，如磷化铝、氯化苦等，这些药剂的毒气通过鼠类的呼吸系统进入体内而使老鼠中毒死亡。从作用机理来看，抗凝血杀鼠剂是抑制鼠体内的凝血酶原，使血液失去凝结作用，引起血管出血及内出血死亡。安妥则破坏组织，造成肺水肿，呼吸困难，窒息而死。我国目前已禁止使用的杀鼠剂有：氟乙酰胺（1081、敌蚜胺等）、氟乙酸钠（1080）、毒鼠强（没鼠命、四二四）和毒鼠硅（氯硅宁 RS-150、硅灭鼠）。已停止使用的杀鼠剂有：亚砷酸（砒霜、白石比）、安妥（1-奈基硫脲）、灭鼠优（抗鼠灵、鼠必灭）、灭鼠安、士的年（马钱子碱、番木鳖碱）和红海葱（海葱）。

6. 植物生长调节剂

植物生长调节剂是专门用来调节植物生长、发育的药剂，如赤霉素（920）、萘乙酸、矮壮素、乙烯剂等农药。这类农药具有与植物激素相类似的效应，可以促进或抑制植物的生长、发育，以满足生长的需要。

7. 家庭卫生用药

主要是选用对人体无毒的杀虫剂来消灭蚊、蝇、蟑螂等常见害虫。目前用量较大是对人体安全的菊酯杀虫剂。

二、农药的重要质量指标

农药的质量如何，要从两个方面去观察，一是有效成分含量是否与标明的含量相符；一是其物理化学性状是否符合规定标准的要求，如细度、乳化性能、悬浮性、润湿性、pH值等。

1. 农药有效成分

农药产品的有效成分是保证药剂具有使用效果的基础物质。农药产品的有效成分含量必须与标明的含量相符，其他物理、化学性状也符合标准规定要求。

判断农药的优劣，首先要进行定性分析，看商品农药的有效成分与标识上标明的是否一致。一致则是真农药，不一致则是假农药；其次要进行定量分析，看商品农药的有效成分含量与标识上标明的是否一致，不符合成药产品质量标准（或标识标明的含量）的为劣质农药。

有些农药产品出厂时有效成分合格，在储存过程中含量逐渐下降，失去使用效能的也为劣质农药。有些农药产品中混有导致药害的有害成分，也是劣质农药。

2. 农药乳剂稳定性

乳剂稳定性是保证有效成分充分发挥作用的重要物理指标。要求乳油用水稀释后在一定时间内应呈稳定性的乳浊液，应上无浮油，下无沉油或沉淀出现。农药乳剂稳定性按 GB/T 1603—1979（1989）《农药乳剂稳定性测定方法》标准进行测定。

3. 粉剂类农药的细度

对粉剂农药产品，为了喷撒时施用均匀，要求具有一定的细度，一般要求不小于95％通过74μm筛（200目）。

4. 可湿性粉剂悬浮率

可湿性粉剂类农药应注意其悬浮率高低。要求用水稀释后能形成良好的悬浊液。如果悬浮性能不好，大颗粒结块沉下，容易造成喷洒时浓度不一致。一般可湿性粉剂类农药停放30min 的悬浮率不应小于50％，可湿性粉剂悬浮可按 GB/T 14825—1993《农药可湿性粉剂悬浮率测定方法》标准进行测定。

5. 湿润时间

将农药分撒水面后，被水面润湿的时间一般应大于2min。湿润时间可按 GB/T 5451—1985《农药可湿性粉剂湿润性测定方法》进行测定。

6. 农药的酸度

农药原药及制剂中的酸度，对有效成分的分解起一定的控制作用，同时也要注意酸度过高对植物产生危害。

7. 农药中的水分

农药原药及制剂中的水分能引起农药的分解，农药粉剂中的水分能影响粉剂的分散性和施用时的均匀性。

8. 农药的热稳定性

农药的热稳定性是指将农药于（54±2）℃的条件下储存 14 天后分析结果符合标准规定。

9. 农药的低温稳定性

农药的低温稳定性是指农药乳液于（0±1）℃的条件下放置 1h 无固体或油状物析出为合格。

三、常用农药的性质和鉴别

1. 敌百虫原粉

① 化学名 O,O-二甲基-（2,2,2-三氯-1-羟基-乙基）磷酸酯。

② 分子式 $C_4H_8O_4PCl_3$。

③ 生产方法。由甲醇、三氯化磷、三氯乙醛缩合而得。

④ 性质。纯品为白色结晶固体，工业品为白色或浅黄色固体，是一种有机磷杀虫剂。有氯醛的特殊气味。易吸潮，溶于水、苯、乙醛、微溶于煤油、汽油。在酸性和中性介质中相当稳定，在水溶液中易分解，水溶液长期存放转为酸性。在碱性溶液中加入硝酸银，能生成白色氯化银沉淀。

⑤ 用途。用于防治棉叶跳虫、果蝇、菜青虫和象鼻虫等。还用于畜牧业的一种多效驱虫剂，也可用于治疗血吸虫病。

2. 磷化锌

① 分子式 Zn_3P_2。

② 生产方法。将赤磷（或黄磷）与锌粉混合加热至高温（500～600℃）反应而制得。

③ 性质。为灰色粉末，是一种杀鼠剂。在常温下发出磷臭味，在空气中不燃烧，也不易融化，溶于酸类时放出磷化氢气体易着火，有毒。与浓硝酸和王水作用能发生爆炸。

④ 用途。配制成含量为 2%～3% 的毒饵使用，是比较理想的杀鼠药。

3. 除草醚

① 化学名 2,4-二氯-4-硝基二苯醚。

② 结构式 。

③ 分子式 $C_{12}H_7Cl_2NO_3$。

④ 生产方法。将二氯苯酚、氢氧化钾、烧碱和对硝基氯苯共同加热，经缩合制得除草醚粗品，用水洗去粗品中氯化钾及未起反应的酚盐，得除草醚精品。

⑤ 性质。黄色至褐色片状或块状固体。不溶于水，溶于乙醇等有机溶剂。除草醚是一种适用作物范围比较广的具有触杀作用的除草剂。商品为 25% 可湿性粉剂，呈棕色，有特殊气味，一般情况下可储藏 2 年左右。

除草醚对一些阔叶杂草较有效，但对多年生杂草效果很差。它的特点是在土表形成药层，杂草幼芽接触到药层，见光后就发挥杀草作用，对已成苗的杂草杀伤力小。因此一般应作杂草芽前处理，施药后不宜动土，以免破坏药层，降低药效。在气温较低时，它的效果较差。

⑥ 用途。用于各种土质和气温的稻田除草。

4. 草甘膦

① 化学名 N-（膦酸甲基）甘氨酸。别名：农达、镇草宁。

② 结构式

$$
\mathrm{HO-\overset{\overset{O}{\|}}{C}-CH_2-NH-CH_2-\overset{\overset{O}{\|}}{\underset{\underset{OH}{|}}{P}}-OH} 。
$$

③ 分子式 $C_3H_8NO_5P$。

④ 生产方法。由三氯化磷酯化后，与甲醛、甘氨酸进行缩合反应，生成物再经酸解、中和等处理后即得。

⑤ 性质。纯品为非挥发性白色固体，大约在230℃左右熔化并伴随分解，25℃时在水中溶解度为1.2％，不溶于一般有机溶剂，化学性质稳定，不燃、不爆。是一种茎叶内吸的非选择性除草剂，商品为10％水剂，棕色。

⑥ 用途。是一种非选择性、高效、低毒、内吸性广谱除草剂，可用于茶园、果园、橡胶园、玉米、甘蔗及森林等作物杂草的防除。草甘膦在土中易分解，对没有萌发的杂草种子没有杀伤作用，宜采用苗后茎叶处理。它对作物选择较差，但可用于苗圃、林地等定向喷雾，主要防除香附子、白茅、双穗雀稗狗牙根、芦苇等多年生恶性杂草。茎叶喷雾后，它可被杂草叶片吸收，通过输导组织，把药剂传导到地下根茎，干扰和阻碍蛋白质的代谢活动，使杂草茎叶逐渐枯死，地下根茎的生长点停止生长而死亡。

5. 甲胺磷

① 化学名 O,S-二甲基氨基硫代磷酸酯；别名：克螨隆、多灭灵。

② 结构式

$$
\mathrm{\underset{CH_3S}{\overset{CH_3O}{\diagdown}}\ \overset{\overset{O}{\|}}{P}\ \underset{NH_2}{\diagup}} 。
$$

③ 分子式 $C_2H_8NO_2PS$。

④ 生产方法。主要原料有三氯硫磷、甲醇、硫酸二甲酯、三乙胺。由三氯硫磷、甲醇反应后，氨基化制备精胺，异构化为甲胺磷。

⑤ 性质。纯品为白色针状结晶，纯品熔点为42.8～43.5℃，易溶于水、甲醇、二氯乙烷等，在强碱性溶液中易水解。工业品为淡黄色黏稠油状液体，有强烈的臭味，甲胺磷在常温下较稳定，长期在高温下也会分解。铁会加快其分解，此农药对金属也有腐蚀作用。

⑥ 用途。本品杀虫范围广，对粮食、棉花等作物的多种害虫，如蚜虫、稻花虱、叶蝉和红蜘蛛等均有良好的效果，亦可用于防止金针虫等地下害虫，宜喷雾或洗浇，甲胺磷属于高毒农药，禁止在茶叶、果树、蔬菜、烟草、中药材等作物上使用；不宜进行超低量喷雾；不能与碱性药剂混用。

6. 其他常见农药

（1）敌敌畏原油及乳油　外观为浅黄色至棕黄色透明液体，具有芳香气味，挥发性强，可用于空仓熏蒸杀虫，室温下在水中溶解度约为1％，易溶于醇、酮、醚等有机溶剂中，对铁和软钢有腐蚀性，对不锈钢、铝、镍无腐蚀性。敌敌畏乳油可以长期存放不分解，但加水稀释后，缓慢分解，在沸水或碱性物介质中分解较快，成为无效物质。敌敌畏含量应符合如下规格：原油级品应≥95％，二级品≥92％，乳油≥77.5％。

（2）乐果原油及乳油　原油外观为黄色黏稠状液体，乳油为淡黄或淡棕色单相透明液体，带有大蒜臭味，易溶于水及多种有机溶剂，对日光稳定，但受热、受潮后能引起分解，在酸性溶液中相当稳定，遇碱溶液迅速分解。鉴别时可在乐果溶液中加入硝酸银后应有黄色沉淀生成，产品规格为：原油含量为80％～90％，乳油含量为40％。

（3）代森锌原粉和可湿性粉剂　原粉为灰白色或浅黄色粉状物，可湿性粉剂为灰白色或浅黄色粉末，稍带有臭鸡蛋味，难溶于水，但可悬浮在水中。在日光照射和吸潮后可分解出二硫化碳而失效。鉴别时可在代森锌的酸性溶液中加入氢氯化钠，先看到溶液中产生白色沉淀，继续加氢氧化钠溶液，可以见到沉淀消失，变成清亮溶液。产品规格为原粉含量85％～90％，可湿性粉剂含量为80％以上。

（4）波尔多液　波尔多液是防治果树、园林花卉等植物病害的重要杀菌剂。波尔多液一般自行配制。喷洒的植物种类及杀菌要求不同，原料配比也有差异。以石灰用量为单位，有倍量式、半量式、等量式等。配制方法是取两只容器，将硫酸铜液倒入石灰乳中，边倒边用棍棒搅拌，即成为天蓝色的波尔多液。波尔多液是较优良的保护性杀菌剂，对于花卉上的白粉病、灰霉病、斑点病、炭疽病、黑斑病、锈病等多种病害均有防治效果。随配随用，不可贮存；按使用浓度配制，一次配好，配好的药液不能再加水稀释；不能与石硫剂、石油乳剂等混用；药液对金属有腐蚀作用，每次使用后，要将喷雾器具冲洗干净。

❓ 思考题

1. 什么是表面活性剂？表面活性剂有哪些作用？

2. 表面活性剂有哪几大类？

3. 什么叫表面张力？

4. 表面活性剂性质的应用主要有哪些？

5. 哪些类型的表面活性剂可作渗透剂用？

6. 乳化剂和分散剂都有哪些应用？

7. 涂料的组成有哪些？如何分类？

8. 简述涂膜的固化机理。

9. 胶黏剂的主要成分有哪些？

10. 选用胶黏剂应考虑哪些因素？

11. 胶黏剂有哪些分类方法，按主体材料分有哪些类型？

12. 环氧树脂胶黏剂都有哪些应用？

13. 聚氨酯胶黏剂有哪些优点？有何应用？

14. 聚醋酸乙烯酯胶黏剂有哪些优点和缺点？有何应用？

15. 什么叫食品添加剂？按用途分有哪几类？

16. 食品生产过程中使用的添加剂有哪几类？各有什么作用？

17. 提高食品品质使用的添加剂有哪几类？各有什么作用？

18. 食品生产过程中使用的乳化剂主要有哪几种？各有何应用？

19. 增稠剂有何作用？常用的增稠剂主要有哪些？各有何应用？

20. 常用的食品抗氧化剂有哪些？

21. 调味剂主要包括哪些？作为酸味剂的主要品种有哪些？

第四章　高分子材料

【学习目标】

● 知识目标
1. 了解高分子材料的含义、分类；
2. 了解高分子材料的常见合成方法及常见特性。

● 能力目标
1. 熟悉常见合成树脂与塑料、合成橡胶及其制品、合成纤维的特性与应用；
2. 掌握常见工程塑料材料的理化特性和应用领域。

● 素质目标
1. 通过高分子材料相关知识的学习，培养学生适应化工生产、物流、营销等岗位需要；
2. 能拓展高分子化合物的应用范围，充分挖掘高分子材料的使用价值。

　　高分子材料由高分子化合物所组成。高分子化合物又称高聚物或聚合物，有机高分子材料是一类用途广泛、发展迅速的重要材料。主要包括塑料、橡胶、纤维。有机高分子材料包括：天然高分子材料和合成高分子材料。前者如天然橡胶、天然纤维等；后者如合成树脂、合成橡胶、合成纤维等。合成高分子材料开始出现于20世纪，到现在只有几十年的时间，然而发展的速度是惊人的。众所周知，三大合成材料——塑料、合成橡胶和合成纤维，都是人工合成的高分子化合物。这些高分子材料在工农业生产和人民生活各方面得到广泛的应用，已经渗透到国民经济各个部门，包括人们的衣、食、住、行、工业、农业、医药卫生、科研和国防等。高分子材料由于性能好，已成为发展尖端科学和实现国防现代化所不可缺少的材料，它在发展国民经济和实现国防现代化中起着重要的作用。

第一节　高分子材料基础

一、高分子化合物的含义

　　高分子化合物的相对分子质量很大，一般把相对分子质量低于1000的化合物称为低分子化合物；相对分子质量在10000以上的称为高分子化合物；相对分子质量介于其间的称为中等化合物。由于量的变化而引起质的变化，高分子化合物的物理力学性能与低分子化合物有明显的差别，高分子化合物有较好的机械强度和弹性，而低分子化合物则没有。

　　高分子化合物是由一种或几种简单的低分子化合物以共价键连接的大分子化合物。高分子化合物相对分子质量虽然很大，是由结构单元以重复的方式连接的。例如，应用很广的高分子化合物聚氯乙烯分子是由许多氯乙烯这样的简单结构单元重复连接而成的。用来合成高聚物的低分子化合物称为单体，如氯乙烯，组成高分子的重复结构单元称为链节。

二、高分子化合物的分类

可以从不同角度对聚合物进行分类，如从单体来源、合成方法、终用途、加热行为、聚合物的结构等进行分类。

1. 按来源分类

高分子化合物按来源可分为两大类。即天然高聚物，如淀粉、纤维素、天然橡胶等；合成高聚物，如三大合成材料等。

2. 按合成方法分类

高分子化合物按合成方法可分为两类。即加聚反应得到的高聚物，如聚氯乙烯；用缩聚反应得到的高聚物，如聚酰胺树脂。

3. 按聚合物的用途分类

高分子化合物按其用途一般分为六类。即塑料，如聚乙烯；橡胶，如聚丁苯橡胶；纤维，如维尼纶；涂料，如聚氨酯；黏合剂，如环氧树脂；功能材料，如酰胺-1010等。

4. 根据分子的空间结构分类

高分子化合物按分子的空间结构可分为两类。即线型结构（包括带有支链），如聚乙烯；体型结构（或网状结构），它是单体带有 3 个或 3 个以上官能团，长链的链与链之间通过共价键"交联"起来成为空间结构，如酚醛树脂等。

5. 根据对热作用的性质分类

（1）热塑性树脂（即线型结构树脂） 聚合物加热软化，冷却后凝固，再加热又变软，可以重塑，如聚乙烯。

（2）热固性树脂（即体型结构树脂） 加热时在链与链之间发生交联，失去塑性，如酚醛树脂（电木）等。

6. 从高分子化学角度

一般应以有机化合物分类为基础，根据主链结构，可以将聚合物分成碳链、杂链和元素有机聚合物三类。

（1）碳链聚合物 大分子主链完全由碳原子组成，如聚乙烯。

（2）杂链聚合物 大分子主链除碳原子外，还有氧、氮、硫等原子，如聚酰胺树脂等。

（3）元素有机聚合物 大分子主链中没有碳原子，主要由硅、硼、铝和氧、氮、硫、磷等原子组成，但侧链由有机基团组成，如有机硅橡胶。

三、高分子化合物的命名

高分子化合物的系统命名法比较复杂，实际上很少使用。通常按制备方法与原料名称来命名它们，如用加聚反应制得的高聚物，往往在原料单体名称前面加"聚"字，如聚氯乙烯、聚甲基丙烯酸甲酯分别是氯乙烯和甲基丙烯酸甲酯单体的聚合物。如用缩聚反应制得的高聚物，则大多数在原料单体名称后面加上"树脂"二字来命名，如酚醛树脂、脲醛树脂分别是苯酚和甲醛、尿素和甲醛的单体缩聚而成的聚合物。

也有的以聚合物的结构特征来命名的。如聚酰胺，是由乙二胺和乙二酸缩聚而得的，可称聚己二酰己二胺，这样命名太长而不方便，往往采用商品名称，如锦纶代表聚酰胺纤维，涤纶代表聚酯纤维，腈纶代表聚丙烯纤维。

由于高聚物已广泛使用，商品流通中为了简便、通俗，常用习惯名或商品名或英文缩写，甚至简称、代称、译音，但一般以商品名、习惯名为多用，常见的聚合物见表4-1。

表 4-1　常见的聚合物

高聚物化学组成	习惯名或商品名	英文缩写代号
聚甲基丙烯酸甲酯	有机玻璃	PMMA
聚己内酰胺	聚酰胺 6 或尼龙 6	PA-6
丙烯腈丁二烯苯乙烯共聚物	ABS 树脂	ABS
聚对苯二甲酸乙二酯	涤纶树脂	DETP
酚醛树脂	片木粉或胶木粉	PF

四、高分子化合物的性能

从低分子化合物到高分子化合物，由于相对分子质量的巨大改变而引起质的变化，使高分子化合物具有不同于低分子化合物的性能。

1. 不完全结晶性

由于高分子化合物分子链很长，要使分子链间每一个部分都作有序排列成非常规整结晶很困难，因此高聚物从来不会完全结晶，除结晶区域外还存在非结晶区域。结晶区域所占的百分数称为高聚物的结晶度。高聚物的结晶度愈大，机械强度愈高，熔点愈高，溶解和溶胀趋向愈小。

2. 高聚物的弹性

高分子材料的特性之一就是具有高弹性。弹性就是指在外力作用下变形，去掉外力后又恢复成原状的特性。高聚物具有弹性的原因有两条：其一是大分子的链很长，其二是各链节内单链的自由旋转。线型高聚物的分子是一个又细又长的直链分子。不难想象这样一个既细又长的分子链，不可能保持直线形状，一定是弯曲成团。因分子内的各个链节在不断地运动，化学键和原子也在不停地转动和振动，分子链非常柔顺。结果这种长链分子往往卷曲成无规则的、乱如麻的线团，当受到外力作用而被拉伸时，分子链就被拉直，外力消失后，分子链因链节间的相互运动又卷曲收缩回来，因此表现出弹性。一般来说柔顺性大，弹性就大。

3. 高聚物的力学性能

高聚物具有良好的力学性能。因为一般低分子化合物分子间的作用力较小，而高分子化合物是由成千上万个原子组成，分子之间的作用力很大，所以高聚物具有良好的力学性能。高聚物力学性能如抗拉、抗压、抗冲击、抗弯等的好坏，还取决于它的平均聚合度、结晶度和分子间的作用力：聚合度越大，分子之间作用力越大，高聚物力学性能越强，但聚合度增到一定程度时，影响就不十分大了，此时高聚物的力学性能更大程度受其他因素的影响；高聚物结晶程度越大，分子排列越整齐，分子间的作用力增强，力学性能好；高聚物中的极性基团往往能增加分子间的作用力，力学性能也好。

4. 高聚物的电性能

高聚物的分子内主要是以共价键结合的，因此高聚物的分子内部没有自由电子，它不具有自由电子的导电能力；它本身不能电离，所以也不具有自由离子的导电能力。因此高聚物一般都具有良好的电绝缘性能。

不同的高聚物，绝缘性能好坏不一。如高分子化合物中如含有极性基团如羧基（—COOH）、氨基（—NH$_2$）、氰基（—CN）和氯原子（—Cl），则高聚物的绝缘性能较差。不含极性基团的高聚物如聚乙烯、聚苯烯绝缘性能良好，其绝缘性能较玻璃和瓷器还要高得多。

5. 高聚物的化学稳定性

高聚物一般具有稳定的化学性质，因为高聚物的分子链很长，彼此纠缠在一起，许多分子链的基团都被困在里面，即使接触到能与某基团起反应的试剂，也只有露在外面的基团才能较缓慢地与试剂起反应，而被包围在里面的基团只能从外到里逐层起反应。另一方面，高聚物所含的 C—C 键、C—H 键、C—O 键都是由牢固的共价键结合而成的，键能很大，这就是高聚物不容易与其他介质起反应的内在原因。因此高分子材料是一种化学稳定性好、耐酸耐碱、耐腐蚀的优良材料。

6. 高聚物的老化

高聚物的老化就是高分子材料在储存和使用过程中，由于受到空气中的氧、光、热及微生物等的长期作用，使高聚物的物理力学性能、化学性质发生变化：变硬、变脆，龟裂强度下降，或是变软、变黏、失去弹性等。这种现象统称为老化。在日常生活中橡胶制品发生龟裂、变黏、变脆、失去弹性，塑料雨衣的变脆、开裂等便是老化的例子。

使高聚物老化的各种化学变化，可归纳为两类：即高聚物大分子链的交联和裂解。

（1）交联　线型大分子长链，由于某些原因的作用而发生了变化、环化，甚至成为不合要求的体型结构；或原来是适当的体型网状结构，但由于再次发生交联，形成过度交联，使高聚物相对分子质量变大，使材料变得僵硬、发脆、龟裂、丧失弹性等。

（2）裂解　由于某些原因，高聚物分子链断裂，长链变短，相对分子质量变小，逐渐使高分子材料变软、发黏，失去良好的力学强度和弹性。同时还会逸出一部分挥发性的低分子物质，材料内部出现气泡，甚至松软。

预防高聚物的老化通常可采用改变高聚物的工艺配方以达到改变高分子化合物结构性能的目的；或添加助剂，如添加各类防老剂，紫外光吸收剂等；也可进行表面处理，即在高分子材料表面喷涂料或金属粉末作保护层，使之与空气、阳光、水分、微生物等隔绝，以延缓老化。

五、高分子化合物的合成

用来制备高分子化合物的反应类型基本上可归纳为两大类，即加聚反应和缩聚反应。

1. 加聚反应

（1）加聚反应的定义　由许多相同或不相同的不饱和低分子化合物相互加成，或由环状化合物开环相互连接成大分子的反应叫做加聚反应。其产物叫加聚物。这类反应在整个反应过程中不产生任何低分子物质，因此所生成的高分子化合物的化学成分与参加反应时的单体成分是相同的。如氯乙烯经过加聚反应可得到聚氯乙烯。

$$n CH_2 = \overset{\displaystyle}{\underset{\displaystyle Cl}{CH}} \xrightarrow{\text{加聚}} \left[CH_2 - \overset{\displaystyle}{\underset{\displaystyle Cl}{CH}} \right]_n$$

（2）加聚反应的基本类型　根据单体种类和高聚物本身的构型，加聚反应可分为均聚合、共聚合和定向聚合三种，分述如下。

① 均聚合。由一种单体进行的加聚反应，叫均聚合。其产物叫均聚物。用通式表示如下：

$$n A \longrightarrow [A]_n \qquad A \text{——单体}$$

实例

$$n CH_2 = CH_2 \longrightarrow [CH_2 - CH_2]_n$$

乙烯（单体）　　聚乙烯（聚合体）

目前，世界上产量较大的塑料品种如聚乙烯、聚氯乙烯、聚丙烯、聚苯乙烯等都是均聚物。

② 共聚合。由两种或两种以上单体进行的加聚反应叫共聚合。其产物叫共聚物。用通式表示如下：

$$nA + mB \longrightarrow [A_n B_m]$$

式中　A、B——不同的单体。

实例：丁腈橡胶

$$n CH_2 = CH-CH=CH_2 + n CH_2 = CHCN \longrightarrow \begin{array}{c} CN \\ | \\ [CH_2-CH=CH-CH_2-CH_2-CH]_n \end{array}$$

丁二烯　　　　　　　　　丙烯腈　　　　　　　　　　　丁腈橡胶

由两种单体聚合生成的共聚物有四种排列方式：无规共聚物、交替共聚物、嵌段共聚物、接枝共聚物。

③ 定向聚合。在聚合过程中，采用具有特效定向作用的催化剂 [TiCl$_4$-Al (C$_2$H$_5$)$_2$Cl]，控制反应条件，使单体分子在聚合中保持一定的空间构型的聚合反应，叫做定向聚合。其产物叫定聚物。所得到的高聚物具有密度大、耐热性好、强度高、耐溶剂性好等优点。

（3）加聚反应的实施方法　进行加聚反应时，根据单体反应的介质和反应条件的不同，一般采取以下几种主要方法。

① 本体聚合。是指单体在不使用溶剂或分散介质的情况下进行的液相加聚反应。此法的优点是生产快、产品纯度高、设备简单、热稳定性和介电性高等。缺点是生产不易控制，制品合格率低。目前聚苯乙烯、聚氯乙烯和有机玻璃板材、型材的生产属于此种方法。

② 溶液聚合。指单体和催化剂在适当的溶剂中进行加聚反应的一种方法。此法的优点是反应温度能够很好地控制；缺点是聚合速率较慢，所制得的聚合物不纯。工业上应用不多，但它适宜于直接以聚合物溶液使用的情况，如涂料、胶黏剂等。

③ 乳液聚合。指在机械搅拌或剧烈振荡下，应用乳化剂使单体分散在介质中形成乳浊液进行加聚反应的一种方法。此法的优点是：生产时反应温度容易控制、产品质量均匀、平均相对分子质量较高。

缺点是：聚合物中常含有各种杂质（如乳化剂），以致影响产物的介电性及其他性质。目前，工业上用此法生产的有丁苯橡胶、丁腈橡胶等。

④ 悬浮聚合。指采用力学搅拌或剧烈振荡，使单体分子分散在介质中而进行加聚反应的一种方法。所用的分散介质通常是水。此法的优点是：所得的聚合物相对分子质量较大，杂质较少，其力学性能及介电性能较好。在工业生产中应用很广，目前大部分的聚苯乙烯、有机玻璃等多采用悬浮法生产。

2. 缩聚反应

由许多相同或不同的低分子化合物相互化合形成高聚物，同时析出某些低分子物质（如水、氨、醇、卤化氢等）的反应叫做缩聚反应。如由己二胺和己二酸经缩聚反应可生成聚己二酰己二胺（尼龙 66），同时析出低分子水。反应如下：

$$n H_2 N(CH_2)_6 NH_2 + n HCOO(CH_2)_4 COOH \longrightarrow$$

$$H[HN(CH_2)_6 NHOC(CH_2)_4 CO]_n OH + (2n-1)H_2 O$$

在缩聚反应中，由于有低分子物质生成，所以生成的高聚物成分与作为原料的低分子物不同。

缩聚反应是两种单体中官能团之间的相互作用。如尼龙 66，就是靠官能团氨基（—NH$_2$）与羧基（—COOH）间的反应，因此，参加缩聚反应的单体至少有两个能够相互作用的官能团，才可能形成高分子化合物。

如果参加反应的单体分子仅含有两个官能团时，则反应生成线型结构的高聚物（如尼龙66），如果参加反应的单体分子含有三个或三个以上的官能团时，则反应生成具有体型结构的高聚物。

缩聚反应具有很大的实际意义，许多常用的热固性树脂都是通过缩聚反应制得的，如酚醛树脂、脲醛树脂和三聚氰氨甲醛树脂等。

3. 加聚反应和缩聚反应的区别

① 加聚反应没有低分子物质生成，因此所生成高聚物的成分与单体成分相同；而缩聚反应除生成高聚物大分子外，还有低分子物质生成，因此所生成的高聚物的成分与单体的成分不相同。

② 加聚反应是靠单体中的开键反应或开环反应，相互连接生成高聚物；而缩聚反应是单体中的两个或两个以上官能团相互作用而生成的高聚物。

③ 加聚反应一般是放热的连锁反应，而缩聚反应是吸热的逐步聚合反应。

④ 缩聚反应是可逆的，所以为了使反应有利于向生成高聚物方向进行，常将生成的低分子物质从反应系统中排出去。

第二节　合成树脂与塑料

一、概述

合成树脂是一种有机高分子化合物，是塑料的主要原料和主要成分。合成树脂能决定塑料的重要性能，也是塑料全部组分的黏合剂，其含量 40%～100%。目前世界各国的合成树脂发展速度较快，产量与日俱增，而且不断有新品种推出。从品种上看，从起初以生产热固性树脂为主转向以生产热塑性树脂为主。生产原料也从最早的农副产品发展到现在的煤及石油为主。

1. 合成树脂

合成树脂由高分子化合物组成，是塑料的主要成分，占塑料总重量的 40%～100%。单组分塑料中合成树脂的含量几乎达 100%。常见的合成树脂有聚氯乙烯、聚乙烯、ABS 树脂、聚甲醛、环氧树脂等。因此，合成树脂决定着塑料的类型及主要性质，同时还起着胶黏剂的作用，将塑料的其他组分黏结成一个整体。

2. 塑料

塑料是具有可塑性高分子材料的总称，是指以合成树脂为主要成分、在一定温度和压力下塑制成型、且在常温下保持形状不变的材料。它可分为单一组分和多组分。单一组分的塑料，是由一种单一的合成树脂组成（其中也含有极少量的染料、润滑剂等），属于这一类的有聚苯乙烯、聚乙烯塑料、聚丙烯塑料、有机玻璃等。多组分的塑料，除了合成树脂外，尚含有其他辅助材料（如增塑剂、稳定剂、填料等），属于这一类的有聚氯乙烯塑料、酚醛塑料、氨基塑料等。不管单组分或多组分塑料，合成树脂是它们的主要原料，因此塑料的名称是和该塑料所含有的主体原料树脂的名称一致的。

（1）塑料的组成　塑料的组成可分为两大部分：一是合成树脂，二是添加剂。

① 合成树脂。合成树脂是塑料的主要成分，约占塑料总量的 40%～100%。

② 添加剂。添加剂可改善塑料制品的性能。主要的添加剂有：填充剂，又叫做添料。填充剂的价格大大低于合成树脂，故加入填充剂的目的是降低塑料成本，改善制品的性能。如加入布类、纤维类可提高塑料的机械强度，加入石墨可改善塑料的耐磨性能。常用的填充剂有木粉、云母、石棉、纸张、石墨粉、滑石粉、棉布、碳酸钙、碳纤维、硼纤维等。

• 增塑剂，一般合成树脂都需加增塑剂。增塑剂用来提高树脂的可塑性和柔软性，使树脂易于塑化，并赋予制品柔软性。对增塑剂的要求是要与树脂的混溶性好，不易从制品中挥发出来，最好是无色、无味、无毒，对光和热都比较稳定。常用的增塑剂有邻苯二甲酸酯类、癸二酸酯类、磷酸酯类和氯化石蜡等。

• 稳定剂。稳定剂是防止塑料在加工过程和使用过程中，因受热、光和氧的作用而使性能变坏，影响塑料制品的质量和寿命的材料。对稳定剂的要求是在成型加工过程中不分解，能与树脂互溶，在使用环境和介质中稳定。常用的稳定剂硬脂酸盐、铅化合物、环氧树脂、炭黑和防老剂等。

• 润滑剂，为了防止塑料在成型过程中粘在模具或其他设备上和使塑料制品表面光洁，需加润滑剂。常用的润滑剂有硬脂酸及其盐类。

• 着色剂。着色剂使塑料具有美观的色彩而适合不同用途的要求。对着色剂的要求是在加工过程中稳定，易于着色，分散性好，与塑料中其他成分不起化学反应。

• 固化剂，一般热固性树脂在固化成型时，需加入固化剂方能成为坚硬的塑料制品，常用的固化剂有乙二胺、乌洛托品等。

（2）塑料的分类及品种　塑料的品种很多，分类方法各异。下面介绍两种常用的分类方法。

① 按塑料的热性能分为热塑性塑料和热固性塑料两大类。热固性塑料大多是以缩聚法制成的塑料，如酚醛树脂、氨基树脂、环氧树脂、不饱和树脂和有机硅树脂、密胺塑料等。它们在加热受压条件下，先行软化，然后内部发生变化——缩聚反应继续进行，由线型或支链型分子结构逐渐转化为网型或体型结构，最后硬结成型。此后，即使在更高的温度下，也再不能加热软化了，这种改变材料性质的化学变化是不可逆的，因此热固性塑料只能塑制一次。

热塑性塑料主要是以加聚法制成的塑料，如聚乙烯、聚氯乙烯、聚丙烯、聚苯乙烯、ABS树脂、聚甲醛、有机玻璃、聚酰胺及聚碳酸酯等。它们在加热受压条件下，软化熔融，冷却后即硬结成型，可反复多次回收利用，进行再次加工，所以热塑性塑料又称为"可塑塑料"。

② 按塑料的使用范围可分为：通用塑料、工程塑料和特种塑料三种。

通用塑料：一般指产量大、用途广、价格低的一类塑料。主要包括聚乙烯、聚氯乙烯、聚丙烯、聚苯乙烯、酚醛塑料和氨基塑料六大品种。其产量占整个塑料的 3/4 以上，是构成塑料工业的主体。

工程塑料：通常指机械强度好，刚性强，适用于工程结构、机械零部件及化工设备，可代替金属作某些机械部件等的一类塑料。主要品种有聚甲醛、ABS树脂、尼龙1010、聚碳酸酯等。

特种塑料：通常把某些具有特殊性能和用途且不易划分的塑料都列入此类。主要包括有机玻璃、聚四氟乙烯、环氧树脂、聚苯醚、聚酰胺树脂、聚对苯二甲酸丁二醇酯等。

3. 塑料的特性

塑料的产量大、用途广、发展快与它具有许多优良的特性有关。其特性介绍如下。

（1）质轻 塑料一般都比较轻，除泡沫塑料外，一般相对密度在 0.9～2.3 之间。个别塑料比水还轻，如聚乙烯、聚丙烯；最重的聚四氟乙烯也比铝轻。这一特点使得塑料可广泛用于交通运输、火箭、导弹、人造卫星和尖端科技，也可用于人民日常生活。

（2）可调性好 塑料可以通过不同的添加剂来调整性能，调节后的塑料适用于各种用途要求。例如，要制得像钢一样硬的塑料，可加入硼纤维、碳纤维作增强材料，就使塑料强度增加很多；又如需要塑料导电，可加入银粉、铜粉，使塑料具有导电性等。可以充分利用塑料的可调节性生产各种性能的塑料，来满足国民经济各部门的需要。

（3）耐腐蚀性好 塑料都具有优良的耐腐蚀性能，特种塑料聚四氟乙烯在"王水"中煮沸几十小时，也是安然无恙，比黄金还要稳定。塑料的这一特性，解决了工业部门使用的金属材料不耐腐蚀的问题。因此一些化工管道、储槽、地下水道等均可"以塑代钢"。

（4）电绝缘性好 塑料内部没有自由电子和离子，因此具有较好的电绝缘性能。

（5）具有良好的消声、隔热、自润滑性能 塑料具有良好的消声、吸振、隔热、自润滑性能，用来代替金属作轴承、齿轮和汽车的门窗玻璃等，可以减少噪声、摩擦，提高转速，简化工序。

（6）易于加工、着色 塑料与其他材料相比易加工成型，方法较简单，速度快，不需要车、铣、刨等工序，因此具有省时、省工、省能源等特点。

尽管塑料具有许多优良的性能，但也有许多不足之处。如易老化、耐热差、易变形等。

二、通用塑料

1. 聚乙烯（polyethylene）

聚乙烯简称 PE，结构式为 $\left[\text{CH}_2-\text{CH}_2\right]_n$，属于热塑性塑料。

（1）聚乙烯的识别

① 聚乙烯为无臭、无毒的白色或乳白色半透明的颗粒状固体，手摸有石蜡滑腻感。

② 相对密度为 0.910～0.965，不溶于水。

③ 容易燃烧，离火后继续燃烧，火焰分两层，上层为黄色，下层为蓝色，燃烧时熔化滴落，且发出石蜡燃烧时的气味。

④ 适用温度为 -60～110℃。在 100℃的沸水中能发黏（可区别于聚丙烯）。

（2）聚乙烯的品种、规格 聚乙烯是由单体乙烯聚合而成，根据聚合反应条件不同可分为高压法、中压法和低压法。目前以高压法为多，低压法次之。高压法生产的聚乙烯又称为低密度聚乙烯，低压法生产的聚乙烯又称为高密度聚乙烯。

① 高压聚乙烯（简称 LDPE）。它是在较高压力（100～300MPa），一定温度（100～300℃），有催化剂存在下，由单体乙烯均聚而成。

$$n\text{CH}_2=\text{CH}_2 \xrightarrow[100\sim300℃,\ 催化剂]{100\sim300\text{MPa}} \left[\text{CH}_2-\text{CH}_2\right]_n$$

由这种方法生产的聚乙烯大分子由于有较多的支链，不易紧密排列，故而密度较低，仅为 0.91～0.94，故高压法生产的聚乙烯又称低密度聚乙烯，该产品具有透明度好、柔软性好，韧性强、耐冲击、易成型等优点。

② 低压聚乙烯（简称 HDPE）。它是在常压或略加压，较低温度和有催化剂（TiCl_4、烷基铝）的条件下，由单体乙烯聚合而成。

$$n\text{CH}_2=\text{CH}_2 \xrightarrow[60\sim80℃,常压或略加压]{催化剂} \left[\text{CH}_2-\text{CH}_2\right]_n$$

此法生产的聚乙烯，其大分子链上无支链或支链很小，因此容易紧密排列，其密度较大，为 0.94～0.965，且易于结晶，故此法生产的聚乙烯又称高密度聚乙烯。

（3）聚乙烯的应用

① 生产薄膜。用聚乙烯制成的薄膜具有良好的透明性，质轻，易清洗，有一定的抗张强度。可广泛用作各种工业品、仪表、医药、机械零件、日用品的包装。又因它具有特殊的透气性（不透水蒸气而透 O_2、N_2、CO_2），可被大量用于食品包装和农用薄膜。

② 用作绝缘材料。聚乙烯具有优良的介电性及耐化学腐蚀性、高度的耐水性、耐水蒸气性和较宽的适用温度，广泛用于高频率装置：如雷达设备、电视设备和电气工程中电线电缆的绝缘层，可制作电话、信号装置，尤其是适合作海底电缆。

③ 制作中空制品及管道。因低压聚乙烯具有较高的机械强度和抗溶剂性，可用于制作各种中空管道，输送各种介质（酸、碱、盐、油和水等），还可生产瓶、桶、大型储槽等，也可用于化工、医药等行业。

此外，聚乙烯可拉制成单丝，用来制作渔网、渔业用具。还可制作冷藏部件、机械零件（盖、壳、叶轮、手柄、密封圈等）、化工容器、管道的涂层等。

2. 聚丙烯（polypropylene）

聚丙烯简称 PP，结构式 $\left[\!\!\begin{array}{c}CH-CH_2\\ |\\ CH_3\end{array}\!\!\right]_n$，属于热塑性塑料，相对分子质量为 10 万～50 万。

（1）聚丙烯的识别

① 聚丙烯的外观是无臭、无毒、无味的白色或乳白色颗粒，手摸有润滑感。

② 相对密度为 0.90～0.91，不溶于水，在沸水中不发黏（可区别于聚乙烯），是一种最轻的塑料。

③ 易燃烧。离火后能继续燃烧，有微烟，火焰分两层，上层呈黄色，下层呈蓝色，燃烧时熔化滴落，具有石油味。

④ 适用温度为 -20～150℃。

（2）聚丙烯的品种、结构　聚丙烯是由单体丙烯（由石油裂解得到）在一定温度、压力和有催化剂存在的条件下聚合而成。

$$n\,\underset{\displaystyle CH_3}{CH}\!\!=\!\!CH_2 \xrightarrow[50\sim70℃，0.3\sim1MPa]{催化剂} \left[\!\!\begin{array}{c}CH-CH_2\\ |\\ CH_3\end{array}\!\!\right]_n$$

丙烯聚合时，由于所用催化剂的不同，所制得的聚丙烯的分子结构也不相同。聚丙烯的线型分子中有大量的侧链（—CH_3）根据分子结构的不同，通常有以下三种结构。

① 无规聚丙烯。侧链甲基沿着主链无规排列，成为无规结构。

$$\cdots\cdots\underset{CH_3}{CH}-CH_2-\underset{CH_3}{CH}-CH_2-CH-CH_2-\underset{CH_3}{CH}-CH_2-\cdots\cdots$$
（下方 —CH—CH_2— 处带 CH_3）

② 间规聚丙烯。侧链甲基沿着主链交替排列在主链两侧，成为间规结构。

$$\cdots\cdots\underset{CH_3}{CH}-CH_2-CH-CH_2-\underset{CH_3}{CH}-CH_2-CH-CH_2-\cdots\cdots$$

③ 等规结构。侧链结构沿着主链排列在主链同一侧，成为等规结构。

$$\cdots\cdots\overset{\overset{\textstyle CH_3}{|}}{CH}-CH_2-\overset{\overset{\textstyle CH_3}{|}}{CH}-CH_2-\overset{\overset{\textstyle CH_3}{|}}{CH}-CH_2-\overset{\overset{\textstyle CH_3}{|}}{CH}-CH_2-\cdots\cdots$$

以上三种结构中等规结构结晶度高，所以强度好，耐溶性好，用途广。

（3）聚丙烯的应用 聚丙烯的优点：质轻，具有良好的介电性、化学稳定性、力学性能和加工性能。缺点是耐寒性较差，易脆，易老化。主要用于以下几个方面。

① 生产聚丙烯制件。聚丙烯强度好，耐腐蚀，可制作管材，用来输送酸、碱、盐溶剂及化工贮槽、化工设备衬里等。

聚丙烯耐高温且无毒，可用于医疗器械蒸汽消毒，以及食品、药品的包装袋和家用电器、日用杂货、水管、水槽等。

② 生产聚丙烯纤维。因其密度轻、浮力大、无吸湿性，可拉制成丝，用于制作渔网、绳缆、工作服、蚊帐、防水布、运动用品，还可制成编织袋和打包绳等。

3. 聚氯乙烯（polyvinyl chloride）

聚氯乙烯简称 PVC，结构式为 $\overset{}{\underset{\underset{\textstyle Cl}{|}}{\text{+CH}_2-\text{CH+}_n}}$，属于热塑性塑料，相对分子质量为 5 万～16 万。

（1）聚氯乙烯的识别

① 聚氯乙烯是无臭、无毒的白色粉末，手摸有润滑感。

② 相对密度为 1.36～1.46，不溶于水，在水中下沉（可区别于聚乙烯和聚丙烯）。

③ 不易燃烧，离火后即熄灭，具有难燃自熄的特性。燃烧时火焰上端呈黄色，下端呈绿色，有白色烟（熄后白烟更明显），燃烧时软化，具有刺激性酸味。

④ 适用温度为 -16～60℃，在 60℃ 热水中能发黏。

（2）聚氯乙烯的品种、规格 聚氯乙烯是由单体氯乙烯经聚合而制得。

$$n\text{CH}_2-\underset{\underset{\textstyle Cl}{|}}{\text{CH}} \longrightarrow \text{+CH}_2-\underset{\underset{\textstyle Cl}{|}}{\text{CH+}_n}$$

聚氯乙烯由于单体氯乙烯的聚合方法不同，其性能与用途均有所不同，工业上生产聚氯乙烯的方法主要是采用悬浮聚合与乳液聚合两种。分述如下。

① 悬浮法聚氯乙烯。将氯乙烯在分散剂存在下，单体呈珠滴散在水中，通过机械搅拌使其聚合的一种方法。这种方法的优点是：反应时反应热易散出，反应过程易控制，工艺成熟，后处理简便，成本低，质量好，适于多种用途。缺点是不便于连续生产。悬浮法聚氯乙烯树脂为白色无定型粉末，相对分子质量 5 万～10 万以上，密度为 1.35～1.468g/cm³（20℃），不溶于水、酒精、汽油。在醚、丙酮、环己酮和芳香烃中能溶胀和溶解。在常温下，可耐任何浓度的盐酸、90% 以下的硫酸、50%～60% 的硝酸、20% 以下的烧碱溶液，对盐类相当稳定，在 80～85℃ 开始软化，具有良好的绝缘性能，可与硬橡胶比美。

聚氯乙烯树脂和增塑剂、稳定剂、填料、润滑剂等原料混合后经加工成型，就成为聚氯乙烯塑料，加热、加压后可制成各种塑料制品。悬浮法聚氯乙烯有紧密型和疏松型。

② 浮液法聚氯乙烯。单体氯乙烯在乳化剂的作用下，通过搅拌很好地分散在水中成为乳浊液，加入引发剂使之进行聚合的一种方法。乳液法聚氯乙烯树脂，为白色糊状、无嗅、无毒，常温下对酸、碱和盐类稳定，可与增塑剂和其他添加剂调配成糊料，相溶性好，吸油（增塑剂）量低，在室温下搁置增稠缓慢，无沉析现象。与悬浮法聚氯乙烯相比较，含有杂

质较多，其绝缘性、热稳定性、色泽、透明度等均稍差，其吸水性亦较高，但树脂细，易连续生产，其物理性能与悬浮法聚氯乙烯相同。

（3）聚氯乙烯的应用　聚氯乙烯加入不同数量的增塑剂可制得软质制品和硬质制品。软质聚氯乙烯一般加 30%～40% 的增塑剂，硬质聚氯乙烯可加 10% 以下或不加增塑剂。软硬聚氯乙烯用途如下。

硬质悬浮法聚氯乙烯应用在机械、冶金、化学工业，用它代替金属制成各种型材、管件、机械零件、绝缘板、印刷板、防腐材料、家用电器外壳及儿童玩具等，即"以塑代木"、"以塑代钢"。

软质悬浮法聚氯乙烯在电器工业中用作电线、电缆的绝缘层；轻工业中用作塑料薄膜，制作雨衣、台布、各种包装材料"以塑代纸"；农业上作塑料地膜；还可用来生产凉鞋、录音材料、运动器材等。

乳液法聚氯乙烯广泛用于生产各种人造革（如透气泡沫、人造革、地面革、乱面革、载体泡沫人造革等）、塑料窗纱、绝缘漆管、防护手套、农田防水袜和雨鞋、工业用布、金属防酸外膜、玩具、各种瓶盖等。

4. 聚苯乙烯（polystyrene）

聚苯乙烯简称 PS，结构式：，属于热塑性塑料，相对分子质量 20 万左右。

（1）聚苯乙烯的识别

① 聚苯乙烯树脂常见的状态。一种是无色、无味、无毒、有光泽、透明的固体截断型颗粒；另一种是浅黄色、无味、无毒、不透明的方形颗粒。

② 相对密度为 1.04～1.09，不溶于水。

③ 质地坚硬，树脂粒子落在玻璃台板上，具有"叮呤"的清脆声。

④ 适用的温度较低，在 80℃ 的热水中能软化。

⑤ 易燃烧，且离火后能继续燃烧，火焰为橙黄色，有浓黑烟，树脂粒子软化无滴落现象，具有苯乙烯的气味。

（2）聚苯乙烯的品种规格　聚苯乙烯树脂是由单体苯乙烯经聚合反应而制得。单体苯乙烯是由苯和乙烯通过烷基化反应生成乙苯，然后乙苯脱氢而制得。反应式如下：

$$CH_2{=}CH_2 + \bigcirc \xrightarrow{\text{无水 } AlCl_3} \text{（乙苯）}$$

$$\text{（乙苯）} \xrightarrow[600℃，催化剂]{-H_2} \text{（苯乙烯）}$$

$$n\ \text{（苯乙烯）} \xrightarrow{\text{聚合}} \overset{}{\underset{}{}} \left[CH{-}CH_2 \right]_n$$

单体苯乙烯在聚合时有两种生产方法：即本体法和悬浮法。

① 根据维卡软化点的不同，本体法生产的聚苯乙烯树脂分为两个型号：B-1 型和 B-2 型。

② 悬浮法生产的聚苯乙烯树脂的型号分为三种，即工业型、日用型和粗拉型。工业型和日用型的聚苯乙烯树脂为透明珠体颗粒，颗粒直径不大于 4mm，长度不大于 5mm，粗拉型为透明无色珠体。

（3）聚苯乙烯的应用　聚苯乙烯树脂具有突出的透明度，良好的绝缘性，易着色，质地坚硬，耐腐蚀，吸水率低等优良性能。因此，被广泛应用于仪表、仪器、制件、日用和塑料制品工业，可采用注塑、挤出、吹塑等加工法制作光学仪器仪表零件、无线电、电视、雷达的绝缘材料和日常用品（牙刷、梳子、肥皂盒、纽扣等）。此外还可用作硬质聚苯乙烯泡沫塑料，用作隔热、防震的包装材料。

聚苯乙烯存在着脆性大，抗冲击性能差，耐热性低的缺点，因此限制了它的实际应用途径，为克服此弊病，目前已采用共聚和混聚的方法改性聚苯乙烯，大力开展聚苯乙烯的改性工作是发展的方向。

三、工程塑料

工程塑料是指具有较高的机械强度、耐磨性，尺寸稳定，可以代替部分金属制作机械零件和工程材料的一类塑料。如 ABS 树脂、聚酰胺塑料、聚甲醛、聚碳酸酯、聚苯醚等。以下重点讨论 ABS 树脂、聚酰胺塑料和聚甲醛。

1. ABS 树脂

ABS 树脂是改性聚苯乙烯，因具有"韧、刚、硬"的特性而发展迅速。它的简称为 ABS。学名：丙烯腈丁二烯苯乙烯合成树脂，属于热塑性树脂。分子结构式如下：

$$\cdots [(CH_2-CH)_x (CH_2-CH=CH-CH_2)_y (CH_2-CH)_z]_n$$
$$\quad\quad CN \quad\quad\quad\quad\quad\quad\quad\quad\quad\quad\quad\quad \bigcirc$$

（1）ABS 树脂的识别

① ABS 树脂是无毒、无味、不透明、呈微黄色的小方形粒状固体。

② 相对密度为 1.05～1.07。

③ 可燃，燃烧缓慢，离火后能继续燃烧，火焰呈黄色，有浓烟，燃烧时塑料软化成焦，无滴落现象，有特殊气味。

④ 使用温度为 -40～100℃。

⑤ 落在玻璃台板上有坚硬清脆的声音。

（2）ABS 的性能　ABS 树脂的性能是三个单体性能的综合：丙烯腈可使树脂具有较高的强度、耐油性、耐热性和耐腐蚀性；丁二烯可使树脂获得弹性和良好的冲击强度；而苯乙烯则赋予它良好的加工性能和着色性能。因此，三种成分的配比组成使 ABS 树脂既具有塑料相又具有橡胶相，成为坚韧、质硬、刚性好的工程塑料。

（3）ABS 树脂的应用　ABS 树脂是由单体丙烯腈（A）、丁二烯（B）、苯乙烯（S）共聚而成，且三种组分各显其能，使 ABS 树脂具有优良的综合性能，因此目前已广泛应用于各行业。

在机械工业上用于制造齿轮、泵叶轮轴承、把手、管道；在电器工业上用于制造电视机、录音机等的外壳；在化学工业上用于制造各种管道、板、片及内衬；在国防尖端科学上用于制造火箭壳、小型船壳；在汽车工业上用于制造小轿车车身、挡泥板、扶手、热空气调节导管、加热器等汽车零件。还可用于制作体育用具、玩具、乐器（电吉他）、家具、包装容器等。经表面处理的 ABS 树脂，常作金属的代用品，如制铭牌、装饰件等。可节省金属材料，降低成本，减轻自重，降低油耗。

2. 尼龙 1010

聚酰胺树脂是具有许多重复的酰胺基团的线型热塑性树脂的总称，主要是由二酸和二元胺或由氨基酸经缩聚而得，聚酰胺链段中有极性酰胺基团，能够形成氢键，结晶度高，力学性能优异，坚韧、耐磨、耐溶剂、耐油，能在 $-40\sim100\text{℃}$ 下使用。缺点是吸水性较大，影响尺寸稳定性。尼龙 1010 是聚酰胺塑料中的一种，学名为癸二胺癸二酸塑料，通常称它为尼龙，在用作纤维时，我国称为锦纶，它是最早的工程塑料。其分子结构式为：

$$\text{—}[\text{NH}\text{—}(\text{CH}_2)_{10}\text{—}\text{NH}\text{—}\text{CO}\text{—}(\text{CH}_2)_8\text{—}\text{CO}]_n\text{—}$$

（1）尼龙 1010 的识别和性能

① 尼龙 1010 是无毒、半透明、轻而硬、表面光亮的坚韧固体。霉菌、细菌、酶、蛀虫对它不起作用。

② 相对密度为 1.05。

③ 自润滑性和耐油性良好，具有高度的耐磨性和高度的延展性。

④ 使用温度小于 80℃。

（2）尼龙 1010 的应用　尼龙 1010 最大的用途是代替铜和其他金属。如尼龙 1010 的单管、管缆、管件用来代替铜管、铜管缆和铜管件。可代替紫铜管应用在机床液压系统作油管，可代替热水袋中镀镍铬铜的螺纹盖。可作高压釜的密封圈，经受 $10\sim30\text{MPa}$、900h 试验，密封性仍良好。可制作电机上应用的接线罩和螺帽（代铅）。加石墨的尼龙 1010，制单相电镀表上的宝石螺帽（代黄铜），制摇臂钻床上部和下部管体及螺母，做电钻上的代铅材料，电焊机上的控制阀座（代铜）等。用玻璃纤维增强后，尼龙 1010 可制作水泵叶轮、叶片，可代替不锈钢、青铜、铸钢等金属材料。

3. 聚甲醛 （polyformaldehyde）

聚甲醛的简称 POM，分子式为 $[\text{CH}_2\text{O}]_n$，属于热塑性工程塑料。结构式为

$$\text{—}[(\text{CH}_2\text{—}\text{O}\text{—}\text{CH}_2\text{—}\text{O}\text{—}\text{CH}_2)_y(\text{CH}_2\text{—}\text{O})_x]_n\text{—}$$

（1）聚甲醛的识别

① 聚甲醛树脂为白色粉末或不透明的乳白色小颗粒。

② 相对密度为 $1.41\sim1.43$，其制品在水中下沉。

③ 易燃烧，火焰上端呈黄色，下端呈蓝色，燃烧时熔融滴落，有强烈的刺激性气味（鱼腥臭）。

④ 适用温度为 $100\sim114\text{℃}$。

（2）聚甲醛的应用　聚甲醛分为均聚甲醛和共聚甲醛两种。均聚甲醛是由甲醛一种单体聚合而成的聚甲醛。共聚甲醛是由甲醛和少量的二氧戊环共聚而成的聚甲醛。目前在我国生产的聚甲醛大部分是共聚甲醛。

聚甲醛具有优良的综合力学性能，良好的抗冲击强度，较高的热变形温度，良好的耐溶剂性（特别是耐有机溶剂），突出的回弹能力，较好的电绝缘性能，是接近金属机械强度的一种塑料，可"以塑代钢"使用，因此被广泛用于机电工业、精密仪器工业、化学工业、纺织工业、农业等部门。

聚甲醛用来制造各种结构件和摩擦件，如轴承、齿轮、滚轮、凸轮、辊子、阀门、输送带、垫圈、螺帽、泵叶轮、鼓风机叶片、汽车底盘小部件、汽车仪表板等，还可用来制造配电盘、线圈座、输油管、输气管和自来水管。

国产聚甲醛大部分用作农药喷雾器和喷灌装置的材料，以代替有色金属铜制作农药喷雾器的喷枪。这样可防止铜污的堵塞，既经济又耐用，很受人们的欢迎。

四、特种塑料及新材料

1. 聚四氟乙烯（polytetrafluoroethylene）

聚四氟乙烯简称 PTFE，别名塑料王。结构式：$\left[CF_2-CF_2 \right]_n$，属于热塑性塑料。

聚四氟乙烯是氟塑料（含氟塑料）中最重要的一个品种，因此具有突出的耐高、低温，耐化学腐蚀等性能，且密度在塑料中最大，因此具有塑料王之称。

氟塑料是聚合物结构中含有氟原子的塑料产品总称。其主要品种有聚四氟乙烯、聚三氟氯乙烯、聚偏氟乙烯等十余个品种，其中聚四氟乙烯是目前氟塑料中性能最佳，产量最大，应用最广的一个品种。我国聚四氟乙烯的产量占氟塑料总产量的 90% 左右。

（1）聚四氟乙烯的识别

① 聚四氟乙烯外观有以下三种状态：白色粉末状树脂，手摸有润滑感；白色粒状群体，手摸有滑腻感；成型品色泽洁白，半透明，手摸有滑腻感（蜡状）。

② 相对密度为 2.1～2.3，是塑料中相对密度最大的品种，粒状或成型的聚四氟乙烯树脂在水中下沉。

③ 具有不燃性，在火中不燃烧（不同于其他树脂）。

④ 在强酸、强碱和"王水"中均不起化学反应。

⑤ 适用温度为 $-260 \sim 250 ℃$，加热到 410℃ 时缓慢分解，有异味（有毒）。

（2）聚四氟乙烯的组成、品种及牌号　聚四氟乙烯是由单体四氟乙烯（C_2F_4）均聚而成的。按聚合方法的不同可分为悬浮法和分散法两种，其中悬浮法聚四氟乙烯树脂按用途分为四种牌号，分散法聚四氟乙烯树脂按用途分为两种牌号见表 4-2。

表 4-2　分散法聚四氟乙烯树脂按用途分类

牌　号	聚合方法	适用范围
SFX-1-1	悬浮聚合	高频电绝缘元件与配件的材料
SFX-1-2	悬浮聚合	电绝缘及特殊密封机件材料
SFX-1-3	悬浮聚合	一般电绝缘及耐腐蚀密封等制件材料
SFX-1-4	悬浮聚合	一般耐腐蚀、密封及填料制品等材料
SFF-1-1	分散聚合	电绝缘材料
SFF-1-2	分散聚合	一般电绝缘材料及其他制品材料

（3）聚四氟乙烯的应用　聚四氟乙烯具有高度的化学稳定性，电绝缘性、润滑性和耐大气老化性能；良好的不燃性和较好的机械强度。强酸强碱、强氧化剂、有机溶剂等对它均不起作用；即使是"王水"和氢氟酸也不能腐蚀它。因此其耐腐蚀性超过贵金属。是一种良好的军民两用的工程材料。同时聚四氟乙烯也不受氧或紫外光的作用，不吸水，耐气候性好，并且具有不燃烧等优良性能。聚四氟乙烯具有优良的介电性能，介电常数为 2.1，可作为潮湿条件下的绝缘材料。

聚四氟乙烯具有优良的润滑性，摩擦系数很小。同时它还具有突出的表面不黏性，几乎所有黏性物质都不能黏附在它的表面。由于它具有许多优异的性能，因此被广泛应用于各行业。

① 在国防军事工业中用作雷达、火箭、导弹、宇宙飞船等的材料。

② 在电气工业中可作电绝缘材料，用于电线电缆、高精度电容器、电子管座、接线柱等。

③ 在机械工业中用于轴承、活塞环、导轨等的制造，特别是在无润滑油时作用很大。

④ 在纺织、造纸工业中用于做抗粘滚筒，还可做长网机过滤吸水箱顶盖；在食品工业中用作糖果、糕点模型的脱模涂层；在炊具上涂以聚四氟乙烯可以不粘油。

⑤ 在化学工业中用于管道、阀门、泵、搅拌器、密封件等，代替了大量耐腐蚀的贵金属。

此外，在医学上可用作人造血管、人工心肺装置、消毒保护器等。在建筑工业可用于制作桥梁、隧道、钢结构屋架等。

2. 有机玻璃（polymethyl methacrylate）

有机玻璃简称 PMMA，学名为聚甲基丙烯酸甲酯、属于热塑性特种塑料，相对分子质量为 50 万～100 万。

（1）有机玻璃的识别

① 有机玻璃是透明性最好的塑料之一，具有优良的光学性能，高度的透明率，为其他塑料所不及，是目前最优秀的有机透明材料。透光率可达 90%～92%，透紫外光达 77%，而普通玻璃只能透过 87%～89% 的光线。普通玻璃厚度在 15～20cm 时颜色呈绿色而不透明，而有机玻璃在厚达 1m 时仍然清晰透明。

② 有机玻璃质轻而坚韧，相对密度为 1.18，只有普通玻璃的一半，坚固抗碎裂能力是普通玻璃的 10 倍。

③ 有机玻璃的电性能亦很优良，介电强度很高，遇有电流通过其表面时，不会碳化，因为分解放出大量气体而把电弧熄灭，所以是很好的绝缘材料。

④ 有机玻璃的力学性能也较好，它比无机玻璃高 7～18 倍。

⑤ 有机玻璃具有优良的抗老化性、易加工性和着色性。它的制品长期放在室外，经受风吹、雨淋、日晒，各项性能仍然很好。有机玻璃的棒材和板材可以进行车、锯、刨、钻等机械加工，加入着色剂使其成为鲜艳美丽的透明或不透明的各种制品。有机玻璃还可抵抗许多稀酸和弱碱的腐蚀。

⑥ 有机玻璃的缺点是表面硬度低、耐磨性差、耐热性能一般（使用温度不超过 100℃），易擦伤、划痕、起毛，作为透明材料会大大地影响其使用范围。

（2）有机玻璃的应用　有机玻璃适用于交通运输工业，制作汽车、飞机的玻璃窗和风挡，可防止噪声且不易震碎，还可使驾驶人员自由了在有机玻璃中加入珍珠粉，可制得珠光有机玻璃。珠光有机玻璃可制成纽扣、台灯、别针、橱窗装潢等。

在医疗工业中用于制作假牙、假肢、齿托等。由于它有较好的着色力，可以制成与牙齿、肌肤一样的颜色。

此外，有机玻璃还用于制造光学仪器、透明模型、标本、广告名牌等。

3. 合成树脂及塑料新材料

合成树脂及塑料商品，除了上述介绍的以外，还有丙烯酸系、聚酰胺类、氟塑料、酚醛树脂及塑料、环氧树脂、氨基塑料、聚氨酯塑料、纤维素塑料等。

（1）酚醛树脂及塑料　酚醛树脂是合成树脂中发现得最早、并最先实现工业化生产的一个品种，它是由苯酚和甲醛经缩聚反应制成的。根据所用催化剂，可将树脂分成两类：一类是热固性酚醛树脂，采用碱，如氢氧化钠或氢氧化铵作催化剂；另一类是线型热塑性酚醛树脂，采用酸，如盐酸或草酸作催化剂。

（2）氨基塑料　氨基塑料是由含有氨基或酰胺基的一些单体与甲醛反应生成的热固性树脂。它具有坚硬、耐刮痕、无色、半透明等特点。它无毒、无臭、耐油、不受弱碱和有机溶剂的影响（但不耐酸）。

（3）呋喃树脂　以糠醛或糠醇为主要原料生产的树脂都含有呋喃结构，因此人们把它统称为呋喃树脂，它是热固性树脂，能耐强酸、强碱和有机溶剂的腐蚀，耐热温度高。

（4）环氧树脂　环氧树脂是大分子主链上有醚键和仲醇基，同时两端含有环氧基团的一类聚合物的总称。它是环氧氯丙烷与双酚 A 或多元醇的缩聚产物。由于环氧基的化学活性，

表 4-3　几种常见的材料性能及用途

名　称	主　要　性　能	主　要　用　途
氟化聚乙烯（简称 PVDF）	具有比其他氟塑料更好的综合性能 ①具有优良的耐化学腐蚀性，对大部分矿物酸和有机溶剂都有极好的耐腐蚀性 ②耐热性能好，能在 165℃下使用 25000h 不变形，且耐烧自熄，对红外线和 γ 射线稳定 ③具有良好的力学性能。在 -40~160℃条件下，比其他氟塑料有较小的应变力 ④无毒，有较好的加工性能	广泛用于化工、石油化工、冶金、制药、食品加工和核工业等领域
耐高温聚酰亚胺	是一种特种工程塑料，种类很多，实际应用的有芳香族聚酰亚胺、聚醚亚胺和聚马来酰亚胺等。聚酰亚胺有树脂、塑料、薄膜、黏结剂、涂料等品种。具有优良的抗高能辐射性、耐高温性、耐磨性和耐化学试剂、耐候性等。在 -269~+400℃之间均具有良好性能，有较高的磨耗稳定性和低的摩擦系数，尺寸稳定性好，在高温高真空下长期工作不放出挥发物	①增强的聚酰胺树脂用于电子、电器、航空及宇航工业，用作航天飞机和人造卫星的结构材料 ②聚酰胺塑料用作耐高温、高真空的自润滑轴承、压缩机活塞环、密封圈等 ③聚酰胺薄膜主要用于电动机、变压器线圈的绝缘层和绝缘槽衬，电容器介质等 ④聚酰胺黏接剂可用于火箭、飞机翼翅的粘接及金刚砂磨轮的粘接 ⑤聚酰胺的漆包线漆和浸渍漆等涂料主要用于耐高温、防腐、防潮及电性能要求高的产品上
PBT 树脂（聚对苯二甲酸丁二醇酯）	是目前国内发展最快的一种新型的热塑性工程塑料。最大特点是综合性能优良全面，表现在抗机械强度高，耐热、耐老化和耐辐射性能较突出，可在 120~140℃下长期使用。摩擦系数小，接近于聚甲醛，而耐磨耗性优于聚甲醛和尼龙。它的电性能不易受温度、潮湿的影响，易于加工成型	目前，在国内主要用于电子、电器工业。如制作接插件，电视机高压包等，增强的 PBT 正向着机械、纺织工业等方面推广，制作电器外壳、玻璃纤维纺织等
聚苯醚（聚 2,6-二甲基-1,4-苯撑醚树脂）	具有优良的力学性能和电绝缘性能，其尺寸稳定性好，蠕变小，吸水率低，且耐水解和化学腐蚀	可用注射、挤出、吹塑等方法加工成各种制件，适用于制作办公用具、外科手术机械、较高温度下工作的齿轮、轴承、汽车配件、电视机外壳、线圈骨架等

可用多种含有活泼氢的化合物使其开环，固化交联生成网状结构，因此它是一种热固性树脂。它具有优良的粘接性、电绝缘性、耐热性和化学稳定性，收缩率和吸水率小，机械强度好。45％～55％用作涂料，其次是电绝缘材料和胶黏剂。

（5）聚氨酯塑料　在聚合物的主链上含有［NHCOO］基团的，统称聚氨酯。它是由有机异氰酸酯与聚酯或聚醚型多元醇等反应制得。聚氨酯塑料具有许多独特的性能，以能耗较低和节能显著而著称，在合成树脂中是个兴旺发达的品种。在泡沫塑料中，它占有十分重要的地位。

（6）纤维素塑料　纤维素塑料是最古老的一类半合成型的热塑性塑料。它是由天然纤维素与无机或有机酸等作用生成的纤维素酯等，再加增塑剂而制得的。

此外，新材料品种较多，表 4-3 列举几种常见的材料性能及用途。

第三节　合成橡胶及其制品

一、概述

1. 橡胶的发展

橡胶是一类具有高弹性有机高分子化合物的总称。它的相对分子质量一般都在几十万以上，有的甚至达到 100 万左右。构成这种大分子的原子通常排列成柔性的直链或支链，由于原子的不断旋转和振动，分子链呈卷缩状态。

由于橡胶相对分子质量大且结构特殊，使这类材料具有其他材料不可比拟的特殊性能，橡胶区别于其他工业材料的主要标志，是它在很广的温度（－50～＋150℃）范围内具有优越的弹性，因而使橡胶能够有其他任何材料所没有的极好的伸缩性能，即在较小的负荷作用下能发生很大的变形，而去掉负荷后又能很快地自己恢复到原来状态。良好的柔顺性、易变性和复原性是橡胶的最大特点。橡胶还有良好的扯断强力、定伸强力、撕裂强力和耐疲劳强力，保证其在多次弯曲、拉伸、压缩、剪切等过程中不受到损坏。另外还有很好的耐屈挠性、耐磨性、绝缘性、不透水不透气性等。这种良好的综合物理力学性能，使橡胶成为重要的工业材料，获得了广泛的应用。在国民经济的各个方面、在国防、科技尖端领域及日常生活中，都起着其他材料不能替代的重要作用，因此，世界各国都把它列为重要的战略物资。

橡胶的种类很多。按来源分为天然橡胶和合成橡胶两大类；按状态不同分为干胶和液态橡胶两大类；根据原料及生产加工方法不同，每类又分许多品种；此外还有再生橡胶。世界上，人们使用橡胶的历史已有 200 多年了。1770 年，人们首先开始用橡胶树上自然凝固的橡胶制造文具橡皮，胶鞋等。一直到 1893 年发现可用硫黄硫化以改善橡胶的强度，橡胶才真正进入实用阶段，这是橡胶工业的萌芽时期。1890 年开始，在南美种植的天然橡胶出现于世界市场，而且产量逐年增长。在这个时期，橡胶的加工技术也相应有了发展；促进剂、防老剂等的使用，大大地改善和提高了橡胶制品的使用，使橡胶制品工业开始进入大规模生产阶段。这就是橡胶工业的形成时期，初期的橡胶工业，主要应用天然橡胶。但是，天然橡胶由于受性能和地理环境的限制，满足不了逐渐增长的要求，因而开始研究用人工合成橡胶。到 20 世纪 30 年代，合成橡胶终于投入工业生产。虽然合成橡胶的综合物理力学性能比天然橡胶差，但在某项指标方面却往往超过了天然橡胶。尤其是耐油合成橡胶的出现，弥补了天然橡胶不耐油的缺点，为橡胶的扩大使用开辟了新的领域。这是橡胶工业的发展时期。

1940 年开始，合成橡胶的工业规模不断扩大，产量迅速增长。在不到 20 年的时间里，合成橡胶的产量开始赶上了天然橡胶。合成橡胶地发展冲破了天然橡胶因受地理环境限制而产量增长很慢的状况，有力地促进了橡胶加工的发展。

由于这一时期合成橡胶新品种的不断出现，特别是耐高温、耐寒特种橡胶的问世，使橡胶工业在国民经济及国防上的地位日益提高。这是橡胶工业的壮大时期。从 1960 年开始，合成的"天然橡胶"已投入工业生产，从此实现了几十年来人们的理想，走向以使用合成橡胶为主的新时期。

我国已初步建立起从天然橡胶、合成橡胶和配合剂生产到橡胶制品加工的完整生产体系。橡胶工业已经成为化学工业的重要组成部分，生产的产品品种已达到四万种以上。

2. 橡胶在国民经济中的作用

橡胶是具有高度弹性的材料，它受力就改变形状，外力解除很快恢复原状。就是因为橡胶具有这一性质，使它在促进工业、农业、交通运输业和国防的发展以及提高人民的物质生活方面，起着很大的作用。橡胶与国民经济各部门的联系十分密切，几乎每一个部门和行业都要使用橡胶，甚至各家庭的日用品也离不开橡胶。

（1）交通运输与橡胶 橡胶工业是随着运输业的发展而发展起来的，原料橡胶一半以上是消耗在交通运输方面。最大宗产品是轮胎。

（2）工业生产与橡胶 各个工业部门都要使用一定数量的橡胶制品，最主要的为胶带、胶管、密封垫圈、胶辊、橡胶衬里等，起着传动、输送、绝缘、防震、密封、防腐等作用。

（3）农业水产与橡胶 农业水产也使用各种橡胶制品，如轮胎、胶带、胶管、渔网浮标、橡胶船及各种防护用品等。这些制品主要用于家用耕种机械、运输设备及排灌机械等三个方面。

（4）军事国防与橡胶 橡胶被称为国民经济中的战略物资之一，之所以成为"战略物资"，就是因为它在国防军事上应用范围非常广阔，地位十分重要，它的品种比任何其他非金属材料都要多，几乎各种武器装备、军事基地、国防工程都离不了橡胶。火箭、导弹、人造卫星、宇宙飞船等国防尖端技术，都需要大量耐高温、耐低温、耐油、耐高度真空等特殊性能的橡胶制品。

（5）钻探采掘与橡胶 地质矿山在进行钻探和采掘时，使用相当数量的橡胶制品，如探测地质用钻探胶管；石油钻井用油水封隔器；输送石油用的油管、储油槽等。

（6）土木建筑与橡胶 土建方面用橡胶制品也很多，特别是在现代建筑上橡胶用量日益增多。例如玻璃窗密封条、隔声地板、消声海绵、橡胶地毯及房顶防雨材料等。

（7）电气通信与橡胶 橡胶是很好的电绝缘材料，在电线电缆中得到极广泛的应用。还用于电器绝缘材料等。

（8）生活用品与橡胶 橡胶与日常生活的关系最为密切，如雨衣、雨鞋、鞋底、自行车、热水袋、玩具等。

（9）医药卫生与橡胶 医药卫生方面用的橡胶的量虽少，但种类极为繁多，是一种重要器材。如诊断、输血、导尿用的各种胶管、人造器官等。

（10）文体、装饰与橡胶 文化、体育和装饰方面也使用橡胶制品，如各种球胆、橡皮胶、胶板、装饰用的节日气球，整形用的脸谱、假肢等都是橡胶制品。

3. 橡胶的性能与分子结构

橡胶的性能和它的分子结构密切相关，要了解橡胶的化学、物理性能、力学性能和工艺性能，必须了解橡胶的分子结构。

（1）橡胶的结构　橡胶的结构是柔如丝、乱如麻的分子链与立体网状结构。柔如丝、乱如麻的链状分子，它们很长又很细，有的长度为其直径的五万倍。这相当于直径 1mm、长度为 50m 的一根"钢丝"。不难想象，这样的"钢丝"不可能保持直线形状，一定要弯曲成团，像这样结构的橡胶分子，称之为线型结构。

实际上，橡胶的长链分子不是钢丝，它分子内的各个"环节"在不断运动，化学键和原子也在不停地转动和震动，长链的橡胶分子往往卷曲成无规则的、乱如麻的线团，而且某些线型结构的分子还像一棵树那样"节上生枝"，称为支链型结构。线型的支链型分子在一定条件下相互作用，交叉连接成网，就变成立体网状结构，称之为体型结构（或立体网状结构）。综上所述，橡胶的分子结构有线型、支链型和体型，它们靠分子间力作用而连成一块。生胶、乳胶是线型或含有支链型的结构；轮胎、胶鞋等制品（硫化胶）则是体型结构。

（2）橡胶的主要性能　橡胶之所以成为现代科学技术上不可缺少的材料，这是因为它具有弹性、气密性、耐油性以及对化学药品的稳定性等性能。

① 物理性能和力学性能这些性能是说明橡胶质量好坏的最基本指标，它们和化学性能一起，决定橡胶的使用价值。

● 弹性。橡胶在外力作用下发生形变，外力除去后它又恢复原状的性能。橡胶弹性的大小一般以下列指标来衡量。

● 回弹性（回弹率）。用悬挂在一定高度的摆锤自由落下，打击橡胶样品后弹回去，以打击前后摆锤的高度比（％）来表示，这个百分数值愈大，表示回弹力愈大，橡胶的弹性也越高。

● 相对伸长率和永久变形。不断用力拉橡胶，它会断，扯断时增加的长度与橡胶原来长度之百分数，称为相对伸长率。橡胶被拉伸后，不能完全恢复原有的长度，总是比原来长度略微长些，该伸长的长度与原长度之百分数，称为永久变形。对橡胶的使用性能来说，相对伸长率适当的大一些是有好处的，但过大也不好。

● 定伸强力。把橡胶拉伸至一定长度所需要的力即是定伸强力，以 kg/cm^2 表示。定伸强力愈大，说明该橡胶愈不容易产生弹性变形。对于轮胎的外胎定伸强力需要高一些，内胎则要求定伸强力低一些。

● 玻璃化温度与脆化温度（或脆点）。这两个指标都是对橡胶耐寒性能的写照。随着温度的降低，分子的活动能力也下降。当温度降到足够低时，分子链都不能运动了，此时橡胶失去了弹性，它像玻璃那样一敲就碎，这个温度称为玻璃化温度（T_g）。这是橡胶最低的使用温度。工业上一般不测定玻璃化温度（因为那要较长的实验时间），而测定脆化温度（T_b），就是把橡胶的温度逐渐降低，直到橡胶在一定外力冲击下断裂，断裂时的温度就是脆点。脆点温度通常比玻璃化温度高一些。

● 黏流温度与裂解温度。高分子之间的作用力是比较大的，随着温度的上升，分子的活动能力增大，当温度升至一定水平时，分子的热运动是克服分子间作用力，此时分子链之间就开始相对滑动，而发生黏性流动，这时生胶变软，成为糖稀般模样，这个温度称为黏流温度（T_f）。黏流温度的高低与相对分子质量的大小有关，相对分子质量愈大，黏流温度愈高。但对体型的硫化胶来说，因在其网状结构上有横键的约束，分子链是不能滑动的，故无黏流可言，而当温度高达一定程度后，会因受热而裂解，这个温度称裂解温度。

橡胶的使用温度范围，理论上就是玻璃化温度（T_g）与黏流温度（T_f）之间的这一个温度范围；硫化胶实际使用范围是在脆点（T_b）和裂解温度之间。

除以上力学性能外，还有抗张强度（橡胶在扯断时单位面积所受的力，这个数字愈大，强度就愈高）、抗撕裂、电绝缘性、透过性（指透水性和透气性）、抗膨胀性（亦称耐油性）、耐燃性、耐磨性等。

② 工艺性能。工艺性能对橡胶的加工过程有重大影响，工艺性能包括可塑性和焦烧（预硫化）。

• 可塑性。是指橡胶受外力作用而变形，除去外力后保持其所成形状的能力。可塑性较大的橡胶，加工比较容易。可塑性的测定和表示方法很多，最常用的仪器是门尼黏度计，测出来的数值叫门尼值。该数值越大，其可塑性越大。为了使橡胶变得柔软便于加工成各种制品，必须通过塑炼提高其可塑性。塑炼是生胶通过机械作用、热处理和化学药剂处理之后，橡胶分子发生机械破裂或氧化裂解，使橡胶由强韧的弹性状态变为柔软而具有可塑状态。塑炼是增加可塑性的工艺过程。

• 焦烧（预硫化）。生胶在贮存和加工过程中，由于时间过长，温度过高或本身的化学变化，而过早地产生局部硫化现象（早期硫化），使生胶部分结块，塑性下降，因而影响加工性能，不能得到光滑表面的半成品，这种现象为焦烧（预硫化）。

③ 橡胶的硫化、老化及其化学性质。

• 硫化。就是指橡胶经过化学和物理方法处理后，使橡胶分子从线型结构变为体型网状结构，从而改善橡胶的物理、力学、化学等性能的工艺过程。硫化后橡胶的强度、弹性、耐溶剂性等都有很大的提高，故化学稳定性也有所提高。如轮胎、胶鞋等制品都是经过硫化的硫化胶。

• 老化及其他化学性质。胶鞋、雨衣等橡胶制品，使用日久后会变软、发黏、变色、喷白霜、甚至出现龟裂，这些就是老化的现象。所谓老化，就是橡胶在长期储存及使用过程中，由于空气中的氧、臭氧、热、光、辐射线及其他物理、化学作用，使橡胶的品质变劣、力学、物理性能减退或丧失。老化的基本原因是由于橡胶分子被氧所氧化的连锁反应，所以橡胶的老化也有人称为橡胶氧化。

橡胶这种高分子化合物，同低分子化合物一样，也能够进行多种化学反应。只不过在大多数情况下橡胶的反应速率比较缓慢而且很不完全罢了。例如，橡胶与硫酸共热使橡胶分子失去弹性，但通过这一反应可以制造皮革或得到耐化学腐蚀材料、耐热材料和黏合材料等。

4. 橡胶制品的分类及其发展

（1）橡胶制品的分类

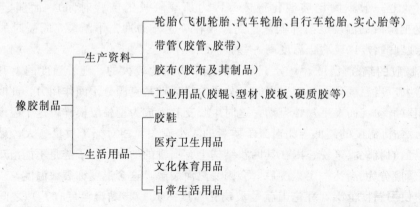

（2）橡胶制品的发展　随着国民经济和国防建设的不断发展，橡胶制品的使用数量越来

越多，应用范围也越来越广。特别是由于高分子化学工业的迅速发展，为橡胶工业提供了丰富的原料橡胶，橡胶的重要性显得更突出。许多国家以按人口平均的橡胶消耗量来衡量工业发展的水平，工业先进国家，每人平均年生胶消耗量达到 13kg 以上，而且年年都在增长。

随着各种工业向高温、高压、高速方向发展，对橡胶制品要求也研制的硅橡胶、硼橡胶，耐温范围可达到 $-55\sim490℃$。

随着热塑性橡胶和液体橡胶等新原料橡胶的出现和发展，在不远的将来，橡胶制品工业将产生又一次新的技术革命，使橡胶工业的发展进入到一个新的历史时期。

二、天然橡胶

19 世纪 30 年代以前橡胶工业所用橡胶几乎全部消耗天然橡胶（raw natural rubber）。如今，虽然有了各种合成橡胶，天然橡胶仍产销两旺，在国际国内市场上仍有重要地位。天然橡胶的分子结构式为 $\left[CH_2-\underset{\underset{CH_2}{|}}{C}=CH-CH_2\right]_n$，简称 NR。聚合度 10000 左右，平均相对分子质量约 70 万左右。

1. 天然橡胶的来源

天然橡胶来源于含橡胶的植物。自然界含橡胶成分的植物约有 400 多种，分栽培和野生两类。其中产胶量大、质量好、易于采集的是人工种植的三叶橡胶树。三叶橡胶树属于热带乔木，高 10～20m，果仁含油 45％～50％，树叶呈长圆形，三个一组。因该树原产于巴西，故称为巴西橡胶树。后经移植和栽培，现已遍布于世界许多地区。不同的含胶植物所含橡胶的结构和性质有很大的差异。三叶橡胶树属多年生常绿乔木，叶子三个成一组，一般生长在热带和亚热带高温、多湿、沃土地区。天然橡胶产于亚洲、非洲和拉丁美洲的 40 多个国家和地区，集中产于亚洲的东南亚地区，其中马来西亚居首位，其次是印度尼西亚、泰国、印度等。从 19 世纪起，三叶橡胶树从南美洲移植到亚洲东南亚地区广泛种植，并成为当今世界上主要产胶区。1904 年，三叶橡胶树由华侨移植到我国海南岛种植。建国后才开始大量栽培种植，后来经我国科学工作者深入研究和多年辛勤栽培，培育出可在北纬 18°～24°范围内大面积种植的优良树种，实现了"南胶北移"的夙愿。现在我国海南省、云南省、广东省、广西壮族自治区、福建省及台湾省均有大面积种植。

三叶橡胶树的产胶部位在树皮层和木质层之间。橡胶以乳液状态存在于乳管中。树干下半部及根部含乳管最多。采集时即在距地面高 1m 左右的树干处，割开一个倾斜 20°～25°的切口，切口的下部放一铝槽。由于乳管被割破，胶乳便沿着割口的方向往下流，经铝槽流入固定在树上的接胶杯内，再将接胶杯内的胶乳收集于桶内，并经过滤，注入专门储器内。三叶橡胶树种植后，一般经过 5～6 年即可割胶，收集到的像牛奶一样的乳浊液，称为原乳胶，它可直接用来制造各种乳胶制品，但大量的乳胶用来经加工制成浓缩胶乳和各种干橡胶。

2. 天然橡胶的组成及特性

（1）天然胶乳的组成及特性　从橡胶树流出来的胶乳是乳白色的中性液体，由于受土壤、气候、树种、树龄及割胶季节等因素的影响，胶乳的组成、结构及性质均有差异。一般原胶乳的主要组成成分为：橡胶烃 25％～40％，水分 55％～75％，糖 1％～2％，灰分 0.3％～0.7％，树脂 1％～1.7％，无机盐类 0.2％～0.9％。其中水分去除后，主要组成是橡胶烃，化学成分为聚异戊二烯，顺式结构占 99％以上。

天然胶乳的特性如下。

① 易变色。由于胶乳与铁接触及与酵素作用，新鲜胶乳储存后易由乳白色变为灰色。

② 具有不稳定性。新鲜胶乳的 pH 值约为 7，存放后酸性会增大，当 pH 值在 3～6.7 之间时，胶乳易发生自然凝固。通常加氨将胶乳的 pH 值调至 9～10，在碱性条件下保持胶乳的稳定。

③ 胶乳有浸润亲水性物质的能力。如棉布、丝绸、皮革等都能被胶乳浸润，这种特性对胶乳用作浸渍，涂抹等用途非常重要。

④ 成模性能良好、湿凝胶强度高。胶乳可直接用于制造膜制品，压出铸型制品或用作胶黏剂。

(2) 天然干橡胶的组成及特性　天然干橡胶是由 90％以上的橡胶烃和不足 10％的蛋白质、糖类、灰分及树脂等组成。各种干胶因生产原料、加工方法不同其化学成分不同。

橡胶烃是以异戊二烯为单体的高聚物。聚异戊二烯有两种几何异构体，一种是顺式-1,4 结构排列，一种是反式-1,4 结构排列，天然橡胶中顺式 1，4 结构聚异戊二烯占 99％以上。其分子是又细又长的线型分子，其长度是直径的 5 万倍，且杂乱无章，自然卷曲。由于原子、分子、化学键、链节、链段等处于不停的运动状态，使橡胶分子具有很大的移动性和柔顺性，因而天然橡胶有良好的性能。

天然橡胶具有如下优点。

① 天然橡胶无一定熔点，加热后慢慢软化，加热到 130～140℃时完全软化到熔融状态，至 200℃时开始分解，270℃时急剧分解。

② 富有优异的弹性。这是天然胶的最突出特点，它的弹性伸长率大、回弹率高，弹性温度范围宽。

③ 力学性能优异。天然橡胶具有非常好的机械强度，因为它是一种结晶性橡胶，自补强度很好，表现为抗张强度好，耐屈挠性好（屈挠 20 万次以上才出现裂口），耐磨性也好。

④ 电绝缘性能好。因橡胶是高聚物，既无电子导电，又无离子导电，且分子中没有极性基团，所以介电性能优异。脱除蛋白质的橡胶更好。

⑤ 不透气性和密水性好。由于橡胶分子结构规整间隙较小，故天然橡胶不透气和不透水性好。

⑥ 天然橡胶的硫化特性、加工性能以及和合成橡胶的并用性等也很好。

天然橡胶也存在一些不足，具有以下弱点：

① 耐候性差，易老化变质；

② 耐油性差；

③ 耐浓酸、强酸性差。遇强酸、浓酸易受腐蚀。

3. 天然橡胶的识别

(1) 天然胶乳的识别　天然胶乳为白色乳液，检验时取少许样品，适量滴加乙酸并充分搅拌调至 pH：3～6.7，如试样很快出现透明的弹性凝块，则可基本认定是天然胶乳。质量好坏可用颜色测定法和气味测定法初步判断：即用目力测定正常胶乳为乳白色，如有显著灰色或蓝色则表示胶乳已起变化；胶乳腐败时产生硫化氢，腐败严重时，胶乳中的氨被中和后，可闻到有严重的臭味，则表示胶乳已严重腐败变质。

(2) 天然干胶的识别　天然干胶一般为片状或粒状的固体，易燃，可用燃烧闻味的方法予以鉴别：取少许样品，点燃，燃烧时冒出浓烟并在空气中结成烟丝烟块，同时闻到有如橡皮燃烧时的特殊气味，则可基本认定是天然橡胶。

胶种、级别的简易识别：一般可从橡胶的外观、形态、颜色、气味、包装标志等方面进行识别。烟片胶为黄棕色至浅褐色的片状物，颜色越深，则表示级别数越大而质量越差。新鲜胶有烟熏味，包装标志字迹为黑色。风干胶亦为片状，较烟片胶色浅，胶包上有"风干"字样。白皱片胶为白色至浅黄色片状物，褐皱片胶为淡褐、褐色至深褐色片状物，这两种胶相应的颜色越深，则表示其质量越差而等级数越大。国产标准胶为黄棕色粒状物，标志色为绿色，包装上有"标准"字样及等级数别，同时不同等级有不同色泽的颜色带以示区别。

4. 天然橡胶的品种及应用

天然橡胶按其制造方法不同可分为若干种，分述如下：天然胶乳分原始胶乳和加工胶乳两类。原始胶乳含橡胶烃成分低，主要是水分，体积大，运费高，故一般制成含橡胶烃60%以上的浓缩胶乳。现已投入生产的有离心法、膏化法和蒸发法。用不同浓缩加工法所制得的原始胶乳产品其化学成分及物理性能见表4-4。

表 4-4　各种浓缩胶乳的化学组分与物理性能的比较

项 目	原胶乳	离心浓缩胶乳	膏化浓缩胶乳	蒸发浓缩胶乳
总固体含量/%	37.5～41.0	60.0～64.0	60～65	72～75
干胶含量/%	34.6～37.5	57.5～62.0	58～63	65～69
氨含量/%	0.8～1.0	0.5～0.7	0.6～0.8	
KOH 值	1.2～1.5	0.4～0.8	0.4～0.9	
pH 值	10.0～10.5	10.0～10.5	10.0～10.5	
黏度/MPa·s	4.0～5.5	30～50	30～60	95
表面张力/(MN/m)	33～36	33～35	31～35	
灰分含量(对干胶膜)/%	0.7～0.9	0.2～0.4	0.25	3.9～5.6
氮含量(对干胶膜)/%	0.4～0.7	0.12～0.30	0.2～0.3	0.56～0.60
水抽出物(对干胶膜)/%	3.0～7.0	1.2～2.3	1.2～2.5	10.5～11.5
丙酮抽出物(对干胶膜)/%	2.0～3.0	1.5～3.0	3.2	6.0
铜含量/10^{-6}	10	10	10	10
锰含量/10^{-6}	5	5	5	5

天然胶乳是一种白色乳状液体，具有优良的综合性能。首先，它是生产其他橡胶品种的原料；其次，可用于生产橡胶膜类制品，如医用手套、气球、避孕套等；最后，也可用于制造各种非纯胶制品，如人造革、胶乳纸、胶乳沥青、无纺织布、黏结剂、胶乳水泥等。

直接使用胶乳生产各种制品与使用干橡胶相比有很多优点：工艺较简单，产品弹性好、成本低、强度高，且使用安全。凡使用胶乳的行业，应尽量使用胶乳而不用干橡胶。

5. 其他胶种的应用

(1) 烟片胶的应用　烟片胶是以新鲜胶乳为原料，加水稀释至含胶量15%～20%，静置沉降，滤去杂质，然后在凝固池中加入0.5%～0.6%的醋酸使胶乳凝固。经压片机反复挤压，除去多余的酸液及水分，将胶压成3mm左右，表面带有菱形花纹的薄片，再经水洗、风干，最后送入烟房熏4～5天即成烟片胶。由于烟气中含有酚类，它能杀菌，可防止胶片发霉。最后制成的烟片为棕黄色，带有烟味。

烟片胶质量好、强力高，是天然橡胶中性能最好最具代表性的品种。其用途十分广泛，主要用于制造轮胎、胶带、胶管等要求强力高、弹性好的橡胶制品。

(2) 风干胶及应用　风干胶是以鲜胶乳为原料，加入化学催干剂，用醋酸凝固，经压片、风干、烘干等工序制成表面有菱形花纹的浅黄色胶片。

风干胶片因加入化学催干剂，颜色较浅，蛋白质、灰分稍多，故适宜于制造颜色较浅或彩色的橡胶制品。

（3）皱片胶及经销　皱片胶又分白皱片与褐皱片。

① 白皱片胶。以新鲜胶乳为原料，滤去杂质，加亚硫酸氢钠处理以达到漂白、防腐的作用，然后加醋酸凝固，再压片，用空气干燥制成白色皱片胶。白皱片杂质含量少，故主要用于制造白色、浅色或透明的橡胶制品。

② 褐皱片胶。将割胶过程中自然凝固的胶块、胶团、胶线、胶泥和加工其他胶片整理中余下的碎片、边角料作为原料，经浸泡、洗涤、压皱制片、空气干燥等工序制成表面有皱纹的褐色片胶。褐皱片具有杂质较多、质量不均匀、价格低的特点。故主要用作强力、弹性要求不高的橡胶杂件，或在保证橡胶制品质量的前提下加入高档胶中使用，可降低生产成本。

（4）国产标准胶及应用　标准胶是以新鲜胶乳为原料，先除去杂质，再用醋酸凝固，经挤压的胶块通过切割或化学作用割成几毫米大小的颗粒，然后利用热空气快速干燥成颗粒状生胶，最后压紧打包即得成品。

标准胶的优点是：生产工艺过程连续，效率高，干燥时间短，而且可制得充油颗粒胶、恒黏颗粒胶等。因此使用方便，用途广泛，可生产各种橡胶制品，如轮胎、胶带、胶管等。

三、合成橡胶

合成橡胶是用人工合成方法制得的以高弹性为特性的高分子材料。天然橡胶的综合性能优异，但在数量上和一些特殊性能上远不能满足经济发展和科技进步的需要。1941 年起世界一些国家陆续开始生产合成橡胶，且发展速度非常快，1960 年世界产量达 190 万吨，赶上了天然橡胶的总产量，至 1989 年世界合成橡胶总产量超过 1000 万吨，是天然橡胶的两倍。合成橡胶不但能代替天然橡胶生产各种橡胶制品，而且有许多特殊性能远优于天然胶，是现代尖端科技和国防上不可缺少的原材料。随着科学技术的发展，还可按照人们的意志，设计生产所需的新品种。

我国从 1958 年开始生产合成橡胶，年产量仅 1000t 左右，此后快速增长，花色品种也增加很多，但总的来讲，我国合成橡胶的数量和花色品种，尤其是特种合成橡胶，还不能完全满足经济发展的需要，还需进口部分特需合成橡胶弥补不足。

合成橡胶的品种繁多，按用途和性能分为通用合成胶和特种合成胶两大类。所谓通用合成橡胶是指性能与天然橡胶相近，物理力学性能和加工性能较好，能广泛用于轮胎和其他橡胶制品生产的品种；特种合成橡胶是指具有耐寒、耐热、耐油、耐臭氧等特殊性能，用来制造特定条件下使用的橡胶制品，通用合成橡胶包括丁苯胶、聚丁二烯橡胶、聚异戊二烯橡胶、丁基橡胶、乙丙橡胶、氯丁橡胶、丁腈橡胶七大类；特种合成橡胶包括氟橡胶、硅橡胶、聚硫橡胶、聚氨酯橡胶、丁吡橡胶等品种。

目前已生产的合成橡胶虽在某种或若干性能方面优于天然橡胶，但就其综合性能来说，还不如天然橡胶。所以通用合成橡胶的努力方向将是进一步改进性能，并降低价格；特种合成橡胶则应在努力提高特殊性能的基础上，使其具有相当好的基本性能（如弹性、强力等）。同时也要逐步降低价格。

1. 丁苯橡胶（styrene-butadiene）

在合成橡胶品种中用量最大，是世界上最早生产的通用合成橡胶，品种也比较多，是一种综合性能较好的通用型品种。生产丁苯橡胶的国家很多，到目前为止它仍是世界上生产最普遍、产量及消量最大的胶种。我国是从 1960 年开始生产丁苯橡胶的。

丁苯橡胶是由丁二烯和苯乙烯两种单体共聚制得的高分子化合物，简称 SBR。聚合反应式如下：

$$(x+y)CH_2=CH-CH=CH_2 + zHC=CH_2 \longrightarrow$$

$$\{CH_2-CH=CH-CH_2\}_x\cdots\{CH-CH_2\}_y\cdots\{CH_2-CH\}_z\cdots$$

相对分子质量在 10 万～150 万，相对密度为 0.919～0.944。

（1）丁苯橡胶的特性及识别

① 特性。典型的丁苯橡胶（苯乙烯含量为 23.5％）是浅黄褐色的弹性体，略带苯乙烯气味，脆性温度为−60℃，相对密度随苯乙烯含量的增加而增大，能溶于芳烃，对润滑油作用不稳定，对稀酸、水和极性烃作用稳定。丁苯橡胶的耐老化性、耐磨性、耐热性、耐油性及气密性优于天然橡胶，但弹性、机械强度、龟裂、耐寒性、耐屈挠性、耐撕裂性能等不如天然橡胶。

② 识别。丁苯橡胶有干胶、液体胶和胶乳之分，它们的共同特征是都有苯乙烯味。干胶有块状、粒状和带状之别，因加填充剂或防老剂不同而颜色各异。丁苯-1500 为黄色至黄褐色弹性体，丁苯-30 为棕黄色弹性体，丁苯-10 为褐色弹性体，液体丁苯胶为浅黄色或浅棕色透明黏稠液体，丁苯胶乳为白色乳液。

（2）丁苯橡胶的品种、牌号及应用　丁苯橡胶的品种、牌号很多，归纳如下。

① 按聚合温度不同分为两种。在 5℃ 时聚合的叫低温丁苯橡胶（或称冷法丁苯橡胶）；在 50℃ 时聚合的叫高温丁苯橡胶（或称热法丁苯橡胶）。一般低温丁苯胶在抗张强度、耐磨性、耐老化性方面优于高温丁苯橡胶，故产量大（约占丁苯橡胶总产量的 80％），用途也较广。我国用 A 代表低温，若牌号中无 A，就表示为高温丁苯胶。

② 按单体配比分。聚合时丁二烯和苯乙烯配比不同，可制得不同品种牌号的丁苯胶。我国生产的丁苯胶主要有丁苯-10、丁苯-30，丁苯-50 三种。后面的数字表示苯乙烯的百分含量，苯乙烯含量不同，性能不同，用途也不同。苯乙烯的含量越大，则其弹性、耐寒性降低，硬度越大，耐磨性越高。

③ 按国际合成胶生产者协会（IISRP）制定的统一分类方法分（该协会决定采用数字系列表示丁苯橡胶的品种）。

1000 系列　高温共聚丁苯橡胶；

1100 系列　高温共聚充炭黑母炼胶；

1200 系列　高温共聚充油丁苯母炼胶；

1300 系列　高温共聚充油充炭黑丁苯母炼胶；

1500 系列　低温共聚丁苯橡胶；

1600 系列　低温共聚充炭黑母炼胶；

1700 系列　低温共聚充油丁苯母炼胶；

1800 系列　低温共聚充油充炭黑丁苯母炼胶；

1900 系列　高温丁苯橡胶；

2000 系列　高温共聚丁苯胶乳；

2100 系列　低温共聚丁苯胶乳。

我国主要采用低温乳聚法生产丁苯胶，主要有两个系列四个品种：SBR-1500，SBR-1502，SBR-1712，SBR-1778。

此外，我国还生产各种液体丁苯胶乳 SB。如通用型，丁苯-50 胶乳、丁苯-60 胶乳、羧基丁苯胶乳片。

部分丁苯胶的性能及主要用途如下。

丁苯-10 胶乳，硬度小，弹性较高，耐寒性较好，主要用于制造各种耐寒橡胶制品。

丁苯-30 和丁苯-50 耐磨性较好，硬度较大，耐寒性较差，主要用于生产硬质橡胶制品、轻质海绵、生产日用品等。

SBR-1500 是通用污染型（所谓污染是指橡胶中加入对橡胶有着色作用的添加剂），属低温丁苯橡胶中最典型的品种，其特点是：生胶自黏性好，易加工，硫化胶的耐磨性、拉伸强度、撕裂强度和耐老化性能都好。由于使用的防老剂是污染型的，因而广泛用于以炭黑为补强剂和对颜色要求不高的产品，如轮胎胎面、运输带、胶管模制品等。

SBR-1502 是一种典型的非污染型通用低温丁苯橡胶，其性能与 SBR-1500 相似，主要用于制造颜色鲜艳和浅色的橡胶制品，如胎侧、胶布、医疗制品等。

SBR-1778 属非污染型低温丁苯橡胶，广泛用于浅色或透明橡胶制品，如鞋类、胶布等。

液体丁苯胶主要用作浸渍材料，黏合剂和涂料。

2. 顺丁橡胶（*cis*-1,4 polybatadiene rubber）

顺丁橡胶是以丁二烯为单体，在定向催化剂作用下以溶液法聚合而成的均聚物弹性体。顺式结构占 96%～98%，简称 BR，其聚合反应为：

$$nCH_2{=}CH{-}CH{=}CH_2 \xrightarrow{\text{定向催化剂}} \left[\begin{array}{c} H \qquad H \\ \underset{\underset{CH_2 \qquad CH_2}{|\qquad\qquad|}}{C{=}C} \end{array}\right]_n$$

顺聚丁二烯橡胶有很多种类，其中顺式 1,4-聚丁二烯具有典型的橡胶特性，它的产量大，应用广。

（1）顺丁橡胶的性状及识别

① 性状。顺丁橡胶为乳白色或浅黄色块状弹性体。顺丁橡胶分子结构比较规整，主链上无取代基，分子细而长，分子间作用力小，同时分子中还存在许多活泼性较强的 C=C 双键，这就决定了顺丁橡胶具有以下特点。

顺丁橡胶是目前橡胶中弹性最好的一种，能在很宽的温度范围内显示高弹性；优异的耐磨性能；耐屈挠性优异，滞后损失和生热少；对油类和补强剂的亲和性好，大量配合后其物理力学性能下降很少；混炼时抗破碎能力强，与天然橡胶及其他合成橡胶相溶性好；硫化速度快，压缩永久变形小，水吸附性低，模内流动性好，易拉伸。

然而顺丁橡胶也存在一些缺点：抗张强度和撕裂强度较低；抗滑性不良，易产生崩花、掉块现象；加工性能欠佳，加工温度较高时易产生脱辊现象；黏着性较差，贴合及接头困难；且易老化。

② 识别。从外观形态上看，顺丁橡胶一般为乳白色块状弹性体。储存期较长的顺丁胶常有冷流变形现象。

（2）顺丁橡胶的品种及应用　顺丁橡胶的品种、牌号较多。目前，我国生产顺丁橡胶主要采用镍系催化剂，生产的牌号是 DJ-9000，属非污染通用型溶液聚合顺丁橡胶（顺式-1,4 结构含量大于 96％）。

顺丁橡胶应用广泛，主要用于制造轮胎的外胎（用量占总量的 80％以上），用在胎面胶及胎侧胶中，此外还用于生产各种胶带、胶管、电线电缆、鞋底、橡胶杂件等制品，还可以和塑料并用生产橡塑制品，如与高压聚乙烯并用生产运输带覆盖胶。

3. 氯丁橡胶（chloroprene rubbers）

氯丁橡胶是由单体 2-氯丁二烯，采用乳液聚合而成的弹性体，简称 CR，反应式如下：

$$n\text{CH}_2=\overset{\displaystyle |}{\underset{\displaystyle \text{Cl}}{\text{C}}}-\text{CH}=\text{CH}_2 \xrightarrow{\text{乳液聚合}} \left[\text{CH}_2-\overset{\displaystyle |}{\underset{\displaystyle \text{Cl}}{\text{C}}}=\text{CH}-\text{CH}_2\right]_n$$

（1）氯丁橡胶的性状及识别

① 性状。氯丁橡胶为米黄色或浅棕色片状或块状弹性体，相对分子质量在 2 万～95 万之间。相对密度为 1.23～1.25，氯丁橡胶的分子结构规整，90％以上是反式-1，4 结构，因此氯丁橡胶未加填料，其物理力学性能和天然橡胶相似；因氯丁橡胶分子链中含有氯原子，故有极性，其极性仅次于丁腈橡胶。同时氯原子保护双链使活性减弱，还使聚合物对非极性物质有很大的稳定性，因而氯丁橡胶耐老化性能优良，特别是表现在耐气候及耐臭氧老化方面，在通用胶中仅次于乙丙橡胶和丁基橡胶；耐油性次于丁腈橡胶而优于其他橡胶，耐燃烧性在通用橡胶中是最好的，耐热性与丁腈橡胶相当。由于氯丁橡胶具有一系列优良性能，故人们称它为"万能橡胶"。然而氯丁橡胶也存在一些缺点：耐寒性差，储存稳定性差，电绝缘性能不好，加工时易早期硫化，密度大，易产生自硫。

② 识别。利用氯丁橡胶的燃烧特性和密度大的特点来进行识别。该胶难于点燃，点燃后撤去明火即自行熄灭，同时可闻到氯化氢的气味；也可利用密度液法测出橡胶的密度，将氯丁胶与其他胶区别开（因氯丁橡胶密度大）。

（2）氯丁橡胶的品种及经销　氯丁橡胶的品种很多，按其性能和用途分类如下。

① 通用型。通用性包括硫黄调节型（简称 G 型），如 CR1211、CR1212、CR1221、CR1231 等，非硫黄调节型（简称 W 型），如 CR2321、CR2322、CR2323、CR2341 等。

② 专用型。专用型包括黏结型，如 CR2441、CR2442、CR2461、CR2481 等，其他特殊用途型。

③ 氯丁乳胶。氯丁乳胶包括通用乳胶和特种乳胶。

氯丁橡胶牌号中的英文字母：CR 表示氯丁橡胶。

第一位数字：1-硫调节；2-非硫调节；3-混合调节。

第二位数字表示结晶速度：0-无；1-微；2-低；3-中；4-高。

第三位数字表示分散剂和污染程度：1-石油磺酸钠（污）；2-石油磺酸钠（非污）；3-二萘基甲烷磺酸钠（污）；4-二萘基甲烷磺酸钠（非污）；6-中温聚合；8-接枝专用。

第四位数字表示黏度，按黏度由低向高分档，分别用 1，2，3 表示。

氯丁橡胶既是通用合成橡胶，又能作为特种合成橡胶使用，因而用途十分广泛。它可以单独使用，也可以和其他橡胶配合使用。主要用于生产耐老化、耐大气和耐臭氧的制品，如电线、电缆的外包层，自行车胎的胎侧、橡胶水坝等；生产耐燃制品，如煤矿用的橡胶制品（如运输带、胶管、胶片、电缆）；生产耐油、耐化学腐蚀制品，如输油、输酸、输碱、输化学试剂的胶管或内衬及耐油的胶辊、胶板、汽车和拖拉机配件；此外还可生产胶布制品、胶鞋、黏结剂、织物涂料及各种模型制品等。

4. 丁腈橡胶（nitrile-butadiene rubber）

丁腈橡胶是由丁二烯和丙烯腈两种单体在乳液中共聚制得的弹性体。简称 NBR。反应式为

$$m\mathrm{CH_2{=}CH{-}CH{=}CH_2} + n\mathrm{CH_2{=}\underset{\underset{\mathrm{CN}}{|}}{CH}} \longrightarrow \mathrm{\left[CH_2{-}CH{=}CH{-}CH_2\right]_m \cdots \left[CH_2{-}\underset{\underset{\mathrm{CN}}{|}}{CH}\right]_n}$$

丁腈橡胶以它独特的耐油性而著称，在战略、经济上都有着较重要的地位。在 1930 年研究成功，于 1937 年开始工业生产。目前世界上凡生产合成橡胶的国家几乎都生产丁腈橡胶。我国于 1962 年开始生产丁腈橡胶。

（1）丁腈橡胶的性状及识别

① 性状。固体丁腈橡胶是浅黄色至浅褐色的弹性体，略带丙烯腈气味；液体丁腈橡胶为浅黄色或棕色的黏稠液体。由于丁腈橡胶分子中含有氰基（—CN），氰基是极性基，它使丁腈橡胶具有许多特殊的性能：首先具有很好的耐油性。耐油性的好坏决定于丙烯腈的含量，丙烯腈的含量高耐油性就高，但弹性降低，一般把丙烯腈的含量控制在 15%～50%之间，使丁腈橡胶既耐油又有较好的弹性。其次耐热性优于天然橡胶。如配方得当，其制品可在 120℃下连续使用。第三耐水性、气密性、耐磨性和黏结性均好。但丁腈橡胶存在耐寒性差脆性温度为 -10～-20℃，电绝缘性低劣、耐臭氧性、耐酸性较差等缺点。

② 识别。根据外观颜色特征和独有的丙烯腈气味来鉴别丁腈橡胶。还可根据其脆性温度较高的特点进行冷冻试验，与其他试样比较，硬化较快、脆性温度较高者则可初步认定是丁腈橡胶。

（2）丁腈橡胶的品种牌号及应用

① 品种牌号。丁腈橡胶根据工艺性能和应用范围分为通用型和特殊型两类。通用型是指丁二烯和丙烯腈二元共聚物，如 NBR1504、NBR1704、NBR2707、NBR3606 等；特殊型丁腈胶是指引进第三种单体的三元共聚物，如羟基丁腈胶、粉末丁腈胶及羧基丁腈胶 XN-BR1753、XNBR3351 等。丁腈橡胶牌号中，英文字母为丁腈橡胶，数字中的前两位数字表示丙烯腈含量；第三位数：0-硬丁腈橡胶（污），1-硬丁腈橡胶（非污），2-软丁腈橡胶，3-硬丁腈橡胶（微污），4-聚稳丁腈橡胶，5-羧基丁腈橡胶，6-液体丁腈橡胶，7-无规液体丁腈橡胶；第四位数表示门尼黏度。

丁腈橡胶按其丙烯腈的含量不同分为 5 种：

最高丙烯腈丁腈橡胶：含丙烯腈 43%以上；

高丙烯腈丁腈橡胶：含丙烯腈 36%～42%；

中高丙烯腈丁腈橡胶：含丙烯腈 31%～35%；

中丙烯腈丁腈橡胶：含丙烯腈 25%～30%；

低丙烯腈丁腈橡胶：含丙烯腈 24%以下。

② 应用。丁腈橡胶的极性很强，常与极性强的氯丁橡胶、改性酚醛树脂、聚氯乙烯等聚合物并用；为改善加工和使用性能，也常与天然橡胶、丁苯橡胶、顺丁橡胶等非极性橡胶

并用。丁腈橡胶具有优异的耐油、耐溶剂、耐化学药品及耐热性能，因而被广泛应用于制造耐油橡胶制品，如接触油类的胶管、胶辊、密封垫圈、储槽衬里、飞机油箱衬里及大型油囊等。利用丁腈橡胶良好的耐热性，可制造耐热橡胶制品，如制造运输 140℃ 以下物料的耐热运输带；采用丁腈橡胶与 PVC 并用制造各种耐燃制品等。液体丁腈橡胶主要用作浇注制品和黏结剂，可用于黏结金属/金属、橡胶/金属、塑料/金属、木材/木材、皮革/橡胶、织物/橡胶、橡胶/橡胶等多方面粘接。胶乳用于制造耐油薄膜、海绵、浸渍、涂覆制品等。

四、再生橡胶（recovered rubber）

再生胶是废硫化胶、废旧橡胶制品和橡胶工业生产的边角废料经化学、热及机械加工处理后获得的具有一定生胶性能的弹性材料。再生胶并不是生胶，从分子组成和结构上看再生胶与生胶有很大的区别，但它确实具有很大的使用价值，因此再生胶能部分代替生胶用于生产橡胶制品。

1. 生产、利用再生胶的意义

再生胶是橡胶工业的重要原料，使用再生胶既可节省部分生胶，又能回收利用部分宝贵的橡胶配合剂。利用再生胶可降低生产成本，改善加工工艺，减少混炼动力消耗，提高制品的性能。如掺用再生胶后，混炼时间短，硫化速度快，可避免焦烧危险；掺用再生胶的胶料流动性好，压出、压延速度快，半成品外观缺陷少，胶料热塑性小，收缩性小，使制品有平滑的表面和准确的尺寸；掺用再生胶使制品有较好的耐老化、耐酸碱性能。利用再生胶可变废为宝，减少环境污染。

应当注意，再生胶的强度降低，掺与还是不掺与，掺与量的多少，应根据生产橡胶制品的质量而定。

2. 再生胶的性能、分类及用途

（1）再生胶的性能　再生胶的优点是：硫化快、有塑性、耐老化、耐热、耐油、耐酸碱、收缩性小、流动性好。缺点是：弹性、强度、伸长、耐磨、耐屈挠龟裂、耐撕裂等性能都比生胶差。

（2）再生胶的分类　我国采用废旧胶料种类和生产方法相结合的方法来分类，将再生胶分为四类十个产品。见表 4-5。

表 4-5　再生胶品种及使用的废旧橡胶原料

类　别	等　级	使用废旧橡胶原料的部位名称
水油法外胎类	一级品	含天然橡胶比例大的充气轮胎胎面胶（包括 7.50～20 及其以上规格）
	二级品	含天然橡胶比例大的充气轮胎带有两层以下缓冲层的胎面胶（包括 7.50～20 及其以上规格）
	三级品	含天然橡胶比例大的充气轮胎的胶层厚度大于帘线层厚度的胎体胶
	合成橡胶	含合成橡胶比例大的充气轮胎的胶层厚度小于帘线层厚度的胎体胶（以上两种规格包括 7.50～20 及其以上规格） 含合成橡胶比例大的充气轮胎的胎面胶及其胎体胶（7.50～20 以下规格）
水油法胶鞋类	一级品	胶面胶鞋胶
	二级品	布面胶鞋胶
油法胶鞋类	一级品	胶面胶鞋胶
	二级品	布面胶鞋胶
水油法油法杂胶类	一级品	内胎等软杂胶
	二级品	其他杂胶

（3）再生胶的应用　再生胶可广泛用于生产各种橡胶制品，它可单用制造一些低档的橡胶制品，也可与其他生胶并用。目前再生胶已在轮胎、胶带、胶管、胶鞋、胶板等方面普遍使用。如轮胎垫带胶料的 2/3 用再生胶，皮鞋底的 3/5 用再生胶，胶板的生产可全部用再生胶。在建材方面可用于生产防水涂料、油毡、密封圈等；在市政工程方面用做地下管道的防护层、电缆防护层、铺路面防龟裂材料和其他防腐材料。

我国是世界上最大的再生胶生产国。我国再生胶行业目前存在的主要问题是设备效率低、能耗高、污染严重、工艺方法落后、企业经济效益差。再生胶今后应朝着改进生产方法，节能降耗，消除污染，推广新工艺，疏通流通渠道，开拓新应用领域方向发展。

五、橡胶制品基本生产工艺

橡胶制品种类繁多，性状各异，但其生产工艺基本相同，包括以下几个工艺：即胶料的配料，胶料的塑炼，胶料的混炼，压型（包括压延和压出）和硫化。

1. 胶料的配料

胶料主要由生胶和各种配合剂组成。

（1）生胶　凡未加入配合剂的橡胶统称为生胶。它是橡胶制品的主要组分，决定胶料的性质和用途。对配合剂来说，起着黏结剂的作用，使用不同的生胶可制成不同性能的橡胶制品。

（2）配合剂　胶料中除生胶外，其他材料统称为配合剂。加入配合剂的目的是为了使橡胶制品便于加工、降低成本和改善性能。每种配合剂都有它的特殊作用，且配合剂之间也有一定的相互作用。配合剂的选用要符合胶料的使用要求。常用的配合剂如下。

① 硫化剂。凡能使橡胶分子的线型结构变成空间网状结构的物质都称为硫化剂（或交联剂），因最早使用的是硫黄而得名硫化剂并沿用至今。掺用硫化剂后的橡胶制品可提高物理力学性能。

常用的硫化剂：主要是硫黄，其次是金属氧化物、有机多硫化物、过氧化物、酚类化合物和胺类化合物。

② 硫化促进剂。凡能加速硫化速度、缩短硫化时间、降低硫化反应温度、减少硫化剂用量并能提高或改善硫化胶的物理力学性能的配合剂称为硫化促进剂。使用硫化促进剂的作用是降低产品成本、提高质量和生产效率。

常用的硫化促进剂：促进剂 M、促进剂 D、促进剂 H、促进剂 CZ、促进剂 DM、促进剂 DZ 等。

③ 增塑剂（又称软化剂）。凡加入胶料中能降低橡胶分子间的作用力，增加塑性，使胶料易于加工并改善胶料某些性能的物质叫做增塑剂。它可分为物理增塑剂和化学增塑剂两类。加入物理增塑剂可增大橡胶分子间的距离，减少分子间的作用力，并产生润滑作用，从而增加胶料的塑性。常用的有石蜡、松焦油、凡士林、操作油、古马隆树脂等。加入化学增塑剂可增加生胶的塑性，缩短塑炼时间。常用的有五氯硫酚、2-萘硫酚、甲苯硫酚等。

④ 补强剂。凡能使硫化橡胶的抗拉强度、定伸力、弹性、硬度、耐磨性等物理力学性能改善的配合剂称为补强剂。常用的补强剂有炭黑、木质素、玻璃纤维、陶土等。

⑤ 填充剂（又叫增容剂）。凡能使制品增加容积且能降低制品成本的配剂叫做填充剂。常用的填充剂有碳酸镁、重晶石、滑石粉、锌钡白、碳酸钙、碳酸钡等。

⑥ 防老剂。凡能抑制或延缓橡胶或橡胶制品发生老化现象的物质叫做防老剂。按防老机理可分为化学防老剂和物理防老剂两类。化学防老剂是与老化过程中生成的橡胶分子自由

基作用，终止其活动，阻缓降解或结构化反应速率；物理防老剂是与老化过程中生成的橡胶分子过氧物作用生成稳定的化合物，从而阻止老化反应。常用的化学防老剂有胺类防老剂（如 AW、A、D、RD、4010、PPD 等），酸类防老剂（如 SP、264 等）。物理防老剂有石蜡和微晶石蜡等。

⑦ 其他配合剂。着色剂、发泡剂、阻燃剂、防霉剂、脱模剂、硬化剂等。

2. 橡胶加工工艺

（1）塑炼 橡胶具有高弹性，有些橡胶很硬且黏度高，给工艺加工带来极大的困难，为此必须使橡胶获得一定的塑性。塑炼就是使生胶通过机械加工、热处理或其他化学药品处理，使生胶分子发生机械破坏和氧化裂解，由弹性状态转变为柔软而有塑性的状态。应当注意：塑炼对产品质量有损，要防止塑炼过度。

（2）混炼 混炼是通过机械作用，使各种配合剂均匀地分散在橡胶中的工艺过程。混炼的目的是提高橡胶制品的性能和降低成本，因此均匀性是混炼质量的重要标志。如混炼不良，橡胶与配合剂混合不均，就不能使橡胶和配合剂的相互作用，影响制品性能。因此必须严格控制工艺条件，制造出优良的混炼胶。

（3）压型 橡胶制品在生产过程中，应用压延机或压出机预先制成具有各式各样厚度、宽度，断面为片状、条状、管状、板状（包括对布类及金属类进行挂胶）的工艺过程叫做压型。生产中分压延和压出两部分。

① 压延。压延是通过压延机辊把混炼胶制成一定厚度、宽度或一定形状的胶片或将橡胶制品中的纺织物通过压延机挂上一层薄胶。

② 压出。压出是指具有一定塑性的混炼胶在螺杆的挤压下，挤出各种不同形状的半成品，以达到初步造型的目的。如轮胎胎面、空心内胎、胶管内外层胶、电线、电缆外套都是用压出机来制造的。

压延和压出无本质的区别，只是压型机械不同而已。

（4）硫化 塑性橡胶转化为弹性橡胶的工艺过程叫做硫化。其本质是塑性橡胶在一定温度范围内，在硫化剂和硫化促进剂的作用下，使橡胶由链状结构变成网状结构，把塑性橡胶转化为弹性橡胶（又称硫化橡胶）。

橡胶半成品在进行硫化时，它的各种物理力学性能随之发生变化，到一定时间后达到最好的物理力学性能并趋于平衡，在相当一段时间后橡胶的物理力学性能则要下降。

橡胶制品在硫化过程中，各种物理力学性能达到最好使用性能的状态称为正硫。相对应的硫化时间称为正硫化时间。硫化阶段关键是掌握好正硫，正硫使橡胶制品的性能最好、使用寿命最长，在操作中如控制不严就可能出现欠硫或过硫。欠硫是硫化时的温度或时间尚未达到正硫化的条件，其物理力学性能未达到最好程度。过硫就是温度或时间都超过正硫的条件，且物理力学性能明显下降。

硫化工艺是橡胶制品生产工艺中的重要工序，它直接影响橡胶制品的质量及使用寿命。因此在工艺操作中应严格控制正硫化，防止欠硫或过硫现象发生。

3. 常用橡胶制品

轮胎是橡胶制品中最主要的产品，它的产量大，用胶量高，用胶量占世界总胶量的60%左右。轮胎的结构复杂，生产技术复杂，且使用条件苛刻。它广泛用于交通运输、国防工业、农业机械化等部门。因此轮胎在橡胶制品中占有重要的地位。

轮胎按用途可分为：汽车轮胎、拖拉机轮胎、工程机械轮胎及特种车轮胎等。

胶带、胶管也是常用的橡胶制品，胶带按用途可分为传动带和运输带两大类。传动带是传递动能的，常见的传动带有两种：平型传动带和三角传动带（简称三角带）。运输带是运输物料的。胶管是由橡胶和纤维或钢丝绳加工制成的，中空可挠性管状橡胶制品。它是输送或抽吸各种流体、半流体、粉状和粒状等物料的，具有重量小、易装卸、耐化学腐蚀性较好等特点，因而被广泛用于国民经济各部门。

除全胶管外的各胶管的结构都是由内胶层、强力层和外胶层三部分组成。

● 内胶层。是直接与输送物料接触的工作面，它长期受输送介质浸泡、腐蚀、摩擦和冲击，同时还起着保护强力层的作用，因而要求内胶层应由有一定抵抗输送介质侵蚀能力的密闭性胶料组成。

● 强力层。又叫骨架层，是胶管承受压力的部分，因而要求强力层由具有一定强度和刚度的材料组成。

● 外胶层。是胶管的外保护层，其作用是保护强力层和内胶层在使用时不受外界的损伤和侵蚀。外胶层要由一定耐磨性和耐日光老化性能的胶料组成。

第四节　合成纤维

一、概述

1. 纤维的分类

纤维可分为两大类，一类是天然纤维，如棉花、羊毛、蚕丝、麻等；另一类是化学纤维，化学纤维又分为以下两种。

① 人造纤维即利用自然界中纤维素或蛋白质做原料，经过化学处理与机械加工而制得的纤维。用纤维素（如木材、棉短绒等）为原料的叫纤维素纤维；用蛋白质（如牛奶、大豆、花生等）为原料的叫蛋白质纤维。

② 合成纤维即利用煤、石油、天然气及农副产品等作为原料，经过化学合成与机械加工等制得的纤维。

合成纤维又可分为6个系，即聚酰胺系、聚酯系、聚乙烯醇系、聚丙烯腈系、聚烯烃系和含氯纤维，见表4-6。

2. 合成纤维发展概况和应用

合成纤维工业是20世纪40年代初才发展起来的。最初工业化生的是聚酰胺纤维，后来又发展生产聚乙烯醇纤维、丙烯腈纤维、聚纤维，发展速度很快。1945年世界合成纤维产量只有1.6万吨，1960年增长到71万吨，随着经济增长对合成纤维的需求日趋旺盛，最近几年的增长速度很快。

合成纤维品种繁多，比较重要的有40余种，但从性能、应用范围和技术成熟程度来看，重点发展的只有聚酰胺、聚酯和聚丙烯腈三大类。这三大类纤维的产量占合成纤维总产量的90％以上。

此外，由于军工和尖端科学部门的需要，各国都在研究发展一些高温合成纤维，如聚四氟乙烯纤维、石墨纤维等。

目前合成纤维已成为国防、工业、日常生活上不可缺少的材料。合成纤维在民用方面，主要是利用它的强度高、质轻、易洗快干、保性好、不会霉蛀等特性，它可以纯纺，也可以与天然或人造纤维混、交织。合成纤维在工业上的应用，主要是利用它的高强度、耐磨、高

表 4-6　合成纤维的主要品种

系列	合成纤维学名	基本原料	单体或其他原料	分　子　结　构	我国商品名称
聚酰胺系	聚酰胺6	苯、苯酚、环己烷或甲苯	己内酰胺	$\text{—[NH(CH}_2\text{)}_5\text{CO]}_n\text{—}$	锦纶（尼龙）
	聚酰胺66	苯、苯酚、环己烷、丙烯腈、丁二烯等	己二胺、己二酸	$\text{—[HN(CH}_2\text{)}_6\text{NHCO(CH}_2\text{)}_4\text{CO]}_n\text{—}$	
	聚酰胺1010	蓖麻油	癸二胺、癸二酸	$\text{—[HN(CH}_2\text{)}_{10}\text{NHCO(CH}_2\text{)}_8\text{CO]}_n\text{—}$	
聚酯系	聚对苯二甲酸乙二酯纤维	对二甲苯、苯酐等	对苯二甲酸、二甲酯、乙二醇	$\text{—[OC—}\langle\bigcirc\rangle\text{—COO(CH}_2\text{)}_2\text{O]}_n\text{—}$	涤纶（的确良）
聚乙烯醇系	聚乙烯醇缩甲醛纤维	乙炔、乙烯、醋酸	醋酸乙烯	$\text{—[CH}_2\text{—CH—CH}_2\text{—CH]}_n\text{—}$ $\quad\text{O—CH}_2\text{—O}$	维纶（维尼纶）
	氯乙烯-聚乙烯醇接枝共聚纤维	醋酸乙烯、氯乙烯	聚乙烯醇、氯乙烯		维氯纶
	聚丙烯腈纤维	乙炔、氢氰酸；丙烯、氨	丙烯腈	$\text{—[CH}_2\text{—CH]}_n\text{—}$ $\qquad\text{CN}$	腈纶
	氯乙烯与丙烯腈共聚纤维		氯乙烯、丙烯腈		氯丙纶
聚烯烃系	聚丙烯纤维	丙烯	丙烯	$\text{—[CH}_2\text{—CH]}_n\text{—}$ $\qquad\text{CH}_3$	
	聚乙烯纤维	乙烯	乙烯	$\text{—[CH}_2\text{—CH}_2\text{]}_n\text{—}$	
含氯纤维	聚氯乙烯纤维	乙烯、盐酸	氯乙烯	$\text{—[CH}_2\text{—CH]}_n\text{—}$ $\qquad\text{Cl}$	氯纶
	过氯乙烯纤维		聚氯乙烯、氯		过氯纶

弹性模数、低吸水率、耐酸碱性、电绝缘性等特性，工业上用轮胎帘子线、运输带等。具有耐高温性能和耐辐射性能的耐高温纤维主要用于国防工业上，如作高空降落伞、飞行服、导弹和雷达的绝缘材料；石墨纤维可用来代替铝、钛等金属作为飞机、火箭、导弹等的结构材料。合成纤维还可用作外科缝线、人工内脏等。

3. 合成纤维的性能

（1）细度　纤维细度是表示纤维的粗细程度，测量纤维的截面积费用高，一般都用细度的间接指标来表示，常用的有支数及纤度两种。

① 支数（或公支）。单位重量的纤维所具有的长度叫支数。如 1g 重的纤维长 100m，就叫 100 支。

$$N = L/G$$

式中　N——支数；

　　　L——纤维长度，m；

　　　G——纤维质量，g。

同一种纤维中，支数愈高纤维愈细，支数愈低，纤维愈粗。对密度不同的纤维则它们的粗细不能用支数直接比较。

②纤度。单位长度的纤维所具有的重量叫纤度。测量纤度时采用的单位为9000m，重量单位为g。9000m长的纤维所具有重量叫旦尼尔数。当密度一定时，支数愈大，纤维愈细。纤维的旦尼尔数（D）可用下式计算：

$$D = 9000 \times G/L$$

（2）长度　合成纤维可根据用户的需要，切割成任意的长度，一般用mm表示。毛型产品要求纤维较长，一般64～114mm之间；棉型产品，一般要求长度在40mm以下。

（3）卷曲度　因合成纤维的表面都较光滑，它不如棉纤维有天然卷曲，又不像羊毛的表面有鳞片，因此它们之间抱合力很弱，必须在纤维成形上加以卷曲，增加抱合力，以利纺织加工时开松、梳理工序的顺利进行。

单位长度（每厘米）的纤维上所具有的卷曲数叫做卷曲率，卷曲数一般在12～14之间较合适。

（4）吸湿性　一般合成纤维较天然及人造纤维吸湿性小，除维纶纤维吸湿性较大外，其余合成纤维不大吸水或甚至完全不吸水。这是合成纤维的优点，但另一方面也是它的缺点。在工业上利用它不吸水、电绝缘性能好等优点；在民用纤维方面，由于吸湿性差，制成衣服不吸汗，穿着不舒服，同时又影响染色性能。在纺织过程中，常因纤维吸湿性差而产生静电使加工发生困难，所以在纺织加工时需要调整车间的湿度，并在纤维内预先加入抗静电油剂。

纤维的吸湿率一般规定相对湿度（65±5）％，温度（20±5）℃的大气状态下，纤维在其中放置24h后所吸收水分的％，用（$W\%$）来表示，其计算公式如下：

$$W\% = \frac{G - G_0}{G_0} \times 100\%$$

式中，G及G_0，分别表示试样湿重和干重。

（5）强度　强度是纤维的重量指标。人们穿的衣服就要求耐穿、耐磨，工业用纤维，如轮胎帘子线、降落伞、渔网等，更要求纤维能受负荷而不易断裂，这就要求纤维具有高的强度。

纤维被拉断时所受的力称为纤维的断裂强度，通常用下列方法表示。

①绝对强力。纤维在连续增加负荷的作用下，直至断裂时所能承受的最大负荷称为绝对强力，常以g表示。

②强度极限δ。单位面积所受的最大应力，即纤维断裂时其断面每平方毫米所承受的力，单位为kgf/mm^2。可按下式计算：

$$\delta = \frac{P}{S}$$

式中　S——纤维横断面积，mm^2；

P——纤维拉断时所需的力，kgf。

纤维经拉伸后的横断面积有所收缩，一般用最粗面积来计算，这样计算所得的并非是在断裂时的真正应力，有一定误差。

③相对强度。相对强度P_0就是每根纤维被拉断时所能承受的最大的力，可按下式计算

$$P_0 = P/D$$

式中　P——纤维被拉断时所需力，kgf；

　　D——纤维细度，D。

④ 断裂长度。断裂长度是指纤维在悬挂时受自身重量的作用而断裂的长度，例如36km的纤维在悬挂时受自身的重量而断裂，则纤维的断裂长度就是36km。纤维断裂长度数值很大，而一般纤维的最长的长度比这数值小很多，因此断裂长度所表示的只是假定的，实际上断裂长度（L_P）是由纤维被拉断时所受的力与纤维公支数的乘积按下式推导而计算：

$$L_P = P \times N$$

式中　P——纤维被拉断时所需的力，kgf；

　　N——纤维细度，公支。

由相对强度换算为断裂长度：

$$L_P = 9 \times P_0$$
$$\delta = r \times L_P (r \text{ 为纤维的相对密度})$$

（6）弹性　纤维的弹性可从以下几个指标来表示。

① 延伸度。延伸度一般用相对伸长（$X\%$）表示，它表示纤维在拉伸断裂时的长度比原来增加的百分数以下式表示

$$X\% = \frac{L_1 - L_0}{L_1} \times 100\%$$

式中　L_0——纤维原来长度，mm；

　　L_1——纤维拉伸至断裂时的长度，mm。

② 回弹率。拉伸纤维至一定的延伸度（一般为 $2\% \sim 5\%$），当除去引起形变的外力后，在 60s 内形变立即恢复的性能称回弹率，以百分数表示。若完全恢复至原来长度，其回弹率为 100%。

（7）耐磨性　纤维表面的耐磨性质也是纤维的主要机械性质之一。一般聚酰胺纤维的耐磨性最好。纤维的耐磨性与其含湿率有关，一般含湿率较高的纤维在湿态下的耐磨性较低。在天然纤维中添加少量聚酰胺纤维进行混纺，可显著提高织物的耐磨性。

（8）相对密度　纤维的相对密度虽不是其性质的重要指标，但在实用上有重要意义。纤维的相对密度愈小，则由相同重量的纤维，可以纺出更长的纤维，织出更大面积的制品。

（9）耐热性　合成纤维在高温下变化的大小，基本上决定于高聚物本身的性质，因而温度的影响随品种不同而异。通常温度上升时，纤维的断裂强度降低。如聚氯乙烯纤维、过氯乙烯纤维在 $70 \sim 90℃$ 即变形，因此这类纤维不能用沸水洗及熨斗熨。

（10）耐气候性　各种纤维在日光及大气中长期暴露，不仅强度降低，而且延伸度也有所下降，这主要是纤维结构遭到破坏，高聚物发生裂解的缘故。在合成纤维中，聚丙烯腈纤维及聚氯乙烯纤维的耐气候性较高。

（11）耐腐蚀性　合成纤维对于酸、碱及其化学药品的抵抗能力一般都很强。在合成纤维中，聚四氟乙烯纤维、聚氯乙烯纤维、过氯乙烯纤维等均能耐酸又能耐碱；聚酰胺纤维与聚乙烯醇缩醛纤维耐碱性好而耐酸性稍差；与此相反，聚酯纤维与聚丙烯腈纤维是耐酸性好和耐碱性稍差。

（12）电绝缘性　一般合成纤维的电绝缘性能好，因为它的比电阻高，介电常数低。比电阻是表示物质对电流阻碍通过的物理量；介电常数是表示绝缘材料对电场影响的程度。

（13）染色性　天然纤维与人造纤维染色较容易，这是由于它们可以吸收水分，染料分

子容易渗入纤维内部，同时它们分子结构中有可与染料结合的官能团，如羊毛与蚕丝分子结构中有酸性基团或碱性基团，可与染料的碱性基团或酸性基团之间生成牢固的化学键；再如纤维素纤维（棉、麻等）本身有氢氧基，可和染料的羧基、氨基之间生成牢固的氢键。但对于合成纤维来说，染色比较困难，一是合成纤维分子结构中很少或没有可与染料易于结合的官能团；二是合成纤维分子结构紧密，吸水性小，因此染料不容易渗入纤维内部。

为了改进合成纤维的染色性，可选择合适的染料，改进染色方法，添加助染剂等来提高合成纤维的染色性能。

4. 纤维的鉴别方法

鉴别纤维的方法很多，有燃烧法、显微镜观察法、密度测定法、染色法、药品着色法及溶剂溶解法等。仅用一种方法大都不能立即确定纤维的类别，一般必须根据数种方法的测试结果，来做综合分析研究。通常的方法是燃烧法和显微镜观察法。

燃烧法是纤维试样在火上点燃，依据火焰燃烧的状况、燃烧的难易、燃烧剩余物的形状以及硬度等来鉴别纤维。鉴别方法见表 4-7。

表 4-7 几种纤维在燃烧时的情况

纤维名称	火 焰 情 况	臭 味	灰的颜色和形状
棉	易燃放出火焰,烧焦部分为黑褐色	烧纸样的臭味	灰白色粉末状
羊毛	一边徐徐发泡,一边放出火焰而燃烧	如燃烧毛发的臭味	不定型黑褐色块
聚酯纤维	熔化而不冒火焰,不变色	无特殊臭味	如玻璃珠状光亮的圆珠
丙烯腈纤维	缓慢收缩,熔融,徐徐发火燃烧	特殊臭味	不定型黑褐色硬块
维尼纶	缓慢收缩,熔融	恶臭	褐色或黑色不定型硬块
聚氯乙烯纤维	收缩并冒黑烟	氯氨臭味	不定型黑褐色硬状

此外，还可以将纤维放入试管中，加热，用水湿润的试纸所显现的颜色，鉴别加热所放出的气体是酸性、中性或碱性，然后依据下述情况确定各类纤维。

酸性：棉、麻、维尼纶、聚氯乙烯纤维等。

中性：聚乙烯纤维、聚丙烯纤维、聚丙烯腈纤维等。

碱性：羊毛、丝、聚酰胺纤维等。

二、聚酰胺纤维

1. 概述

聚酰胺纤维是世界上最先工业生产的合成纤维品种，目前它的产量在世界合成纤维品种中居首位。由于这种纤维具有优异的性能，所以应用非常广泛。

这类纤维的品种很多，但它们分子结构中都含有一个相同的酰胺键，因此这类纤维的学名叫聚酰胺纤维。

聚酰胺纤维各品种的学名很长，人们为了简便起见，用它的单元结构中所含有的碳原子数来称呼。例如聚酰胺-6 就是由含有 6 个碳原子的己内酰胺聚合成的；聚酰胺-66 是由含有 6 个碳原子的己二胺 $[H_2N(CH_2)_6NH_2]$ 和 6 个碳原子的己二酸 $[HOOC(CH_2)_4COOH]$ 聚合而成的；其他聚酰胺纤维命名由此类推。还有由共缩聚制成的共聚酰胺纤维，其命名也以相应数字来表示，后面括弧内的数字表示其组成的重量比例，例如聚酰胺 66/6（60：40）就是 60% 的聚酰胺-66 和 40% 聚酰胺-6 的共聚物。

聚酰胺纤维除了学名外，在各国还有其商品名称。如聚酰胺-6 纤维叫"耐纶"，也有叫

"卡普隆"等。在我国商品名称叫"锦纶"或"尼龙"。

2. 酰胺纤维的性能和用途

聚酰胺纤维的性能优良，能弥补天然纤维的不足，因此发展迅速，应用广泛。它可以作为发展国防工业的重要材料及民用工业材料。

（1）性能

① 强度高、耐冲击性好。聚酰胺纤维强度比天然纤维高，在合成纤维中亦是比较高的。一般丝相对强度为 4～6g/D，强力丝为 7～9.5g/D。这种强力丝适于作飞机和载重汽车轮胎帘子线、绳索和许多其他工业品。

② 弹性高，耐疲劳性好。聚酰胺纤维弹性高，因此它的结节强度好，耐多次变形性能好，它经得住数万次双曲挠。

③ 耐磨性好。耐磨性优于其他一切纤维。比棉花高 10 倍，比羊毛高 20 倍。因此，它最适于作袜子、绳索经常摩擦的物品。

④ 相对密度小。聚酰胺纤维的相对密度为 1.04～1.14，除聚丙烯和聚乙烯纤维外，它是所有纤维中最轻的，比棉花轻 35%。

⑤ 耐腐蚀。不发霉、不怕虫蛀，并有耐碱性作用，但不耐浓酸。

⑥ 染色性良好。染色性虽不及天然纤维及人造纤维，但在合成纤维中还较易染色，可用酸性染料、分散染料及其他染料染色。

聚酰胺纤维虽然有很多优点，但也有一些缺点，其主要缺点如下：

① 弹性模数小。在使用过程中较聚酯纤维容易变形。

② 耐热性能不够好。聚酰胺-66 纤维的临界温度为 130℃；聚酰胺-6 纤维的临界温度为 93℃，因此，用作飞机和载重汽车轮胎帘子线，在行驶中受冲击产生高热。

③ 耐光性能差。聚酰胺纤维长期在阳光照射下，颜色发黄、强度下降，近年来由于在纤维中加了耐光剂，耐光性能也有了较大的改进。

（2）用途

① 在民用方面。它可以纯纺和混纺作各种衣料及针织品。如尼龙袜子等。

② 在工业用方面。最主要的是用作工业品，可制工业用布、绳索、渔网、容器、轮胎帘子线、降落伞等。

聚酰胺纤维品种多，这里只介绍聚酰胺-6 的生产。

3. 聚酰胺-6 纤维的生产

聚酰胺-6 纤维的生产包括以下几个过程。

第一步：聚酰胺-6 纤维原料己内酰胺的生产；

第二步：聚酰胺-6 纤维树脂的合成；

第三步：聚酰胺-6 纤维的生产，包括纺丝、长丝、鬃丝的生产。

这里重点介绍前两步的生产过程。

（1）聚酰胺-6 纤维原料己内酰胺的生产　己内酰胺分子式为 $HN(CH_2)_5CO$，生产己内酰胺方法很多，下面介绍环己烷法和甲苯法两种。

① 环己烷法。它包括羟胺制造、肟化、转位、中和及己内酰胺精制等。其反应式：

$$\begin{array}{c} O \\ \Big\Vert \\ \bigcirc \end{array} + NH_2OH \cdot \frac{1}{2}H_2SO_4 + NH_4OH \longrightarrow \begin{array}{c} NOH \\ \Vert \\ \bigcirc \end{array} + \frac{1}{2}(NH_4)_2SO_4 + 2H_2O$$

$$\underset{\text{NOH}}{\text{(cyclohexanone oxime)}} + H_2SO_4 + 2NH_4OH \longrightarrow HN(CH_2)_5CO + (NH_4)_2SO_4 + 2H_2O$$

② 甲苯法。甲苯法是以甲苯为原料，先制成苯甲酸，苯甲酸经氢化生成六氢苯甲酸，再与亚硝酰硫酸进行反应生成环己酮肟，后制成己内酰胺。

$$\underset{\text{CH}_3}{\bigotimes} \xrightarrow{O_2} \xrightarrow{H_2} \xrightarrow{NOHSO_4} \xrightarrow{\text{发烟 } H_2SO_4} HN(CH_2)_5CO$$

（2）聚酰胺-6 纤维树脂的合成　首先是使己内酰胺开环聚合制成聚酰胺-6 树脂，其分子式为 $H[HN(CH_2)_5CO]OH$。

纯己内酰胺是不会聚合的，聚合需在高温及有引发剂（水）存在下进行。其反应式简单列为

$$HN(CH_2)_5CO \xrightarrow{H_2O} H_2N(CH_2)_5COOH \xrightarrow{\text{缩聚}} NH_2-COOH \longrightarrow$$

$$H[HN(CH_2)_5CO]_{n+1}OH \xrightarrow[\text{加成}]{HN(CH_2)_5CO} H[HN(CH_2)_5CO]_{n+1}OH$$

三、聚酯纤维

1. 概述

聚酯纤维是由二酸和二元醇缩聚制得聚酯树脂，再将这种树脂进行熔融纺丝和加工处理制成合成纤维。因这类纤维的分子结构中含有酯基，所以学名称为聚酯纤维。目前，这类纤维的主要品种是聚对苯二甲酸乙二酯纤维，是由对苯二甲酸和乙二醇缩聚制得的。这种商品名称，国内叫涤纶，而目前市场上通称为"的确良"。

由于聚酯纤维的性能优良，用途广泛，近年来发展异常迅速，其发展速度已在其他合成纤维中占首位。在产量迅速增加、生产能力不断扩大的同时，人们还对聚酯纤维原料的生产、缩聚、纺丝、纤维加工工艺、产品质量和性能改进等方面不断进行研究和提高。工业领域中公认的先进技术路线如下。

① 以石油混合二甲苯为原料，用蒸馏法分离出邻二甲苯和乙苯，然后用深冷结晶法分离出对二甲苯，最后通过异构化使间二甲苯转化为对二甲苯。

② 用液相空气氧化法将对二甲苯氧化成为对苯二甲酸，经过提纯制得高纯度的对苯二甲酸。

③ 使高纯度的对苯二甲酸和乙二醇进行连续酯化缩聚，紧接着将聚酯熔体直接纺丝。

过去由于没有找到精制对苯二甲酸的方法，在聚酯纤维工业中都要采用对苯二甲酸二甲酯为原料，即将对苯二甲酸做成对苯二甲酸二甲酯，实际上是对苯二甲酸的一种特定的精制法。

2. 聚酯纤维的性能和用途

（1）性能

① 强度。短纤维强度 $4.7\sim6.5g/D$，长丝一般强度为 $4.3\sim6.0g/D$，高强力丝为 $6.3\sim9.0g/D$。在湿态下强度不变（而聚酰胺纤维在湿态下，强度降低 $10\%\sim15\%$）。其耐冲击强度比聚酰胺纤维高 4 倍。

② 弹性。聚酯纤维的弹性接近羊毛，耐皱性超过其他一切纤维。

③ 耐热性。聚酯纤维熔点 255～260℃，比聚酰胺纤维高，其耐热性较好，在 150℃ 的空气中加热 1000h，稍有变色，强度下降不超过 50％。而一般其他纤维在此情况下 200～300h 即分解。

④ 吸水性。聚酯纤维的回潮率为 0.4％～0.5％，因而电绝缘性能好，织物易洗易干。由于吸水性低，染色性差。

⑤ 耐磨性。仅次于聚酰胺纤维，比其他天然纤维及聚丙烯纤维等都好。

⑥ 耐光性。仅次于聚丙烯腈纤维，比聚酰胺纤维好。

⑦ 耐腐蚀性。可耐漂白剂、氧化剂、醇类、烃类、酮类、石油产品及无机酸等。耐稀碱而不耐浓碱，热浓碱可使其分解。与其他合成纤维一样不发霉，不怕虫蛀。

（2）用途　由于聚酯纤维外观式样好、弹性好、织物耐穿、易洗易干、保形性好，甚至洗后仍不折皱等优良性能，因而是理想的纺织材料。在工业上可作电绝缘材料、运输带、传送带、输送石油轮管、水龙带、帘子线、工作服、绳索、渔网、人造血管等。

3. 聚酯纤维的生产

聚酯纤维的生产包括聚酯纤维原料对苯二甲酸（TPA）和乙二醇（EG）的生产；原料对苯二甲酸和乙二醇聚合成对苯二甲酸乙二酯树脂，聚酯树脂纺丝和加工处理。这里重点介绍聚酯纤维原料的生产和聚酯树脂的合成。

（1）原料的生产　即聚酯纤维的原料对苯二甲酸和乙二醇的制造。

① 对苯二甲酸的制造。工业生产对苯二甲酸的方法很多，下面简单介绍三种。

最早的工业生产方法为对苯二甲苯硝酸氧化法：

将对二甲苯置于高压釜中，加热至 150～165℃，加入 30％ 硝酸，将温度升至 180℃，压力保持 1.4～3.0MPa，反应 15min 后即可生成对苯二甲酸，产率 85％～89％，纯度 90％～95％。

此法的优点是流程简单，反应快，收率较高。缺点是产品中混有含氮化合物，产品纯度低，精制困难，需耗大量硝酸，成本高，且反应是高温高压下进行的，对设备腐蚀严重。

对二甲苯一步空气氧化法：这是近年来发展速度居于首位的方法，从 1958 年实现工业化以来，由于较其他方法有显著优点，得到迅速推广。

一步空气氧化法是对二甲苯在醋酸中进行氧化，催化剂为醋酸钴或醋酸锰，助催化剂为溴化物，反应温度 150～250℃，压力为 2.0～3.0MPa，反应时间 30～60min。反应式为：

一步空气氧化法的优点是流程简单，反应迅速，辅助原料费用低，收率高（可达

95%），经过纯化后将得到高纯度的对苯二甲酸，可与乙二醇直接缩聚。缺点是氧化使用醋酸为溶剂，助催化剂含溴，设备腐蚀严重。近年又进行改进，采用低温氧化法，产品纯度可达 99.9%。

苯酐转位法：邻苯二甲酸酐（简称苯酐）和氢氧化钾或碳酸钾作用，制成邻苯二甲酸钾盐，干燥后在温度 400～450℃，0.4～1.5MPa 及二氧化碳气流中，用氧化镉（或氧化锌）作催化剂转成对苯二甲酸钾盐，然后用酸进行酸析即得对苯二甲酸。

该制法工业生产比较早，技术比较成熟。苯酐是由苯氧化而得。反应式为：

$$\text{苯酐} \xrightarrow{\text{KOH}} \text{邻苯二甲酸钾} \xrightarrow{\text{催化剂}} \text{对苯二甲酸钾} \xrightarrow{\text{酸}} \text{对苯二甲酸}$$

② 乙二醇的制造。目前工业生产乙二醇的方法主要有 4 种：氯乙醇水解法、二氯乙烷水解法、环氧乙烷水合法、甲醇—氧化碳合成法。环氧乙烷水合法是近年来生产乙二醇的主要方法，其反应式为：

$$CH_2=CH_2 \xrightarrow{\text{氧}} \underset{O}{CH_2-CH_2} \xrightarrow{H_2O} \begin{array}{c} CH_2OH \\ CH_2OH \end{array}$$

一般制成的乙二醇应进行精制，因为乙二醇中含有乙二醇缩合物，会降低聚酯的熔融温度及高聚物的热稳定性；乙二醇中还含有醛、含氰化合物及高沸点一元醇，则会在缩聚反应中成为链终止剂，使相对分子质量降低。

（2）聚对苯二甲酸乙二酯树脂的直接酯化缩聚

① 直接酯化反应。

$$HOOC-\text{(苯环)}-COOH + 2HOCH_2CH_2OH \longrightarrow HOCH_2CH_2OOC-\text{(苯环)}-COOCH_2CH_2OH + 2H_2O$$

② 缩聚反应。连续酯化之后，接着进行连续缩聚，即对苯二甲酸乙二酯缩聚成高聚合度的聚合物。缩聚反应式：

$$nHOCH_2CH_2COO-\text{(苯环)}-COOCH_2CH_2OH \rightleftharpoons HOCH_2CH_2O\left[OC-\text{(苯环)}-COOCH_2CH_2O\right]_nH$$

直接酯化缩聚所得聚合物的热稳定性高，更容易得到高聚合度的聚合物。

四、聚丙烯腈纤维

1. 概述

聚丙烯腈纤维是合成纤维中的主要品种之一。它的基本原料是丙烯腈（$CH_2=CHCN$）。用丙烯腈合成高聚物——聚丙烯腈，而后纺制成纤维。由于纤维原料是聚丙烯腈，所以叫做聚丙烯腈纤维。它的性质极似羊毛，故称"合成羊毛"。商品名称"腈纶"。

聚丙烯腈纤维具有许多优良的性能，如短纤维蓬松、卷曲、柔软，极似羊毛，而且某些指标已超过羊毛。纤维强度比羊毛高 1～2.5 倍，织成衣料比羊毛耐穿；相对密度（1.14～1.17）比羊毛轻（羊毛相对密度为 1.30～1.32）；同时保暖性及弹性均较好。由于有这些优良的性能，不仅在民用上获得广泛应用，而且在军用、工业材料方面的应用范围也在逐年扩大。

聚丙烯腈纤维的耐光性与耐气候性是一切天然纤维和合成纤维中最好的，耐热性能也较好，在125℃下热空气持续32天强度不变，并可在180～200℃下短时间应用，其黏着温度约为240℃。

聚丙烯腈纤维还具有很高的化学稳定性，尤其在用酸、氧化剂或者有机溶剂处理时极为稳定。但耐碱性差，用稀碱或氨处理，则变成黄色，以浓碱处理时，则被破坏。

聚丙烯腈纤维不溶于一般溶剂，不发霉，不怕微生物和虫蛀。

2. 聚丙烯腈纤维的生产

聚丙烯腈纤维的生产包括单体丙烯腈的制造、聚合和聚丙腈纤维的纺织。以下简要介绍聚丙烯腈单体的制造和聚合。

(1) 丙烯腈的合成　工业上有以下三种合成方法。

① 环氧乙烷与氢氰酸合成法。此法分两步进行，由环氧乙烷加氢氰酸制得氰乙醇，再由氰乙醇脱水制得丙烯腈。其反应式为

$$H_2C\overset{\displaystyle\diagup\!\!\!\diagdown}{\underset{O}{}}CH_2 + HCN \xrightarrow[\text{氧化}]{\text{催化剂}} \underset{OH}{CH_2}-\underset{CN}{CH_2} \xrightarrow[\text{脱水催化剂}]{250\sim350℃} CH_2{=}CH{-}CN + H_2O$$

此法的最大优点是所得丙烯腈纯度较高，生产技术易掌握，但原料昂贵，操作过程复杂。

② 乙炔与氢氰酸合成法。此法是在温度80～90℃下，乙炔与氢氰酸通过催化剂（氯化亚铜和氢氧化铵等）的溶液来合成丙烯腈。其化学反应式为

$$CH{\equiv}CH + HCN \longrightarrow CH_2{=}CHCN$$

反应除产生丙烯腈外，还产生乙烯基乙炔、二乙烯基乙炔、乙醛等副产物，制得丙烯腈纯度不高，因有杂质存在，对聚合反应有不利影响。

③ 丙烯氨氧化法。近年来，以石油炼制副产品廉价丙烯为原料合成丙烯腈的方法，已在技术上获得新的成就，丙烯腈产率可达60%以上，是最有发展前途的方法。其化学反应式为

$$CH_2{=}CH{-}CH_3 + NH_3 + \frac{3}{2}O_2 \xrightarrow{\text{催化剂}} CH_2{=}CHCN + 3H_2O$$

这种方法原料便宜易得，对丙烯纯度要求不高，工艺流程简单，产品质量较高。

(2) 丙烯腈的聚合　丙烯腈的聚合一般采用自由基型的聚合方法，促使丙烯腈进行自由基型聚合的引发剂（一般用有机及无机的过氧化物和偶氮化合物），使丙烯腈在水介质无机盐溶液或有机溶剂中进行聚合。其化学反应式为：

$$n CH_2{=}CHCN \longrightarrow \underset{CN}{\underbrace{{\Big[}CH_2{-}CH{\Big]}_n}}$$

一般生产聚丙烯腈纤维所用的聚合物，多采用氧化还原系统的悬浮法制取。氧化剂（过硫酸钾）与还原剂（二氧化硫、亚硫酸氢钠）的比例为0.1～1。引发剂加入量占单体重量的0.1%～4%，pH值维持在2～5之间，聚合温度为29～49℃，反应时间为1.5～3h。聚合物的产率为80%～85%。

五、聚乙烯醇纤维

1. 概述

聚乙烯醇纤维是合成纤维领域的一个重要品种。当今工业生产主要是将聚乙烯醇纺

制成纤维，再用醛类（甲醛）处理后而制得的聚乙烯醇缩甲醛纤维，即通常所称的"维尼纶"。

由于这种纤维原料易得（原料乙炔可从电石、天然气或石油裂化气而得到），成本低廉；纤维特性极似棉花，而强度比棉花好，适合作各种衣料；并有多种工业用途。

（1）维尼纶纤维在性能方面的特点

① 吸湿性好。在合成纤维中，它的吸湿性最大，在标准条件下，它的吸湿为4.5%～5%，和棉花相近（棉花为8.5%）。

② 强度较高。普通维尼纶短纤维强度为4～6.5g/D，这稍高于棉花，而比羊毛高得多。

③ 耐腐蚀性和耐光性好。维尼纶耐碱性强、耐酸性也不弱，在一般有机酸、醇、酯等溶剂中均不能溶解，它不怕霉蛀，在长时间的日光暴晒下强度几乎不降低。

④ 柔软及保暖性好。维尼纶的相对密度1.26～1.30，比棉花及人造纤维小，它的热导率低，因而保暖性好。

（2）维尼纶在性能方面的缺点

① 耐热水性不够好。维尼纶不宜长时间在沸水中煮，在115℃就收缩变形。

② 弹性较差。表现在回弹性不够高。

③ 染色性较差。

在民用上，维尼纶短纤维大量用来与棉混纺，可织成各种布料及针织品，制作一般外衣、内衣、运动服、床单等。

维尼纶在工业上用途极为广泛，可用作渔网、帆布，也可作自行车或拖拉机轮胎帘子线，工厂亦可作输送带、包装袋等。

维尼纶在军用方面利用短纤维制品制军服、子弹袋等。干法长丝编织高强度、细纤度纤维，可以作体积小、重量轻的军需装备等。

2. 聚乙烯醇纤维的生产

聚乙烯醇纤维的生产包括醋酸乙烯的合成、聚合、聚醋酸乙烯的醇解、醋酸及甲醇的回收、纺丝及后加工和热处理及缩醛化。

聚乙烯醇纤维生产过程如下。

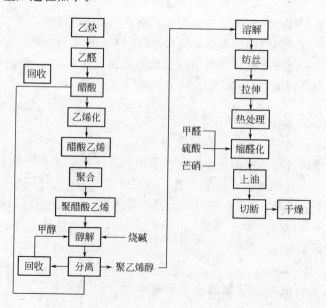

（1）醋酸乙烯的合成　　醋酸乙烯（ $CH_2\!=\!CH$ ）是制造聚乙烯醇纤维的基础原料。目前

$$\underset{OCOCH_3}{|}$$

合成醋酸乙烯的主要原料路线，基本上可分为乙炔法和乙烯法两大类。

乙炔法是利用乙炔和醋酸，在催化剂存在下通过气相反应而合成醋酸乙烯。其化学反应式如下：

$$CaC_2 + H_2O \longrightarrow HC\!=\!CH + Ca(OH)_2$$

$$HC\!=\!CH + CH_3COOH \xrightarrow{ZnAc} CH_2\!=\!CH$$
$$\underset{OCOCH_3}{|}$$

乙烯法是把乙烯、醋酸和氧气在二氯化钯催化剂存在下经过液相合成醋酸乙烯。其化学反应式如下：

$$H_2C\!=\!CH_2 + CH_3COOH + \frac{1}{2}O_2 \xrightarrow{二氯化钯} CH_2\!=\!CH + H_2O$$
$$\underset{OCOCH_3}{|}$$

（2）聚乙烯醇的制造　　聚乙烯醇不是从乙烯醇聚合而来，它是由醋酸乙烯聚合成聚醋酸乙烯，然后再醇解，用羟基取代醋酸根而制得聚乙烯醇。其化学反应式如下：

$$nCH_2\!=\!CH \xrightarrow[引发剂]{CH_3OH} \xrightarrow[NaOH]{CH_3OH} \left[CH_2\!-\!CH\!-\!CH_2\!-\!CH\right]$$
$$\underset{OCOCH_3}{|} \qquad\qquad\qquad \underset{OH}{|} \qquad \underset{OH}{|}$$

（3）聚乙烯醇纺丝、拉伸、热处理、缩醛化　　聚乙烯醇经水洗、脱水、精制、溶解、过滤等制备纺丝液，经纺丝、拉伸后经过热处理，达到降低纤维的收缩性，提高纤维耐热水性，后经化学处理——缩醛法，使醛与纤维中的羟基（—OH）作用，生成聚乙烯醇缩醛纤维。目前工业上常用甲醛，这种聚乙烯醇缩甲醛就是维尼纶。其化学反应式如下：

$$\left[CH_2\!-\!CH\!-\!CH_2\!-\!CH\right]_n + nCHO \longrightarrow \left[CH_2\!-\!CH\!-\!CH_2\!-\!CH\right]_n + nH_2O$$
$$\underset{OH}{|} \qquad \underset{OH}{|} \qquad\qquad\qquad\qquad \underset{OH\!-\!CH_2\!-\!O}{|}$$

❓ 思考题

1. 什么叫高分子材料？它如何分类？有何特性？

2. 浅谈高分子化合物与低分子化合物的区别？

3. 什么叫加聚反应？什么叫缩聚反应？

4. 什么是塑料？什么是合成树脂？二者有何区别？

5. 热固性塑料和热塑性塑料有何区别？举例说明。

6. 写出聚乙烯、聚丙烯、聚氯乙烯、聚苯乙烯的简称、商品名和结构式及适用温度。

7. 试述高压聚乙烯和低压聚乙烯在结构上有何不同？其基本性能有哪些差异？各有什么用途？

8. 聚氯乙烯树脂的特点是什么？有哪些主要用途？

9. 聚丙烯、聚苯乙烯有哪些主要性能？它们的主要用途是什么？

10. ABS树脂是由哪些单体组成的？主要性质和用途是什么？

11. 试述聚甲醛的性质和用途？

12. 聚四氟乙烯有哪些优异性能？有哪些主要用途？

13. 尼龙 1010 是由哪些单体组成的？它的主要性能和用途是什么？

14. 有机玻璃有哪些特征？主要应用于哪些行业？

15. 橡胶的性能和结构有哪些？

16. 试述天然橡胶（胶乳、干胶）的组成及特性。

17. 天然干胶有哪些品种？其主要特征是什么？主要用途是什么？

18. 试述丁苯橡胶的结构及特性。目前我国生产的丁苯橡胶有几种牌号？它们各有什么主要用途？

19. 谈谈生产利用再生胶的意义。

20. 简述生产橡胶制品基本工艺的内涵。

21. 合成纤维有哪些主要品种？它们的分子结构和商品名称如何？

22. 试述合成纤维的性能。

23. 纤维有哪几种方法进行鉴别？

第五章 危险化学品

【学习目标】
- **知识目标**
1. 了解危险化学品的概念和分类；
2. 了解常见自燃与易燃性商品、爆炸性商品、氧化剂、压缩气体与和液化气体、毒性、腐蚀性与放射性商品理化特性。
- **能力目标**
熟悉常见危险化学品的危险特性及预防措施。
- **素质目标**
通过常见危险化学品相关知识的学习，培养学生安全意识，确保安全生产。

　　随着科学技术的进步，越来越多的化学物质造福于人类，但同时也为人类与环境带来了极大的威胁。化工商品种类繁多，在世界存在的 60 余万种化学物品中，大约 3 万余种具有明显或潜在的危险性。其中一部分商品具有不同程度的爆炸、助燃、易燃、毒害、腐蚀和放射性等危险性质，这一部分商品统称为危险化学品。由于危险品中的绝大多数种类是通过化学合成得到的，因此又称为危险化学品。这些危险化学品在一定的外界条件下是安全的，但当其受到某些因素的影响时，就可能发生燃烧、爆炸、中毒等严重事故，给人们的生命、财产造成重大危害。因而人们应该更清楚地去认识这些危险化学品，了解其类别、性质及其危害性，应用相应的科学手段进行有效的防范管理。

　　危险化学品根据它的主要危险性质和引起危险的外界因素不同（如摩擦、撞击、震动、受热、日晒、雨淋、遇水受潮等），分为爆炸性物品、氧化剂、压缩气体和液化气体、自燃物品、遇湿易燃物品、易燃液体、易燃固体、毒害性物品、腐蚀性物品和放射性物品 10 大类。同类中的不同商品，又可按照它可能引起主要危险的程度以及伴随发生的其他危险的性质不同，分为若干等级或若干项。

第一节　自燃与易燃性物品

　　自燃与易燃性商品的共同特性是化学性质活泼，还原性都较强，在一定的温度、火星或明火点燃等条件下，很容易与氧发生剧烈的氧化还原反应，引起燃烧或爆炸现象。属于这一类的危险品数量较多，包括自燃物品、遇水燃烧物品、易燃液体和易燃固体四大类。

一、燃烧的条件
　　燃烧是可燃物在一定的温度下与氧发生剧烈的氧化还原反应，同时发生放热发光的化学变化。可燃物品的燃烧，首先是可燃物在热作用下，温度上升到一定程度，蒸发的蒸气在空气中达到一定浓度，或固体可燃物开始分解时，在点火（或不点火）条件下，才与氧气发生剧烈的氧化还原反应。

燃烧必须具备可燃物、助燃物和温度三个条件。

1. 可燃物

凡是能与空气中的氧或其他氧化剂发生剧烈氧化还原反应，同时发生光、热现象的物质，称为可燃物。可燃物是燃烧的基本条件，其组成结构和性质决定着发生燃烧的其他条件。也决定了可燃物发生燃烧的危险性大小。

2. 助燃物

能够帮助和支持可燃物燃烧的物质，称为助燃物。空气中的氧气、氯气以及氯酸钾、高锰酸钾等氧化剂都是助燃物。助燃物在燃烧环境中的含量，直接影响燃烧的强烈程度，据测定，一般性可燃物，当空气中的含量低于 $14\%\sim18\%$ 时，就不能发生燃烧；相反的，如果氧气充足，并与可燃物均匀混合达到一定浓度时，就会发生猛烈爆炸现象。例如，在汽油的蒸气达到混合气体体积的 $1.12\%\sim6.9\%$ 浓度时，遇上明火，即会立即爆炸。

3. 温度

温度是促进可燃物与氧发生氧化还原反应的重要条件。各种可燃物的组成结构和性质不同，其蒸发、分解的速度，以及发生剧烈氧化还原反应所需的温度也不一样，这可以从它们的燃烧点、自燃点和闪点等物理性质上体现出来。

(1) 燃烧点　燃烧点又叫着火点，是指在点火条件下，可燃物开始燃烧，而且能够连续燃烧的最低温度。在可燃物中，一般燃点愈低的种类，其易燃危险性就愈大。

(2) 自燃点　可燃物不经明火点燃，而能自行发火燃烧的最低温度，称为自燃点。一般自燃点较低的可燃物，其燃烧危险性较大。在危险品分类管理上，把自燃点低、并能依靠自身氧化发热升温的一类可燃物，归属于自燃性物品。

同种可燃物的自燃点不是固定不变的，它是随着环境的气压、可燃物的浓度以及散热等条件的不同而变化。一般在压力增大，可燃物和助燃物浓度较大，而且散热条件不好时，自燃点降低；反之，自燃点可升高。

(3) 闪点　闪点是指可燃物受热，蒸发出的蒸气与空气混合，点火时能够发生断断续续燃烧的可燃物品的最低温度。可燃物的闪点愈低，其易燃危险性就愈大。可燃物闪点的高低与可燃物的沸点关系密切，一般还原性相近的可燃物，其沸点愈低，闪点也愈低，反之闪点就愈高。

同种可燃物的闪点比燃点和自燃点温度都低，因此可用来表示可燃物的易燃性。

燃烧的形式可分为可燃气体的燃烧；可挥发的可燃液体的燃烧；可燃固体或不挥发的可燃液体的燃烧三种形式。可燃气体的燃烧过程可分为混合燃烧（即完全燃烧）和扩散燃烧（即不完全燃烧）两种；可燃液体，通常本身不燃烧，需经蒸发出蒸气而燃烧即蒸发燃烧；可燃固体或不挥发可燃液体，一般在加热条件下分解为可燃气体而燃烧即分解燃烧。

二、自燃物品

自燃物品是不经与明火接触，通过本身的化学变化或受外界温度、湿度的影响而发生自行燃烧的一类物品。

1. 自燃物品的特性

(1) 自燃性　自燃物品的组成结构不稳定，化学性质活泼，自燃点低，容易氧化引起自燃。自燃物品在大气条件下的氧化过程，开始较缓慢，产热不多，但如果货垛通风不良，商品积热升温，就会加速氧化速度，当升温达到自燃点时即会发火燃烧。例如，黄磷性质活泼，自燃点很低（34℃），暴露在空气中，常温下即会自燃。

（2）分解性强　某些自燃物品分解性很强，在较高的温湿度条件下，就会引起分解现象。例如，硝酸纤维素及制品能分解放出一氧化氮，一氧化氮继续氧化生成二氧化氮，当商品表面存在水膜时，二氧化氮便会溶解其中，生成硝酸和亚硝酸。硝酸和亚硝酸具有氧化性，从而促进商品的分解速度和热量的积累，当积热达到自燃点时即会引起自燃。

三乙基铝与氧作用能分解放出一氧化碳；与水作用分解出乙烷，并产生大量热量，而引起燃烧爆炸。

2. 引起自燃物品自燃的环境因素

引起自燃物品自燃的外界因素，主要是环境温度过高，或商品接触氧化剂，或堆垛过密通风不良等。

空气温度能促进自燃物品分解、氧化过程的分子运动速度，因此它是影响商品自燃的重要外界条件。自燃物品受热的原因，主要是商品受到太阳暴晒，或高气温季节库房防热措施不力，或商品接触明火，或受撞击摩擦等。

水分能促进某些自燃物品分解，产生易燃气体和热量，因此空气湿度偏高，商品受潮，也是引起自燃物品自燃的因素之一。

自燃物品与强氧化剂接触，容易引起燃烧或爆炸事故。例如，黄磷接触氯酸钾、硝酸银等氧化剂，一经摩擦或撞击，即会立即爆炸。

3. 自燃物品的分类

自燃物品根据它的自燃点高低、发生燃烧的速度以及燃烧中的危险程度不同，分为一级、二级。

一级自燃物品的自燃点低，燃速快，而且燃烧时温度高，危险性大。属于一级自燃物品的商品，主要有黄磷、硝酸纤维素胶片、三乙基铝、硝化纤维素、铝铁溶剂等。

二级自燃物品的氧化速率较慢，自燃点稍高，燃烧时发生的危险性相比较小。属于二级自燃物品的商品，主要有桐油布、桐油纸及其制品等。

此外，有些物品如漆布、废棉、油棉纱、硫化染料，在分类上虽然未列入自燃物品，但是它们也有自燃性，因此在保管上也需注意防护。

三、遇湿易燃物品

遇湿易燃物品是指遇水或受潮时发生剧烈化学反应，放出大量的易燃气体和热量的物品。有些不需明火即能着火爆炸。

1. 遇湿易燃物品的特性

（1）与水发生剧烈化学反应　遇湿易燃物品能与水发生剧烈化学反应，放出的易燃气体和热量，当气体浓度和热量达到一定程度时，即会引起燃烧和爆炸。由于各种遇湿易燃物品结构和性质的不同，与水的反应所生成的气体的种类和热量不同，因此反生的危险性也不同。

① 碱金属。碱金属，如钾、钠、铷、铯、钫等，由于性质极为活泼：与水反应剧烈，放出可燃性氢气和大量热，因此这类商品遇水常发生燃烧或爆炸。

② 金属氢化物。金属氢化物，如氢化钾、氢化钠、氢化钙等，由于分子本身不稳定，因此遇水能够迅速分解放出氢气和热量。

③ 硼氢化物。硼氢化物，如二硼氢（乙硼烷）遇水反应生成氢气和热量。

④ 碳的金属化合物。碳的金属化合物，如碳化钙（CaC_2）、碳化铝（Al_4C_3）等，与水反应生成可燃性气体乙炔和甲烷，放出热量，当气体在空气中达到一定浓度时，也会发生燃

烧或爆炸。

⑤ 磷的金属化合物。磷的金属化合物与水反应，生成剧毒性和可燃性气体磷化氢并放出热量，当反应达到一定程度时，也会发生燃烧或爆炸。

此外，保险粉（连二亚硫酸钠）遇水也会分解出氢气，产生热量。当气体浓度达到一定量时，也会发生燃烧危险。

（2）与氧化剂或酸反应剧烈　遇湿易燃物品具有很强的还原性，因此接触氧化剂或氧化性酸时，能发生剧烈氧化还原反应，引起猛烈燃烧或爆炸，造成更大的危险。

2. 遇水燃烧物品的分类

遇湿燃烧物品根据它与水反应的剧烈程度和危险性的大小，分为一、二两级。

一级遇湿燃烧物品遇水或潮湿后立即发生剧烈的化学反应，产生大量的可燃性气体和热量，引起燃烧或爆炸。属于这一类的商品有碱金属、碳化钙、氢化钠、钠汞齐等。

二级遇湿燃烧物品与水反应的速率不如一级遇水燃烧物品，同时产生的易燃性气体，一般遇上火星才能引起燃烧，有时反应剧烈也会引起自燃。属于这一类的商品的主要有保险粉、磷化锌、金属钙、氢化钙等。

四、易燃液体

危险品中，凡是常温下为液体，闪点在 45℃（包括 45℃）以下的易燃性物质，系指易燃液体、液体混合物或含有固体物质的液体，但不包括由于其危险特性而已列入其他类别的液体。称为易燃液体。

1. 易燃液体的特性

（1）高度易燃性　主要表现在这一类商品的闪点很低，多数种类的闪点都在常温范围，有的种类低达 30℃（见表 5-1），因此，遇上火种或摩擦、撞击，极易发生事故。

表 5-1　易燃液体的闪点和沸点

品　名	闪点/℃	沸点/℃	品　名	闪点/℃	沸点/℃
二乙醚	−45.5		无水乙醇	14	78.5
乙醚	−41	34.5	二甲苯	17.2	137～140
石油醚	−40	30～60	甲醇	18	64.5
汽油	58～10		二氧六环	18	101.3
二硫化碳	−30	46.3	吡啶	20	115.3
甲酸乙酯	−20	53～54	二氯乙烷	21	83～84
丙酮	−17.8	56.5	乙酸异戊酯	25	142
苯	−12	80.1	松节油	30	152
乙酸乙酯	−5	77	乙酸丁酯	33	125～126
溴丙烯	−1.5	71.3	乙二胺	35	116
丙烯腈	2～2.5	78.5	戊醇	37.8	138～139
乙腈	−5	82	苯乙烯	38	145～146
甲苯	6～10	110.6	戊醇	43	132
叔丁醇	11	82.8	丁醇	46	117～118
（异）丙醇	12	82.4	煤油	28～45	

（2）强烈挥发性　易燃液体中的大多蒸发热较小，蒸气压较大，因此沸点低，在常温下

极易挥发成气体。

挥发度（见表5-2）指在温度和气压相同条件下，等量的易燃液体与乙醚蒸发速度的比值，易燃液体挥发度愈小，其挥发性就愈弱；反之就愈强。

表 5-2　易燃液体的挥发度

品　名	挥发度	品　名	挥发度
乙醚	1	乙醇（94%）	8.3
二硫化碳	1.8	丙醇	11.1
丙酮	2.1	乙醇异戊酯（纯）	13.6
乙酸甲酯	2.2	二甲苯（纯）	13.5
乙酸乙酯	2.9	异丙醇	21
苯	3	异丁醇	24
汽油	3.5	丁醇	33
二氯乙烷	4.1	乙二醇甲醚	34.5
甲苯	6.1	乙二醇乙醚	43
乙酸正丙酯	6.1	松节油	40～60
甲醇	6.3	戊醇	62

（3）高度流动扩散性　大多数易燃液体的黏度较小，流动性很大，挥发的气体又容易扩散，因此，燃烧时火面较大，火势迅猛，危险性甚大。

（4）爆炸性　易燃液体的蒸气与空气混合的体积比例，达到一定范围时，遇上火源即会引起爆炸。这种能够引起爆炸的易燃气体的体积百分数，称为爆炸极限（见表5-3）。一般挥发性大的易燃液体，其爆炸极限范围较大，发生爆炸的危险性也愈大，反之，如果爆炸极限范围较小，在工作中较易预防，因此引起爆炸的可能性就较少。

表 5-3　易燃液体的爆炸极限

品　名	爆炸极限（体积分数）/%		品　名	爆炸极限（体积分数）/%	
	上限	下限		上限	下限
甲醇	6.00	36.50	乙酸戊酯	1.1	
乙醇	3.28	18.95	松节油	0.80	62.00
丙醇	2.55	13.50	氨	15.50	27.00
异丙醇	2.65	11.80	二硫化碳	1.25	50.00
甲醛	3.97	57.2	氯甲烷	8.25	18.70
乙醚	1.85	36.50	氯乙烷	4.00	14.18
丙酮	2.55	12.80	溴甲烷	13.50	14.50
乙酸甲酯	3.15	15.60	苯	1.5	8.0
乙酸乙酯	2.18	11.40	甲苯	1.27	8.0

（5）与氧化剂和强酸反应剧烈　易燃液体具有还原性，因此，接触氧化剂和强酸发生剧烈氧化还原反应，引起燃烧爆炸。例如无水乙醇与三氧化二铬混合，松节油与浓硝酸混合，都会引起剧烈燃烧，特别是双烯烃类商品，如环戊二烯等接触硝酸即会引起爆炸。

2. 引起易燃性液体燃烧的因素

易燃液体易燃性的内因，在于这类物质的主要成分为碳、氢、氧元素，分子结构非极性或极性较小，因而挥发性强，闪点低，能与氧及氧化剂发生剧烈的氧化还原反应。

各种易燃液体的易燃性大小与商品的相对密度、熔点、沸点、闪点以及还原性的大小有关。例如，直链烃同系列的易燃性，是随相对密度、熔点、沸点和闪点的减少而增强，或随其增大而减弱。

引起易燃液体燃烧的外界因素主要有三种：一是仓库及库区火源管理不严；二是库内安装电源开关或使用电动机具，开动时产生火花；三是商品在装卸、搬运、整修等操作中发生摩擦、撞击或使用铁制工具敲击铁钉、砂石，产生火花或高温。除此之外，日光暴晒、库温过高以及商品包装不严密，也是引起易燃液体燃烧危险的因素之一。

3. 易燃液体的分类

易燃液体是一类品种繁多、生产量较大、而且使用广泛的危险品。易燃液体根据它们的闪点高低分为二级。凡是闪点在 28℃（包括 28℃）以下的品种，为一级易燃液体；闪点在 28℃ 以上至 45℃ 之间的商品，为二级易燃液体。

易燃液体种类繁多，常见种类见表5-4。

表 5-4　易燃液体的分类

主 要 类 别		常 见 品 种
烃类	直链烃	烷烃:戊烷、异戊烷、新戊烷、汽油等
	芳香烃	烯烃:辛烯、庚烯、苯乙烯、苯、甲苯、二甲苯、乙苯等
卤代烃		三氯甲烷、四氯化碳、1,2-二氯丙烷、1,3-二氯丙烷等
醇类		乙醇、丁醇、叔丁醇、正丙醇、异丙醇、甲醇、乙硫醇、丙硫醇、异丙硫醇等
烃的衍生物类	醚类	乙醚、丙醚、丁醚、戊醚、甲硫醚、乙硫醚等
	醛类	甲醛、乙醛、丙醛、丙烯醛、丁烯醛等
	酮类	丙酮、丁酮等
	酯类	乙酸乙酯、丙烯酸甲酯、甲基丙烯酸甲酯等
	胺类	二甲胺、乙胺、乙二胺、丙胺、丁胺等
	腈类	乙腈、丙烯腈等
	烃的硫化物	二硫化碳
	元素有机化合物	硅烷、清漆、硝基漆类等

五、易燃固体

易燃固体是指燃点低（低于400℃），对热、撞击、摩擦敏感，易被外部火源点燃，燃烧迅速，并可散发出有毒烟雾或有毒气体的固体。

1. 易燃固体的特性

易燃固体的化学性质活泼，燃点较低，有些种类受热、遇酸或遇水容易引起分解，易燃固体具有燃烧性、爆炸性和毒害性。因此在不良管理条件下，容易发生燃烧危险。例如，赤磷遇上明火或受撞击、摩擦极易发火燃烧；如果接触氧化剂发生摩擦，或间接接触强酸容易引起猛烈燃烧或爆炸。此外，有些品种在燃烧中蒸发的蒸气或产生的气体具有毒性，如硫黄燃烧生成的二氧化硫，硝基化合物分解生成的一氧化氮，三硫化四磷和五硫化二磷的蒸气遇水生成硫化氢，均有毒性。

2. 易燃固体的分类

根据易燃固体燃点的高低、燃烧速度的快慢、爆炸性和放出气体毒性大小分为两级。

一级易燃固体：这类物品燃点低，易于燃烧和爆炸，燃烧速率快，燃烧产物的毒性较大。如：

① 赤磷及其磷化物，如赤磷、三硫化磷、五硫化二磷等；

② 硝基化合物，如 H-发孔剂、二硝基苯、二硝基萘，含量为 12.5％以下的硝酸纤维素、赛璐珞等。此外，还有闪光粉、氨基化钠、重氮基苯等。

二级易燃固体：这类物品的燃烧速率较慢，燃烧产物的毒性较小。它主要包括以下三类商品：

① 硝基化合物等；

② 易燃性金属粉，如镁粉、铝粉等；

③ 萘及其衍生物，如萘、甲基萘等。

此外，还有安全火柴、硫黄、生松香、火补剂等。

第二节　氧化剂、压缩气体与液化气体

氧化剂是指处于高氧化态，具有强氧化性，易分解并放出氧和热量，能导致可燃物燃烧的物质。

一、氧化剂的特性

（1）氧化性　氧化剂中具有氧化性元素的原子核，对电子具有较强的吸引力，接触还原性物质容易夺取电子，而生成稳定结构的物质。

氧化剂的氧化性强弱，与元素的非金属性强弱和化合物中氧化性元素原子的化合价高低有关。一般说，元素的非金属性愈强的同一氧化性元素的化合物中，氧化性原子价态愈高，其氧化性愈强

（2）化学敏感性强　氧化剂的化学性质极为活泼，受热容易分解出新生态氧 $[O]$，能强烈地氧化其他物质。例如，氯酸盐、高锰酸盐、过氧化钾、过氧化钠、过氧化二苯甲酰等，在热或撞击、摩擦等机械力作用下，都能迅速地分解出氧，遇上还原性物质即引起猛烈燃烧或爆炸。

（3）吸水性强　氧化剂中的硝酸盐和亚硝酸盐，除钾盐外都具有较强的吸水性，遇水容易吸湿溶化。有的氧化剂，如过氧化钾、过氧化钠等，吸水后能分解放出氧气，并释放大量热，遇上易燃物会引起燃烧。此外，漂粉精遇水分解出氯气等。

氧化剂除了以上特性外，多数种类还有不同程度的毒性和腐蚀性；如硝酸盐、氯酸盐等具有一定毒性；过氧化钾、过氧化钠和三氧化铬等遇上水能生成强碱和酸。

二、氧化剂的分类

氧化剂根据它的氧化性强弱和化学成分的不同，分为以下二级四类。

（1）一级无机氧化剂　一级无机氧化剂分子因含有不稳定的过氧化键（—O—O—），或由于活泼金属盐中的氧化性原子处于高价态，因此氧化性很强，接触还原性物质，在受热或受摩擦撞击等作用下，容易引起燃烧或爆炸。一级无机氧化剂根据它的成分不同分为四类。

① 过氧化物。化合物分子中含有不稳定的过氧化键，主要包括金属、碱土金属和铵的过氧化物。

② 氯的含氧酸盐。这类化合物的氧化性，主要是处于高价态的氯容易还原为低价态（Cl^-）。常见的商品有氯酸钾、高氯酸钾、次氯酸钾等。

③ 活泼金属的硝酸盐。其特点是化合物分子中的氮处于高价态，容易还原为低价态。常见的商品有硝酸钾、硝酸钠、硝酸铵等。

④ 活泼金属的高锰酸盐。化合物分子中锰处于高价态，能还原成为低价态。常见的商品有高锰酸钾、高锰酸锌等。

一级无机氧化剂除了以上四类外，还有铝银催化剂、漂粉精等。

(2) 二级无机氧化剂　这一类氧化剂的化合物中氧化性元素的原子处于高价态，但所结合的金属活动性差；有的是较不活泼的过氧化物；有的是非金属性较强的单质商品。主要分为如下几类。

① 硝酸盐和亚硝酸盐。二级氧化剂硝酸盐所结合的金属原子，一般是不活泼金属或重金属，如硝酸铅、硝酸铜等。常见的亚硝酸盐，如亚硝酸钠等。

② 过氧化物。属于二级的过氧化物，一般是含有过氧键的无机酸盐或有机酸盐，如过硫酸钠、过硼酸钠等。

③ 高价态金属酸及其盐类。这类物质的氧化性是由于金属原子在分子中处于高价态。常见的商品有铬酐、重铬酸钾、重铬酸钠、高锰酸银等。

④ 较不活泼卤素的含氧酸及其盐类。如溴酸钠、碘酸等。

属于二级无机氧化剂除了以上四类外，还有氧化银、五氧化二碘等氧化物。

(3) 一级有机氧化剂　一级有机氧化剂数量较少，主要是一些有机过氧化物和有机硝酸盐类。

有机过氧化物类也含有不稳定的过氧键，常见的有过氧化二苯甲酰和过蚁酸、过草酸、过苯甲酸等商品。

(4) 二级有机氧化剂　二级有机氧化剂主要是一些氧化性较弱的有机过氧化物。如过氧化环己酮、过醋酸等。

三、压缩气体和液化气体

在密封环境中，通过施压降温而成密度大、体积小的气体称为压缩气体；压缩气体继续加压降温成为液态，则称为液化气体。气体经过压缩（有时还需要降温）储入钢瓶中就成为压缩气体或液化气体。如氢气、氧气、氮气为压缩气体，液氯、液氨、液化石油气为液化气体。

1. 压缩气体和液化气体的特征

压缩气体和液化气体常用钢制气瓶包装。气瓶的工作压力除有毒气体外，一般都在15MPa以上。如果气瓶受热和质量不好，当内装气体产生的膨胀压力超过瓶壁所能承受的最大压力时，就能引起爆炸。压缩、液化气体发生爆炸时，除了产生机械破坏力外，还具有如下危险性质。

(1) 剧毒性　具有剧毒性的压缩、液化气体，主要包括氰化氢、液氯、光气、溴甲烷、二氧化硫、液氨等气体。

(2) 易燃性　属于易燃性压缩、液化气体的主要有氢气、磷化氢、氯乙烷、一氧化碳。其中除氢气以外，其他3种还有剧毒。

(3) 助燃性　具有助燃性的压缩、液化气体，主要有氧气、一氧化二氮、压缩空气等，其中一氧化二氮具有麻醉性。

(4) 不燃性　不燃性的压缩气体包括氖、氦、氩、氮等惰性气体和一些气体氟化物。这些气体虽然没有毒性，但在空气中达到一定浓度时，对人体具有窒息作用。

2. 分类

压缩气体和液化气体分为以下三类。

（1）易燃气体　指在常温常压下遇明火、高温即会发生着火或爆炸，燃烧时其蒸气对人畜具有一定的刺激毒害作用的气体。如氢气、乙炔、石油气等。

（2）不燃气体　指无毒、不燃气体（包括助燃气体）但高浓度时有窒息作用的气体。助燃气体有着强烈的氧化作用，遇油脂能发生着火或爆炸。如氧气、氮气、惰性气体等。

（3）有毒气体　对人畜有强烈的毒害、窒息、灼伤、刺激作用，其中有些还具有易燃、氧化、腐蚀等性质。

3. 气瓶的构造和标志

（1）气瓶的构造　除低气压瓶外，多数气瓶是由优质碳素钢或合金钢制成的无缝瓶状结构，气瓶的上部装有阀门，它紧紧地装在顶部的开孔上或装在特殊无颈气瓶的充气管的接头上。可燃气体的气瓶，其阀门侧面的接头应是左旋螺纹（逆时针方向），而装氧气及其他不燃气体的气瓶的接头，则是右旋螺纹（顺时针方向）。另外，除乙炔气瓶外的其他气体的气瓶，其阀门都安装上安全帽，并严密地旋在旁侧管的接头上。氧气气瓶应涂有不含油脂的铅粉或垫金属薄片，不得使用油类物质涂抹零件和附件，以免发生爆炸危险。此外，一般大容量的气瓶，在颈圈上都配有安全帽，瓶身套上两个橡胶圈，瓶底装有瓶座，以防撞击发生危险。

（2）气瓶的标志　任何新制的气瓶，在瓶壁上都用磁漆按规定漆上标准色和标记气体名称（见表5-5）。气瓶的颈部由钢印标记厂名、气瓶编号、工作压力、气瓶实际重量以及容积与制造日期等。气瓶在使用过程中要定期检测耐压情况，并由检测单位打钢印标明质量合格、降压使用或报废等标记。

表 5-5　常见气瓶的涂色标志

气瓶名称	表面颜色	字样	字样颜色	色　环
氧气瓶	天蓝	氧	黑	$p=14.7MPa$ 不加色环 $p=19.6MPa$ 白色环一道 $p=29.4MPa$ 白色环二道
氢气瓶	深绿	氢	红	$p=14.7MPa$ 不加色环 $p=19.6MPa$ 黄色环一道 $p=29.4MPa$ 黄色环二道
氨气瓶	黄	液氨	黑	
氯气瓶	草绿	液氯	白	
氮气瓶	黑	氮	黑	$p=14.7MPa$ 不加色环 $p=19.6MPa$ 白色环一道 $p=29.4MPa$ 白色环二道
压缩空气气瓶	黑	空气	黄	
二氧化碳气体	铝白	液化二氧化碳		$p=14.7MPa$ 不加色环 $p=19.6MPa$ 黑色环一道
硫化氢气瓶				
乙烯				$p=12.2MPa$ 不加色环 $p=14.7MPa$ 白色环一道 $p=19.6MPa$ 白色环二道

4. 引起高压气瓶发生爆炸的外界因素

气瓶发生爆炸的外界因素主要有以下几种：

① 气瓶受热，瓶内气体产生的膨胀压力超过瓶壁所能承受的最大压力；

② 瓶颈螺纹或气阀螺纹损坏，阀门被高压气体冲离瓶颈，气体高速冲出而使气瓶向后反冲，造成机械破坏事故；

③ 气瓶在装卸、搬运过程中受到撞击、震动、摩擦等机械力作用，而使气瓶破裂；

④ 制造气瓶的材料质量差，或气瓶已经陈旧、损伤，耐压降低等降质现象没有及时发现。

第三节　爆炸性物品

一、爆炸品

物质在极短的时间内完成氧化还原反应，同时产生大量气体和热能，并随着气体的急剧膨胀而发出巨响和冲击波，使周围环境受到破坏的现象，称为爆炸，具有爆炸性的物品，称为爆炸性物品。

爆炸可分为物理爆炸、化学爆炸和核爆炸三类。

（1）物理爆炸　是由物理原因引起的爆炸。如锅炉或受压容器的爆炸。它是由于设备内部物质的压力超过了设备所承受的强度，内部物质急剧冲击而引起的。

（2）化学爆炸　是物质因化学变化而引起的爆炸。化学爆炸是物质在瞬间内完成化学反应，同时产生大量的能量和气体，随着气体的急剧膨胀而发出声响和冲击力，以致周围环境受到破坏的一类现象。

（3）核爆炸　是物质因核聚变或核裂变所引起的爆炸。如原子弹或核装置的爆炸。

二、爆炸性物品的特性

爆炸性是一切爆炸物的主要特性，这种特性与爆炸物的组成和分子结构有关。爆炸性化合物由于分子中分别含有过氧基（—O—O—）、硝基（—NO_2）、叠氮基（—N＝N≡N）和重氮基（＝N≡N）等不稳定基团；因此，当爆炸物受到外能激发下，其中不稳定基团会迅速分解，发生分子内元素原子间的剧烈氧化还原反应，从而发生爆炸现象。例如硝化甘油的爆炸：

$$4C_3H_5(ONO_2)_3 \longrightarrow 12CO_2\uparrow + 10H_2O + 6N_2\uparrow + O_2\uparrow + Q$$

根据方程式计算，1kg的硝化甘油发生爆炸，大约可生成715L气体和6322kJ热能。

爆炸性混合物的爆炸，是由混合炸药中的氧化剂和还原性物质，在外能的作用下发生分子间的剧烈氧化还原反应而引起，例如黑火药的爆炸：

$$2KNO_3 + S + 3C \longrightarrow K_2S + N_2\uparrow + 3CO_2\uparrow + Q$$

炸药的爆炸性能与炸药的感度和爆炸能力有关。

（1）炸药的感度　各种爆炸物组成结构不同，其对外能作用的敏感度和发生爆炸的威力也不同　炸药在外界能量（热、电、机械、光、冲击波、辐射等）的作用下，发生爆炸变化的难易程度称为炸药的感度。炸药的感度是衡量炸药稳定性的重要标志，通常是用引起爆炸变化的最小外能来表示。因此又称为引爆冲能。炸药的感度主要包括热感度、机械感度和起爆感度等。

① 热感度。热感度是指炸药在热能的作用下，发生爆炸、燃烧或分解的难易程度，通常以爆炸点、火焰感度、热安定度等指标表示。

炸药爆炸点是指一定数量的炸药，在特定的试验条件下，发生爆炸时的加热介质的温度。一般地说，炸药的爆炸点愈低其热感度就愈高，引起爆炸的危险性就愈大。反之危险性就愈小。

炸药的火焰感度是指炸药在明火（火焰或火星）作用下，发生爆炸变化的敏感性。通常用炸药明火的上限距离（100%发火的最大距离）和下限距离（100%不发火的最小距离）表示。炸药火焰感度的上限距离越大，下限的距离越小，其火焰感度就越高。反之就越低。

炸药的热分解速率与安定度是炸药稳定性的重要标志。炸药在一定热的作用下如果分解速率快，其稳定性和安全性就差。炸药的安定度是指炸药在一定时间范围，保持其理化性质及其爆炸性能的能力，通常分为物理安定度和化学安定度。物理安定度是指炸药发生吸湿结块、硬化、挥发等物理变化的难易程度。化学安定度是指炸药对热作用的安全性及爆轰性能的变化。

② 机械感度。炸药的机械感度包括对撞击、摩擦、针刺以及枪击等机械作用力的敏感度。

撞击感度是指炸药在机械撞击力的作用下，发生爆炸变化的能力。它是炸药性能的重要感度指标，通常是以试管装 50mg 试样置入固定在水泥基础的击砧上，然后用 10kg 重锤落高 20cm 进行撞击，计算试验 25 发所能爆炸的次数，然后求出爆炸的百分数。常见炸药的撞击感度见表5-6。

表 5-6　炸药的撞击感度

炸 药 名 称	爆炸的次数/%	炸 药 名 称	爆炸的次数/%
梯恩梯	4～8	4号高威力炸药	12
特屈儿	44～52	3号煤矿硝铵炸药	44
黑索金	75～80	1号煤矿硝铵炸药	48
硝化甘油	100	黑火药	50
铵铝高威力炸药	12		

炸药的摩擦感度是指炸药在机械摩擦力的作用下，发生爆炸的能力。从安全角度出发，它和撞击度一样，对炸药的生产、储运和使用都具有重要的指导意义。

③ 起爆感度。炸药在其他炸药（即烈性炸药或起爆药）的爆炸作用下发生爆炸的能力，称为起爆感度。起爆感度通常用引起炸药爆炸的起爆药的极限用量（即最小用量）表示。梯恩梯、特屈儿、黑索金爆炸的起爆药量见表5-7。

表 5-7　某些炸药的极限起爆药量

起爆药名称	受试炸药/g		
	梯恩梯	特屈儿	黑索金
雷汞	0.24	0.19	0.19
氮化铅	0.16	0.10	0.05
二硝基重氮酚	0.163	0.17	0.13

（2）炸药的爆炸能力与殉爆　炸药爆炸能力可由爆速、爆热、比容、爆力、爆温、猛度来表示（见表5-8）。

表 5-8 常用炸药的爆炸能力

炸药名称	爆速 /(m/s)	爆热 /(kcal/kg)	爆温/℃	生成气体量 /(I/kg)	爆力 /mL	猛度 /cm	殉爆距离 /cm
雷汞	5505	370	4180	311			
梯恩梯	7000	1000	2950	700	985～305	10～18	15
硝铵炸药	2000		2200				
狄钠莫	2200	700～900	2800	700～990	280	10	2～3
黑火药	400	580	2600	280	65	极小	

注：1kcal＝4.187kJ，下同。

爆速是指炸药爆轰时的爆轰波沿着炸药传播的方向，在 1s 内所能达到的距离，以 m/s 表示。炸药的爆速越快，一般爆炸威力就越大。

爆热是指 1kg 或 1g 的炸药，发生爆炸时所放出的热，以 kcal/kg 表示。炸药的爆热越多，一般爆炸的威力也越大。

爆温是指炸药的爆炸瞬间，在理论上所达到的最高温度。爆温的高低取决于爆热的多少和爆炸后产物组成。一般单质炸药的爆温为 3000～5000℃；矿用混合炸药为 2000～2500℃。

比容是指 1kg 或 1g 炸药的爆炸，在标准状况下所生成的气体的体积，用 L/kg 表示，炸药在爆炸中所生成的气体愈多，其爆炸威力也愈大。

爆力又称炸药的威力。泛指炸药所具有的总能量，近似地用做功的能力相比拟，以 mL 表示。

猛度是指与炸药爆炸生成直接固体物质的破碎程度，用 cm 表示。

炸药爆炸时，引起相邻但互不接触的其他炸药的爆炸现象，称为殉爆，其中第一个装药称为主发装药，而被殉爆的装药称被发装药。

主发装药和被发装药之间的距离，称为殉爆距离，殉爆距离可用于表示炸药的殉爆能力。炸药的殉爆距离愈小，其殉爆能力就愈小，反之就愈大。

研究炸药的殉爆距离，对于安排库房之间的安全距离具有重要的指导意义，它既能保证库房的安全使用要求，又不至于距离过大，增加使用面积，常用炸药的爆炸能力及殉爆距离见表 5-8。

三、影响爆炸物爆炸的外界因素

爆炸物爆炸的内因是爆炸物本身的组成结构和性质，但是这种内因必须在外界条件的作用下，才能引起爆炸，影响爆炸物爆炸的外界因素有下列几个。

(1) 温度　温度是全面影响炸药各种爆炸感度的重要因素。在其他条件相同，炸药的爆炸感度是随着温度的升高而升高，或随之降低而减小。这是因为在较高的温度作用下，炸药的活化能降低，因此在较小的外界冲能作用下，化学键能迅速断裂而引起爆炸反应。

除了高温对爆炸物的爆炸感度具有较大影响外，有些爆炸品，如硝化甘油混合炸药在低温条件下，能生成不安定的晶体，在微小的摩擦力等的作用下，也能发生爆炸，因此储藏温度不能低于 10℃，最低温度不得低于－20℃。

(2) 机械作用力　撞击，摩擦，剧烈震动等的机械力是产生火花或高温的因素之一，因此也是引起爆炸物发生爆炸危险的重要外界因素。开始变质的炸药，对机械作用力更为敏感。

(3) 金属作用　爆炸物中某些种类，如苦味酸能与铁、锌、铝等金属发生作用，生成极不稳定的苦味酸盐，其敏感度超过苦味酸，在轻微的外力作用下也易引起爆炸。

$$2C_6H_2(NO_2)_3OH+Zn \longrightarrow [C_6H_2(NO_2)_3O]_2Zn+H_2\uparrow$$

此外，有些爆炸性物品，如三硝基甲醚、苦味酸等，本身对金属就具有很高的敏感性，接触某些金属也会引起爆炸。

（4）强酸作用　氧化性酸能与爆炸物中的苦味酸、爆胶、无烟火药等发生剧烈的化学反应，同时产生大量热，当热到一定程度时，即会引起爆炸。

此外，爆炸物中附加物的硬度、熔点、颗粒形态及其含量等，也能影响爆炸物的机械感度。一般来说，爆炸物中会有砂子、玻璃屑、金属粉等硬的附加物，其机械感度就较高；反之，如果含有低熔点，低硬度或黏性大的附加物，如石墨、石蜡、硬脂肪、凡士林等，其机械敏感度较低。

四、爆炸性物品的分类

爆炸性物品可从管理方面、物理状态和性质、用途、储运等三种方法分类。

从管理方面分可分为起爆器材和起爆药，如雷汞；硝基芳香类炸药，如苦味酸；硝酸酯类炸药，如季戊四醇四硝酸酯；硝化甘油类混合炸药（胶质）；硝酸铵类混合炸药；氯酸类混合炸药和过氯酸盐混合炸药；液氧炸药（液体）；黑色火药（固体）共八类。

按爆炸物的物理状态可分为固体爆炸物质、胶质炸药和液体炸药三类。

从爆炸物的性质、用途和储运可分点火器材、起爆器材、炸药与爆炸性物品和娱乐用爆炸品四类。

五、民用爆破炸药

民用爆破炸药包括所有炸药和一些爆炸性药品，其中有单一化合物组成的炸药（如TNT）也有由几种物质组成的混合炸药（如黑火药）。

1. 民用爆破炸药的分类

按炸药的敏感度和威力把炸药分为猛性炸药和缓性炸药两大类。

（1）猛性炸药　这类炸药爆炸反应迅速猛烈，具有很大的破坏作用，一般爆炸速度在2000～8000m/s的炸药皆属猛性炸药。如TNT、硝化甘油、雷管等。

（2）缓性炸药　爆炸反应比较缓慢，爆速一般不超过1200m/s的炸药即为缓性炸药。如黑火药、无烟火药等。

常见的炸药包括下列各类物质。

① 芳香族硝基化合物，如TNT、三硝基苯酚、三硝基苯甲硝胺等。

② 其他硝基有机物，如硝化纤维素、硝化棉、四硝化季戊四醇和硝化甘油等。

③ 氧化剂和易燃物所组成的混合炸药，如黑火药和硝铵炸药等。

④ 叠氮和重氮化合物，如叠氮化钠、叠氮化铅和重氮甲烷等。

⑤ 其他如高氯酸（浓度在72％以上）、双氧水（浓度在40％以上）等。

2. 常用民用爆破炸药

（1）梯恩梯炸药（trinitrotoluene，TNT）　梯恩梯炸药简称TNT，它的化学名称是2,4,6-三硝基甲苯。

① 梯恩梯炸药的识别。纯净的TNT、是一种白色（见光后变成淡黄色）的柱状或斜状结晶物质，有时加工成淡黄色的鳞片状或块状，制品呈褐色。TNT味苦，有毒，相对密度为1.65，凝固点不低于80.2℃。TNT炸药在35℃以下很脆，在50℃以上具有可塑性。梯恩梯炸药的吸湿性很小，几乎不溶于水，但可溶于丙酮、苯、甲苯等有机溶剂。

梯恩梯炸药在空气中比较稳定，常温下几乎不分解，可以长期储存，但在阳光照射下会发生缓慢分解，表面慢慢变成褐色，凝固点和爆发点降低，冲击感度增加，对储存和使用均有危害。

梯恩梯炸药一般不与金属及其氧化物作用，但能和碱、氨等作用生成更敏感的爆炸性化合物。例如，梯恩梯炸药与烧碱作用生成敏感度更高的梯恩梯盐类，这类盐受热或撞击就可能发生爆炸。

梯恩梯炸药是一种猛炸药，爆力 $285\sim300mL$，猛度 $16\sim17mm$（密度 $1g/cm^3$）。

② 梯恩梯炸药的应用。梯恩梯炸药具有相当的爆力和猛度，并且价格比较便宜，又适合于压装、铸装，因而成为军事和民用爆破器材中应用最广泛的一种炸药。目前，梯恩梯炸药主要销往有关厂家，以生产混合炸药。如工业炸药中的铵梯炸药、铵梯铝炸药、铵梯黑炸药等。在军事工业上单独或混合制成炸药，广泛用于装填炮弹、地雷、手榴弹等。

（2）铵梯炸药（ammonium nitrate explosives） 铵梯炸药又称工业硝酸铵炸药，它是以硝酸铵为主要成分，由梯恩梯炸药，木粉等组成的混合炸药。

① 铵梯炸药的识别。铵梯炸药为淡黄色粉末，与硝酸铵有相同的缺点，易溶于水，在空气中容易吸湿而有潮解性及结块性。在潮湿的地方保存铵梯炸药，硝酸铵能分解出氨，因此储运保管时应采取防潮措施。

铵梯炸药是民用炸药中比较安全的一种炸药，遇到火花或火星并不燃烧，甚至有时点燃很长时间才能燃烧起来，除非在密闭时，一般不会由燃烧转化为爆炸。铵梯炸药对冲击和摩擦比较钝感。

铵梯炸药的物理安定性较差，化学安定性较好。在适当的条件下保存时，不会失去爆炸性能。铵梯炸药的保证期为 $4\sim6$ 个月。

② 铵梯炸药的应用。铵梯炸药销售于交通、采矿、水利、林业和农田基本建设等部门，用于爆破。叙述如下。

煤矿硝铵炸药，又名煤矿炸药。它适用于有瓦斯或煤尘爆炸危险的井下爆破作业。岩石硝铵炸药，又名岩石炸药，它适用于无瓦斯或矿尘爆炸危险的爆破工程。露天硝铵炸药，又名露天炸药，它适用于露天工程爆破。以上三类硝铵炸药在组成中含有抗水剂者，具有一定的抗水能力，称为抗水炸药，可用于有水工作面的爆破作业。

第四节 毒性、腐蚀性与放射性物品

毒性、腐蚀性与放射性商品，都是一类侵入人体或接触、靠近皮肤，会引起人体中毒、灼伤或得射线病的物品。为做好这类商品的安全储藏，避免各种危险事故的发生，必须了解和掌握这类商品的特性及其安全储藏法。

一、毒害性物品

毒害性物品是一类进入肌体并累积达一定的量后，能与肌体和组织发生生物化学作用或生物物理变化，扰乱或破坏肌体的正常生理功能，引起暂时性或持久性的病变，甚至危及生命的物品。

1. 毒害品的毒性及其影响因素

（1）毒害品的毒性 毒害品的主要危险性就是毒害性。其毒性大小常用半数致死量（又称致死中量）来衡量，用 LD_{50} 表示。它的意思是能使一群试验动物（小白鼠等）死亡 50% 时所需毒物的最低用量（mg/kg 体重）。显而易见，致死中量越小，毒害品的毒性越大。

在毒品分类管理上，通常按照毒品对大白鼠口服试验的致死中量的大小不同，把固、液态毒品分为6级见表5-9。

表 5-9　毒害品的毒性

级　　　别	大白鼠口服 LD$_{50}$/(mg/kg)	相当于人的致死剂量/(g/人)
极毒	<1	0.05
剧毒	1～50	0.5
中毒	51～500	5
低毒	501～5000	50
实际无毒	5001～15000	5000
无毒	>15000	2500

气态毒品，如氰化氢、磷化氢、溴甲烷等，一般使用允许占有空气体积的体积分数表示。气体毒品在空气中所能允许的最大体数分数值愈大，其毒性愈弱，反之愈强。

（2）影响毒害品毒性的因素

① 毒害品的组成结构与毒性的关系。毒品的组成结构对毒性大小的影响，主要表示如下几种形式。

• 一般直链同系列烃的不饱和程度愈大其毒性就愈强。例如，乙炔的毒性比乙烯大，而乙烯毒性又比乙烷大。此外，有些毒品其分子上的烃基碳链较长，毒性也较强，如乙基内吸磷（乙基1059）的毒性比甲基内吸磷（甲基1059）大。

• 同一卤素的同系列卤代烃的毒性，一般随着卤素原子数目的增加而增强。例如，氯代甲烷的毒性依次为：四氯化碳＞三氯甲烷＞二氯甲烷＞氯甲烷。

• 苯环上的氢被一些基团取代后的生成物。其毒性依次为

$$—CN＞—Cl＞—CH_3＞—OCH_3＞—NH_2$$

• 醛与酮的毒性，是由于在分子上具有羰基，因此化学性质活泼，能与蛋白质反应而使蛋白质变性，从而破坏细胞的代谢功能。其中醛的生物活性和毒性是随着碳原子的减少而增加，例如，甲醛的毒性大于丙醛等。

• 胺类的毒性，是由于胺类具有碱性，能与核酸及蛋白质分子的酸性基团作用，从而破坏组织细胞中的核酸和蛋白质（包括酶类）的正常生理机能。

此外，无机化合物中的重金属盐类，比一般金属盐类毒性大。如铅、汞盐类以及除硫酸钡以外的钡盐，都具较大毒性。

② 毒害品的物理性状与毒性的关系。人体的中毒途径、速度以及中毒的轻重程度与毒品的溶解度、挥发性和颗粒细度等有关。

• 溶解度。固体毒害品只有呈溶液状态，才能被组织细胞吸收。因此，毒害品的溶解度愈大，其发生中毒的可能性就愈大，中毒的速度也愈快；反之，中毒的速度就较慢，发生的症状也较轻。

• 挥发性。呼吸中毒是由毒害品的蒸气或粉末，通过呼吸器官进入体内而引起。因此，挥发性愈强的毒品，引起呼吸中毒的可能性愈大，例如，汞、溴甲烷、氯丙酮等毒品，由于挥发性较强，因此在包装密封不良下，都容易引起呼吸中毒。

• 颗粒细度。颗粒细小的固体毒品，由于散落后容易飞扬到空气中。因此，也容易引起呼吸中毒。颗粒愈细，引起中毒的可能性也愈大。

影响毒害品的毒性大小、中毒速度以及中毒的轻重程度，除了与毒害品的组成结构和性质有关外，还与空气的温湿度以及人的体质和生理状态等有关。气温愈高，毒品的挥发性愈强，愈容易引起中毒；另外，如果空气潮热，也会促进人体代谢增强，毛孔扩张，引起中毒的可能性较大。此外，老人、儿童、孕妇和乳期妇女对毒品的敏感性较强，也较容易中毒；而青壮年对毒品的敏感性较小，抗毒力相对强一些。

2. 人体中毒的途径和类型

（1）人体中毒的途径　各种毒品性质不同，引起人体中毒的途径也不同，但归结起来主要有呼吸中毒、消化中毒和皮肤中毒三种途径。

呼吸中毒是人体中毒的最主要途径，它是毒品的蒸气或粉末通过咽、喉、气管、支气管黏膜以及通过肺泡中的微支气管和微细血管壁的渗透作用，进入血液循环，从而引起全身中毒现象。

消化中毒的途径是毒品通过消化道表皮细胞吸收，特别是小肠绒毛的吸收而进入体内，引起中毒现象。

皮肤中毒一般是水溶性和脂溶性较强的毒品引起，毒品接触皮肤，溶解于汗水或皮肤脂中，然后通过皮肤细胞的吸收而进入体内，或直接从皮肤伤口吸收进入体内而引起中毒现象。

（2）人体中毒的类型　根据毒害品侵入人体后，人体所表现出的中毒症状的不同，分为急性中毒、慢性中毒和亚急性中毒三种类型。

急性中毒一般指毒品侵入人体后，马上表现出头痛、眩晕、呕吐、休克、甚至死亡的中毒现象。

慢性中毒主要指某些毒性较小的毒品，以少量多次侵入体内，一时不表现出明显的中毒症状，但积累在体内，当积累达到一定时，才表现出明显症状。

亚急性中毒的症状与急性中毒基本相似，不同是毒品进入人体的数量较少，表现出的中毒症状不突然，可延续较长时间。

3. 毒害品的分类

毒害品根据其毒性大小不同，可分为剧毒品和有毒品两大类，其中致死中量在 25mg/kg 以下（包括 25mg/kg），气体在空气中的最大允许浓度低于 $3cm^3/m^3$（含 $3cm^3/m^3$）的毒害品为剧烈毒品。而致死中量大于 25mg/kg，气体在空气中的最大允许浓度大于 $3cm^3/m^3$ 的毒品为有害品。剧毒品和有毒品又根据其化学成分的不同，各分为无机物和有机物两类。

（1）无机剧毒品

① 氰化物，如氰化钠、氰化钾、氰化铜等；

② 砷及砷化物，如砷、砒霜（As_2O_5）、亚砒霜（AS_2O_3）及其钠盐等；

③ 硒及硒化物，如硒、二氧化硒、溴化硒等；

④ 剧毒金属化合物，如铅齐汞、氯化汞、氯化亚汞等。

（2）有机剧毒品

① 有机剧毒农药，如对硫磷（1605）、内吸磷（1059）、溴甲烷等；

② 植物碱类，如马钱子碱等；

③ 有机氰化物，如丁腈、二氯乙腈等。

（3）无机毒品

① 钡盐，如氯化钡、碳酸钡等；

② 汞及汞化物，如汞、氧化汞、碘化汞等；

③ 氟化物，如氟化钠、氟硅酸钠等；

④ 铅及铅化物，如铅、氧化铅、醋酸铅等；

⑤ 铍、铊及其化合物。

（4）有机毒品

① 有机农药，如滴滴涕、六六六、敌百虫、敌敌畏等；

② 烷、烯、醇、酮、酯、醚、苯的卤化物，如二氯苯、氯丙酮等；

③ 苯的硝基、氨基、烃基、羟基的取代物，如硝基胺类、苯胺、酚类等。

二、腐蚀性物品

凡接触人体或其他物品能发生灼伤、腐蚀和破坏作用，甚至会引起燃烧、爆炸和伤亡事故的一类物品称为腐蚀性物品。腐蚀性物品的种类很多，而且性质复杂，为做好这类商品的安全储藏，必须掌握它的特性及其储藏法。

1. 腐蚀性物品的特性

（1）腐蚀性　腐蚀性物品多数为酸、碱物质，其酸、碱性的强弱决定腐蚀性强弱。一般强酸、强碱物品，腐蚀性较强，而弱酸、弱碱类商品，腐蚀性较弱。腐蚀性物品的危险性较多，除有腐蚀性外，还具有酸性、碱性、氧化性、吸水放热性、毒害性和易燃性等。

腐蚀性物体对人体的伤害，是由于腐蚀性物质接触人体，或发烟酸类蒸气熏及呼吸道和眼睛等黏膜，从而引起皮肤的灼烧和溃疡，人体沾染腐蚀性物品后，开始一般不表现剧烈疼痛，如不及时救治，数小时或数日后，伤口便会逐渐加深，并引起组织坏死现象。因此，在操作过程中必须严加注意。

腐蚀性物品对各种有机物商品，如天然纤维织品、纸张、动物皮革以及竹木制品等，都具有较强的腐蚀能力。例如，强酸能使有机物脱水面碳化，或使天然纤维水解成较小分子物质。而强碱能使动物商品中的蛋白质水解，从而破坏了商品的强力、弹性等力学性能。

此外，绝大多数的腐蚀性物品是金属腐蚀的重要电解质。在空气湿度较大的情况下，如果金属商品接触腐蚀性物质，就会强烈地引起电化腐蚀。

（2）毒性　腐蚀性物品中的某些种类，如五溴化磷、偏磷酸、氢氟酸、硼酸等具有一定的毒性，其中有些种类还能挥发出毒性较强的蒸气。如发烟硝酸挥发出的二氧化氮，发烟硫酸挥发出的三氧化硫以及氢氟酸挥发出的氟化氢气体等，均有毒性，接触人体不但能引起腐蚀，还会引起毒害。

（3）易燃性　腐蚀性物品中的有些种类，如冰醋酸、蚁酸、甲基丙烯酸、苯甲酰氯等接触火源容易引起燃烧事故。

（4）氧化性　腐蚀性物品中的部分种类，具有强烈的氧化性。如浓硝酸、浓硫酸、浓度为 72％ 以下的高氯酸、溴素等，接触还原剂，易燃性还原性物质等，容易发生燃烧。

（5）遇水分解性　有些腐蚀性物品，如四氯化硅、三溴化磷等多卤化物，遇水能分解出腐蚀性气体，另有一些腐蚀性商品，如氯磺酸、五氧化磷、氢氧化钠、硫化碱等，遇水或潮湿空气能分解放出大量的热，因此接触可燃物容易引起燃烧。

2. 腐蚀性物品的分类

腐蚀性物品按其组成和性质的不同，可分为无机酸性腐蚀性物品、有机酸性腐蚀性物品、碱性腐蚀性物品和其他类腐蚀性物品四大类。

（1）无机酸性腐蚀性物品　属于无机酸性腐蚀性物品，主要包括硝酸、硫酸、高氯酸

（浓度 72% 以下）、氯磺酸、氢氟酸、盐酸等无机酸和溴素，以及溶于水能生成强酸物质，如三氧化硫、五氧化二磷、五溴化磷、三氯化磷等。此外，还有腐蚀性和氧化性较弱的一些无机酸，如磷酸、焦磷酸、亚硫酸等。

（2）有机酸性腐蚀性物品　这类腐蚀性物品包括腐蚀性较强的蚁酸、冰醋酸、乙酰氯、碘乙酰、苯甲酰氯等以及腐蚀性较弱的苯的磺酸衍生物等。其中烃基和芳香基的酰卤代物性质较活泼，遇到潮湿空气能分解生成羧酸和卤化氢。

（3）碱性腐蚀性物品　碱性腐蚀性物品包括无机碱和有机碱两类，常见的无机碱有氢氧化钠、氢氧化钾等氢氧化物和硫化钠、硫化钾等硫化物。这些物品都具有较强的腐蚀性和吸湿性，同时吸湿后能放出大量的热。有机碱性腐蚀性物品，常见的有烃基与氢氧化铵组成的化合物，如四甲基氢氧化铵等，以及一元醇与钠、铵结合的化合物，如丙醇钠。此外，还有丙二胺、乙氧基钠等。其中铵和胺类化合物受热容易分解出氨气，因此在保管时必须注意防护。

（4）其他腐蚀性物品　其他腐蚀性物品主要有碘、碘化物、漂白粉以及酚、苯酚盐、焦油酸、煤焦油等。

三、放射性物品

放射性物品是指能从原子核中有规律地放射出穿透力强，对组织细胞具有杀伤能力的不可见射线的一类物品。

1. 放射性物品的特性

放射性物品的最重要性质，是能从原子核中自行放射出射线。各种放射线物品的组成结构不同，放射出的射线种类也不一样，有的只放射出一种射线，有的同时能放射出两种或两种以上的射线，但归结起来主要有 α、β、γ 三种射线，其次还有中子流等。

（1）α 射线　α 射线是一种带正电荷的粒子流，即由氦核（^{4}He）组成的粒子流，当 α 射线通过物质时，能使物质原子电离成离子，并逐渐消耗自己的能量，直至能量耗尽后停止进行。

射线在物质中运行的路程，称为射程。射程的长短主要取决于电离作用的强弱，一般电离作用愈强的射线，其射程就愈短。α 射线对物质的电离能力很强，因此射程很短。例如铀-235 的 α 射线，在空气中的射程只有 2.7cm，在生物体中为 0.035m，在铝中只有 0.017cm。由此可见，α 射线是一种射线很短的射线，在空气中只要一张厚纸即可挡住，但是如果侵入体内引起内照射，其危险性就大。

（2）β 射线　β 射线是一种带负电荷的粒子流，其能量、射程和速度都较大。每秒可行 2×10^5 km，因此穿透能力很强。例如，磷的 β 射线在空气中能行 7m，在生物体中行 8m，在金属铝中可运行 3.5mm。因此，β 射线的外照射危险性比 α 射线大，但电离能力只等于 α 射线的 1% 左右。这种射线一般只要用几毫米厚的铝片、塑料板或较厚的棉织品就足以挡住。

（3）γ 射线　γ 射线是一种不带电荷的光子流，每秒行速 3×10^5 km。由于能量大、速度快、不带电荷，因此穿透能力比 β 射线大 50～100 倍，比 α 射线大 10000 倍。一般可穿透几百米厚的空气层，30cm 厚的铁板。但是 γ 射线的电离能力只相当于 α 射线的千分之一，β 射线的 1/10。

γ 射线在物质中的运行过程，只是光子数量的减少，而剩余的光子速度并不变，因此它穿透能力很强，要用物质完全吸收 γ 射线比较困难。例如，要使钴-60 的 γ 射线减弱至十分之一强度，阻挡它的铅板厚度就须5cm，混凝土层厚20~30cm，泥土层厚50~60cm。

（4）中子流　中子流是由不带电荷的中性粒子组成，这种射线在放射线同位素中很少直接放射，而是由放射性物质放出的射线，轰击非放射性物质，使之发生原子核分裂释放出来。例如，镭-铍中子源，钋-铍中子源，就是用镭-226和钋-210如产生的α粒子，分别轰击铍靶而获得。

中子流按它的能量、行速等不同，分为快中子、慢中子和热中子三种。一般由中子源放射出的中子流都属于快中子。快中子能量大，射程远，穿透力强；慢中子能量较小，多数是由快中子通过介质降低能量和速度后得到；热中子是一种与周围介质处于热平衡的中子流，能量更小。

中子流不带电荷，不能直接由电离作用消耗能量，因此穿透能力很强。

2. 放射性的衰变与放射性强度

（1）放射性的衰变　放射性同位素所以能够自发地放出各种射线，是由于这类物质核内原子、中子数目过多，核内能量不平衡，具有转化为稳定结构的趋势。例如，磷-32、钴-60、镭-226能自发地放出β、γ射线后，转化为稳定性同位素或其他放射性同位素。

磷-32→β+硫-32（稳定性同位素）

钴-60→β+γ+镍-60（稳定性同位素）

镭-226→α+γ氡-226（稳定性同位素）

放射性同位素这种因放出射线，而变成另一种新元素的有规律的核变化，称为放射性同位素的衰变。放射性同位素的衰变速度可用半衰退期表示。它是指放射性物质的原子数因衰变而减少到原来的一半所需要的时间，每一种放射性元素的每一种同位素，都有它恒定的半衰期。例如，镭-226的半衰期是1600年，磷-32 14.3天。

（2）放射性强度　放射性强度是指放射性物品放出射线量的多少，单位是Bq（贝可）。1Bq是指放射性物品在每秒钟内有1个原子核发生衰变的放射性强度。

放射性强度除了使用Bq单位外，γ射线还可以用Sv（剂量当量）单位表示。1Sv是指放射性物质放射出的γ射线，在空气中所产生的电离效应与100g镭的γ射线，在同样条件下所产生的电离效应相等时的γ射线的强度。

3. 放射线对人体的危害

放射线对人体的危害是一种长期而潜伏性的危害。如果人体经常受到过量的放射线照射，常会引起皮肤、淋巴结、生殖系统、造血器官以及肌肉、神经、骨组织等的病变和生理机能的破坏。根据放射线的性质和对人体部位的不同，分为外照射和内照射两种类型。

具有外照射危险的射线，主要是穿透能力很强的射线，如β、γ射线和中子流。这三种射线如果大剂量照射人体时，可以透过皮肤，引起内部组织细胞的病变。

内照射一般是放射性物质通过呼吸道、消化道以及皮肤伤口进入体内，而在体内局部器官中产生电离效应，使人体某种生理机能受到破坏的照射作用。

人体受到放射线内照射后，根据其照射的剂量、部位及产生的生物效应不同，表现出慢性或急性射线病。

4. 放射性物品的分类

放射性物品按物理状态可分为固体、液体、气体、粉末或结晶状；按其毒性可分为极毒、高毒、中毒及低毒；按储运和管理可分为放射性同位素、放射性化学试剂和化工制品、放射性矿砂、矿石和涂有放射性发光剂或含有放射性物质的其他物品。

1. 什么叫做危险化学品？简述危险化学品的主要危险性表现在哪里？
2. 危险化学品分几类？分别指出下列化工原料各属哪一类危险化学品：

   硝酸醋酸　甲醛　硫化碱　液氨　液氯　硝酸钠　硝酸铵　电石　甲苯　丙酮　赤磷精
   萘　梯恩梯　白磷　氰化钠
3. 试述燃烧的条件？如何区别燃点、闪点和自燃点？
4. 试述自燃和易燃性商品的特性？
5. 引起压缩、液化气体爆炸有哪些外界因素？
6. 什么叫爆炸性物品？有哪些特性？何谓炸药的感度和爆炸能力？
7. 梯恩梯炸药和铵梯炸药各有什么用途？
8. 试述毒害品的毒性及其影响因素。
9. 什么叫腐蚀性物品？有哪些特性？

第六章 化工商品标准与质量管理

【学习目标】

● 知识目标

1. 认识化工商品标准、质量管理的意义、作用；
2. 了解化工产品质量的构成和化工产品标准的分类；
3. 掌握化工商品质量管理与质量认证基本知识；
4. 了解国际质量技术壁垒的相关知识。

● 能力目标

1. 掌握化工商品的分级和内容；
2. 掌握影响化工商品质量的主要因素，具备初步的化工商品品质评价能力；
3. 参与与组织开展质量体系认证工作。

● 素质目标

1. 通过商品标准与质量管理的学习，培养学生适应化工生产、质量、营销等岗位需要；
2. 能创造性地应用化工商品质量管理的技术方法。

【引导案例】 日本对我国出口板栗实行52项新农残限量 质检总局严格把关积极应对

2003年4月，日本向我国提出对输日板栗实行52项农残限量的新要求。为此，国家质检总局建议相关单位采取如下对应措施。

一、首先要推行卫生登记制度，实行专厂专用。

二、严格批次管理，执行定量作批和在外包装上刷印批次代号的做法，防止换货，并作为口岸查验放行的依据之一。

三、对加工厂（点）提出品质、规格、包装的具体要求，全面实施质量控制，作为检验检疫和交货验收的依据。

四、落实产地检验检疫，口岸局凭产地局出具的换证凭单查验放行，从而形成一个"对加工厂（点）严格管理＋产地检验检疫＋口岸查验"的检验检疫管理模式。

五、各有关县市政府和主管部门必须加强管理，及时掌握市场动向，严厉打击弄虚作假和欺诈行为。

六、各出口加工厂（点）要严把收购货源关，做到不合格的板栗不收购，掺假板栗不收购。

这一案例说明，受消费者主权论的主导影响，消费者已对商品质量提出越来越苛刻的要求。加强对商品形成、流通和消费全过程的质量管理和控制，确保商品质量充分满足消费者的期望，是厂商生存发展的必然选择。

第一节　化工商品标准

化工商品检验的主要依据是化工商品标准，化工商品标准是标准体系中的一个重要组成部分。

一、化工商品标准的含义与构成

1. 商品标准定义

标准是对重复性事物和概念所做的统一规定，它以科学、技术和实践经验的综合成果为基础，经有关方面协商一致，由主管机构批准，以特定的形式发布，作为共同遵守的守则和依据。其特点是：制订标准的领域和对象是需要协调统一的重复性事物和概念；制订标准的依据是科学、技术的实践经验综合成果；标准经有关方面在充分协商的基础上产生；标准的本质是让步、妥协和统一；标准文件有着自己的一套格式和制订颁布程序。

标准按其性质可以分为技术标准、生产组织标准和经济管理标准三大类。商品标准是技术标准的一个组成部分，也叫产品标准。商品标准是对商品质量和与商品质量相关的各方面所做的技术规定。商品标准对商品的结构、化学组成、规格、等级、质量要求、试验方法、验收规则、标志、包装、运输、储存、使用以及生产技术等方面均有统一的规定。商品标准是商品生产、检验、验收、监督、使用、维护和贸易洽谈的技术准则，也是发生商品质量争议时仲裁的技术依据。

2. 化工商品标准定义

化工商品标准是对化工行业重复性事物和概念所做的统一规定，它以化工领域科学、技术和实践经验的综合成果为基础，经化工行业主管机构、相关权威化工高校、研究院所、相关生产企业、主要用户等有关方面协商一致，由国家标准主管机构批准，以特定的形式发布，作为化工行业共同遵守的守则和依据。

3. 化工商品标准的分类

(1) 化工商品标准按其存在形式　分为文件标准和实物标准两类。文件标准是用特定格式的文件，通过文字、表格、图样等形式，表达全部或部分化工商品质量有关方面技术内容的统一规定。目前，绝大多数的化工商品标准是文件标准。实物标准是用实物作为样品标准，对某些难以用文字准确表达的色、香、味、形、手感等质量要求，由标准化机构或指定部门用实物做成与文件标准规定的质量标准完全或部分相同的标准样品（简称标样），按一定的程序发布，作为文件标准的补充。

(2) 化工商品标准按其约束性　有强制性标准和推荐性标准两类。强制性标准是指标准制定之后，在需要使用此类标准的部分必须贯彻执行。《标准化法》规定，保障人身健康，人身、财产安全的标准以及法律法规强制执行的标准，均属于强制性标准。推荐性标准是除强制性标准以外的其他标准，企业自愿采用，国家采取优惠措施，鼓励企业采用推荐性标准。

4. 化工商品标准的构成

构成化工商品标准的全部要素可分为概述要素、标准要素和补充要素 3 类。概述要素包括识别标准、介绍标准内容、说明标准背景、标准的制订以及与其他标准的关系等内容；标准要素规定了标准的要求和必须遵守的条文；补充要素提供有助于理解标准或使用标准的补充信息。化工商品标准常见的编排见表 6-1，一个标准不需要包含表中所有的要素，但可以包括表中所示之外的其他要素。

表 6-1　化工商品标准要素的编排

要　素　类　型		要　素	
概述要素		封面 目次 前言	引言 首页
标准要素	一般要素	标准名称 范围 引用标准	
	技术要求	定义检查 符号和缩略语 要求 抽样	试验方法 分类与命名 标志、标签、包装 标准的附录
补充要素		提示的附录 脚注、采用说明的注释	

5. 化工商品标准的内容

（1）封面　主要内容有标准名称、标准的级别与代号、批准机构、发布与实施的时间等。

（2）前言　由专用部分和附加说明组成。专用部分主要内容包括：指明采用国际标准的程度，该标准废除或代替其他文件的全部或部分的说明；实施标准过渡期的要求，哪些附录是标准的附录，哪些是提示的附录等；附加说明，包括标准的提出部门，归口单位，主要起草人，首次发布、历次修订和复审确定的日期，委托负责解释的单位等。

（3）范围　明确规定标准的主题及其所包括的方面，指明该标准或其他部分的使用限制。包括本标准适用何种原料、何种工艺生产、有何用途的何种商品等内容。

（4）名词术语与符号代号　有关该商品的名词术语与符号代号，凡在国家基础标准中未统一规定的，都需在标准中做出规定。

（5）技术要求　指为保证商品的使用要求而必须具备的产品技术性能方面的规定，是指导生产、使用以及对商品质量检验的主要依据。主要内容有：理化性能、质量等级、使用特性、稳定性、能耗指标、感官指标、原料要求、工艺要求及有关卫生、安全、环境保护等方面的要求。引入标准的技术要求应是决定商品质量和使用特性的关键性指标，并应该是可以测定和鉴定的。在规定技术要求时，必须同时规定产品的应用条件，在某些标准中还需要规定该商品必须附有注意事项、用户须知或使用指南等。

（6）试验方法　内容包括试验项目、适用范围、试验原理与方法、仪器用具、试剂样品制备、操作程序、结果计算、平行试验允许误差、分析评价和试验报告等。

（7）标志、标签和包装　为了使商品在出厂到交付使用整个过程中，质量不受到损失，标准中必须对商品的标志、标签、包装制订合理的统一规定。内容包括制造商或销售商的商标、牌号或规格型号；搬运说明、危险警告、制造日期、批次等；规定包装材料、包装技术与方式，每件包装中商品的数量、重量、体积等。

二、化工商品标准的分级

标准按其适用领域和有效范围不同，可分为不同的层次、级别，其目的是为了适应不同技术水平、不同管理水平以及满足不同的经济要求。根据《标准化法》，我国标准划分为国家标准、行业标准、地方标准和企业标准 4 级。从全球范围看，标准通常划分为国际标准、区域标准、国家标准、行业或专业团体标准以及公司（企业）标准 5 级。化工商品标准也全部遵循标准的统一分级规定。

1. 国内标准

国家标准是对全国经济技术发展有重大意义，必须在全国范围内统一的技术要求。国家标准一经发布，与其重复的行业标准、地方标准相应废止，国家标准是四级标准体系中的主体。国家标准的内容包括：

① 互换配合、通用技术语言要求；

② 保障人体健康和人身、财产安全的技术要求；

③ 基本原料、材料的技术要求；

④ 通用基础件的技术要求；

⑤ 通用试验、检验方法；

⑥ 通用和管理技术要求；

⑦ 工程建设的重要技术要求；

⑧ 国家需要控制的其他重要产品的技术要求。

化工行业领域的国家标准由国务院标准化行政主管部门编制计划，组织草拟，统一审批、编号、发布。对没有国家标准而又需要在全国某个范围内统一的技术要求，可以制定行业标准。化工行业标准由国务院有关行政主管部门制定，并报国务院标准化行政主管部门备案，在公布国家标准之后，该项行业标准即行废止。

化工企业标准是指化工企业所制定的产品标准和企业内需要协调、统一的技术要求和管理、工作要求所制定的标准。企业生产的产品没有国家标准、行业标准和地方标准的应当制定企业标准，作为组织生产的依据。国家鼓励企业制定严于国家标准、行业标准或地方标准的企业标准，在企业内部使用。

2. 国际标准与区域标准

国际标准包括国际标准化组织制定的 ISO 标准和国际电工委员会制定的 IEC 标准，以及许多其他国际组织制定的标准。一些区域性组织也制定区域标准，如欧共体的 EN 标准等。

工业发达国家的国家标准，大多由法律、法规确认的非官方社团组织制定、审批、发布，如美国的 ANSI、英国的 BS、法国的 NF、德国的 DIN 等标准组织机构。而日本的 JIS、俄罗斯的 ROCTP 等标准则是由法律、法规规定的政府机构制定、审批、发布。美国还制定、发布政府标准，包括联邦标准、规范，军用标准、规范，此外，另有 350 多个学会、协会标准。其他国家，如日本、德国，都有数量不等的学会、协会标准。俄罗斯除国家标准外，还有行业标准和学会、协会标准。各国都有企业标准，由企业自己制定。

各国的共同特点是都有国家标准、企业标准。至于行业标准或学会、协会标准的建立，则与各国工业组织的发展不同有关。

3. 我国采用标准情况

国际标准是世界各国均可采用的共享技术。通过采用国际标准，不但可以获得世界生产技术、商品质量水平的重要情报，而且可能为消除贸易技术壁垒、促进外贸事业的发展提供必要条件。同时，对于促进本国技术进步，提高商品质量，开发新产品，开展进出口贸易具有十分重要的作用。因此，我国把积极采用国际标准作为重要的技术经济政策和技术引进的重要组成部分。

在采用国际标准中，采用程度可分为等同、等效和参照采用 3 种。等同采用即技术内容完全相同，不做或稍做编辑性修改；等效采用指在技术内容上有小的差异，编写上不完全相同；参照采用指技术内容根据我国实际做了某些变动，但商品质量水平与被采用的国际标准相当，在通用互换、安全卫生方面与国际标准协调一致。采用国际标准的程度仅表示我国标准与国际标准之间的异同情况，并不表示技术水平的高低。需要指出的是，目前国际上只承认等同、等效采用，对非等效采用则要做出说明。所以，在采标时应尽可能选用等同或等效采用两种形式，以避免造成技术壁垒。

【案例分析】 2005 年 2 月，中国化工行业卓越品牌 100 佳推介活动组委会近日发布公报，宣化昊华生产的长城牌尿素、晨光牌电石在中国化工企业管理协会等部门组织的"首届中国化工行业卓越品牌 100 佳推介活动"中，第一批入选"优秀品牌"名单。

中国昊华集团宣化有限公司组建以来，坚持以质量打品牌，建立健全了质量管理体系，并以贯标、认证为主线，整合企业管理及规章制度建设，定期进行质量管理评审，公司各生产实体设有专门质量管理人员，进行工序控制管理，每月进行一次质量审核，车间、班组设有质量管理员，负责基层质量管理，质检机构严格执行"双采"标准。同时，坚持开展全过程质量竞赛，形成了人人抓质量，班班抓质量的氛围，强化全员以质量"打品牌"的意识，保证了质量体系的有效运行。全公司各产品系列均通过了由中国方圆认证委员会认可的 ISO 9000 认证。

第二节　化工商品的质量管理

质量面临着越来越严峻的挑战，它已经成为现代工业社会和各国经济建设中一个受到普遍关注的突出问题。不论是发达国家还是发展中国家，都深刻地感受到提高质量的紧迫感和不提高质量就不能生存的危机感。质量的竞争已成为贸易竞争的重要因素之一。因而，各个国家和企业都在积极努力地寻找提高产品质量的有效途径和方法。

质量是 21 世纪的主题，质量是这个时代的主要现象，质量——市场竞争中的主要手段，是安全和生存环境的防御力量，更是合理利用社会资源、提高生产率、减少废次品损失和增加社会效益的良策。

著名华裔科学家杨振宁说："质量也是一种财富的生产力，20 世纪 80 年代日本产品具有很高价值的精神结构，这是日本经济的成功之道"。这个精神结构就是对质量精益求精的精神。事实上质量作为一种文化和理念正渗透到社会生活的各个方面。

对化工企业而言，加强商品质量管理，提高商品质量水平，对于节约资源、降低生产成本、提高商品的竞争力和企业的经济效益，无不具有重要的现实意义。

一、商品质量概念

商品质量也称商品品质，是指商品满足规定或潜在要求的特征和特性的总和。这里的规定是指国家或国际有关法律、法规、质量标准或交易双方合同要求等方面的人为界定，属于显性的需求。潜在要求则是指人和社会对商品的安全性、适用性、可靠性、耐久性、经济性、美观性、可维修性等方面的期望，是一种隐性的需求。

特性是指不同类别商品所特有的性质，即品质特性。如食品的营养成分和食用价值，护肤用品的理化性质等。可以说，商品质量是商品具备适用功能，满足规定和消费者需求程度的一个综合性的概念。

商品质量是一个动态的概念，人们对商品质量的认识和理解是随着经济社会的发展而发展变化的。经济社会发展层次低，商品经济不发达，商品供不应求，人们对商品质量的评价侧重在物质需要的满足，评价商品质量的核心是商品的基本效用或功能。随着经济的发展、社会的进步，工业化进程的加快，绝大部分商品由短缺经济向过剩经济过度，市场格局也由卖方市场向买方市场过度，生产者主权论式微，消费者主权论上升并逐步占据统治地位，导致消费者需求的日益多元化和个性化。人们对商品质量的要求不断提升层次，追求更多的精神满足和心理需要，体现商品的文化个性。

此外，商品质量的动态性还表现在商品的时间性、空间性和消费对象性上。不同时代、不同地区、不同的消费对象，对同一商品具有不同的品质要求，并且这种要求层次呈上升趋向。例如，人们对洗发用品的需求就明显经历了由低层次向高层次的追求，由最初的去污功能需求逐步过渡到去污保洁、护发、护肤、营养等方面的综合需求，而且商品品牌的影响力和选择性在实际的采购需求中发生着较大的作用。

二、化工商品质量概念

化工商品质量也称化工商品品质，是指化工商品满足规定或潜在要求的特征和特性的总和。这里的规定是指国家或国际有关法律、法规、质量标准或交易双方合同要求等方面的人为界定，属于显性的需求。潜在要求则是指人和社会对化工商品的安全性、适用性、可靠性、耐久性、经济性、美观性、可维修性等方面的期望，是一种隐性的需求。

化工商品特性是指不同类别化工商品所特有的性质。如纯碱的纯度，染料的分散度、色牢度，农药的靶标作物选择性等。

人们对化工商品质量的需求也经历了由简单需求到复杂需求的过程，如农药，应生态环境保护的现实要求，传统高毒农药的使用逐步受到了严格的限制，可持续发展农业对"三高两低"且性价比合理的新型可降解生物农药产生了巨大的需求。

【案例】 欧盟对我国出口杀菌剂 BJQ 中的六氯苯含量实行严格的高于国际标准的限制，以防范生态环境受到污染，导致某企业吨产品生产成本增加 5％以上，出口产品量降低 30％以上。

三、影响化工商品质量的因素

商品质量是商品生产、流通和消费全过程诸多因素共同影响的产物，为了有效控制，变成必须对影响商品质量的各个环节和各种可能的因素进行分析。

1. 生产过程

化工商品绝大部分属于产业用品，只有极少部分属于消费品。对于大多数的化工商品来说，其生产形成过程中市场调研、开发设计、原材料选择、生产设备与工艺、成品检验与包装控制、仓储等环节均会影响其质量。

（1）市场调研　市场调研是化工商品开发设计的基础。在开发设计之前，首先是充分研究化工商品市场需求，满足市场需求是化工商品质量的出发点和归宿；其次是要研究影响化工商品市场需求的因素，使化工商品的开发设计具有前瞻性；最后才是收集、分析和比较国内外同行业不同生产厂商的商品质量信息，通过营销能力分析作出开发决策，确定化工商品的品质等级、生产规模及其他技术经济指标，以适应市场需求。

【案例分析】 1993 年，某公司经过市场调研，引进了脑保健产品 NFH 核心原料 DNZ 生产技术，不到 1 年投资 3000 万元，建成了年产 20000t DNZ 生产装置并成功投产。1995 年，受国家医疗体制改革的影响，脑保健产品 NFH 的市场需求急剧下滑，DNZ 的市场价格下跌 50％，并突破生产装置的生产成本，最后导致生产装置全面停产，投资损失近 3000 万元。这一案例充分说明，商品市场调研需充分考虑到政策性投资风险，盲目性的、一厢情愿的、缺乏前瞻仰性的风险投资往往导致失败的结局，严重影响企业的生存能力。

（2）开发设计　开发设计是形成化工商品质量的前提，开发设计包括了化工商品的技术来源、原料来源、工艺路线、工艺参数控制、技术经济指标、质量等级、包装储运、环境影响等。如果开发设计质量不好，就会给出商品质量留下后遗症。设计出了差错，制造设备再先进，生产操作再精心也无济于事，不可能生产出期望的高品质商品来。

【案例分析】　1997年，JAL已列入国家明令限期禁止使用的高毒农药产品，NT公司为延长其JAL生产线使用寿命，决定开发其替代产品YXJAL，从广东某研究所引进了YX-JAL工艺技术，但该产品的生产工艺技术仍属于实验室技术，未经过工业化生产试验，工艺技术尚不成熟，NT公司还是冒险决策上马，投资1000多万元改造了JAL生产线，经过为期近1年的反复试生产，最终没有能生产出品质稳定的YXJAL商品，导致投资全部损失。

（3）原材料　化工原材料是化工商品质量的一种主要的影响因素，原料的有效成分含量、杂质含量对化工商品的质量影响巨大。在做原料分析时，不仅要考虑到原材料的纯度，还必须考虑到原料获得的便捷性、稳定性、经济性和合理利用问题。当然，也不能把节约原材料与提高化工商品质量对立起来，只有在保证商品质量的前提下节约原材料才具有现实意义。

【案例分析】　某市甲、乙两家烧碱生产企业的主要原料——工业盐均来源于北方某盐业公司，生产规模与竞争力相当。经过地质勘探，甲在厂区内发现了储量丰富的优质地下卤水，经过论证，甲投资数百万元开采地下卤水取代工业盐，不到2年时间，甲厂的市场份额和经济效益远远超过乙厂，最后导致兼并乙厂，实现规模化集团经营，大幅度提高了企业的规模效益。

（4）生产设备　生产设备的先进性、可靠性和操作弹性，无疑也是影响化工商品生产过程中商品品质的一个重要影响因素。如具有DCS控制装置的现代化甲醇精馏回收装置就比手动控制的生产设备更能保证回收甲醇的质量。

（5）生产工艺与操作　在多数情况下，虽然原料相同，若采用不同的生产工艺，不仅商品的产品规模会受到影响，商品的质量也会产生差异。例如，水法制备杀虫剂杀虫丹就比传统方法能提高商品的质量等级，商品的优等品率可达到90%以上，高出传统工艺20%。

化工生产过程中操作者操作的影响也是显然的，操作人员是否全面掌握了操作控制方法、是否精心操作、是否能及时有效处理工艺故障，均对化工商品品质的形成千万决定性的影响。

（6）成品检验与包装　成品检验是根据商品标准和其他技术文件的规定，来确认成品及包装质量是否合格的一项重要工作。对大批量生产的化工商品而言，通常重要的质量特征、外观项目要求全部检定，其他项目则可采用分批抽样或连续抽样的检验方法。对返工的不合格品仍然需要进行重新检定。

成品检验中可能出现的问题：抽样不全面，或抽样方法不当，导致不合格品漏检；检验标样过期，未及时对标，导致检验无效，不合格商品流入流通环节；检验设备出现系统性误差未及时发现，也会导致检验无效；检验人员检验技术水平参差不齐，检验分工变动频繁，也会导致检验失误。

商品包装是构成商品质量的重要因素，良好的外观包装不但有利于商品流通环节的储存保护，也有利于商品的销售和最终使用。

化工商品包装形式相对消费品而言比较简单，固体商品大都采用袋装、桶装；液体化工商品大都采用桶装、罐装，少量采用袋装；气体化工产品大都采用带压罐包装。因为化工商品大都是产业用品，包装形式上比消费品简单，注重经济、安全、便于装卸运输。许多化工商品具有易燃、易爆、挥发、有毒、具有腐蚀性等特点，在包装材料的选择上具有相应的措施要求。如黄磷采用铁桶包装，需采取水封和防日晒措施，以防范其挥发和自燃；农药包装要求密封性能良好并具有一定的防碰撞能力；液氨采用高压罐装或高压槽车包装。

（7）环境影响　企业生产车间的生产环境对化工商品质量也具有一定的影响。某些化工商品容易回潮，对车间空气的湿度有要求；此外，环境温度、光亮强度也对某些化工商品质量具有影响，需要采取相应的措施。

2. 流通过程

（1）化工商品运输　运输对化工商品的影响与路程的远近、运输时间长短、运输路线、方式、工具等有关。因此，要求采取最少的环节、最近的路程和最恰当的运输方式。合理地使用运输工具，安全地将化工商品运达目的地，是防止运输过程中商品质量受到不良影响的有效措施。如液氯槽车运输液氯时，要采取严格的安全措施防止碰撞和烈日暴晒；用专用船只运输沥青时，液态沥青温度不能超过变性上限，否则会导致品质下降。

（2）化工商品储存与保护　化工商品在储存期间的质量变化与商品的特性、仓库的内外环境条件、储存场所的适宜性、保护技术与措施、储存期长短等因素有关。化工商品本身的性质是化工商品质量发生变化的内因，仓储环境是化工商品质量发生变化的外因。通过采用一系列保护技术与措施，有效地控制化工商品的存储环境因素，可以减少或减缓外界因素对商品质量的不良影响。如液态甲醇储存场地务必与维修车间保持足够的安全距离，并采取防爆隔离措施；某些化工商品需要采取严格的通风、防潮、防尘措施。

（3）销售服务　销售服务过程中的进货验收、入库短期存放、提货搬运、分包发货、技术咨询、退货服务、安全使用指导等工作的质量都是最终影响化工商品使用者所买商品质量的因素，良好的售前、售中和售后服务已经成为商品质量的有机组成部分。譬如肥料的使用就需要使用者根据土壤的类别、性质特点、作物的类别、性质特点，在技术服务者的指导下有针对性地科学施肥，才可能取得良好的经济效果。又如农药的施用须在技术服务者的指导下，有针对性地杀灭靶标害虫，并尽可能降低对有益昆虫的影响。

四、化工商品质量管理与质量认证

1. 质量管理的发展沿革概要

质量管理是随着现代工业的发展而逐步产生、形成和发展起来的。当然，在现代质量管理成为一门独立学科之前，人类已经早就有了这方面的实践活动。史料记载，早在一万多年以前的石器时代，人类就有了"质量"意识，能对所制作的石器作简单的检验。

美国在20世纪初开始搞质量管理，尤其是首先运用于军工产品的质量控制，取得了显著成效。著名的阿波罗计划（月球登陆）就采用了先进的质量管理理论方法和丰富的质量管理技术，才确保了该计划的顺利实现。日本自20世纪50年代开始逐步从美国引进了质量管理的思想、理论、技术和方法，并在实际运用过程中结合国情予以创新，有所发展，自成体系，形成后来居上之势。事实上，日本汽车、家电产品的卓越品质大大得益于质量管理的理论和技术的运用。从整体上考察，质量管理大体经历了三个阶段：即20世纪20～40年代的质量检验阶段（QI）；40～50年代的统计质量控制阶段（SQC）和60年代以来的全面质量管理阶段（TQM）。

2. 我国质量管理的产生和发展概要

新中国成立以来至 1978 年，基本谈不上科学的质量管理。1978～1988 年，我国企业的质量管理得到了较快的发展。1978～1979 年，北京内燃机厂开始试点从日本引进 TQC，此后迅速向全国各企业传播，至 1985 年，TQC 得到在普遍的推广。十年期间，全国有 8000 多家大中型企业推行了 TQC 并取得了成效。

TQC 的四个基本要素是：产品质量、交货期、成本质量（价格）、售后服务质量。这四个要素是构成商品竞争力的基础，也是企业经营管理水平的一个体现。

计划经济时代，受传统的重产值、轻质量，重速度、轻效益观念影响，我国的质量管理发展也受到了一些干扰，也走过一些弯路，随着经济体制的转轨，尤其是党的十四大决定建立社会主义市场经济体制以来，质量管理才重新获得了新生。当前，尽管还存在某些唯利是图的假冒伪劣产品生产企业（尤其是非法生产企业），但从主流上讲，质量管理已经成为现代企业的基石，质量管理理论的发展和质量技术的运用正进入一个方兴未艾的时代。

我国的化工行业企业也同全国其他行业企业一样，经历了质量管理产生和发展的漫长道路，化工商品质量合格率逐步上升并逐步构筑了自身的品牌影响，为化工企业效益的实现奠定了坚实的基础。

3. 质量体系认证与 ISO 9000 族标准

【案例】 在外贸交易会上，外商看中了某乡镇化工企业的产品，合同额达 20 万美元，几乎相当于该企业的年销售额，但因该企业没有通过质量体系认证，交易没有达成。后来该企业吸取教训，采取了有效措施，两年后产品最终打入了国际市场。

据报道，某派出所、某学校也通过了 ISO 9001 质量体系认证。这些事实说明，质量关系到企业的生存与发展。贯彻 ISO 9001 标准，推动质量体系认证的作用与意义非常巨大，从某种意义上讲，通过质量体系认证，企业就取得了一张产品质量的国际通行证，同时又有效提高了企业的整体运作水平。事实上，从最近的国际贸易发展情况来看，有没有质量体系认证证书，几乎决定了企业能不能开展国际化经营。

欧洲联盟规定对进口商品的质量必须符合 ISO 9000 国际质量标准体系；2003 年美国做出规定：要求供应商都要进行 ISO 9000 注册，否则不购买其产品。

（1）标准产生的背景与沿革　质量认证制度是市场经济发展的产物，随着市场经济的不断扩大和日益国际化，为提高产品信誉，减少重复检验，削弱和消除贸易技术壁垒，维护生产者、经销者、用户和消费者各方权益，产生了第三方认证。这种认证不受产销双方经济利益支配，以公正、科学的工作逐步树立了权威和信誉，现已成为各国对产品和企业进行质量评价和监督的通行做法。

英国是开展质量认证最早的国家，早在 1903 年英国工程标准委员会用一种"风筝标志"即"BS"标志来表示符合尺寸标准的铁道钢轨，1919 年英国政府制定了商标法，规定要对商品执行检验，合格产品也配以"风筝标志"，从此，这种标志开始具有"认证"的含义，沿用至今在国际上享有很高的声誉。1979 年，英国、加拿大首次提出了一整套质量保证国家标准。

随着国际经济技术合作的深入发展，为协调各国在这一方面的努力，以便形成对合格厂商评定的共同依据。国际标准化组织于 1980 年成立了一个专业技术委员会（ISO/TC 176），于 1987 年正式发布了第一部管理标准——ISO 9000 质量管理和质量保证标准，此后逐步过渡到 94 版和 2000 版、2008 版。目前国际标准化组织的 100 多个成员国中有 70 多个国家包括欧洲联盟、美国、加拿大、澳大利亚、日本等几乎所有工业发达国家均等同采用 ISO 9000 系列标准作为本国国家标准。

我国于 1991 年起正式开展质量认证工作，1991 年国务院颁发了《中华人民共和国产品论证管理条例》。1993 年我国等效采用 ISO 9000 系列标准，建立了符合国际惯例的认证制度。

当前全球已颁发认证证书 10 万多张；中国已颁发认证证书约 3 万张左右。

(2) 贯标与认证的目的

① 迎接国际市场挑战，规避非关税贸易壁垒（NTB），开展国际化经营。许多跨国集团公司也把是否通过 ISO 9000 质量认证作为条件用以约束 OEM 供应商。

② 提高企业管理水平。ISO 9000 系列标准的管理思想和管理方法同样适用于领域的管理。ISO 9000 系列标准包括了职责分明、各负其责；依法（文件、程序等）管理；预防为主；有始有终；以事实为依据（各种记录等）等丰富的现代管理思想。

ISO 9000 系列标准要求企业建立正规的文件化的质量体系，并通过质量审核、管理评审、纠正和预防措施、自我评估等措施形成持续改进的功能。

ISO 9000 标准还包含丰富的目标管理思想。德鲁克博士在近半个世纪内是管理理论界的领袖，早在 20 世纪 80 年代就提出了知识经济、信息社会的观点。而事实上他在质量、质量与管理的关系、领导者的角色方面也有很高的造诣。在 2002 年美国质量年会播放了对年届 92 高龄的德鲁克博士的采访录音，关于质量成本他讲了一段相当深刻的话，德鲁克先生认为质量成本考虑三方面：生产过程中出差错需要返修返工造成的质量成本；因促进公司业务增长，提高销售额，需要达到高质量而产生的利益；通过长期的努力形成的顾客忠诚度。

③ 提高企业的市场竞争力。既然有了 ISO 9000 认证，如果同行都取得了认证，自己没有，就会使自己的公司处于劣势。这也许带有盲目性，但企业要发展，确实应紧随市场的潮流。

④ 符合政府的规定要求，免去许多检查。ISO 9000 标准具有的严格、广泛、权威的特性，使获证企业免去许多检查，省去不少烦琐的手续。我国的产品认证管理条例就有这样的规定："获准认证的产品，除接受国家法律和行政法规规定的检查外，免于其他检查"。北京市政府规定：没有通过 ISO 9000 质量认证的企业就不能在北京建筑业市场上投标。新加坡政府也有类似的规定，没有通过 ISO 9000 质量认证的企业不准在新加坡的市场上投标。大亚湾核点站投标的时候，我国很多实力很强的企业没有通过投标，就是因为没有通过 ISO 9000 质量认证。

(3) 八项质量管理原则　八项质量管理原则包括以顾客为关注的焦点原则；领导作用原则；全员参与原则；管理的系统方法原则；过程方法原则；持续改进原则；基于事实的决策方法原则；与供方互利的关系原则。

八项质量管理原则产生背景。随着全球竞争的不断加剧，质量管理越来越成为所有组织管理工作的重点。一个组织应具有怎样的组织文化，以保证向顾客提供高质量的产品呢？ISO/TC 176 结合 ISO 9000 标准 2000 年版制订工作的需要，通过广泛的顾客调查制订了八项质量管理原则。八项质量管理原则在 1997 年 9 月 27 日至 29 日召开的哥本哈根会议上，36 个投票国以 32 票赞同 4 票反对通过了该文件，并由 ISO/TC176/SC2/N376 号文件予以发布。

① 原则1——以顾客为关注的焦点原则。组织依存于顾客，应理解顾客当前和未来的需求，满足顾客需求并争取超过顾客的期望。实施本原则要开展的活动包括以下内容。

◆ 全面地理解顾客对于产品、价格、可靠性等方面的需求和期望。顾客的需求可能是明示的，也可能是隐含的。例如对家电产品的通俗易懂的说明书要求；对热水器的安全性。

◆ 谋求在顾客和其他受益者的需求和期望之间的平衡，将顾客的需求和期望传达至组织，在组织内得到沟通。

◆ 测定顾客的满意度（CSD）并为此而努力。英国的一项调查表明，13％的不满意有顾客会把其不满意告诉其他20个人，因而生产厂需要比以前多花5倍的支出开辟新的客户。

◆ 系统地管理与顾客之间的关系。

实施本原则带来的效应：

◆ 对于方针和战略的制订，可使得整个组织都能理解顾客以及其他受益者的需求；

◆ 对于目标的设定，能够保证将目标直接与顾客的需求和期望相关联；

◆ 对于运作管理，能够改进组织满足顾客需求的业绩；

◆ 对于人力资源管理，保证员工具有满足顾客所需的知识与技能。

② 原则2——领导作用。领导者确立本组织统一的宗旨和方向，他们应该创造并保持使员工能充分参与实现组织目标的内部环境。

③ 原则3——全员参与。各级人员是组织之本，只有他们的充分参与，才能使他们的才干为组织获益。

④ 原则4——过程方法。指将相关的资源和活动作为过程来进行管理，可以更高效地达到预期的目的。过程是指将输入转化为输出的彼此相关的一组资源和活动。"过程"有两层含义，其一，描写一个顺序，即从输入到输出的完整顺序；其二，描写一个系统，即过程不是单个事物的活动，而是一个系统的配合性活动，包括人员及资源的配合。在组织内或组织之间常常会是一个过程与另一个过程相衔接，一个过程的输出成为另一个过程的输入，而且两个过程可以是不同的系统。作为一个企业或组织就是通过对过程的有效控制来达到预期的目的，这是ISO 9000族标准的核心思想之一。过程的含义非常广泛，包括生产过程、服务过程、设计过程、采购过程，产品的检验或验证也是一种过程；研究、计划一个完整过程本身也是一个过程。

实施本原则要开展的活动包括：对过程给予界定，以实现预期的目标。对企业而言，尤其是关键过程、外包过程的识别与控制具有相当重要的意义。识别并测量过程的输入和输出。根据组织的作用识别过程的界面。评价可能存在的风险，因果关系以及内部过程与顾客、供方和其他受益者的过程之间可能存在的相互冲突。明确地规定对过程进行管理的职责、权限和义务。识别过程内部和外部的顾客、供方和其他受益者。在设计过程时，应考虑过程的步骤、活动、流程、控制措施、培训需求、设备、方法、信息、材料和其他资源，以达到预期的结果。

实施过程方法原则带来的效应包括：

◆ 对于方针和战略的制订，使得整个组织利用确定的过程，能够增强结果的可预见性、更好地使用资源、缩短循环时间、降低成本；

◆ 对于目标的设定，可了解过程能力有助于确立更具有挑战性的目标；

◆ 对于运作管理而言，通过采用过程的方法，能够以降低成本、避免失误、控制偏差、缩短循环时间、以增强对输出的可预见性的方式得到运作的结果；

◆ 对于人力资源管理而言，可降低在人力资源管理（如人员的租用、教育与培训等）过程的成本，能够把这些过程与组织的需要相结合，并造就一支有能力的员工队伍。

⑤ 原则5——管理的系统方法。识别、理解和管理作为体系的相互关联的过程，有助于组织实现其目标的效率和有效性。

⑥ 原则6——持续改进。持续改进是一个组织永恒的目标。持续改进是 ISO 9000：2000 版中的核心内容，和质量的定义一样贯穿于整个质量管理体系的各个环节。从目的上来看就是采取各种活动使满足要求的能力不断增加，使满足要求的程度不断提高，这种活动要进行全方位的策划和组织。有计划有步骤的不断的持续活动主要体现在：目标的不断提高；过程控制不断进行数据测量和分析，从而获得改进的机会，经过具体策划，采用纠正措施和预防措施来获得持续改进；落实改进时可以改变职责分配和组织体系；也可以对资源进行合理调配，使进一步的产品实现过程有更好的条件，使得效率进一步提高。

实施持续改进原则要开展的活动包括：将持续地对产品、过程和体系进行改进作为组织每一名员工的目标；应用有关改进的理论进行渐进式的改进和突破性的改进；周期性地按照"卓越"准则进行评价，以识别具有改进的潜力的区域；持续地改进过程的效率和有效性；鼓励预防性的活动；向组织的每一位员工提供有关持续改进的方法和工具方面教育和培训，如 PDCA 循环；解决问题的方法；过程重组；过程创新；制订措施和目标，以指导和跟踪改进活动；对任何改进给予承认。

实施持续改进原则带来的效应：

◆ 对于方针和战略的制订，可通过对战略和商务策划的持续改进，制订并实现更具竞争力的商务计划；

◆ 对于目标的设定而言，设定实际的和具有挑战性的改进目标，并提供资源加以实现；

◆ 对于运作管理而言，对过程的持续改进涉及组织的员工的参与；

◆ 对于人力资源管理，能向组织的全体员工提供工具、机会和激励，以改进产品、过程和体系。

⑦ 原则7——基于事实的决策方法。有效决策是建立在数据和信息分析基础上。

⑧ 原则8——互利的供方关系。组织与其供方是相互依存的，互利的关系可增强双方创造价值的能力。

（4）ISO 9000 系列标准的构成　包括 ISO 9000：2000 质量管理体系 基础和术语；ISO 9001：2000 质量管理体系　要求；ISO 9000：2000 业绩改进指南；ISO 19011：2001 质量和（或）环境管理体系审核指南四个部分。ISO 9001 标准结构上是四大过程，即管理职责，资源提供，产品实现及测量分析和改进。

4. 质量认证实务——ISO 9001 标准贯彻与质量体系认证流程

ISO 9001 标准贯彻与质量体系认证是一项专业性比较强的工作，在实务工作开展中，为提高效率、少走弯路、节省资源消耗，企业往往聘请 ISO 9000 标准贯标与质量认证领域专业咨询机构或权威专家作为顾问。认证工作大致包括如下九个步骤。

（1）咨询过程策划　包括制订总体咨询方案，工作进度计划和阶段性咨询计划。

（2）质量体系诊断　包括制订诊断计划，进行现场诊断，撰写诊断报告，提出改进建议。

（3）进行业务流程分析　包括确定流程目标，进行流程控制和流程运作协调，改善流程职责分配，提高运作效率等。

（4）进行质量体系设计　包括制订质量管理方针和目标，对业务过程进行优化，组织机构和职能分配，建立文件化体系，形成质量体系方案。

（5）组织培训　包括进行管理层培训，ISO 9001 理解培训，文件编写培训，体系运行培训，内部审核员培训，认证准备培训，管理专项培训等。

（6）进行文件编写辅导　分五步编写指导；符合性、实用性、操作性审查；书面修改意见；文件适用性、协调性研讨；确定文件终稿；文件批准发布。

（7）质量体系运行指导　即在运行前有针对性的独立辅导，进行系统运行效果检查；对系统运行状况作出全面审核，提出改进措施并予以跟踪。

（8）进行质量体系评价和改进　即策划第一次内部审核，进行体系运行效果现场审核，提出审核报告及纠正措施，检查纠正措施有效性，指导管理评审，指导第二次内部审核，指导并实施纠正措施。

（9）组织质量体系第三方认证　即推荐认证机构，协助提出认证申请，模拟现场审核，认证准备辅导，现场审核跟进，纠正措施辅导。

5. 质量专业职业资格考试制度

质量专业职业资格考试制度是我国人事和教育制度改革的必然趋势。1993 年党的十四届三中通过的《关于建立社会主义市场经济体制若干问题的决定》，明确提出了要在我国实行学历文凭和职业资格两种证书并重的制度，这是我国人事和教育的一项重大变革。当前，我国人事、劳动、教育部门正积极推动该项事业的蓬勃发展。

我国职业资格分别国家劳动及人事行政部门通过学历认定、资格考试、专家评定、职业技能鉴定等方式进行评价，对合格者授予国家职业资格证书。劳动部负责以技能为主的职业资格鉴定和证书的核发与管理。人事部负责专业技术人员的职业资格评价和证书的核发与管理。职业资格证书是国家对申请人专业（工种）学识、技术、能力的认可，是求职、任职、独立开业和单位录用的主要依据，是对从事某一职业所必需的学识、技术和能力的基本要求。职业资格包括从业资格和执业资格。

执业资格是政府对某些责任较大，社会通用性强，关系公共利益的专业实行准入控制，是依法独立开业或从事某一特定专业学识、技术和能力的必备标准。执业资格实行注册登记制度。如注册会计师、律师、工程监理、质量专业职业资格（质量工程师）、珠宝玉石检验师、电器检验师等。通常由人事部统一考试发证。

从业资格是指从事某一专业（工种）学识、技术和能力的起点标准。如美容师、厨师、各工种职业技能鉴定等，通常由劳动部门考核发证等。

我国人事制度的改革是由职业资格代替原有的技术职称，随着改革的深入，各专业职业资格如：化学工程师、电气工程师、软件工程师等替代我国长期实行的技术工程系列。我国教育制度的改革也在不断深化，除建立了很多职业教育院校外，各院校在校生取得各类职业资格证书已成为一种潮流。因此，质量专业职业资格是我国人事和教育制度改革的必然结果，其率先启动，对我国质量事业的发展具有深远的意义。

五、主要发达国家在国际贸易中的技术壁垒状况

随着时代的发展，人类环境意识的增强，世界政治经济格局发生重大分化重组，国际领域也呈现出引人注目的新特色。关贸总协定（现为世贸组织）在削减关税方面所取得的节节胜利、世界贸易组织的正式成立，以及如火如荼、方兴未艾的国际经济一体化运动，使得整个国际贸易呈现出贸易自由化的趋势。在这种趋势之下，国际贸易中的保护措施发生了较大的变化，特别是近几年来，西方发达国家如美国、日本、欧共体等主要资本主义国家纷纷采用隐蔽性较强、透明度较低、不易监督和预测的保护措施——技术壁垒，给我国及其他国家尤其是发展中国家的对外贸易造成很大的障碍，同时也成为阻挡外国产品进入本国市场的屏障，是当今国际贸易中最隐蔽、最难对付的一种贸易壁垒。

技术壁垒主要是指商品进口国家所制定的那些强制性和非强制性的商品标准、法规以及检验商品的合格性评定所形成的贸易障碍，即通过颁布法律、法令、条例、规定、建立技术标准、认证制度、检验制度等方式，对外国进口商品制定苛刻的技术、卫生检疫、商品包装和标签等标准，从而提高产品技术要求，增加进口难度，最终达到限制进口的目的。就目前国际贸易中技术壁垒的具体情况来看，主要是发达国家如美、日、欧盟等国凭借其自身的技术、经济优势，制定了苛刻的技术标准、技术法规和技术认证制度等，对发展中国家的出口贸易产生了巨大的限制作用，因此，研究发达国家在国际贸易中的所实施的技术壁垒的状况，无论是对我国的出口贸易还是企业的生产都具有十分重要的意义。

1. 技术标准、法规为发达国家广泛用来设置技术壁垒的具体体现

经过分析研究发现，在国际贸易中用来设置技术壁垒最为广泛的是技术标准和技术法规，主要是因为凭借技术标准、技术法规很容易达到使所实施的技术壁垒具有名义上的合理性，提法上的巧妙性，形式上的合法性，手段上的隐蔽性，从而使得出口国望之兴叹，其具体体现如下。

(1) 技术标准、法规繁多，让出口国防不胜防　为了阻碍外国产品的进口，保护本国市场，许多国家制定了繁多严格的标准、法规，甚至用法律明确规定进口商品必须符合进口国标准。目前，欧共体拥有的技术标准就有 10 多万个，德国的工业标准约有 1.5 万种，据日本 1994 年 3 月调查的结果其就有 8184 个工业标准和 397 个农产品标准。美国是目前公认的法制、法规比较健全的国家，其技术标准和法规之多就不必多说了。

(2) 技术标准要求严格，让发展中国家很难达到　发达国家凭借其经济、技术优势，制定出非常严格苛刻的标准，有的标准甚至让发展中国家望尘莫及，如西欧有些国家规定，面条内的鸡蛋含量要在 13.5％ 以上，食盐含量不能超过 1％，不准加颜色等。欧共体的 OKO—生态纺织品标准 100 中对服装和纺织品中的某些物质的含量要求高达 10^{-9} 级，如对苯乙烯的要求是不超过 $5×10^{-9}$，乙烯环乙烷不超过 $2×10^{-9}$，这无疑给发展中国家的纺织出口贸易造成很大的难度，一方面由于技术有限，很难控制到 10^{-9} 级，另一方面由于经济、实验条件有限，而无法检测出 10^{-9} 级的物质。如果让发达国家的检测机构检测，费用相当昂贵，成本增高，从而起到了技术壁垒的作用。

(3) 有些标准经过精心设计和研究，可以专门用来对某些国家的产品形成技术壁垒　如法国为了阻止英国糖果的进口而规定禁止含有红霉素的糖果进口，而英国的糖果普遍采用红霉素染色剂制造的；法国禁止含有葡萄糖的果汁进口，这一规定的意图就在于抵制美国货物，因为美国出口的果汁普遍含有葡萄糖这一添加剂。又如原联邦德国曾制定过一部法律，规定禁止进口车门从前往后开的汽车，当时意大利生产的菲亚特 500 型的汽车正是这种形式，结果使其完全丧失了德国的市场。

(4) 利用各国的标准的不一致性，灵活机动地选择对自己有利的标准　如法国规定纯毛的服装含毛率只需达到 85％ 以上，就可以算作纯毛服装了，而比利时规定的纯毛含毛率必须达到 97％，原联邦德国则要求更高，只有当纯毛的含毛率达到 99％ 时，才能成为纯毛的

服装，这样对于德国来说，它出口时就选择对方的标准，而防止纯毛服装的进口时就选择自己的标准，而使得法国的羊毛制品在德国和比利时就难以销售。

（5）技术标准、法规不仅在条文上可以限制外国产品的销售，而且在实施过程中也可以对外国产品的销售设置重重障碍　如英、日汽车技术标准的实施，英国方面规定，日本销往英国的小汽车可由英国派人到日本进行检验，如果发现有不符合英国技术安全的，可在日本检修或更换零件，这种做法比较方便，但日本方面规定，英国销往日本的小汽车运到日本后，必须由日本人进行检验，如不符合规定，英国则需雇日本雇员进行检修。这种作法费时费工，加上日本有关技术标准公布迟缓，客观上较大地妨碍了英国小汽车进入日本市场。

此外，一些国家还利用商品的包装和标签标准、法规给进口商品增加技术和费用负担，设置技术壁垒。如德国和法国禁止进口外形尺寸与本国不同的食品罐头；美国和新西兰禁止利用干草、稻草、谷糠等作为包装或填充材料，在某些情况下，这类包装材料只有在提供了消毒证明后才允许使用；又如，有一年，澳大利亚准备从我国南京某化工厂进口白油，澳方对产品质量表示满意，但因我国包装规格高为900cm，与他们的包装规格高为914cm不符，不便于流通周转，这样，包装规格便成了贸易的壁垒，使100t白油的出口未能成交。总之，利用技术标准、法规而设置技术壁垒的方法很多，而且形成各异，在此不一一列举了。

2. 日本的技术标准、法规的技术壁垒状况

战后的日本以贸易立国，通过发展贸易，成功地促进了经济发展，同时也成功地保护了民族工业，这与日本带有强烈保护色彩的技术标准和法规是分不开的。

日本有名目繁多的技术法规和标准，其中，只有极少数是与国际标准一致的，当外国产品进入日本市场时，不仅要求符合国际标准，还要求与日本的标准相吻合。如化妆品，要与日本的化妆品成分标准（JSCL）、添加剂标准（JSFA）、药理标准（JP）的要求一致。只要有其中一项指标不合格，日方就可以以质量不达标为由拒之门外。

日本工业标准调查会（JISC）是日本国际标准化工作的主管机构。日本的技术标准、法规及合格评定程序，一方面促进了企业提高产品质量，保护了消费者的利益，另一方面阻止了外国商品的进口，日本依据各种法规，如《食品卫生法》、《药品法》、《蚕丝法》、《消费生活用品安全法》、《电器使用与材料控制法》等以及检验与检疫要求、自动标准等对进口商品进行严格管制。《食品卫生法》要求氯乙烯树脂容器和包装必须进行特定的实验过程以测定镉和铅。对于聚合氯化二酚、有机汞化物等要进行污染控制。《安全法》要求对四轮滑冰鞋进行严格的安全检测。《药品法》、《化妆品法》要求药品、化妆品必须在日本政府指定的实验室进行试验；包装物禁止使用干草和秸秆；药品、化妆品有许可证和标签的规定。日本对很多商品的技术标准要求是强制性的，并且通常要求在合同中体现，还要求附在信用证上，进口货物入境时要由日本官员检验是否符合各种技术性标准。

进入日本市场的商品，其规格选择亦为严格，堪称抑制国外商品进入日本市场的枷锁。而这些商品分为两种规格：一是强制型规格。这主要指商品在品质、形状、尺寸和检验方法上均需满足其特定的标准，否则就不能在日本制造与销售（如医药、化妆品、食品添加剂、电器和计算仪器等）；二是任意型规格。这类商品主要是每年在日本市场消费者心目中自然形成的产品，此规格又分为国家规格、团体规格、任意质量标志三种。其中 JIS 规格（工业品）、JAC 规格（农产品）、G 标志、SG 标志和 ST 标志等均为日本消费者所熟知，是任意的，但如果不能满足这些标准的要求，基本上不可能进入日本市场。

日本食品的农药残留量的要求非常严格，如 1989 年我国输往日本的绿茶农药的残留量

超标而被退回，又如1993年，山东的一家外贸公司输往日本的10余吨冻鸡被日方检出二氧二甲吡啶酚（即克球粉）残留量超过0.01×10^{-6}限量遭退货，而欧洲国家的冻鸡，基本上没有此项指标的限量要求。

3. 美国的技术标准、法规的技术壁垒状况

美国一方面表面上极力倡导贸易自由化，另一方面为维护自身利益，在技术标准、法规等方面具有较强的保护主义色彩。如美国利用安全、卫生检疫及各种包装、标签规定对进口商品进行严格检查。美国在要求进口商品满足ISO 9000系列标准之外，附加了许多进口商品制定的条例，例如关于药品方面，FDA（美国食品和药物管理局）制订了相应的法规，该法规对各种药物的认证、包装、标识及检测试验的方法等都逐一进行了规定，就连非处方销售的药品和器械上的警告词句都做了具体规定。

美国对进口商品的要求，专门制订了各种法律条例，据了解，由于各种原因，每月被FDA扣留的各国进口商品平均高达3500批左右，如1989年，FDA因发现中国蘑菇罐头中存在葡萄球菌肠毒素污染而自动扣留了中国的蘑菇罐头。与FDA有关的法律包括《食品、药品、化妆品法》、《公共卫生服务法》、《公平包装和标签法》、《婴儿药法》、《茶叶进口法》、《婴儿食品法》等。对进口食品的管理，除了市场抽样外，主要在口岸检验，不合要求的将被扣留，然后以改进、退回或销毁等方式处理。我国从1987年以来，每年被美国海关扣留的食品批次中，25%左右是由于标签不符合"美国食品标签法"的规定，另有约8%的批次是因使用了未经FDA认可的添加剂。

此外，美国职业安全与健康管理局、消费者产品安全委员会、环境保护局、联邦贸易委员会、商业部、能源效率标准局等都各自颁布法规包括《联邦危险品法》、《家庭冷藏法》等。对电子产品的进口限制规定主要有《控制放射性的健康与安全法》，对植物检疫最重要的联邦法律有《植物检疫法》、《联邦植物虫害法》、《动物福利法》。

有些条例是专门针对进口国家或商品而制定的，例如，制定等级、尺寸、质量和成熟度与进口国农业产品不同的标准。例如，美国为了阻止墨西哥的土豆输入美国，美国对土豆的标准规定有成熟性个头大小等指标，这就给墨西哥种植的土豆销往美国造成了困难，因为要销往美国不能太熟就得收获，否则易烂，这样又难以符合成熟性的要求。在一段时间内，美国对进口汽车的安全性能和废气排放标准就订得十分苛刻，对于外国中小汽车制造厂而言是一道难以突破的技术壁垒。

美国还利用推行国内生产加工方法及其他标准设置技术壁垒。例如，美国为保护国内的汽车工业，在《空气净化法》和《防污染法》中明确规定，所有进口汽车都必须安装防污装置，并制订了十分苛刻的技术标准，从而使得排气量过大的汽车等被挡在美国市场之外。2002年美国做出规定：要求供应商都要进行ISO 9000注册，否则不购买其产品。

4. 欧共体的技术标准、法规的技术壁垒状况

欧共体是最先意识到国际贸易中技术壁垒的国家，同时这些成员国也是设置技术壁垒最严重的国家，尤其在有关汽车、电机、机械和制药产业更为明显。

欧共体各国由于普遍经济、技术实力较高，因而各国的技术标准水平较高，法规较严，尤其是对产品的环境标准要求，让一般发展中国家的产品望尘莫及。以欧盟进口的肉类食品为例，不但要求检验农药的残留量，还要求检验出国车生产厂家的卫生条件；此外，欧盟理事会92-5EEC指令还对工作间温度、肉制品配方及容器、包装等做出了严格的规定。欧共体不仅有统一的技术标准、法规，而且各国也有各自的严格标准，它们对进口商品可以随时

选择对自己有利的标准，从总体来看，要进入欧共体市场的产品必须至少达到三个条件之一，即：

① 符合欧洲标准 EN，取得欧洲标准化委员会 CEN 认证标志；

② 与人身安全有关的产品，要取得欧共体安全认证标志 CE；

③ 进入欧共体市场的产品厂商，要取得 ISO 9000 合格证书。

同时，欧共体还明确要求进入欧共体市场的产品凡涉及欧共体指令的，必须符合指令的要求并通过一定的认证，才允许在欧洲统一市场流通。

在技术标准、法规方面，德国目前应用的工业标准约有 1.5 万种，虽然这些标准并非全部属于强制性规定，即并非要求进口商品全部符合这些标准，但许多德国客户喜欢符合这些标准的商品，因而进口产品是否符合德国工业标准，实际上已成为推销产品的一个重要因素。

除工业标准外，德国法律规定，某些进口产品必须符合特别安全规定或其他强制性技术要求，例如，电气用品必须符合 VDE 安全标准；用气体燃料为动力的设备必须符合 DVGW 标准，机器、工具、家用器具、运动设备、玩具等，必须遵照目前德国承认的有关安全的机器工程条例。英国法律规定所有在英国出售的用于电器用品的三线电线必须地线是绿色或黄色，火线为棕色，不带电的线为蓝色；所有在英国销售的电热毯必须符合英国技术标准 3456 号的安全要求，标签上应说明人躺在床上时这种毯子是否可用，必须注明是盖毯还是床垫。对于化妆品英国禁止使用类固醇结构的抗雄激素；限制染发剂内乙酸铅的含量。法国政府规定，凡进口或在法国销售的汽车或某些汽车设备型号都要符合 1969 修订的《法国公路法》，所有进口彩电必须符合法国政府颁布的电视机 NFC92-250 强制性标准，所有进口玩具必须符合政府颁布的 NFS 51-202 和 NFS 51-203 法令中强制性安全标准。奥地利法律明确规定，必须服从强制技术规章的产品包括电子技术设备、工厂机械、采矿和石油生产设备、运输设备、药品、化肥、杀虫药、种子、民用武器、度量衡器械等。这些产品在进口销售或使用前必须由当局检验并批准，并且必须免费向有关实验所提供用作检验的样品。

欧共体各国对卫生、安全技术要求不尽相同，质量一般要求较高，特别是对不同形态纺织品的耐燃性要求不同。建筑物使用的纺织品材料必须满足欧共体建筑产品的指令和行种防火试验；目前欧共体对家用纺织尚无统一的安全规则。意大利制定了旅馆家具覆盖物、褥（垫）和地板覆盖物等纺织品的安全法规。英国、爱尔兰制定安全法规的依据是香烟试验和火柴试验，并禁止使用聚氨酯材料。在质量标准方面，欧洲共同体规定对进口商品的质量必须符合 ISO 9000 国际质量标准体系。

【案例分析】 赵氟隆公司打造最具国际竞争力的化工品牌

一、概述

在化工生产中，腐蚀造成的跑、冒、滴、漏，不但污染环境，而且经常被迫停车，严重阻碍了生产的正常运转，给企业带来巨大的损失。如果操作温度达到 100℃ 以上的高温，腐蚀尤为强烈。如对付高温稀硫酸、盐酸、氢氟酸等许多还原性的强腐蚀介质，不但各种传统性的防腐手段不行，就连不锈钢、钛、锆等高级金属或合金也无能为力。许多新工艺、高效益的项目，就是由于腐蚀问题难以解决，无法上马。人们企盼世界上最耐腐蚀的新型材料——"塑料王"聚四氟乙烯（简称 F4 或 PTFE）来解决。它不但能耐任何强腐蚀性介质，且材料本身可耐 250℃ 高温。但它的加工难度大，美国花了 10 多年时间，运用最先进的技术与装备，于 20 世纪 60 年代制造出内用 F4 薄层衬里，外用钢壳加强的管道与设备，用于工业生产。日、德等国利用美国技术相继跟进。20 多年前，我国一些重要企业所需的此类产品都是从这些国家进口，价格昂贵，每年花去大量外汇。原化工部对此非常重视，要求尽快突破这项技术，建立自己的生产工厂。

赵氟隆公司为原化工部化机院氟塑料应用技术研究所，是长期从事氟塑料防腐产品的研究与生产的专业机构。20 多年来，赵氟隆公司在 F4 成型技术与新产品研究制造方面跨出了两大步。

二、迈出第一步，赶上外国人

F4 的加工难度很大，一般塑料的成型工艺对它都不适用，因为它在高温（380℃）塑化温度下，同时还需要有很高的压力才能成型。美国搞了一套结构复杂、价值 100 多万美元的设备来制造 F4 管子。赵氟隆公司土法上马，凭自己的理论基础与多年的实践经验以及坚忍不拔的毅力，终于在 20 世纪 80 年代初发明了一套工艺与设备都很简单，世界独有的 F4 成型新工艺——"多层缠绕，整体烧结"法，制造出可与美国相媲美的聚四氟乙烯薄层衬里成套防腐产品，为我国大面积应用这类高级防腐装备奠定了基础。

三、阔步超越，越过美、日、德等科技发达国家，走在世界最前列

赵氟隆公司生产的钢衬 F4 防腐管道与设备，开始几年在全国许多化工企业生产中应用，却不是很理想，一些单位反映，F4 衬里层出现了鼓包、内瘪现象，阻塞了介质流通。有的管子两端翻边处出现了开裂泄漏现象，这引起了科研人员的严重关注与疑虑。为此，科研人员深入到全国各地的用户生产现场，进行了全面而细致的调查，发现从外国进口的产品同样存在上述损坏现象，且损坏的地方都是在温度较高或有冷热交替的生产系统。为此进行了 F4 热胀冷缩损坏的模拟试验，结果获得了证实。原因查明了，主攻目标就明确了，降低 F4 衬里层的热胀冷缩量是解决问题的唯一办法。F4 是热塑性塑料，且价格又很贵，它在防腐上的应用，都是作为薄层衬里，外用钢壳加强，尽管材料本身耐温可达 250℃，但它存在热胀冷缩比钢铁大 10 多倍的严重缺陷。科研人员运用多年研究工作的经验，经过几年的艰苦努力，终于在 1988 年发明了一套特殊技术，将金属网引入 F4 薄层内部（犹如水泥加钢筋），牢牢地控制了 F4 衬里层的热胀冷缩，使它不再随温度变化而自由伸缩，其热胀冷缩量降低到了与钢外壳相一致，很好地解决了化工生产中的高温强腐蚀的难题。同时还增加了强度，提高了耐正、负压的性能。这一发明是我们跨出的第二步。

四、严格品牌管理，坚持质量第一

赵氟隆公司系 ISO9001 认证企业，为了维护国际名牌产品的声誉，在生产管理等方面，严格地按程序进行，在原材料、半成品和出厂产品的质量检验方面十分严格。仅举一例说明：原兰化公司苯乙烯项目在赵氟隆公司加工的一台 1450mm×11000mm 的钢衬 F4 反应塔，是由十节直接连接而成。用户来公司验收时，检验人员进入塔内检验，一不小心，手中的高频电火花检验仪掉下，将 F4 衬里扎了一个小凹点，电火花检验仪没问题，来验收的人员也同意出运。可公司的领导不肯，请他们等 3 天，再做一节换上去。公司因此损失了数万元，换回来的企业声誉却远大于此。

五、市场竞争力

"金属网 F4 衬里产品" 10 多年来已在国内外化工、石化、炼油、冶金、核能等行业近300 家企业得到广泛应用，市场占有率达 95％ 以上。其中特别是全国几十家大型氢氟酸生产企业，如常熟阿托菲纳、三爱富、中昊、凯圣、瑞星等公司，都是公司的产品用户。在国际

市场上，产品具有更大的竞争力。

六、后记

金属网 F4 衬里防腐装备的研究成功，在产品的制造技术与使用性能上远远超过了美、日、德等发达国家，且使用性能优异，价格低廉，在国际市场中无疑是最具竞争力的品牌。

? 思考题

1. 试分析化工商品等同采用国际标准的意义？
2. 试分析影响化肥质量的可能因素？
3. 质量体系认证与企业品牌文化建设的关系？

第七章 化工商品的检验

【学习目标】

● **知识目标**

1. 认识化工商品检验、评价和监督的作用；

2. 了解化工商品检验的内容和形式。

● **能力目标**

1. 能灵活运用化工商品检验的认基本方法；

2. 参与组织和从事化工商品质量评价和质量监督；

3. 具备流通领域化工商品管理初步技能。

● **素质目标**

通过化工商品检验知识和技术的学习，培养学生适应化工产品质量监督检验、营销、服务等岗位需要。

第一节 化工商品的检验概述

化工商品质量是否符合规定的标准，只有经过检验才能确定，而商品质量能否满足用户需求，则必须进行全面的商品质量评价，开展商品质量管理和监督活动。

一、化工商品检验概念

化工商品的检验是指化工商品的厂商、顾客或者第三方在一定条件下，借助某种手段和方法，按照合同、标准、国家法律法规或国际惯例，对化工商品的质量、规格、数量以及包装等方面进行检查，并做出合格与否或通过验收与否的判定，或为维护交易双方的权益，避免或解决各种风险损失和责任划分的争议，便于商品交接结算而出具的各种有关证书的业务活动。其中质量检验是中心内容，狭义的化工商品检验即是指化工商品质量检验，厂商也往往称这为也称化工产品质量检验。

化工商品检验在质量管理的早期发展阶段发挥了保证化工商品质量的肥关作用。在全面质量管理不断发展完善的今天，由于预防、控制并非总是有效的，所以，化工商品检验仍然是化工商品质量保证工作的重要内容。

二、化工商品检验形式

1. 按检验的形式划分

基本上可分为抽样检验和免于检验两种形式。

（1）抽样检验 抽样检验是按照事先已经确定的抽样方案，从被检化工商品中随机抽取少量样品组成样本，再对样品逐一测试，并将检验结果与标准或合同技术要求进行比较，最后由样本质量状况统计推断受检批次商品整体质量是否合格的检验。其特点是检验的商品数量相对较少，节省费用，具有一定的科学性和准确性；缺点是可能导致提供的化工商品质量信息较少。

（2）免于检验　免于检验是指对生产技术精湛、检验条件完善、企业管理水平较高，化工商品质量形成过程具有充分保证、成品质量长期稳定的生产企业的商品，在企业自检合格后，商业和外贸部门可以直接收货，免于检验。为鼓励企业提高产品质量，减轻企业负担，扶优扶强，给企业创造一个宽松、良好的外部经营环境，依据国家有关法规规定，国家质量技术监督局自 2000 年 8 月起，开始实施产品免于质量监督检验工作，至 2006 年 3 月，全国共有 105 大类 2152 家企业的产品获得了国家免检资格。获得免检的产品，从即日起可按规定自愿在商品或其他品牌、包装物、使用说明书、质量合格证上使用免检标志，并在 3 年内免于各地区、各部门各种形式的质量监督检查。

2. 按化工商品内外销售情况划分

按化工商品内外销售情况，有内贸商品检验和进出口检验两种，具体形式如下。

（1）工厂签证，商业免检　此形式多适用于生产技术条件好，工厂检测手段先进，产品质量管理制度健全的企业。

（2）商业监检，凭工厂签证收货　商业监检是指销售商的检验人员对工厂生产的半成品、成品及包装，甚至原材料等，在工厂生产全过程中进行监督检查，销售商凭工厂检验签证验收。该形式适用于比较高档的化工商品质量检验。

（3）工厂签证交货，商业定期不定期抽检　对某些工厂生产的质量稳定的产品、质量信得过产品或优质产品，一般是工厂签证后便可交货。但为确保商品质量，商业企业可以采取定期或不定期的抽检方法。

（4）商业批检　指销售商对生产商的每批产品都进行检验，否则不予收货。此种检验形式适用于质量不稳定的产品。

（5）行业会检　对于多个厂商生产的同一种产品，在同行业中由工商联合组织行业会检。一般是联合组成产品质量评比小组，定期或不定期对行业产品进行检验。

（6）库存商品检验　指仓储部门对储存期内易发生质量变化的商品进行的定期检验，目的是掌握库存商品质量变化状况，达到安全存储目的。

（7）法定检验　即根据国家法令规定，对指定的重要进出口商品执行强制性检验。其方法是根据交易双方签订的经济合同或标准进行检验，对合格商品签发检验证书，作为海关放行凭证。未经检验或检验不合格的商品，不准出口或进口。

（8）公证检验　公证检验不带强制性，完全根据外贸关系人的申请，接受办理的各项公证鉴定业务检验。商品检验机构以非当事人身份和科学公证的态度，通过各种手段，来检验与鉴定各种进出口商品是否符合贸易双方签订的合同要求或国际上有关规定，得出检验与鉴定结果，或根据有关数据，以便签发证书或证明。

（9）委托业务检验　这是我国商检机构与其他国家商检机构开展相互委托检验业务和公证鉴定工作。目前，各国质量认证机构实行相互认证，大方便了进出口贸易。

三、化工商品检验内容

1. 化工商业质量检验

内容包括有效成分、规格、等级、性能和外观质量等。根据检验标准规定或申请人的要求对化工商品的使用价值所表现出来的各种特性，运用人的感官或化学、物理方法进行测试、鉴别。其目的是确认该商品的质量是否符合合同规定要求或标准要求。

2. 化工商品重量和数量检验

化工商品重量检验一般是采用计量方式计量出样本的准确重量；数量检验则是逐一进行

清点，证明实际装货数量。

3. 化工商品包装检验

包装检验即是根据合同规定，对商品的销售包装和运输包装的标志、包装材料、种类、包装方法等进行检验，查看其是否完好牢固等。

【案例分析】 我某公司出口某种化工原料500t，合同规定以"单层新麻袋，每袋50kg"包装，但我方装船发货时发现新麻袋的货物只够450t，于是将余下的50t用同一种更结实的、价格也比新麻袋贵的涂塑麻袋包装，结果被对方索赔。问题：更好的包装，结果反而被对方索赔，原因何在？

4. 化工商品安全检验

化工商品安全检验主要是检验有毒、有害、易燃、易爆、具腐蚀性和挥发性化工商品的包装、储存和运输过程中的安全技术措施，以防范安全风险。

对于进出口商品来说，检验内容除上述以外，还包括海损鉴定、集装箱检验、进出口商品残损检验、出口商品装运技术条件检验、货载衡量、原产地证明、价值证明以及其他业务的检验。

我国加入WTO以后，可直接参与WTO成员国制订新的技术法规、标准和合格评定程序征求意见的全过程，使得我国商品检验工作面临新的机遇。

第二节 化工商品的检验方法

进行化工商品检验时，必须遵守保证检验结果准确性的各种规定，其中正确的商品抽样方法是保证获得准确检验结果的重要因素。

一、化工商品抽样

1. 抽样的概念

抽样是根据商品标准或合同所确定的方案，从商品被检批中抽取一定数量有代表性的、用检验的单位商品的过程，又称为取样。

通常以一个订单为一批，如果同批质量差异较大或定货量非常大或连续交货，则需要分为若干批。被检验商品中所含的商品总数叫批量；由被检验商品中抽取用于检验的单位商品的全体称为样本；样本中所含的单位商品数量称为样本大小。

抽样需根据抽样对象的性质，合理选择抽样工具与样品容器。抽样需做好记录。抽取的样品应妥善保存，保持样品原有的品质特点。抽样后应及时鉴定。

2. 抽样的方法

(1) 单纯随机抽样（simple random sampling） 将调查总体全部观察单位编号，再用抽签法或随机数字表随机抽取部分观察单位组成样本。优点：操作简单，均数及相应的标准计算简单。缺点：总体较大时，难以一一编号。

(2) 系统抽样（systematic sampling） 又称机械抽样、等距抽样，即先将总体的观察单位按某一顺序号分成 n 个部分，再从第一部分随机抽取第 k 号观察单位，依次用相等间距，从每一部分各抽取一个观察单位组成样本。优点：易于理解、简便易行。缺点：总体有周期或增减趋势时，易产生偏性。

(3) 整群抽样（cluster sampling） 总体分群，再随机抽取几个群组成样本，群内全部调查。优点：便于组织、节省经费。缺点：抽样误差大于单纯随机抽样。

（4）分层抽样（stratified sampling）　先按对观察指标影响较大的某种特征，将总体分为若干个类别，再从每一层内随机抽取一定数量的观察单位，合起来组成样本。有按比例分配和最优分配两种方案。优点：样本代表性好，抽样误差减少。

以上四种基本抽样方法都属单阶段抽样，实际应用中常根据实际情况将整个抽样过程分为若干阶段来进行，称为多阶段抽样。

各种抽样方法的抽样误差一般是：整群抽样≥单纯随机抽样≥系统抽样≥分层抽样。

二、化工商品检验方法

化工商品质量抽检方法较多，根据检验所用的仪器设备、原理条件，通常分为感官检验法和理化检验法两类（见图 7-1）。两种检验方法在实际使用中需按照化工商品的不同质量特性进行选择和相互配合使用。

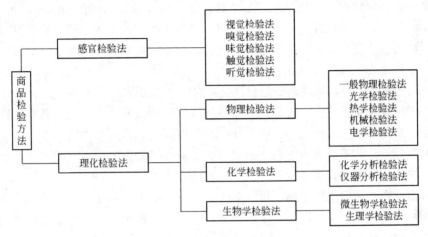

图 7-1　商品检验方法示意图

1. 感官检验法

感官检验法指利用人的感官作为检验工具，对商品的色、香、味、手感、音色等感官质量特性，在一定条件下进行判定或评价的检验方法。对化工商品进行感官检验的范围主要是商品的外观色泽、粒度、气味、干湿程度以及包装物等。这一方法的优点是不需要仪器设备、简单易行、快速灵活、成本低廉，尤其适用于不能用仪器定量评价感官指标的商品。但感官检验法受检验人的生理条件、工作经验以及外界环境的影响，难免带有主观性，无法用在直接分析商品的内在质量，因而具有一定的局限性。

2. 理化检验法

化工商品质量检验更多的是采用理化检验法。理化检验法是在实验室的一定环境下，利用各种仪器器具和试剂手段，运用物理、化学及生物学的方法来测量化工产品质量的方法。主要用于化工商品组成成分、物理性质、化学性质的检验。

理化检验法的特点是能客观、准确地反映化工产品质量的情况，有具体数据，能探明某些化工商品的内部疵点，对化工商品质量鉴定具有很强的科学性，比感官检验法客观、精确。但对检验仪器设备和检验条件要求苛刻，同时也要求检验人员具有扎实的理论基础及熟练的实验操作技能。现代检测技术在检验仪器设备使用上大量采用了计算机技术，实现自动控制和数据处理，使理化检验走向快速及自动化。

（1）物理检验法　这是根据物理学原理，应用物理仪器测定化工商品物理、化学性质的一种检验方法，常见方法包括：一般物理检验法；光学检验法；热学检验法；机械检验法；电学检验法等。譬如利用折光率与某些化学物质有效成分含量的对应关系，可采用折光仪测量出聚苯乙烯的浓度；通过折光仪测量油脂的折光率，可确认油脂的新陈、掺假或变质；采用热学检验法，检测塑料制品的熔点、凝固点、耐热性和耐寒性等。

（2）化学检验法　化学检验法是利用化学试剂和各种仪器对化工商品的化学成分及其含量进行测定，从而判断化工商品质量合格与否的检验方法。具体操作上可分为化学分析检验法和仪器分析检验法两种。

化学分析检验法是根据已知的能定量完成的化学反应进行分析的一种检验方法。按其测定方法的不同又分为重量分析法和容量分析法。容量分析法是用一种已知准确浓度的标准溶液与被测试样发生作用，最后测定终点测出某一组成的含量，如酸碱滴定法。重量法是根据一定量的试样，利用相应的化学反应，使被测成分析出或转化为难溶的沉淀，再通过过滤、洗涤、干燥、灼烧等，使沉淀与其他成分分离，然后称取沉淀物的重量，由此计算被测定成分的含量。如灼烧法测定原料中的灰分等。此外，化学分析法还可根据试样重量不同，分为常量分析（试样量 100mg 以上）、半微量分析（试样量在 10～100mg 之间）微量分析（试样量在 0.01～10mg 之间）及超微量分析（试样量少于 0.01mg）。

仪器分析检验法是采用光电等方面比较特殊或复杂的仪器，通过测定商品的物理、化学性质来确定商品化学成分的种类、含量和化学结构以判断商品质量的检验方法。它包括光学分析法和电学分析法。光学分析法是通过被测成分吸收或发射电磁辐射的特殊差异来进行化学鉴定。具体有比色法、分光光度法（原子吸收光谱、红外光谱等）、荧光光度法等。电学分析法是利用被测物的组成和电物理量（电极、电位、电流等）之间的定量关系来确定被测物质的组成和含量。具体有极谱法、电位滴定法、电解分析法等。仪器分析检验法适用于微量成分含量分析。此法因具有测定的灵敏度高、选择性好、操作简单、分析快速的特点而应用广泛。但因样品前处理费进，仪器价格昂贵，对操作人员要求高，故其应用也有一定的局限性。

（3）生物学检验法　此法也是化工商品常用的检验方法之一。指通过仪器、试剂和动物来测定化学品以及包装对危害人体健康安全等性能的检验。包括微生物学检验法和生理学检验法两种。

微生物学检验法是利用显微镜观察法、培养法、分离法和形态观察法等，对商品中有害微生物存在与否及其数量进行检验，判断是否超过合同或标准的规定。

生理学检验法在化工商品检验中常用来检验商品的毒性。如应用于农药产品的毒性及其程度判定。

第三节　化工商品质量评价与管理

品级或称等级，是用来表示商品质量状况高低差异的。一方面，品级反映了需求方的预定差异，或者在无预定情况下被公认的差异。另一方面，商品生产出来后，由于时空的变化或多或少会产生质量差异，导致等级的产生。对功能、用途相同的商品，为适应不同需求而具有不同的质量特性而产生质量差异时，也需要进行商品分级。

一、化工商品分级

1. 化工商品分级概念

将同类商品分为若干个等级称为商品分级。化工商品一般分为优等品、一等品和合格品。国家标准 GB/T 12709—1991《工业产品质量分等导则》规定：优等品的质量标准必须达到国际先进水平，且实物质量与国外同类商品相比须达到 5 年内的先进水平；一等品的质量标准必须达到国际一般水平，且实物质量水平达到国际同类产品一般水平。按我国现行标准组织生产，标准为国内一般水平，实物质量达到相应标准要求的为合格。优等品、一等品的产销率要求达到 90% 以上。凡不符合最低一级要求的化工商品称为等外品。

2. 化工商品分级的方法

常有记分法和限定法两种。

（1）记分法　分为百分比记分法和限度记分法两种。

百分比记分法将商品的各项质量指标规定为一定的分数，各质量指标的分数之和为 100 分。其中重要指标所占的分数高，次要指标所占分数低。如果商品质量符合标准规定要求，总分就能达到 100 分，反之总分降低，相应等级下降。限度记分法在化工商品分级时不常见，不作详述。

（2）限定法　指在标准中规定化工商品每个等级中限定主要组成成分的最低含量，限定其他组分的最高含量。如农用化肥碳酸氢铵优等品中，氮的含量要达到 17.2% 以上，水分含量要低于 3%。

二、化工商品质量标志

1. 化工商品质量标志含义

化工商品质量标志是按一定法定程序颁发给生产企业，以证明其商品质量达到一定水平的符号或标记。比较常见的质量标志有合格标志、认证标志、免检标志、环保标志、QS 标志、原产地标志、名牌产品标志等。化工商品质量标志是表明化工商品质量达到的水平和质量状态，只有法定机构经过一定程序对达到一定条件的企业授权后，企业才能使用。

实行商品质量标志，不仅是保证商品质量的重要手段，也是维护商品使用者利益的有效方法。特别对于某些事关人身安全的化工商品，国家强制实行质量标志，以防范不合格产品流入市场。化工商品质量标志不仅可为商品使用者提供采购方便，也能为企业带来商品质量声誉和经济利益。

2. 化工商品质量标志种类

（1）质量合格标志　指商品在厂商出厂前经厂商质量检验部门检验，产品的各项质量指标均已达到要求而颁发的合格证标志，又称产品检验合格证。任何产品出厂前，都需经过合格检验。合格标志的形式依产品的不同特点而异，一般用图案或代号表示，或者系挂，或者贴在产品包装上。不同等级制的产品可以用不同图案或不同颜色的标志来表示。

（2）质量认证标志　指由认证机构为证明某个产品符合特定的标准和技术要求而设计、发布的一种专用标志。如常见的方圆标志等。方圆标志为中国方圆认证委员会产品质量认证标志，分为方圆合格认证标志和方圆安全认证标志。

产品质量认证标志的基本作用在于向产品购买方传递正确可靠的信息。随着贸易全球化，实行第三方产品质量认证制度是国际上保障商品质量的一种普遍做法，有利于提高产品的信誉度，减少重复检验，降低质量成本，消除技术壁垒，维护生产厂商、经销商和使用方各方面的权益。目前，ISO 成员国和地区会员国中，基本上开展了产品质量认证工作。英国采用风筝标志，法国采用 NF 标志，德国为 VDF 标志，美国为 UL 标志，日本为 JIS 标志（见图 7-2：相关标志）。

中国强制认证标志　　中国长城标志　　国家免检产品　　欧共体CE认证　　英国BSI风筝标志

法国标志　　美国国家安全标准认证标志　　国际羊毛标志　　德国DIN标志认证　　国际电工CB认证

德国安全认证标志　　北美安全标志　　德国VDE安全产品标志　　北欧四国安全认证标志

图 7-2　相关标志

（3）CCC 标志　长期以来，我国强制性产品认证存在着对内、对外的两套认证标志，即长城认证标志和 CCIB 认证标志。为解决对国内产品和进出口产品认证不一致的问题，按照世贸组织国民待遇原则，国家质量检验检疫总局和国家认证认可监督管理委员会于 2001 年 12 月公布了国家强制性认证制度，即"四个统一"制度（统一目录，统一标准、技术法规和合格评定程序，统一标志，统一收费标准）的有关法规性文件。统一后的国家强制性认证标志为"中国强制认证"，英文名为"China Compulsory Certification"，缩写为"CCC"。该标志从 2002 年 5 月 1 日起逐步取代原来的长城标志和 CCIB 标志，从 2003 年 8 月 1 日起强制执行（见图 7-2：相关标志）。

（4）环境标志　环境标志是一种印刷或贴在商品或包装上的图案，证明该种商品在其生命周期中符合环境保护要求，不危害人体健康，对生态环境无害或危害性极少，有利于资源的节约和回收。ISO14000 环境管理系列标准是 ISO 关于环境体系认证的标准，已经成为商品进入国际市场的重要标准。目前世界上已经有不少国家和区域性组织相继实行了环境标志。我国环境标志于 1993 年 8 月发布。1994 年 5 月中国环境标志产品认证委员会正式成立，是代表国家对各类环境标志进行认证的唯一第三方认证机构。

三、化工商品质量评价

商品质量的本质是满足消费者需要的程度，在日常的商品质量评价中，人们常用好吃、好用、好看、有档次、有品位来形容，用物美价廉来表示。因此，在评价商品质量时，既要注意商品质量符合标准的状况，又要考虑商品满足社会和人们需要的程度；既要注意消费者的基本需求，又要考虑消费者对商品质量的特殊要求；既要用一般的方法来评价商品质量，又要把商品质量放在社会大系统中，作为一个系统工程来研究。

1. 化工商品质量评价的一般内容

化工商品质量评价的一般内容有：

① 商品内外质量的符合性；

② 商品包装质量；

③ 商品是否使用方便，说明是否详细、清楚；

④ 商品证件标志的齐全性、完整性；

⑤ 商品的售后服务；

⑥ 品牌知名度、美誉度；

⑦ 商品消费的顾客群体的特殊要求及满足程度；

⑧ 商品与人、社会、环境的关系。

2. 顾客满意度

随着科技发展和社会进步，人类对商品质量的不懈追求，以及商品买方市场的形成，市场竞争的日益充分，使顾客满意成为企业关注的焦点。谁能深入洞察了解顾客的期望，满足顾客的动态需求，谁的商品就会得到顾客的欢迎。一些发达的市场经济国家，积极研究和采用顾客满意度作为测定顾客对商品服务的质量标准，它对商品质量的评价着眼于顾客的实际感受和消费体验，体现了一种全新的质量观念。

顾客满意度测量的基本要素包括：顾客预期质量、顾客感知质量、顾客感知价值、顾客满意程度、顾客保持率和顾客抱怨率等。如果商品的感知质量超过了顾客的预期质量，则顾客感到有价值，从而达到顾客满意；反之顾客就不满意。顾客满意与顾客抱怨、顾客忠诚有关，因此，顾客满意度能客观上反映商品的质量满足顾客的程度（见图7-3）。

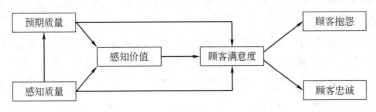

图 7-3　顾客满意度测评的基本要素

3. 假冒伪劣化工商品的识别

假冒伪劣商品指含有某种足以导致普通消费者大众误认的不真实因素的商品，也是人们对各种假货、次货的总称。识别假冒伪劣商品方法很多，常见的方法有注册商标识别法、内在质量识别法、防伪标识别法。

（1）注册商标识别　名优商品的外包装上都有注册的商标标志，商标上打有"R"或"注"字样，有的还粘贴有全息防伪商标。假冒伪劣商品有的有假商标，有的没有商标。假商标中，有的用废次商标标志，有些用相似或相近商标标志，有的自行制版印制，普遍存在粗制滥造、比例不符、镶贴不齐、容易脱落、颜色不正、无凹凸质感、标志歪斜、有磨损痕迹等现象。

（2）查看商品标识　根据《产品质量法》第 27 条，产品或其包装上的标识必须真实并符合下列要求。

① 有产品质量检验合格证明。

② 有中文标明的产品名称、生产厂厂名和厂址。

③ 根据产品的特点和使用要求，需要标明产品规格、等级、所含主要成分的名称和含量的，用中文相应予以标明；需要事先让消费者知晓的，应当在外包装上标明，或者预先向消费者提供有关资料。

④ 限期使用的产品，应当在显著位置清晰地标明生产日期和安全使用期或者失效日期。

⑤ 使用不当，容易造成产品本身损坏或者可能危及人身、财产安全的产品，应当有警示标志或者中文警示说明。裸装的食品和其他根据产品的特点难以附加标识的裸装产品，可

以不附加产品标识。假冒伪劣商品的标识一般不是正规企业生产，外包装标识或残缺不全，或乱用乱写，或假冒优质奖标记，欺骗消费者。

（3）检查商品包装　名优产品包装用料质量好，装潢印刷规范，有固定颜色和图案，套印准确，图案清晰，形象逼真。伪劣商品一般包装粗糙，图案模糊，色彩陈旧，包装用料材质差。用真假商品对比，可以辨认。大多数名优商品包装封口，均采用先进机械封口，平整光洁，内容物不泄漏。而假冒伪劣商品无论是套购的真品包装，还是伪造、回收的包装，封口多手工操作，不平整，常有折皱或裂口，仔细检查封口处，大都能发现破绽。

对包装封口有明显拆封痕迹的商品要特别注意，很可能是"偷梁换柱"。

许多名优产品包装上有中国物品编码中心统一编制的条形码，经激光扫描器扫描，电脑可以识别。冒牌货往往无此标志，或胡乱用粗细不等的黑色直线条纹以及数字欺骗消费者，用激光扫描器扫描，没有正常反应，电脑不能识别。

（4）检查液体商品的透明度　如乳剂农药在正常情况下不分层，不沉淀。

（5）看商品的色泽　粉剂农药取 10g 点燃后，如冒白烟，说明有效；若极易燃烧，且冒浓黑烟，说明是假农药。

（6）看商品的发霉、潮湿、杂质、结晶、形状、结构情况　粉状化工商品出现团块的，表明受潮失效或变质。

（7）检查商品供货渠道　国家规定部分商品只能由特定部门经销。如国务院规定：各级农资公司是化肥流通主渠道，农业植保站、土肥站、农技推广站（简称"三站"）和化肥生产企业自销为化肥流通辅助渠道，其他任何单位和个人，一律不得经营化肥。

（8）检查商品认证标志　真皮标志 A 型尺寸为 35cm×5cm，用于皮鞋及小皮件；B 型尺寸为 7cm×5cm，用于皮衣及大皮件（具），而且在标牌正面、反面共有六项保密措施，从而为识别真伪提供了有力的技术依据。

（9）检查商品防伪标签　近年来，由于假冒农资等假冒伪劣化工商品泛滥，采用防伪技术来识别假冒伪劣商品作用日益突出。防伪技术是识别真伪、防止假冒的技术。它伴随着假冒而产生，又在与假冒作斗争中得到发展。随着社会主义市场经济的发展，企业和广大消费者的自我保护意识日益增强，许多名优产品生产企业从打假防伪需要出发，纷纷采用防伪技术，推动了防伪技术的发展和防伪产业的形成。目前，我国防伪行业已初具规模，从事防伪技术研究、开发生产和销售的企事业单位已有 1000 多家，防伪技术产品年产值已达几十亿元。防伪技术水平不断提高。

四、流通领域的化工商品质量管理

化工商品流通领域的质量管理主要表现在市场调研、采购、运输、储存、销售和售后服务等环节。

1. 化工市场调研质量管理

市场调研能有效地减少企业经营活动中的盲目性，有利于企业根据市场的需求科学地制订营销规划，组织商品生产。同时也为促进化工产品升级换代、结构调整、改进和提高质量水平提供可靠依据。市场调研质量管理主要包括：客户需求调查，确定经营商品的质量需求、经营特色和经营管理费用。

2. 采购质量管理

严格把也进货关，防止不合格和假冒伪劣商品进入流通领域，是商业企业搞好商品质量管理的重要环节，也是流通质量管理的基础。采购质量管理内容包括：建立合格供方评审和管理制度，建立进货管理制度，编制采购计划，签订具有商品质量保证和纠纷处理条款的商务合同，建立商品验收、检验制度，健全检验机构，培训检验人员等。

3. 运输质量管理

内容包括：制订科学的运输计划，选择合理的运输路线，确定适宜的运输条件和运输工具，建立运输过程中商品的交接发验收制度，科学堆放，防范野蛮装卸等。

4. 储存质量管理

贯彻以防为主的原则，最大限度地减少商品在库损。内容包括：制订商品储存计划，建立商品出入库验收制度管理等仓库管理制度，选择合适的储存条件和科学的储存养护方法，搞好易燃、易爆、有毒化学品的专库或专区管理，严格做好商品的安全检查等。

5. 销售质量管理

主要内容包括：编制商品销售计划，制订合格营业员条件，确定适宜的销售环境，规定销售过程及其质量要求，培训营业员，提高服务质量等。

6. 售后服务质量管理

主要内容包括：制订和实行质量三包规定，送货上门，免费提供咨询服务，免费培训等。

五、商品质量监督

1. 商品质量监督概念

商品质量监督是指根据国家的质量法规和商品的技术标准，由国家指定的商品质量监督机构对生产、流通、运输、储存领域的商品进行监督的活动。

2. 商品质量监督种类

（1）国家的质量监督　由国家授权，指定第三方机构以公正的立场进行的监督检验。这是以政府行政的形式实行定期或经常监督检查和检验，公司检查检验结果，根据国家有关法规及时处理质量问题，以维护社会经济生活的正常秩序，保护消费者合法权益。国家的商品质量监督由国家质量技术监督部门规划和组织。

（2）社会的质量监督　指社会团体和新闻机构根据用户和消费者反映，对流通领域的某些商品进行抽样检验，公司检验结果和企业名单，以造成强大的社会舆论压力，迫使企业改进商品质量，对用户和消费者承担责任。

（3）用户的质量监督　指商品内外贸部门和使用单位为确保商品质量而进行的监督检查。

3. 商品质量监督的形式

商品质量监督的形式一般分为抽查型质量监督、评价型质量监督和仲裁型质量监督3种。

（1）抽查型质量监督　指国家质量监督机构，通过从市场或生产企业或仓库等地随机抽取样品，按照技术标准进行监督检查，判定其是否合格，从而采取强制措施，责成企业改进产品质量所进行的监督活动。其特点是：检查强制性；抽查随机性；检测数据科学准确，评价公证；检验结果公开；对抽查不合格的单位予以限期整改。

（2）评价型质量监督　指由国家质量技术监督机构通过对企业的产品质量和质量保证体系进行检验和检查，考核合格后，以颁发产品质量证书、标志等方法确认和证明产品达到的质量水平，并向社会提供评价信息的一种质量监督活动。它是国家干预产品质量的重要手段之一，其特点是：按照国家规定标准对产品进行检验，确定其质量水平；对厂商的生产条件、质量体系进行严格审查和评定,由政府或政府主管部门颁发相应的证书;允许在产品上、包装上、出厂合格证上和广告上使用、宣传相应的质量标志;实行事后监督,促进产品质量的改善。

(3) 仲裁型质量监督　指在出现产品质量争议时,进行仲裁时使用的手段。是国家质量监督机构站在第三方立场上,公正地处理质量争议问题,从而对质量不法行为的监督,促进产品质量提高和一种监督活动。其特点是:仲裁的对象是具有质量争议的产品;具有较强的法制性;根据监督检验的数据和全面调查情况,由受理仲裁的质量监督部门进行调解和裁决,质量责任由被诉方承担。

除上述三种监督方式以外,未来可能建立咨询和听证制度、建立新闻发布制度、建立网上监督渠道,为商品用户和消费者的监督提供信息和监督方便也应是或有的重要监督方式。

4. 我国商品质量监督管理模式

我国商品质量监督的管理体制采用的是"集中与分散相结合"的模式,在全国形成了一个由多系统组成的质量监督管理网络,包括技术监督系统和专业监督系统的质量监督管理机构和质量监督检验机构。

(1) 技术监督系统　由国务院授权统一管理和组织协调全国技术监督工作的国家质量监督检验检疫总局系统,县级以上地区技术监督部门负责行政区内的商品质量监督和管理工作。国家在各省、市、自治区工业集中的城市建立健全了产品质量检验机构,在国家质量技术监督部门统一领导和规划下,开展商品质量监督检验工作。对不按标准组织生产、产品质量低劣的企业,有权停止发放合格证,特别严重的,有权建立主管部门对企业和有关人员进行经济制裁等。

(2) 专业监督系统　卫生系统、船检单位、农林牧系统等均根据国家颁发的有关法规,由各行业、部门相应的质量监督机构行使监督职权。

【案例分析】　如何识别假冒伪劣农资

对于农民来说,春耕备耕购买的农资质量至关重要,一旦遭遇假冒伪劣农资产品,无异于一次天灾。如何识别假冒伪劣农资,有关专家提出了权威意见,以供广大农民朋友参考。

化肥:宁减量勿减质

庄稼一枝花全靠肥当家。肥料质量的好坏直接关系到农民付出辛勤劳动后的收成。假冒伪劣化肥虽然年年打,年年须提高警惕。业内有人士指出,目前用农家肥的比例很少,而且不存在质量的担忧。但是,考虑到农资价格坚挺,"寻求替代品种"的需求就为价格相对较低的假冒伪劣农资的泛滥提供了可能。

目前化肥市场上假冒伪劣问题的主要表现是:一是夸大宣传,擅自扩大使用范围误导农民。二是以次充好。比如标注总养分为45%的复合肥,总养分实际仅为20%。三是偷减含量。目前的高成本高价格更具有暴利的诱感。比如,将每吨化肥总养分的含量降低一半,生产总成本就可下降60%以上,而且靠肉眼根本辨别不出来。四是在标签上做手脚,以假乱真。有些厂家生产的明明是复混肥,外包装上却标注为复合肥;不少标注为硫酸钾型复混肥的产品,实际上是以氯化物为基础肥,氯含量高达30%以上。

由于很多农民朋友缺乏对假冒伪劣农资的辨识能力。客观上助长了假冒伪劣农资的泛滥。再加上农民经济能力普遍较低,农民在购买农资时最关心的还是价格,较少注意品牌质量,对生产日期、保质期、厂名等标识也不甚关注,防范意识较弱,往往容易上当受骗。

因此,业内人士建议农民今年在选购化肥时,一定要注意几点:一是坚持选大型企业、名牌产品，不要被一些流动小摊贩的低价格所诱惑。二是宁肯减量也要保质，哪怕再用些普钙、农家肥来补足肥力，也不要让假冒伪劣耽误农季、影响收益。三是提醒农民在购买化肥时要向经营者索要发票，发票内容要详细具体，莫忘加盖印章或要求经营者签名，而且要保留化肥样品和包装标识。对于标签上标有×××质检所认可产品、×××会展名牌产品、×××部委推荐产品等"头衔"也不要轻信，最好向有关政府部门咨询后再购买使用。

种子：放心的得细心买

"春种一粒粟，秋收万颗籽"，种子的质量至关重要。到什么地方去买种子？

总体上讲，农民朋友要买放心种子就是要买合法经营者的种子，要买资金雄厚、信誉好的大型种子公司的种子。按照相关规定，种子经营者包括具有种子经营许可证的种子经营者及其分支机构和代销者、包装种子的零售商。但所有经营者都应办理营业执照。因此，购买种子应当到有固定的经营场所的种子公司等单位，最好是选择大型种子公司及其分支机构。

买什么样的种子？一是要买小包装的种子，根据自己的需求选择不同的包装规格。二是要买标签齐全的种子。根据有关规定，销售的种子应当加工、包装、附有标签，标签应当标注作物种类、种子类别、品种名称、产地、种子经营许可证编号、质量指标、检疫证明编号、净含量、生产年月、生产商名称、地址以及联系方式等，主要农作物种子还应当加注种子生产许可证编号和品种审定编号。农民购买时要注意查看，必要时可通过经营许可证编号等信息向农业行政主管部门核实生产商情况。三是要购买合适的种子，尤其要注意是否适宜当地种植，要注意查看标签中标注的适宜种植区域是否包括本地，主要农作物品种应当是审定通过的品种，新品种首次要少量试验。最好不要买散装种子或已打开包装的种子或无证包装的种子；不要买标识模糊、标注不全的种子；走街串巷、沿街叫卖、来路不明的种子，以及小广告宣传新特优、邮寄的种子也不要购买。

农机：常见伪劣品什么样

现在，使用农机具进行农业生产的农民越来越多，市场上的农机品种也很多，但其中不乏假冒产品，这些假冒伪劣农机主要表现形式有以下几个方面。

假标识：产品冒用、伪造其他企业的商标、标识，误导用户。通常多见于结构比较简单、加工制造容易的主机和零部件中，如旋耕机刀片、粉碎机锤片、筛片等。这些产品在外观、尺寸、油漆色泽等方面，相互间差异较大。选购时，可以采用多样品比较、与正品对照、称重等办法来加以识别。

假包装：冒用他人特有的名称、包装、装潢，以达到假冒的目的。这类假冒产品以农机具的零配件如柴油机的连杆、曲轴、喷油嘴等居多。因此用户在选购时，不能只看包装，还要看产品的技术文件和产品的外观、色泽等。必要时，索要产品鉴定证书，或者拿一个样品做一下试验。

假证书：将产品的推广许可证、生产许可证、产品认证、获奖证书等，粘贴在未获证的产品上；伪造获奖产品，诱导和欺骗用户。在选购产品时，消费者一定要对产品的有关证书进行查验，必要时可向有关部门进行咨询，搞清楚后再买。

假广告：一些企业给自己的产品挂上"高科技"、"新技术"、"新产品"的招牌；夸大产品的适用范围、销售区域和销售量；夸大产品的使用功能；利用广告词上提醒用户识假、防假的字眼，骗取用户信任。实际上这些产品的质量往往无法保证。在选购时，不要听信企业和经销单位的一面之词，向企业索要有关的质量证明文件，对照产品仔细查验。

专家指出，购买农机前要向公益性农机技术推广机构咨询，了解该机具是否适应当地的作业环境与要求，技术是否可靠，以免造成不必要的损失。还要货比三家，综合考虑价格、质量、服务，千万不要轻易相信经销商的一面之词。切记：偏听偏信，往往会掉进陷阱。

购买时要索取发票、产品合格证、三包凭证、推广许可证、使用说明书、维修零件图册。切记：一时疏忽，隐患即在后面。

购买后要认真了解产品性能以及使用、保养、维修知识。最好参加生产厂家或经销商的培训，严格按说明书使用。千万不要盲目操作。切记：不按说明书使用、保养，产品出现故障，商家（厂家）不"三包"，只能自认倒霉。

❓ 思考题

1. 如何搞好化工商品免检工作？
2. 分析化工商品主要的抽样方法利弊？
3. 分析顾客对化工商品质量满意的因素？
4. 现有的化工商品质量监督形式如何改进？

第八章 化工商品的包装、储运和养护

【学习目标】

● 知识目标

1. 认识化工商品包装作用、种类和包装材料用途；

2. 认识化工商品储存储存要求。

● 能力目标

1. 能灵活运用化工商品的运输质量管理方法；

2. 了解化工商品存储质量变化，能运用所学知识对化工商品进行有效养护。

● 素质目标

1. 通过商品包装、储运和养护知识的学习，培养学生适应化工商品物流作业管理、营销等岗位需要；

2. 具备进行化工商品包装设计和物流规划的潜力。

第一节 化工商品的包装

一、商品包装的概念

商品包装是根据商品的特性，使用适宜的包装材料或包装容器，将商品包封或盛装，以达到保护商品、方便储运、促进销售的目的。

根据国家标准，所谓包装，是指为在流通过程中保护产品，方便运输，促进销售，按一定技术方法而采用的容器、材料及辅助物等的总体名称。也指为了达到上述目的而采用容器、材料和辅助物的过程中施加一定技术方法等的操作活动。

产品经过包装所形成的总体称包装体。所谓包装体系，则是一般意义上的包装的延伸。包括商品包装各个环节和有关部门，从包装产品到产品组合、分发包装产品、处理废物及回收利用，体现了与包装有关的许多部门之间的系统联系。

各种类型的包装都有着相同的目的，就是为了保护商品质量，方便储运、购销，扩大市场销售，满足社会需求这个根本目的，它是通过发挥包装的基本功能来实现的。因此，就需要分析商品的特征、特性，研究消费者的购买意向，预测市场的需求变化、寻找设计途径、确定设计方向和设计图案。

包装在与商品组合时，它的存在就很明显。作为销售媒介，它携带产品通过分销渠道；作为储运手段，它保护内装物安全完好地到达消费者手中，并为商品储运和统计创造了条件；作为广告工具，它进行着信息传递，激发消费者的购买欲望。可见，包装在生产经营环节中自始至终都在发挥作用。

从社会看，任何导致包装的进步与发展，都必将有助于商品生产和商品流通的发展，促进科学技术的进步与国家资源的开发利用，进一步满足人们物质生活与精神生活的需要，并

为国家建设积累资金。因此，搞好包装工作无论于社会、于企业于消费者都是有益的。

二、商品包装的作用

商品包装是商品生产的必要环节，是商品生产工艺流程中的最后一道工序，是商品生产的一个重要组成部分。商品包装质量的高低也是评价商品质量高低的重要内容，是商品流通过程中不可缺少的条件。在商品从生产领域到流通领域的过程中，商品包装始终起着重要作用。

① 商品包装具有防止商品破损和渗漏的功能，保持商品的完整和清洁，避免微生物、害虫的侵蚀以及外界条件（日光、风、雨、温度等）和有害气体的影响。因此，必须根据商品在流通过程中的破损原因及程度，考虑商品的不同特性、用途及运输条件，设计制造牢固、适用的包装。

② 商品包装为商品运输、商品储存创造了条件。科学合理的商品包装为商品装卸、堆垛、统计和合理使用运输工具，提高运输效率，有效的利用仓库容积提供了有利条件。因此，对一些轻泡商品，在保证商品质量的情况下，尽可能地提高单位体积内的密度，要依据运输工具，设计包装的形状和规格。同时，商品包装便于商品分装或混装，便于清查盘点，有利于提高工作效率和加速商品流转的功能。

③ 商品包装不仅便于消费者对商品选购和携带，而且，一件精美的包装还可以成为艺术装饰品，具有观赏价值。商品包装装潢，还能帮助消费者识别商品，便于消费者挑选，激发购买欲望，促进销售。因此，商品包装是实现商品价值和使用价值的重要手段，具有提高商品身价的功能。

④ 合理的商品包装，还可以节约包装材料，降低包装费用，节约费用开支、提高企业的经济效益。因此，在生产中必须加强对商品包装材料或包装容器、包装技术的研究，力求符合商品包装科学、经济、牢固、美观、适销的原则，做到既用料得当、结构合理，最大限度的保护商品，又能节约材料，降低费用。

⑤ 精美的商品包装能提高商品的竞争力，特别是出口商品。我国过去许多出口商品由于不重视包装，造成一等商品，二等包装，三等价格的结果。采用适宜的包装材料、包装容器、包装方法和装潢设计，有利于扩大出口商品销售，提高商品的售价，增加外汇收入，促进外贸的发展。

三、化工商品包装的种类与包装材料

根据商品包装的作用不同，一般把包装分为运输包装和销售包装两类。

1. 运输包装

运输包装又称商品的大包装或外包装。是以方便运输、储存为目的的商品包装。或者说是用于盛装一定数量的销售包装商品或散装商品的大型包装。它具有保障产品安全、方便运输、装卸、储存，加速交接与点验的作用。

运输包装的特点是容积大，要求结构坚固、标志清晰、搬运方便，因此，应选择合适的包装材料或容器，研究包装方法和措施。合理的运输包装方法应做到，在不影响质量的前提下，压缩轻泡商品体积，大型货物拆装，形状相似的商品套装，并应衬垫缓冲材料等。

我国商品运输量大，储存的商品也多，每年因包装不善造成的损失巨大。因此必须加强运输包装的改进工作，认真研究各类商品的特性，考察运输条件，采用先进适宜的包装方法。例如加快发展集合包装，用机械包装代替手工包装，用现代包装取代原始包装，发展新的包装材料等，以降低各类大宗商品储运损失。

下面介绍几种常用的运输包装。

（1）箱型包装　箱型包装主要有纸箱、木箱。

① 纸箱是用瓦楞纸制成的包装箱。常用包装纸箱的底、盖有对口盖、大盖和搭盖三种类型。对口盖纸箱的外盖和外底的宽度相当于箱宽的 1/2。封箱时外盖和外底于纸箱中间相连，纸箱中间形成对口。牢固度低于大盖纸箱和搭盖纸箱。搭盖纸箱的外盖和外底的宽度略大于箱宽的 1/2，封箱时，外盖和外底在纸箱中部形成部分重叠的搭口。搭盖纸箱的封口较对口纸箱严密，码垛受压时，封口处不易张开。大盖箱的外盖、外底与箱宽相等。封箱时外盖与外底重叠成双层底和盖，较坚固，适于盛装重量较大的商品。

包装纸箱的特点如下。

第一，重量轻，仅占包装商品毛重的 7% 左右，故便于装卸搬运，可避免或减少由于在装卸搬运中被摔扔。

第二，节省材料、降低包装成本。

第三，纸质优良的纸箱洁净牢固、能严密封闭，具有较好的防尘防潮性能。

第四，便于机械化生产，易于实行包装标准化。

第五，空箱易于折叠平放，堆存时可以节省仓位容积，便于装卸运输。

第六，组装捆封牢固，开箱较方便。

② 木箱。木箱包装是用木板、胶合板或纤维板为原料制成木制箱型包装。木箱包装除盛装销售包装商品外，还用于某些散装商品。木板箱由于笨重，开启不便，且占用面积较大不易处理，在国际市场上不受欢迎，用量日益减少。木板箱有密闭和花格两种结构，木箱的体积（规格）主要分为两种类型，普通木箱体积一般在 $1m^3$ 以下，载重 200kg 以下。带有底垫盘木箱，箱体牢固载重量在 1400kg 以下，用于盛装较沉重的商品。

（2）桶型包装　用作运输包装的桶型包装有金属桶、木桶、纸桶、塑料桶及纸板合成桶等。

① 金属桶。有铁桶、马口铁桶、铁塑桶等。金属桶具有坚固耐用、防渗漏、防腐蚀等性能。

② 木桶。用作运输包装的木桶有胶合板桶、纤维板桶、杉木桶等。

③ 塑料桶。具有质轻、不易破碎、耐腐蚀等特点，有的塑料桶代替金属桶广泛应用于盛装化工产品。

④ 纸桶。桶身用纸板和树脂合成材料制成，桶底采用木、塑料、金属及纤维板等制成的纸板合成桶。

（3）袋型包装　用作运输包装的袋型包装有麻袋、布袋、纸袋、塑料袋等。

① 麻袋。用于化工原料、化学肥料等许多化工商品装运。

② 布袋。是棉布制成，常用来盛装粉状、颗粒状或块状化工商品。

③ 纸袋。是用 2～6 层厚牛皮纸制成，可盛装粒状、粉状化工商品。纸袋成本低，密封性好，但强度较低，盛装商品不能过重，一般每袋不能超过 50kg。

④ 塑料袋。有塑料编织袋、塑料薄膜袋和集装袋等。塑料编织袋有全塑料编织袋、全塑涂膜袋和塑麻交织袋之分。全塑编织袋是经线和纬线均为塑料扁丝的编织袋，适于盛装块状或较大颗粒状商品。全塑涂膜编织袋是全塑编织袋内部涂敷一层塑料薄膜，以防并丝出洞，并增强防污染的能力，适于盛装粉状和怕潮商品。塑料薄膜袋一般用聚乙烯、聚丙烯或

聚氯乙烯为原料，经吹塑而成，具有透明柔软和防潮性能，可用于盛装化肥、化工原料等。但聚氯乙烯袋因有一定的毒性，不宜盛装食用化学品。

（4）危险货物运输包装

① 危险化学品运输包装的种类。列入我国国家标准的危险化学品运输包装有钢桶（罐）、铝桶、胶合板桶、钢箱、天然木箱、胶合板箱、再生木箱、硬纸板箱、硬质纤维板箱、瓦楞纸箱、塑料桶、塑料箱、钙板箱、纺织品编织袋、塑料袋、塑料编织袋以及以柳藤、竹材料编织的笼篓、筐等。

② 危险化学品运输包装的基本要求。危险货物运输包装是根据危险货物的特性（燃烧、爆炸、腐蚀、毒害等）按照有关的标准和法规，专门设计制造的运输包装。为保证危险货物运输包装能保护内装危险货物的安全，我国国家标准《危险货物运输包装通用技术条件》（GB 12463—90）规定危险货物运输包装需符合以下基本条件。

● 危险货物运输包装应结构合理，具有一定的强度，防护性能好。包装的材质、形式、规格、方法和单件质量（重量）应与所装危险货物的性质和用途相适应，并便于装卸、运输和储存。

● 包装应质量良好，其结构和封闭形式应能承受正常条件下的各种作业风险，不应因温度、湿度或压力的变化而发生任何渗（撒）、漏，包装表面应清洁，不允许黏附有害物及危险物质。

● 包装物与内装物直接接触部分，必要时应有内涂层或进行防护处理，包装材料不得与内装物发生化学反应，而形成危险产物或导致削弱包装强度。

● 容器内应予固定。如属于易碎性的应使用与内装物性质相适应的衬垫材料或吸附材料衬垫妥实。

● 盛装液体化学品的容器，应能经受在正常运输条件下产生的内部压力。灌装时必须留有足够的膨胀余量。除另有规定外，并应保证温度在55℃时，内装液体不致完全充满容器。

● 包装封口应根据内装物的性质采用严密封口。

● 盛装需浸湿或加有稳定剂的物质时，其容器封闭形式应能有效地保证内装液体（水溶剂和稳定剂）的百分数，在储运期间保持在规定的范围以内。

● 有降压装置的包装，其排气孔设计和安全装置应能防止内装物渗漏和外界杂质进入，排出的气体量不得造成危险和污染环境。

● 复合包装的内容器和外包装应紧密贴合，外包装不得有擦伤内容器的凸出物。无论新型包装，重复使用包装，还是修理过的包装均应符合包装标准的要求。

盛装爆炸品包装的附加要求：盛装液体爆炸品容器的封闭形式，应具有防渗漏的双层保护；除内包装能充分防止爆炸品与金属物接触外，铁钉和其他没有防护涂料的金属部件不得穿透外包装；双重卷边接合的钢桶、金属桶或以金属作衬里的包装箱，应能防止爆炸物进入缝隙。钢桶或铝桶封闭装置必须有合适的垫圈；包装内的爆炸物质和物品，包括内容器，必须衬垫妥实，在运输中不得发生危险品移动；盛装有对外部电磁辐射敏感的电发装置的爆炸物品，包装应具备防止所装物品受外部电磁辐射源影响的能力。

（5）集合包装　集合包装包括集装箱、集装袋、托盘组合包装。

① 集装箱。集装箱是一种大型运输包装。集装箱是用钢板、铝板、纤维板、木板、塑料等材料制成的大型金属箱、金属罐或框架。其规格和载重量按国际标准化组织规定如下：规格尺寸：长度为40英尺（12m）和20英尺（6m）、高度为8.6～8.55英尺。载重量为

10t、20t、25t、30t。其优点是：安全、简便、节约、迅速，便于机械操作，能长期使用，可提高铁路、海港、车船装卸效率6～50倍。集装箱分为通用和专用两类。通用集装箱密封、安全；专用箱有保温式、通风式、冷藏式集装箱，还有机械拆解式集装箱，使用效果显著。

② 托盘组合包装。托盘多用木材、塑料、铝合金、钢材等材料制成，是商品储运中颇受欢迎的一种搬运工具，在国内也称垫板和集装盘。托盘的下边设有插口，供铲车的铲叉插入，将包装好的商品放在托盘上进行装卸，载重0.5～2t。为了防止货物散落，需将货物包固定在托盘上，组成托盘组合包装。组合包装装卸和堆码十分方便，可有效的保护商品、提高工效、简化包装、促进包装标准化。

托盘规格种类：托盘规格用长宽表示，国际标准化组织规定为三种规格：80cm×100cm、80cm×120cm、100cm×120cm，国内还有 100cm×100cm、80cm×110cm、100cm×110cm、110cm×110cm、120cm×160cm、120cm×180cm 等规格。根据使用价值托盘可分成两种：一种是可复用盘，其结构比较牢固，可反复使用多次，主要为木制托盘，少数为金属或塑料制托盘；另一种是一次性使用托盘，其结构简单，耗料较少，质量低，所用材料大部分为纸质木材或纸板。托盘按结构分为平面式托盘、箱式托盘、立柱式托盘和滑片托盘。

③ 集装袋。集装袋是合成纤维或塑料扁丝织成并外加涂层的大口袋，通常为圆柱形，四面有吊带，有的底部有活口，内衬塑料薄膜袋。

集装袋可载重1～1.5t，能重复使用，使用期可达数年。其优点大致与托托盘相同。尤其适用装卸已包好的袋、桶商品。

④ 组合包装。组合包装是指一些体型较长、大的商品，不使用其他包装容器，而是利用商品的自然体型，把一定数量的商品，经牢固捆扎组成一个大件整体进行运载的包装方法。组合包装方法经常用于钢材储运方面，它的优点是具有减少商品破损、扩大销路、提高售价、加快装卸速度、节省劳动力的优点。

2. 销售包装

销售包装又称小包装或零售包装。是用于直接盛装商品并同商品一起出售给消费者的小型包装。

（1）销售包装的特点　销售包装是随着商品一同出售给消费者的。因此，商品的销售包装不仅要求保护商品，适合运输、排装和储存，而且还能美化商品，宣传商品，便于商品陈列展销，便于消费者识别、选购、携带和使用。因此，商品销售包装的设计要根据商品的不同性质、外形、档次、用途，按不同的消费对象、风尚习俗、销售范围和方式来进行，也要考虑资源情况、材料和工艺特点、成本费用等因素，以提高商品销售包装效能。

（2）销售包装的类型　销售包装的种类很多，主要有便于陈列展销的包装，如挂式包装、堆叠式包装、贴体包装；便携式包装，如手提结构包装；便于使用的包装，如喷雾包装、配套包装、食品蒸煮包装、易拉罐、易开瓶等；防护性包装，如速冻包装、真空包装、充气包装、无菌包装、防霉包装、防潮包装、防虫包装、防锈包装等。

四、化工商品包装材料

化工商品包装材料的种类很多，各种包装材料的规格、性能、用途是不相同的。了解和掌握各种包装材料特性、积极发展包装材料生产、不断提高包装材料的质量和不断挖掘采用新的包装材料，并合理选材，节约用材，是做好商品包装工作的重要内容。现将我国常用的几种包装材料分述如下。

1. 纸张材料

纸制容器具有轻便、价廉、便于机械化生产，便于印刷等优点。纸张品种繁多，按其重量或厚度可分为两大类，每平方米不大于200g或厚度在0.1mm以下的统称为纸。每平方米在200g以上或厚度在0.1mm以上的称为板纸。有些产品定量虽然每平方米重量在200～250g，但也称为纸，如白卡纸、绘图纸等。

① 包装纸：主要有牛皮纸、羊皮纸、半透明纸、薄页纸和邮封纸、玻璃纸、蜡光纸等。

② 包装板纸：包括箱板纸、瓦楞纸、黄板纸、白板纸。

2. 金属包装材料

包装用的金属材料很多，大体可分为板材、线材和角铁三种。板材如黑铁皮、镀锌铁板、镀锡铁板等，主要制造桶、罐、箱等，盛装粉状、浆状和液体化工商品，具有牢固、防潮、防腐蚀、不透气、易焊接加工等优良性能。在包装容器中还有一种铁塑桶，是在铁桶内装有聚乙烯制成的内胆，适用于包装化工产品和危险性商品，具有牢固、防漏、抗压、防潮、耐酸碱腐蚀的特点。铁丝可用来制铁笼和用做捆扎材料，多用于畜禽的运输，运输包装的捆扎等。

3. 木材

包装用木材主要是制成木箱和木桶。具有坚固、便于装卸的优点。木箱有胶合板木箱、花格木箱，适宜装易碎、质轻化工商品、化工精密仪器、零件等。木桶也常用于化工商品包装。

4. 塑料

塑料在包装材料应用上，越来越显得重要。各种塑料包装材料是新发展起来、已被广泛应用的包装容器。由于塑料具有良好的可塑性，包装容器造型更适合于设计的要求，可制成各种箱、桶、瓶、筐、袋等多种形式。其优点是：光学性能好，透明有光泽；质轻，富有弹性和柔软性，耐折叠，耐冲击，耐磨，耐寒，耐热，抗压缩，抗震动，防水，防潮，密封性和热封性好，可进行充气，真空软包装，物理性能好；耐酸碱，耐药剂，耐油脂，防锈蚀，防虫害，防污染，防氧化，适宜危险品和化学品包装；加工成型简单、易着色，便于大量生产，节约能源，价值较低廉；有广泛的代用性，可代替纸、金属、玻璃，木材、棉麻、陶瓷等材料。常用的包装塑料有：聚乙烯、高压聚乙烯、中压聚乙烯和低压聚乙烯。无毒，用于制造农用薄膜、食品容器、复合薄膜、绳、带、丝等。

5. 玻璃

玻璃属无机硅酸盐制品。其特点是：透明、清洁、美观，有一定的机械强度和良好的化学稳定性，易封闭，价格较便宜，可多次周转使用，资源丰富。玻璃包装容器常见的有瓶、罐、缸以及玻璃复合材料等。

6. 纤维织物

传统的织物有麻袋和布袋，它们具有耐用和不污染商品以及便于回收利用和使用方便的特点。适合盛装颗粒装和粉状商品的运输包装或销售包装。目前，化纤织物包装材料已被广泛使用，它们比天然纤维织物包装材料具有强度大、吸湿性小、轻便、耐腐蚀、易清洗等优点。其中，以聚丙烯裂膜纤维织造的聚丙烯编织品使用最广泛。

第二节　化工商品的储存

一、商品储存的作用

商品储存是在商品严格检验的前提下，由分散汇集到流通领域，并通过妥善保管，然后投入市场销售的"物流"活动。对于弥合商品产、需在时间上的背离，保证市场供应不致中断、促进生产、满足消费、维护消费者的利益有着积极的作用。在商品经济条件下，商品生产与商品消费之间，需要由商品流通充当媒介，但商品生产与商品消费之间不仅情况复杂，而且两者之间又充满矛盾。首先，由于产、需双方处于不同地位，而存在着利益上的矛盾，前者希望在销售中获得高利，后者希望购买到经济实惠、物美价廉的商品；其次，由于生产相对集中，消费分散多样，而存在着产销方式上的矛盾。如，一地生产多地区消费，一种产品多种用途；再次，由于生产的周期性、季节性与消费习惯性，季节性又存在着产、销时间上的矛盾如季节性生产的商品常年消费，或者常年生产的商品季节性消费等，这些矛盾必须在流通过程中加以解决，商品储存正是适应这种需要而存在的，为了统一或协调这些矛盾而发挥了其独特的作用。商品储存在发展生产、做好收购的基础上，及时地收储商品，成为商品流通的"蓄水池"，通过妥善保管，以完好的商品保证市场供应。商品储存在接纳商品进入流通领域时，通过严格的商品检验，对商品的规格、质量、花色、品种进行监督，使商品保质保量、质价相称，防止伪劣商品混入流通领域，以维护消费者的利益和促进生产工艺的不断改进。在商品储存过程中，储运部门还要对某些产品进行挑选整理、分类编配、拆整分装、集合组装、加工改装等业务活动，改变生产部门所提供的大包装、单花色、待组装、大统货等商品，以适应商品流通和消费者的需要。商品储存正是通过自身的不断循环，充分发挥协调商品产、销矛盾的功能，而成为促进商品流通以至整个社会再生产的不可缺少的重要条件。

二、化工商品储存的基本要求

商品储存是一项综合性的技术工作。为保证商品的质量，防止商品损耗，在储存管理中应做好以下工作。

1. 严格入库验收

商品入库验收，主要包括数量验收、包装验收和商品质量验收三个方面。必须严格认真、一丝不苟，以保证入库商品数量准确，质量完好，包装符合要求。商品入库验收程序，一是先查大数，后看包装，见异拆验；二是核对单、货，即按照送货单上所列商品的品名、编号、货号、规格、数量等项目，逐项细心核对，保证单货相符；三是认真检验商品质量，质量完好可入库，发现质量或数量问题，应及时分清责任，认真妥善处理。

2. 选择适当场所

化工商品储存场所主要包括：货场、货棚和库房。选择适当的储存场所是商品安全储存的基础。在选择商品储存的场所中，要根据商品的性能和保管要求，安排适宜的存放地点。

① 怕潮易霉、易潮解的商品，应存放在干燥通风的库房里。

② 怕热和易挥发的商品，应存放在温度较低的阴凉处。

③ 各种危险化学品应专库存放，符合防毒、防爆、防燃的要求。同时要做到分区分类，科学存放，即品种分开，干湿分开，新陈分开，好次分开，尤其是对性质相抵和消防方法不同的商品，不可同库混放，以免互相影响，发生事故。

3. 科学堆码

商品堆码是指商品的堆放形式和方法。堆码应当符合安全、方便、多储的原则。堆码形式要根据商品的种类、性能、数量和包装情况以及库房高度、设备条件、地面负荷和储存期限、储存季节等条件决定，不同的商品，堆码的方法也应有所不同。例如，对含水量高、易霉变，又需要通风的化工商品，在雨季应堆码通风垛。潮湿是引起商品变质的主要原因，因此，存放商品应注意防潮。在堆垛时，一要用枕木、石块、垫板等垫底，并用苇席、油毡纸等物铺垫隔潮；二要对露天货场堆放的商品选择地势高、地下水位低的地方存放，并进行周密苦盖，货堆的四周挖排水沟，以防积水灌入垛下，浸湿商品。

商品堆垛存放，要进行分区分类、货位编号、空底堆码、分层标量、零整分存，便于盘点和出入库。同时要留足"五距"，即顶距：平顶房为 50cm；灯距：50cm；柱距：10～20cm；墙距：内墙距为 30cm，外墙距为 50cm；垛距：库内中间走道 150～200cm，货垛间小走道一般不小于 100cm。

4. 做好商品在库检查

对在库储存的商品管理，要建立健全定期和不定期、定点和不定点、重点和一般相结合的检查制度。检查方法以感观检查为主，充分利用检测设备，必要时要进行理化检验。对检查中发现的问题，应立即分析原因，采取相应的补救措施，以保证商品的安全。在库检工作中，除检查商品外，还应检查库内各种仪器设备运转情况，确保设备处于良好状态。同时还要认真检查仓库的清洁卫生和消防设备，并做好防火、防霉等工作。

5. 做好商品出库

商品出库是仓储业务的最后阶段，要求做到：

① 必须具有业务部门开出的提货单据，并认真验证核查，手续齐备方能付货；

② 交付商品的品种、规格、数量要准确，质量要完好，复核要仔细，不错、不漏，单货同行；

③ 商品的包装要完整牢固，标志准确、清楚，符合运输要求；

④ 对预约提货的商品，应及早备货；

⑤ 对出库商品要本着先进先出、易坏先出和接近失效期先出的原则，及时发货，但对变质失效的商品不准出库。

第三节　化工商品的运输质量管理

商品运输是商品通过运力在空间的转移。商品运输质量是指商品在运输过程中不发生事故，保证商品、人身及设备安全，防止各种差错，减少商品损耗，保证商品合理运输。商品运输管理的核心是安全运输管理。

一、商品运输的意义

商品运输使商品的产、销和供、需有机地联系起来，把商品从产地或供应地源源不断地运往销地，对于实现商品的价值和使用价值，促进社会再生产的顺利进行有着重要作用。

产品从生产领域运到消费领域，在社会主义市场经济条件下则表现为商品在流通领域的实际流动过程，这就是常说的商品运输过程。商品运输从流通的角度上观察，它又为生产、分配、交换、消费四个再生产环节之间提供了一个商品实体运动的通道，以完成商品从生产到消费的运动过程，促使社会再生产畅通无阻。因此，商品运输是国计民生极其重要的组成部分。同时，合理的商品运输，能够起到减少损耗、降低费用、方便市场消费等作用。

二、合理选择运输工具

合理选择运输工具，既能提高运输工具的使用效能，也是运输过程中保证商品质量的重要内容之一。因此，计划发运应根据商品特性和运输量选择适合的运输工具。

（1）液态化工商品　主要是指酸、碱、有机化学品等分为散装和整装运输。装运散装商品，必须限于整车整船，并按商品的不同品种，选择规定的运输工具，不可相互替用。特别要注意不能用木船、水泥船、客轮和汽车拖挂车装运危险化学品。铁路装运整装化学品，必须用棚车，切不可用全铁底板的棚车装运危险化学品。

（2）主要危险化学品　包括化肥、农药、炸药和其他一些易燃易爆、有毒、有腐蚀性和放射性商品。危险品在发运前，要根据危险商品的危险性、商品流向和运输季节、运输距离等具体条件选择适合的运输方式和运输工具，并按照所要装运商品的特性，对车（船）进行检查。尤其对过去装过危险品的车（船），必须清洗干净，不准残留易引起危险灾害事故的物质，否则不可装运。

（3）其他一般化工商品运输的工具选择　根据运输商品的性质，在保证商品质量的前提下，选择运量大、能耗小、成本低、投资小的运输工具，宜水则水，宜陆则陆，综合利用。并要充分利用集装箱运输，同时提高铁路运输中整车发运的比例。

三、严格消防管理

对装载易燃易爆商品的运输工具，装运前，发货单位必须派专人对车船及其消防设备进行严格检查，认为合格方能装货。机动车出入易燃易爆商品库区，必须在排气管上佩戴防火帽，使用货轮、货驳整装易燃易爆商品时，船舱需配制通风筒、防火星网板。易燃易爆商品装卸时，要远离火源。不准在装有易燃易爆商品的木船上生火，也不准使用以煤为燃料的货轮装运汽油等易燃品，如发生火灾事故时，应根据危险品不同的特性，采用合适的消防用品和扑救方法，防止危险事态扩大。扑救人员应配备防护用品，在上风扑救，以防中毒。

四、严格装运制度

建立严格的商品装运制度，是商品运输的质量保证。

① 危险化学品在装卸搬运和行车行船过程中，严禁撞击、摩擦和接近明火。散装商品按规定装载标准进行，并关严排油阀门。罐车铁链必须拖地，以防止行驶中静电负荷过高，引起爆炸。整装商品装载时，不得卧装、倒置，要衬垫稳固，以免行车行船发生移动摩擦引起事故。

② 危险品不准与普通商品进行拼装，更不准与性质和消防方法相抵的商品拼装，装载要稳固，要与铁器分开，捆塞牢固。危险品装卸时，不准撞、摔、翻、拖、滚、溜，尤其要注意防火、防热。按规定悬挂危险货物信号。对装运爆炸品、一级易燃品、一级氧化剂的车（船），应采取特别防护措施，在市区运输，必须向当地公安部门办理申请手续，按照公安机关指定的时间、路线行驶，不准高速行车、超车及抢行会车。停车时远离建筑物、居民区，押车人员不准离车，并认真做好交接工作。

③ 易流失化工商品运输。易流失化工商品主要是指是指那些包装破损后造成流失的液体化工商品。例如，化学试剂、墨水和其他液体化工商品。这类商品包装应符合要求，并在包装明显处注有"请勿倒置""小心轻放"的标记。凡破漏和包装不符合运输要求的商品，应妥善处理后方可装卸。装卸时要轻拿轻放，不准野蛮装卸。同时不准以重压轻，以大压

小。不准堆放在易被污染的货物和食品上。散装原粮的车（船），必须符合卫生条件和车（船）箱严密，以防污染流失。同时，必须灌包压顶呈龟背形，并严密苫盖。

第四节　化工商品的养护

一、化工商品养护及其重要性

化工商品养护是商品在储运过程中所进行的保养和维护。从广义来说，化工商品离开生产领域，未进入消费领域之前，这一段过程的保养与维护都称为化工商品养护。商品只能在一定的时期内，一定的条件下，保持其质量的稳定性。商品经过一定的时间，则会使质量向坏的方向转化，这种情况在运输和储存过程中都会发生。因此，根据商品容易爆炸、降解挥发的相对程度不同，在运输上需要采取不同的防治措施，而且商品的不同，使用价值变坏的快慢程度也就不同。由于商品体本身和储运条件决定商品质量的变化程度，同时也决定了商品流通的时间界限。商品越容易发生质变，它对储运条件要求得越严格。它的空间流通就越狭窄。它的销售市场就越带有地方性，因此，易发生变质的商品，对它的流动时间限制就越大，就越需要商品养护。

商品养护是商业部门不可缺少的重要工作之一。同时商品养护是一项技术性非常复杂的工作，概括起来说，就是对商品防与治的问题。在商品养护过程中，应贯彻以防为主，防重于治的方针，防的措施得当，储运商品就不出问题或少出问题。治是商品出现问题后采取救治的办法，如果商品有问题不治，受害的范围会不断地扩大。防和治是商品养护不可缺少的两个方面。

二、化工商品储存期间的质变因素

商品在储存期间，体内不断发生各种各样的运动变化，这些变化都会影响到商品的质量。商品养护就是根据商品储存期间的变化规律，采取各种措施防止或减弱商品的质量变化，达到保证商品质量，降低商品损耗，防止商品损失，以利商品使用价值的实现。

搞好商品养护，必须研究掌握影响商品储存期间质量的两种因素：

第一，商品本身的自然属性。从内因摸透商品的变化规律，掌握决定商品内因的主要因素，弄清商品本身的成分、性质和结构。

第二，商品的储存环境。掌握外界因素对商品质量的影响，包括空气的温、湿度，阳光，微生物和氧气等。

1. 温湿度对化工商品质量的影响

温度是指物体的冷热程度，它标志着物体内部分子热运动的急剧程度。在储存中，温度对商品质量变化起重要作用。

库内温度超过商品的安全保管条件，会引起商品质量的变化，使商品受到损坏。如农药，当温度超过它的安全储存范围时，就会发生有效成分下降、变质；某些怕冻的商品则会因温度过低出现冻结、沉淀、变质、失效等现象。各种商品按其内在的特性，各自要求有一个适当的湿度范围，在这个范围内储存商品，就可以使商品质量不发生或少发生变化，达到安全储存的目的。如果仓库的湿度经常地或长期地超过这个范围，就会引起或加速商品的质量变化，从而降低商品的使用价值。例如，当库内相对湿度过大，长期超过适宜湿度，就会引起风化、结块、膨胀、潮解或溶化等变质现象发生。相反，如湿度过低，造成商品体内水分大量蒸发，也会使某些化工商品干裂、变形、脆损等。

2. 日光对商品的影响

日光具有一定的能量，可以蒸发商品中的水分，日光中的紫外线对微生物有杀伤作用。日光的直接照射也会对某些商品起破坏作用，如漂白粉在温度高、水分大、见光、不密封的情况下，就会分解；某些高分子商品，如塑料、橡胶等受光、热、氧的影响，便发黏、龟裂、强力降低以致发脆、变质；某些化工商品见光后，会引起变质或变色的现象。

3. 气体对商品的影响

不同的气体对储存的化工商品质量变化有着不同的影响。

（1）氧气　储存的商品发生化学变化，绝大多数与空气中的氧有关。氧是活泼的气体，能与许多商品直接化合，使商品变质，有生命力的商品也需用氧气来进行呼吸作用，总之，氧气同化工商品的氧化有直接关系。

（2）氮气　空气中的氮，其化学性比较稳定，在正常的情况下，不与其他化学物质反应。氮气能隔断氧气，使一些氧化作用不至过于激烈。商品储存在氮气环境中，能大大降低其变质的速度。

（3）其他气体　臭氧能吸收紫外线，对地面生物有机体有保护作用，但也能引起某些有机商品的老化。含有二氧化硫、硫化氢等的污染空气，能引起或加速某些化工商品的质量变化。

4. 卫生条件对商品的影响

商品本身、商品包装材料以及仓库内的卫生条件对商品质量变化也有影响。卫生条件差，商品容易受微生物的感染而霉腐。此外，仓库内如有垃圾、灰尘、油污、腥臭也会污染商品。

三、仓库温湿度管理

在化工商品储存中，绝大多数商品质量的变化是由仓库的温湿度变化引起的。因此，在仓储工作中温湿度的管理十分重要。保持必要的稳定的温度和适宜的湿度，是维护商品质量的重要措施之一。

为确保库内商品质量完好，库内的温湿度应经常保持在一定范围内。但由于库内温湿度受库外气候及商品本身含水量和库房结构等方面的影响而发生变化。这就需要采取一定的措施来控制库内温湿度的变化，对不适合商品储存的温湿度，要及时进行控制与调节，创造适宜于商品储存的环境。控制与调节仓库温湿度的方法很多，有密封、通风、吸潮或加湿、升温或降温等。

四、仓储化工商品养护措施

化工商品在储存过程中，由于其本身成分、性质在外界因素作用下会发生变化，产生种种变质和损耗，使商品在质量和数量上受到损失。所以，根据各类商品在储存环境中的变化规律，采取有效的技术措施和科学方法，控制不利条件，创造适宜的仓储条件，从而保证商品质量，减少商品损耗，是商品养护工作的目的和任务。

商品发生质量变化有一个从量变到质变的过程。因此商品养护工作必须坚持以防为主，从加强仓储管理入手，同时针对不同商品的不同性质、特点，采取相应的措施，以防变质。对即将和已经发生质量变化的仓储商品，必须从技术上采取正确的养护方法，以挽回或减少商品损失。

1. 化工商品防霉腐

化工商品霉腐是指在微生物作用下，引起的商品霉变和腐烂等变质现象。引起商品霉变、腐烂和腐败发臭等质量变化，是由于霉腐微生物在商品体内生长繁殖的结果。微生物对商品的危害，是在一定条件下进行的。在适宜的条件下，它能迅速地发育繁殖。当环境条件不利时，其生长就受到限制，甚至死亡。因此，要采取下列措施防止储存商品发生霉腐。

（1）化学药剂防霉腐 将化学药剂喷洒在商品体和包装物上，或喷散在仓库内，可达到防霉的目的。防霉剂能使菌体蛋白质变性，破坏其细胞机能；能抑制酶的活性，破坏菌体正常的新陈代谢；降低菌体细胞表面张力，改变细胞膜的通透性，导致细胞的破裂或分解，即可抑制酶体的生长。苯甲酸及其钠盐对人体无害，是国家标准规定的食品防腐剂。托布津对水果、蔬菜有明显的防腐保鲜作用。

（2）气调防腐 气调防腐是在密封的条件下，采用缺氧的方法，抑制霉腐微生物的生命活动，从而达到防腐的目的。气调防霉腐主要有真空充氮防霉腐和二氧化碳防腐两种方法。气调防霉腐对好气性微生物的杀灭具有较理想的效果。真空充氮防霉腐是把商品的货垛或包装用厚度不少于 $0.25\sim0.3mm$ 的塑料薄膜进行密封，用气泵先将货垛或包装中的空气抽到一定的真空程度，再将氮气充入。二氧化碳防霉，不必将密封货垛抽成真空或少量抽出一些空气，然后充入二氧化碳，当二氧化碳气体的浓度达到 50% 时，即可对霉腐微生物产生强烈的抑制和杀灭作用。

（3）低温冷藏防霉腐 低温冷藏是利用各种制冷剂降低温度，以保持仓库中所需的一定低温，来抑制微生物的生理活动，达到防霉腐的目的。

（4）干燥防霉腐 干燥防霉腐是通过降低仓库环境中的水分和商品本身的水分，达到防霉的目的。干燥法，一方面对仓库进行通风除湿；另一方面可以采用晾晒、烘干等方法降低商品中所含的水分。

化工商品防霉腐除以上较常用的方法外，还有蒸气法、自然冷却法、盐渍法。目前在食品防霉腐中采用的射线防霉腐，越来越受到广泛的重视。

2. 危险化工商品的保管养护

危险化工产品的种类很多，性质也比较复杂，它分别具有不同程度的爆炸性、助燃、易燃、毒害、腐蚀和放射性等危险特征，在储存运输过程中，当它们受到较剧烈的震动、撞击、摩擦或接触火源、热源、受日光暴晒、雨淋水浸、温湿度变化的影响，以及与性质相抵触的物品相接触时，会引起爆炸、燃烧、人身中毒、灼伤等灾害事故。

（1）易爆性化工商品的保管 易爆性商品在储存中遇到：高热、火触、日光暴晒、摩擦、冲击和强酸的作用等，都会引起爆炸。因此，对易爆商品要加强保管，除作好防热、防潮、防日光、防火、防鼠等日常工作外，在干燥季节要加强做好安全消防工作。为了确保安全，储存爆炸物品的仓库应选择在人烟稀少的空旷地带。在山区，最好选择多面环山、又没有建筑物的地方；在丘陵地带，最好选择地势低洼、不易危及附近建筑物的地方；在平原，要与周围居民建筑有足够安全的距离，其安全距离要根据爆炸物品的数量、建筑条件和地形情况而定。储存爆炸物品最好是地下、半地下库，为防止日光照射，库房门窗安装不透明玻璃或用白色涂料染刷，库内照明要安装防爆式电灯，并注意通风，库外四周应设刺丝网或筑围墙等。

爆炸品必须严格按其性能及类别分专库存放，起爆器材与炸药及其他易爆品不得同库存放，库内堆放炸药垛距为 $1.3m$、垛长不得长于 $5m$、垛宽不得超过两个药箱的长度、一般炸药垛高不得超过 $1.8m$。脱脂硝化甘油、雷管等敏感性强的炸药，垛不得高于 $1.5m$，堆码、铺垫平稳牢固。每幢库房的存药量必须严格限制，一般要求：硝铵炸药为 240t，芳香族类为 120t，硝化甘油为 40t，导火索和雷管为 120t，不可超过以上限量。在库内不得进行分装。开箱检验和装填药包等作业，发放爆炸品等，要在专门房间进行，无关人员免进，操作时防止摩擦、撞击和震动，不得使用铁制工具，可用铜制工具操作。

（2）易燃性商品的保管　易燃性商品在保管时应做到以下几点。

库房应具有阴凉、干燥、通风的条件，并严格按照各自的特性分类专库存放，严禁将消防灭火方法相抵的商品同库存放。

严格库内温湿度管理。要将温度严格控制在其燃烧点以下，遇水易燃烧的物品，如钾、钠、电石、氢化铝等要严格仓库湿度的管理，库内要严密干燥，水溶性商品、与此类商品相抵触的商品不准同库存放。库内易燃品还要防止日光直接照射，并做好定期测试温湿度的工作。

严格安全措施。库房之间，库房与其他建筑物之间，要保持一定的消防间距以便于消防作业。库房要安装避雷设备，库内电灯应使用低压电源，并安装防护灯罩。易燃品库区要严禁烟火。柴油车不准驶入库房，其他机动车要装有防火帽。在装卸、搬运易燃物品时，要轻拿轻放，避免震动和互相撞击。

（3）毒害性化工商品的保管　腐蚀性、有毒性和放射性化工商品均称为毒害性化工商品。对毒害性商品的在库保管应注意做到：分门别类专库储存，库房门窗和铁木结构的屋顶架，均应涂刷防护涂料；严格入库验收和在库商品检查。验收时，发现渗漏和破损，不准入库。包装容器应具有较强的耐蚀性，并有严密的封装措施。在充分通风换气后，戴好防护用具，认真做好在库商品检查，发现问题及时救治；库内要清凉干燥，有良好的通风设施；放射性物品库房要坚固严密；装卸搬运要轻拿轻放，不准滚、摔、碰、撞、震动、摩擦和倾斜。

3. 防止化工商品老化

防老化是根据高分子材料的性能变化规律，采取各种有效措施，以达到减缓其老化速度，延长其使用寿命的目的。高分子材料在外界因素的作用下，质量发生变化，出现色变、脆裂、僵硬、发黏等现象，引起各种性能的改变，这些现象就是老化，严重的老化会丧失制品的使用价值。高分子制品的老化原因之一是受外界因素的影响，如光、热、气等对高分子制品的作用，使制品氧化，分子结构发生变化，由长链分子产生交联或断联。原因之二是高分子制品内的增塑剂挥发，制品也会老化。其基本防治方法是：严格控制高分子制品的储放条件，库房要清洁干燥，避开热源，避免日光直射，控制和调节好库房温湿度，合理堆码，防止重压。也可以采取涂漆、涂蜡、涂油、涂布、防老化剂等方法，以防止外因的作用。

【案例分析】　危险化学品运输安全监管刻不容缓

随着大化工时代的到来，化学品在国民经济中发挥着越来越重要的作用，从电子产品到建筑材料，从国防工业到百姓衣食住行，都离不开化工产品。由此，化学品的物流、运输等业务就应运而生，并日益增加。然而，与此不相称的是，危险化学品事故多发，尤其是危险化学品运输环节的事故频频发生，严重威胁着人民的生命安全，狠抓危化品运输环节的安全管理已经刻不容缓。

一、危化品安全状况基本好转，运输环节形势严峻

目前，全国危化品运输单位有 5962 户（不含个体运输户），危化品运输车辆有 9 万多辆，60% 为槽罐车，危化品运输单位排在前 5 位是江苏、广东、辽宁、山东、河南。

据统计，2009 年 1～5 月，发生危化品伤亡事故 46 起，死亡 90 人，与去年同比分别下

降 28.1％和 10.9％。然而，危化品运输环节事故却呈多发状态，并占相当高的比例，危化品泄漏事故时有发生。据国外学者对 1926～1997 年意大利的 3222 起涉及危化品的事故进行了研究，结果发现，运输事故占 41％以上。据不完全统计，从 2000 年 4 月至 2001 年 11 月，我国共发生危化品事故 364 起，其中运输事故 126 起，占危化品事故总数的 34.6％。在运输事故中，危化品公路运输事故 61 起，占危化品运输事故总数的 48％。我国研究人员对 117 起有分析价值的典型危化品公路运输事故案例进行分析后发现，人为失误导致的事故占事故总数的 55.6％，车辆缺陷、包装和装卸、路况与环境这 3 个因素造成的事故分别占事故总数的 21.4％、19.7％和 3.4％。典型的一起事故就是今年 3 月 29 日下午，在京沪高速公路淮安段发生交通事故，引发车上罐装的液氯大量泄漏，造成 29 人死亡，456 名村民和抢救人员中毒住院治疗，门诊留治人员 1867 人，10500 多名村民被追疏散转移，大量家畜（家禽）、农作物死亡和损失，直接经济损失达 1700 万元。京沪高速公路沭阳至宝应段交通中断 20 小时。

2009 年 6 月 15 日 17 时 40 分左右，西安天力危险品运输公司一辆工重 15 吨的东风康明斯油罐车，从咸阳运输液化气行驶至陇海铁路线杨凌西农路立交桥时，因车体超高致该车卡于立交桥涵洞处，罐体顶部安全阀损坏，导致液化气体大量外泄，海铁路中断 11h，疏散周边群众 12000 人。另外，民航、铁路也发生多起未遂事故和事故征候。2009 年 2 月 23 日，东航一航班到达目的站西安后，发现有货物破损，内装有一次性打火机。物由西安中转至成都，共 193 件，申报品名为邮册、药品，经查共有 5 箱打火机 5000 个，2009 年 4 月 2 日，东航虽一般班到达目的站香港，发现前仓有货物破损，液体泄漏，造成地板腐蚀冒泡，共 3 块地板被更换，航班延误近 5h。经查，货物为氯金酸。幸是到达目的地之后才损坏严重，如在空中地板就完全损坏，那后果将是非常严重。

二、危化品运输事故的原因分析

1. 运输车辆严重超载，车辆和槽罐质量状况差，带病运营

不少危险物品运输单位为了降低成本，多挣利润，普遍存在超载和多拉快跑的现象，重要部件该更换的也不更换，造成带病运行。如前面提到的京沪高速公路淮安段"3·29"交通事故引发液氯泄漏事故，其原因之一就是严重超载。再如 2002 年 6 月 22 日中午，一辆载有 123 桶共 24.6t 黄磷的大货车行驶在江昌九高速公路上，由于车中装载的黄磷较多，黄磷暴露在空气中易自燃，加之当天气温高、导致黄磷着火爆炸，大货车和黄磷毁之一炬。由于运输车辆和罐体不符合要求而引发的事故也很多，前面提到的"3·29"交通事故引发液氯泄漏事故，其直接原因是该槽罐车使用报废轮胎，致使左前轮爆胎。如 1991 年 9 月 3 日凌晨 2 时 30 分，江西一家农药厂租用的载有 2.4t 一甲胺的汽车槽罐车，在行至上饶县沙溪槽罐发生泄漏，造成 37 人死亡、595 人中毒住院，污染面积达 23 万平方米，周围的树木和农作物枯萎，牲畜、家禽、鱼、老鼠、蛇等均中毒死亡。其主要原因是阀门设计安装不合理。再如，1997 年 2 月 21 日，沈阳一家液化气站院停放的液化气槽罐车，因阀门出现故障而泄漏，散发的液化石油气遇明火发生爆燃，死 1 人，伤 5 人，烧毁各种车辆 7 台，损失 41 万多元。另外，由于运转载的危险物品大部分为易燃易爆介质，卸载难度大，路途上既使交警检查发现了超载，也没有条件进行卸载，难以处置超载行为。

2. 运输单位从业人员素质不高，遇紧急情况不知如何有效处置

按照《危险化学品安全管理条例》规定，驾驶员、押运人中必须接受有关法律、法规、规章和安全知识、专业技术培训，了解所运载的危化品性质、危害特性及发生意外的应急措

施，经考核合格，方可上岗作业。但有些单位并没有严格执行国家有关规定，一些驾驶员，押运人员没有掌握相应的知识和技能就上路运输，由此造成的事故或使事故后果的扩大化也不少。如上面提到的京沪高速公路淮安段"3·9"交通事故引发液氯泄漏事故，押运人员的操作证就是业主花300余元买来的，押运员没有参加任何培训和考核，根本不具备押运危险化学品的资格，也不具备危险化学品运输知识和相应的应急处置能力。江西上饶"9·3"一甲胺泄漏事故，驾驶员和押运员上岗前未经培训，司机既缺乏运送易燃易爆、有毒有害危险品的安全知识，也不知道自己装运的一甲胺有什么危险，更不知国家对装载、运输这类危险有毒物品有什么规定和要求。2009年3月8日下午，河南一辆装有10t黄磷的大货车在丹江品市环城南路遇一只小狗横穿马路，他踩刹车避让，致使装黄磷的桶碰破，引发火灾和爆炸，造成9人烧伤，64人灼伤。事后查明，驾驶员不具备运输危险品的资格，也不了解防止碰撞燃烧的基本知识，因处置不当酿成惨祸。

也有的事故是由于车辆驾驶人员和押运员失职、擅离工作岗位，导致事故的发生。如1998年5月25日晚9时许，安徽省一辆装有10t硫酸的货车运抵目的地后，停在硫酸池旁卸酸，驾驶员去看电视，叫其徒弟李某在硫酸卸酸完后去关闭闸阀，李某在关闭闸阀后就擦火柴来查看此闸门是否关紧时，导致爆炸，李某被强大的气流冲到了硫酸池内造成死亡。大量事故案例说明，正是由于这些不具备相应资格的运载人员，在发生事故时不能采取，从而导致了很惨重的事故后果。

3. 承运危化品单位不具备相应的资质，违规运输

有的运输单位不具备承接运输危险化学品的业务，其状况和人员素质及管理制度，都不能适应危化品运输安全的要求，但却受利益驱动，违规承接运输业务。另外，也有不少生产经营企业为节省运费，往往委托一些运价较低的非专业运输单运输危险品，致使事故时有发生。有的企业到异地办理资质证件，逃避监管。

4. 线路限制不具体，路面执法难

《危险化学品安全管理条例》规定，通过公路运输剧毒化学品的，托运人应当向目的地公安部门申请办理运输通行证。《道路交通安全法》规定，运输车辆应按公安机关批准的时间、路线和速度行驶。但有的省公安交管执法人员在路面执法时，发现有的当地公安部门在核准的路线只定"某某全省"或"中南地区"，使交管部门无法监管，难以执行。在每次的安全督查中也发现，有的运输企业不按规定办理剧毒危化品运输通行证就上路运输。

三、强化监管力度，确保危化品运输安全

1. 加大对运输环节的安全管理和整治力度

针对道路运输危化品突出的安全问题，全国道路交通安全工作部际联席会议决定，自2005年5月10日至9月30日在全国开展道路运输危险化学品安全专项整治，内容包括"五整治、三集中"。

一是整治危险化学品运输企业。对从事道路运输危险化学品的企业将进行一次集中检查，重点检查运输危险化学品企业的安全生产条件、安全生产责任制等情况。强化运输危险化学品企业责任，加强对挂靠经营行为的管理，要求运输企业对运输危险化学品车辆状况进行逐车检查，重点检查轮胎磨损情况，制动系统有效性、罐体全安装牢固性等问题。

二是整治危险化学品运输车辆。对运输危险化学品的次集中检验。对达不到运输危险化学品安全要求的车辆，要注销其从事运输危险化学品的证件，对于罐体容积与行驶证核定载质量不相对应的，要重新核定载质量或者联系质检部门责令企业更换匹配的罐体，并变更行

驶证。

在车辆或罐体的后部安装告示牌,在告示牌上标明危险经学品的名称、种类、罐体容积、最大载质量、施救方法、企业联系电话;在车身两侧和后部喷涂"毒"、"爆"文字;在罐体的后部和两侧粘贴反光带,标示车辆或罐体的轮廓。

三是整治危险化学品运输从业人员队伍。对企业负责人及管理人员进行集中教育和培训。对运输危险化学品企业的驾驶人员、装卸管理人员、押运人员的上岗资格进行集中审查。对从业人员人集中进行以危险化学品的容器使用、装载、运输和发生事故后处置为主要内容的安全教育和培训,并严格持证上岗制度。

四是整治危险化学品运输车辆通行秩序。全国统一剧毒化学品购买凭证,准购证和公路运输通行证的申领办法。申领单位一律到运输目的地县级公安机关申领运输通行证。每次启运前,托运人等必须持有关资格证件和运输通行证到发货地县级公安机关签注手续。签注后,把批准的危险化学品运输路线、时间按规定程序间途经地公安机关通报。对超速、不按规定路线行驶等违反通行规定的行为,要严格查处;对没有危险化学品运输手续的一律扣留;对超载车辆,要禁止继续行驶,将其引导至安全地点停放监管;对无证运输剧毒化学品,未按照运输通行证注明内容运输剧毒化学品,未随身携带运输通行证明,擅自进入危险化学品运输车辆禁止通行区域,要依法扣留从严处罚。运输企业在运输剧毒、爆炸危险化学品前要制定详细路线图和制定运行时间表,做到每次运输一车一图一表。进一步加强车辆"双超"治理工作。通过治理"双超"工作,提高运输业的科技术水平和竞争力,规范道路运输市场秩序,降低道路交通事故,保证道路基础设施的完好畅通。

五是整治危险化学品仓储、销售企业发货和装载环节。要对从事危险化学仓储、销售企业进行全面检查,监督企业建立和完善发货和装载的查验、登记、核准等制度。

2. 依靠安全科技进步,加强危险化学品道路运输安全监控

加快、加大安全科技新技术的应用步伐,有条件的地区和单位要在成品油和运输槽罐等容器中推广应用 HAN 阻隔防爆技术,提高储(槽)罐的阻隔防爆能力;推广应用基于 GPS、GIS 等技术的危险化学品道路运输安全监控应用系统,在运输安装车载监控终端,对运输危险化学品的车辆进行全程监控。一旦遇到险情或发生事故,监控终端能够在最短时间内获取信息,通知有关部门启动应急机制,采取正确的方式、方法进行处置和救治,有效控制事故的发生和扩大。

3. 严格按规定进行设计安装,确保罐体本质安全

按《液化气体汽车罐车安全监察规程》规定,罐体与液相管、气相管接口处必须分别装设一套内置式紧急切断装置,以便在管道发生大量泄漏时进行紧急止漏。紧急切断装置,一般包括紧急切断阀、易熔塞自动切断装置,要求动作灵活、性能可靠、便于检修。国家已有这方面的规定,关键是要按规定去落实。在罐体上应设置内埋式安全阀,以便在受到外界碰撞时不至于发生损坏。易熔塞就是在紧急切断装置上设置的易熔合金塞,当发生火灾时,温度急剧升高,易熔合金迅速溶化,使油缸中的油漏出形成泄压而自动关闭阀门。根据情况,也可在罐体上安装过流阀。过流阀安装在罐体的液相出口处,当管道正常工作时,通过规定的流量时,过流阀打开。当管道或附件破裂后其他原因造成介质在和内流速剧增时,阀门自行关闭,以防止流速过大产生静电电压及介质大量泄漏。紧急切断阀不得兼作他用,罐车行驶时,紧急切断阀应处于闭止状态。

4. 加强安全宣传教育和培训,提高司运人员的安全技能和全民的安全意识

在各种新闻媒体上应广泛宣传危险化学品运输环节安全监管的法律、法规及规章制度，普及安全知识，使广大人民群众能够做到及时报警和能够做到自我保护，并发动广大职工和人民群众积极参与并监督，形成有利的社会舆论氛围。组织有关安全专家进行专题讲座和开展专题培训，提高驾驶员和押运人员的危化品安全知识，让每位司运人员都能掌握应急处理程序，确保在意外情况下采取有效的控制措施。

❓ 思考题

1. 举例说明化工商品包装的增值作用？
2. 化工商品仓储管理的主要内容？
3. 危险化学品安全管理要求？

第九章　化工新产品开发

【学习目标】

● **知识目标**

掌握化工新产品开发的程序。

● **能力目标**

能灵活运用化工商品开发的策略和方法从事新产品的开发工作。

● **素质目标**

通过化工新产品开发知识的学习，发掘学生对新产品开发市场机会的敏感性，以适应化工商品研发、市场管理、营销等岗位需要。

第一节　概　述

一、新产品概念

新产品是相对老产品而言的，目前尚无世界公认的确切定义。一般地，它是指企业初次试制成功的产品，或是在性能、制造工艺、原材料等某一方面或几个方面比老产品有明显改进的产品。按不同的标准，新产品具有不同的划分。

1. 按创新程序划分

可以分为全新型产品；换代型产品和改进型产品。

2. 按地域范围划分

可以分为世界级新产品、国家级新产品、地区级新产品和企业级新产品。

二、新产品开发方式

新产品开发主要分为三种方式。包括自行研制、技术引进以及上述二者的结合。

1. 自行研制

企业依靠自身的科研能力和技术力量，根据国内外市场情况和顾客要求或针对产品现在存在的问题，从原理和结构上进行根本的改变，采用新技术、新材料和新工艺，研制出具有特色的全新产品或换代产品。

2. 技术引进

技术引进是新产品开发常用的一种方式，技术引进是指技术引进方通过一定的途径，采用某种方式，以一定的条件从技术输出方取得所需要的技术。

3. 自行研制与技术引进相结合

这种方式往往体现在引进国外先进技术的基础上予以消化吸收和创新，逐步形成拥有具有自身特色的专有技术和知识产权等方面。

第二节　化工新产品开发程序

产品生命周期理论认为，任何产品都有生命周期，这就要求企业不断开发新产品，适应市场的需求。一般而言，当一种产品投放市场时，企业就应当着手设计新产品，使企业在任何时期都有不同的产品处在产品生命周期的各个阶段，从而保证企业效益的稳定增长。尤其在当今全球经济一体化的新经济时代，竞争环境瞬息万变，竞争的层次越来越高，产品开发则是应对外部环境变化，维护企业生存的重要保证。

化工新产品开发大致上可划分为八个阶段，即：寻求创意、甄别创意、形成产品概念、制订市场营销战略、营业分析、产品开发、市场试销、批量上市。

一、寻求创意

化工新产品开发过程是从寻求创意开始的。所谓创意即是开发新产品的设想。虽然并不是所有的创意或设想都可以变成产品，寻求尽可能多的创意却能为开发新产品提供较多的机会。因而现代都重视创意的开发。新产品创意的来源主要有：顾客、科学家、竞争对手、企业家、市场推销人员、经销商、市场研究公司、广告代理公司等。除此以外，企业还可能从大学、咨询机构、同行业团体协会、有关行业媒体寻求可能的新产品创意。一般不说，企业应当激发内部人员的热情来寻求创意。这就要求建立相关的激励机制，而且企业高层管理人员应该对这种活动表现出充分的重视和关心。

二、甄别创意

取得足够多的创意之后，要对这些创意加以评估，研究其可行性，挑选出可行性高的创意，即是创意甄别。创意甄别的目的是淘汰那些不可行或可行性低的创意，使企业的资源能集中地成功机会较大的创意上。甄别创意时，一般要考虑两个因素：一是创意与企业战略目标的适应性，表现为产品开发方向目标、市场份额目标、利润目标、形象目标等几个方面；二是企业有无足够的能力来开发这种创意。这些能力表现为奖金动员能力、技术能力、人力资源、市场策略、整合能力等。

三、形成产品概念

经过甄别保留下来的产品创意要进一步发展成为产品概念。产品概念与产品形象必须区别开来。所谓产品概念是指企业从用户的角度对产品创意所作的详尽的描述；产品形象则是用户对某种现实产品或潜在产品所形成的特定形象。譬如一块手表，从企业角度来看，主要包括这样一些因素：齿轮、轴心、表壳、它的制造过程、管理方法、成本等。但在用户心中，并不会出现上述因素，他们只考虑手表的外形、价格、精确性、是否保修、适合什么样的人使用等。企业必须根据用户在上述几方面的要求把产品创意发展为产品概念，确定产品概念，进行产品和品牌市场定位后，就需要对产品概念进行试验，就是用文字、图画描述或者用实物将产品概念展示于目标顾客面前，观察他们的反应。

四、制订市场营销战略

形成产品概念之后，需要制订市场营销战略，企业有关人员要拟定一个将新产品投放市场的初步的市场营销战略报告书。它由以下三部分组成。

① 描述目标市场的规模、结构、行为、新产品在目标市场上的定位；头几年的销售额、市场占有率、利润目标等。

② 略述产品的计划价格、分销战略以及第一年的市场营销预算。

③ 阐述计划长期销售额和目标利润以及不同时间的市场营销组合。

五、营业分析

企业市场营销管理者要复查新产品将来的销售额、成本、利润的估计，考察其是否符合企业的目标，如果符合则可以进行新产品开发。

六、产品开发

如果产品通过了营业分析，研究开发和技术部门就可以把这些产品概念转化成产品，进入试制阶段。只有在这一阶段，文字、图表、规格型号等描述的产品设计才变为确实的物质产品。此一阶段需搞清楚的问题是，产品概念能否变为技术上和商业上可行的产品。如果不能，此前所作的投入就全部付诸东流。

七、市场试销

如果企业的高层对某些产品开发试验结果感到满意，就着手用品牌名称、包装和初步市场营销方案把新产品装扮起来，把产品推上真正的市场进行试验，让顾客来感受。这一阶段的目的在于了解顾客和经销商对于经营、使用和再购买这种新产品的实际情况以及市场大小，再酌情采取适当的对策。市场试验的规模取决于两个方面：一是投资费用和风险大小，二是市场试验费用和时间。投资费用和风险越高的产品，试验的规模应该越大一引起；反之，投资引用和风险越低的产品，则试验的规模可小一些。从市场试验费用和时间来讲，所需市场试验费用越多、时间越长的新产品，市场试验规模应该越小一些；反之，则可大一些。总的来说，市场试验费用不宜在新产品开发投资总额中占太大的比例。

八、批量上市

经过市场试验，企业高层管理者已经占有了足够信息资料来决定是将新产品规模化地投放市场。如果决定向市场推出，企业就需要付出巨额资金。需要建设或租用全面投产所需要的厂房设备。这里工厂规模大小是至关重要的决策，很多公司为了慎重起见，往往把生产能力限定在所预测的销售规模以内，以避免新产品的盈利弥补不了投资成本，防范投资风险。

第三节　化工新产品开发策略

一、技术领先策略

此策略即使用新工艺、新原料、新装备，生产最新的技术产品，使产品的科技含量提高，在同类产品中处于领先地位，并可能构筑一定程度的技术壁垒，提高市场竞争能力。

二、大众化产品策略

即面向庞大的客户群体，拓宽市场空间，争取尽可能大的市场份额。如产品的覆盖面大，需求量巨大，即是大众化、物美价廉的产品。某一地区化工行业比较发达而基础原料薄弱，则开发三酸两碱基础原料就具有相对竞争优势。

三、引进技术产品策略

从我国国情实际出发，对占有市场份额大的国外产品，要积极采取引进技术、装备的策略，进行开发生产，以弥补国内市场的不足。如化学纤维、生物农药、新型化学助剂、化妆品、高档汽车漆等类似产品都可以考虑采用引进策略。

四、新、小、短、快产品策略

新、小产品往往属于短线产品，为保证市场供应、满足用户需求，可以积极实施快速投资、快速盈利策略。

五、竞争性产品开发策略

依据市场供求情况，对供过于求的化工商品选准品种，进行可行性论证后，强化竞争力，实行跳跃式开发、超常规发展，达到后来居上的目的。如当前的油漆行业仍然存在高档油漆开发的生存空间，积极采用新技术、新工艺，生产出同等质量下具有成本领先优势的新产品，使其成为同类产品之"冠"，这就是一种竞争性开发策略。

第四节　新产品开发管理及策略

新产品开发具有周期长、投资大、风险大等特点，关系到企业的生存与发展。新产品开发的成败，有外部原因也有内部。许多产品开发失败大多数都归于外部原因，而外部原因多属于不可控因素见表9-1。

表 9-1　新产品开发失败原因统计（国外）

失 败 原 因	各种原因所占比例/%	失 败 原 因	各种原因所占比例/%
对市场判断失误	30	研制失败	5
对技术发展判断失误	20	生产失败	5
对制造费用判断失误	20	销售失败	5
组织管理原因	15	合计	100

因此，必须认真进行对新产品的科学评价，为产品决策提供科学依据。

一、产品市场寿命周期策略

根据产品寿命周期理论，预测与研究企业各类产品所处的阶段及其发展趋势，应采取如下策略。

① 不失时机地改进产品，以延长其寿命周期。

② 做好产品的更新换代规划，保持企业总销售额的增长。做到开发一代，投入一代，成熟一代。

二、新产品保护策略

企业开发新产品应做好新产品的保护工作，以保障自己研究开发的权利，预防竞争对手任意仿制和财务上的损失。

（1）专利权保护　对于易被其他企业仿制生产的新产品，企业可以申请专利，利用专利权保护自己的新发明。

（2）技术秘密　对于不易被其他企业仿制生产的新产品或工艺，企业可以采取措施，对其生产技术严加保密。

三、新产品多样化与简化策略

① 产品多样化策略是指在产品系列中增加新品种，或者增加产品的尺寸、规格和型号。其目的是为了用户的多种需要和扩大产品销售。

② 简化策略是指合并或减少产品品种，以消除产品品种不必要的多样性，其目的是为了压缩无显著需求差异的产品品种，便于库存，方便生产。

四、新产品开发评价策略

新产品的评价贯穿于开发新产品的全过程，从而增强了对开发工作的控制能力，争取以最小的投入取得新产品开发的成功。

新产品的评价是以市场-技术-生产一体化为原则进行的。

新产品开发的评价方法包括技术经济评价法、产品市场寿命周期评价法、产品获利能力评价法和临界收益评价法。

（1）技术经济评价法 按照一定的观点判断方案的优劣，评价经过可用一个比例数字来表示，也可以用百分数来表示。也可以按照价值（技术价值/经济价值）进行评价。设理想产品评价为1，相对评价获得的比例数值可称为价值，如技术价值或经济价值。可利用这个价值的大小（0～1）来判断产品方案的优劣。

① 技术评价。技术评价是围绕着"功能"所进行的评价。评价的主要内容是以用户要求的必要功能为依据，一般以实现功能的条件为评价目标，如功能的实现程度（性能、质量、寿命等）、可靠性、维修性、安全性、操作性、协调性等。因为评价目标有的不能用数值表示，有的即使可用数值表示其属性，但计量单位不一致，因此采用给分评价。见表9-2给分评价标准。

表 9-2　给分评价标准

理想的	4分	勉强过得去	1分
好的	3分	不能满足要求	0分
过得去	2分		

对产品分项功能属性进行技术评价后，按照各功能属性一定的权重计算出产品的综合技术得分，即作为技术评价结论。

② 经济评价。经济评价是围绕着"产品生产成本"所进行的评价。经济评价可以采用一个相似技术评价的比例数值来表达，称为经济价值，经济价值是理想生产成本与实际生产成本之比。一般来说，经济价值达到0.7是较好的结果，但人们仍力求达到更高的经济价值，小于0.7的经济价值，在通常情况下可用较高的技术价值来补偿。

③ 技术经济综合评价。即以技术价值和经济价值两种价值为准进行优化，以使产品有最佳的功能和最低的生产成本。对不同的技术方案进行决策时，往往取技术评价与经济评价之乘积得数大的方案。

（2）产品市场寿命周期评价法 此法是运用产品市场寿命周期理论，根据销售增长率指标，确定产品所处的市场寿命阶段，并据此作出开发、生产和销售的有关对策。

产品市场寿命周期评价法的步骤如下。

① 整理产品的销售统计资料，计算产品的销售增长率，判断产品所处市场寿命周期阶段。产品市场寿命周期阶段的划分是根据销售增长率，目前还没有统一的数据。据一些企业的检验数据，得到如表9-3所示。

表 9-3　产品寿命周期销售增长率经验表

寿命周期阶段	投入期	成长期	成熟期	衰退期
销售增长率/%	小于10	10以上	0.1～10	负数

② 根据产品所处市场寿命周期阶段，进行相关调查分析。各阶段调查的重点是不同的，投入期重点调查产品投入市场的风险性；成长期重点调查市场需求的增长速度；成熟期重点调查用户对产品素质的要求和改进的可能性，以及竞争产品情况等；衰退期调查市场需求的下降幅度以及用户对新产品的需求情况。

③ 确定对策。根据产品所处的不同市场寿命周期阶段，采用不同的经营战略。

（3）产品获利能力评价法 产品获利能力评价法主要是根据资金利润率商品，来评价和选择产品。

$$资金利润率 = \frac{利润}{资金} = \frac{利润}{销售额} \times \frac{销售额}{资金} = 销售利润率 \times 资金周转次数$$

这种方法要绘制资金利润率坐标图，以资金周转次数为横坐标，以销售利润率为纵坐标。

取所有产品销售利润率和资金周转次数的交点 A 与 O 作一条直线 AO，这里假定产品销售利润率最大值为 50%，资金周转次数为 3 次。直线 AO 与资金利润率标准曲线将坐标图分为 4 个产品区（见图 9-1）。

各区产品特点及对应策略如表 9-4 所示。

产品获利能力评价法的步骤为：

① 计算产品的销售利润率、资金周转次数和资金利润率；

② 找出各产品的资金利润率在坐标图上的位置；

③ 确定对策。

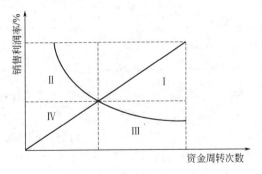

图 9-1 产品资金利润率坐标图

表 9-4 产品特点及对应策略

产品区	产品类型及特点	对应策略
Ⅰ区	高资金利润型产品	大力发展战略
Ⅱ区	资金积压型产品	加速资金周转
Ⅲ区	销售利润率型产品	提高销售利润率
Ⅳ区	低资金利润率型产品	减产逐步淘汰

（4）临界收益评价法　临界收益评价法是应用盈亏平衡点的原理研究和评价各种不同产品组合方案，从中选择能达到利润目标的最佳方案的方法。

临界收益指销售收入减去可变成本后余下的部分，或等于固定成本加利润。

盈亏平衡点指多种产品的临界收益累计值等于固定成本的界限量。

临界收益评价法的原理：凡是临界收益累计值高于固定成本的产品组合方案，都是可供选择的方案，可供选择的方案中利润额最大的方案为最佳方案。

临界收益评价法的步骤：

① 搜集各产品的销售收入、可变费用和固定费用；

② 计算各产品的临界收益和临界收益累计；

③ 计算不同产品组合方案的利润；

④ 根据需要与可能调整产品结构。

【例】　某企业有 A、B、C、D 共 4 种产品，其销售收入、可变成本、固定成本如表9-5、表 9-6 所示。

表 9-5 有关资料

产品	销售收入	可变成本	固定成本
A	800	400	
B	700	380	700
C	750	440	
D	600	350	

表 9-6　有关数据

产品	临界收益	临界收益累计
A	400	400
B	320	720
C	310	1030
D	250	1280

解　① 计算各产品的临界收益和其累计值，如表 9-5、表 9-6 所示。

② 计算不同产品组合方案的利润。

$$利润＝临界收益－固定成本$$

当生产 A 产品时，利润＝400－700＝－300（万元）

当生产 A、B 两种产品时，利润＝720－700＝20（万元）

当生产 A、B、C 三种产品时，利润＝1030－700＝330（万元）

当生产 A、B、C、D 四种产品时，利润＝1280－700＝580（万元）

③ 由此可见后三种方案均可盈利，但以 A、B、C、D 组合方案为最佳。

【案例分析】　宝洁公司的产品品牌与开发策略

宝洁公司创始于 1837 年，在全球最大的 500 家公司中一直排在 50～60 位之间，营业收入高达 400 亿美元，利润近 40 亿美元，总资产 300 多亿美元，全球雇员 11 万多人，在日用化学品市场上具有相当高的知名度。宝洁公司拥有 8000 多名研发人员，每年研究与开发的费用高达 15 亿美元。到目前为止，宝洁公司已经开发出的品牌涉及洗涤和清洁用品、纸品、美容美发、保健用品、食品饮料，共计 300 多种。1998 年 8 月，宝洁公司与中方组建了广州宝洁有限公司，生产宝洁品牌海飞丝洗发香波。从此，宝洁公司便一发不可收，到目前为止宝洁公司在中国投资了 10 多家企业，投资总额达 4 亿美元，这些企业效益良好，多数进入全国最大 500 家外商投资企业行列。

作为一家"百年老店"，宝洁公司从不墨守成规，而是具有创新意识，根据消费者的要求不断推出新产品，满足消费者的期望。

宝洁公司非常注重市场研究，如果宝洁公司已经拥有某个产品，就会定期调查消费者有何新的需求；公司完全没有某种产品，则需要调查了解消费者的需求，开发新产品，这是宝洁公司市场调查的两个目标。新产品开发后，还要对市场上同类产品进行比较，这是市场调查的另一个重要内容。

宝洁公司的洗发香波形成了几乎覆盖全年龄段顾客群体的系列产品品牌，这与其新产品研究和开发投资规模、新产品上市速度、市场整合能力及其对客户群体需求和潜在期望的透彻理解具有不可分开的关系。

❓ 思考题

1. 举例说明化工新产品开发的意义。

2. 试述利用国外到期专利开发化工新产品的益处？

3. 按创新程度，新产品可以分为哪些类别？

4. 新产品开发程序中的某些环节可以省略吗？

参 考 文 献

[1] 刘登良. 涂料工艺（第 4 版）（上 下册）. 北京：化学工业出版社，2010.

[2] 杨晓东. 日用化学品生产技术. 北京：化学工业出版社，2008.

[3] 周家华、崔英德、曾颢等编著. 食品添加剂（第 2 版）. 北京：化学工业出版社，2008.

[4] 石得中. 中国农药大辞典. 北京：化学工业出版社，2008.

[5] 王培义，徐宝财，王军. 表面活性剂——合成·性能·应用. 北京：化学工业出版社，2007.

[6] 周波. 表面活性剂. 北京：化学工业出版社，2006.

[7] 王红林，陈砺编著. 现代化工商务概论. 北京：化学工业出版社，2007.

[8] 王箴. 化工辞典（第 4 版）. 北京：化学工业出版社，2005.

[9] 张振宇. 化工产品检验技术. 北京：化学工业出版社，2005.

[10] 王光建主编. 化工产品手册（第 5 版）无机化工原料. 北京：化学工业出版社，2008.

[11] 王延吉主编. 化工产品手册（第 5 版）有机化工原料. 北京：化学工业出版社，2008.

[12] 郭洪仙，曾瑾. 商品学. 上海：复旦大学出版社，2005.

[13] 汪永太. 商品学. 北京：电子工业出版社，2007.

[14] 晏维龙. 现代商业技术. 北京：中国人民大学出版社，2005.

[15] 汪永太. 商品检验与养护. 大连：东北财经大学出版社，2004.

[16] 曹汝英. 商品学基础. 北京：高等教育出版社，2003.

[17] 王永富，李二敏. 物流管理概论. 北京：对外经济贸易大学出版社，2006.

[18] 杨永杰. 物流管理概论. 北京：化学工业出版社，2008.